小学数学教材分析与比较

徐文彬　彭　亮　刘春辉　著

陕西师范大学出版总社

图书代号　JC23N1766

图书在版编目（CIP）数据

小学数学教材分析与比较/徐文彬，彭亮，刘春辉著.—西安：陕西师范大学出版总社有限公司，2023.9
ISBN 978-7-5695-3445-0

I.①小… II.①徐…②彭…③刘… III.①小学数学课—教材—研究—高等学校—教材　IV.①G623.502

中国国家版本馆 CIP 数据核字（2023）第 003734 号

小学数学教材分析与比较
XIAOXUE SHUXUE JIAOCAI FENXI YU BIJIAO

徐文彬　彭亮　刘春辉　著

责任编辑	王东升
责任校对	张俊胜
封面设计	田　雪
出版发行	陕西师范大学出版总社
	（西安市长安南路 199 号　邮编 710062）
网　址	http://www.snupg.com
经　销	新华书店
印　刷	西安报业传媒集团
开　本	787 mm × 1092 mm　1/16
印　张	26.75
字　数	616 千
版　次	2023 年 9 月第 1 版
印　次	2023 年 9 月第 1 次印刷
书　号	ISBN 978-7-5695-3445-0
定　价	90.00 元

若发现印装质量问题，请与本社高等教育出版中心联系。
电话：（029）85303622

导　言

——用教材教，而不是只教教材

党的二十大报告指出："要办好人民满意的教育，全面贯彻党的教育方针，落实立德树人根本任务，培养德智体美劳全面发展的社会主义建设者和接班人。"基础教育课程承载着党的教育思想，在立德树人中发挥着关键作用。

自21世纪初的基础教育课程改革以来，我国基础教育各条战线都取得了丰硕成果。理论界百家争鸣，创生理论；实践界百花齐放，尝试实践。各级各类课题研究、奖项评比和培训落实更是如雨后春笋般地大量涌现，这不仅成就了一大批基础教育课程改革的教育理论教授专家，而且也造就了一大批基础教育课程改革的教育实践专家教授。但是，在这涌现的繁荣和成就背后，隐患却悄然存在。其隐患之一便是学科教学之学科本质的失落。与此相呼应的则是各种新术语和新创造"满天飞"或"满地跑"，可一旦落实到具体学科的课堂教学，便极易化为乌有，无法使教学理念落到实处，使其找到合适的土壤生根发芽，更遑论开花结果。

那么，如何避免或挽救这一失落呢？2014年9月9日，习近平总书记在北京师范大学的座谈会上强调：国家繁荣、民族振兴、教育发展，需要我们大力培养造就一支师德高尚、业务精湛、结构合理、充满活力的高素质专业化教师队伍。教育发展关键在教师。我们认为，切实可行的做法便是，教育理论界和教育实践界共同来提升学科教师的学科专业素养。2018年9月10日，习近平总书记在全国教育大会上指出："要着眼于'教好'，围绕教师、教材、教法推进改革，探索形式多样、行之有效的教学方式方法，切实在素质教育上取得真正的突破。"而一线学科教师的学科专业素养的提升路径之一便是善于学习和运用教材分析与比较。其实这也是落实基础教育课程改革之初所倡导的教材（使用）观，即"用教材教，而不是只教教材"。

首先，一线学科教师必须养成学习与思考的习惯。因为这是教师胜任"教书育人"本职工作不可或缺的两大法宝。正所谓"学而不思则罔，思而不学则殆。"一般而言，没有养成学习与思考的习惯，并使两者相得益彰的教师是很难在教学中有所收获和提升的。

其次，一线学科教师要学习教材分析与比较。现如今，各级各类学科的教研活动甚至教学评比的活动都不外乎备课、磨课、展示、评课、改进这一过程。其实，在这一过程中并非没有教材分析与比较。但是，多数教师对教材的分析和比较缺乏眼界和深度。缺乏眼界是指，多数教师在分析教材时多局限于某一版本之教材或某一节课之教学；缺乏深度是指，少有横向不同版本教材之间或者学科内容纵向关联的分析与比较。至于一般日常课准备，这种既有广度又有深度的教材分析与比较则更是少之又少了。

最后，我们要在使用教材分析与比较的基础上，不断提升自身的教育、课程和教材判断力，以及教学决策力。学科课程标准只是一般要求甚至最低要求，而任何版本的教材也不可能放之四海而皆准。因此，学科教师就必须要学习运用自己的教育、课程和教材判断力来进行教学决策，以便更好地培养学生的学科核心素养。

至于如何具体地分析与比较教材，则不仅需要我们学习与思考教材分析与比较的理论和技术，更需要我们在具体运用理论和技术分析与比较教材的过程中来学习与思考培养学生学科核心素养等问题。

正所谓"打铁还须自身硬"，无论是指导学科（课堂）教学，还是实施学科（课堂）教学，都需要指导者和实施者必须具备必要的、甚至较高的学科素养。这既是学科（课堂）教学的出发点，更是其追求与归宿之所在——培养学生相应学科的核心素养！

徐文彬

2021年6月18日于"觉知"书斋

前 言

"小学数学教材分析与比较"作为一门课程,多属于小学教育专业尤其是数学方向本科生的专业必修课程,其内容包括小学数学教师所应掌握的把握教材的一般原理与具体方法,以及若干分析与比较案例。

纵观现有国内相关教材,尽管它们各具特色,或注重教材分析与比较的理论阐释,或强调小学数学教材的具体内容的比较与分析,前者有过于抽象与概括之嫌,缺乏启发性;后者则有过于琐碎与具体之嫌,缺少引导性。所以,仅就小学数学合格教师的培养而言,就亟需拥有理论联系实际品质的相应教材。

因此,我们整合自己近10年来的研究成果,呈现给大家这样三部分内容:教材分析与比较的理性思考、具体案例和实践运用。

具体而言,教材分析与比较的理性思考部分试图从理论上来解决两个问题:①教师为什么要进行教材分析与比较?②教师如何开展教材的分析与比较?我们从儿童社会化成长的需要、数学素养培养的需要和数学专才培养的需要三个方面来探讨第一个问题,这便构成了本书第一章的内容;我们还从教材分析与比较的问题、目的、框架、程序和表达等五个方面来探讨第二个问题,这便构成了本书第二章的内容。

教材分析与比较的具体案例则试图具体解决以下三个问题:①如何具体地分析与比较"运算律"的教材内容编排?②如何具体地分析与比较"认识三角形和四边形"的教材内容编排?③如何具体地分析与比较"统计与概率"的教材内容编排?之所以选择上述内容作为教材内容分析与比较的主题单元,是因为上述内容在其各自领域内都具有一定的代表性和典型性。并且,依据教材编制的权威性和教材使用的广泛性,我们将选择人教版、北师版和苏教版三个不同版本的教材作为分析与比较的研究对象。结合主题单元和教材版本,便可得到本书的第三、四、五章。其中,每一章的第一节都是相应内容编排分析框架的建构,第二至四节则分别是对人教版、北师版和苏教版教材对应内容编排的分析,第五节则是对三个版本教材对应内容编排分析结果的比较与讨论。

教材分析与比较的实践运用部分试图从实践层面上来解决以下两个问题:①一线教师应该如何理解课程、教材和教学三者之间的关系?②教材分析与比较何以成为一线教师开展教学设计的必要准备?我们将依据古德莱德的课程形态理论来具体地阐释课程与教材、教材与教学、课程与教学等之间的关系,这便构成了本书第六章的内容;我们还将从教什么、怎么学、如何把握教/学的目标和重难点、如何评估教/学的怎样、怎样组织和安排教/学的活动等五个方面来具体探讨第二个问题，这便构成了本书第七章的内容。

由此可见，本书不仅是一本教材，而且也是一本专著。不仅适合小学数学教师把握教材能力的职前培养，而且也适合小学数学教师教材把握水平的在职提升。

徐文彬

2021年6月18日于"觉知"书斋

目 录

第一部分　教材分析与比较的理性思考

第一章　教材分析与比较：教师专业发展不可或缺的面向……… 3
第一节　儿童社会化成长的需要 ……………………………… 3
第二节　数学素养培养的需要 ………………………………… 4
第三节　数学专才培养的需要 ………………………………… 6

第二章　教材分析与比较：问题、目的、框架、程序与表达 …… 9
第一节　教材分析与比较的问题与目的 ……………………… 9
第二节　教材分析与比较框架的建构 ………………………… 13
第三节　教材分析与比较的程序 ……………………………… 16
第四节　教材分析与比较的表述 ……………………………… 18

第二部分　教材分析与比较的具体案例

第三章　运算律内容编排的分析与比较 ………………………… 23
第一节　小学数学教材中运算律内容编排分析框架的建构 … 23
第二节　人教版教材中运算律内容编排的分析 ……………… 37
第三节　北师大版教材中运算律内容编排的分析 …………… 62
第四节　苏教版教材中运算律内容编排的分析 ……………… 88
第五节　三个版本教材中运算律内容编排的比较 ……………111

第四章　"认识三角形和四边形"内容编排的分析与比较 ………121
第一节　小学数学教材中"认识三角形和四边形"
　　　　内容编排分析框架的建构 ……………………………121

第二节　人教版教材中"认识三角形和四边形"内容编排的分析……139
第三节　北师大版教材中"认识三角形和四边形"内容编排的分析……183
第四节　苏教版教材中"认识三角形和四边形"内容编排的分析……218
第五节　三个版本教材中"认识三角形和四边形"
　　　　内容编排的比较……………………………………………256

第五章　"统计与概率"内容编排的分析与比较……………………269

第一节　小学数学教材中"统计与概率"内容编排分析框架的建构……269
第二节　人教版教材中"统计与概率"内容编排的分析……………287
第三节　北师大版教材中"统计与概率"内容编排的分析…………312
第四节　苏教版教材中"统计与概率"内容编排的分析……………339
第五节　三个版本教材中"统计与概率"内容编排的比较…………362

第三部分　教材分析与比较的实践运用

第六章　课程、教材与教学三者之间的关系………………………395

第一节　课程及其形态………………………………………………395
第二节　课程与教材的关系…………………………………………398
第三节　教材与教学的关系…………………………………………400
第四节　课程与教学的关系…………………………………………402

第七章　教材分析与比较：教学设计的必要准备……………………405

第一节　教什么？……………………………………………………405
第二节　怎么学？……………………………………………………407
第三节　教/学的目标、重难点是什么？……………………………409
第四节　教/学的怎样？………………………………………………411
第五节　怎样组织与安排教/学的活动？……………………………412

参考文献……………………………………………………………415

后记…………………………………………………………………419

第一部分
教材分析与比较的理性思考

- 本部分试图从理论上来解决以下两个问题：
  （1）教师为什么要进行教材分析与比较？
  （2）教师如何开展教材的分析与比较？

- 我们将从"儿童社会化"成长的需要、"数学素养"培养的需要和"数学专才"培养的需要三个方面来探讨第一个问题，这便构成了本书第一章的内容；我们还将从教材分析与比较的问题、目的、框架、程序和表达五个方面来探讨第二个问题，这便构成了本书第二章的内容。

第一章　教材分析与比较：教师专业发展不可或缺的面向

教师专业发展理论认为，教师专业发展的基本路径主要有以下几条：理论学习、专家（或专业）引领、同伴互助和教学反思。其实，向学生学习也是一条特别重要的路径，而且，它们还必须渗透和贯穿于教师的教材分析与比较当中，才能真正发挥其应有的教学价值与作用。不仅如此，上述基本路径也必须渗透和贯穿于教师的教材分析与比较当中，才能真正发挥其应有的教师专业发展之价值与作用。为什么教材分析与比较之于教师专业发展有如此重要的价值和意义呢？

因为学科课堂教学的核心任务，旨在不仅要促使学生通晓人类发展所需的学科积累与学科创新，更要促使其社会化成长；不仅要促使学生掌握学科常识，更要促使其学科素养的培养；不仅要促使学生成为合格公民，而且也要考虑学科专才的培养。

第一节　儿童社会化成长的需要

当今社会，发展之迅速，可谓前无迹象，后或有痕迹。因此，儿童社会化成长就不能仅仅局限于社会发展的当下，而应着眼于社会发展的未来之可能。而社会发展的未来之可能可从纵向的历史发展和横向的现实拓展两个维度来预想。

一般而言，国家层面的小学数学学科教材以及学科课程标准，是结合了社会发展之未来可能两个维度的预想，基于现实基础，集聚专家智慧研制而成的行动指南。但是要把这行动指南具体落实到小学数学学科课堂教学当中，则还需要从儿童社会化成长的共性与差异两个角度来思考。

任何社会中的儿童之社会化成长都会面临着一般的共性问题和特殊的差异问题。仅就数学学科的学习或教学而言，可能也无例外。

数学课程标准强调，义务教育阶段尤其是小学阶段的数学学科学习或教学，学生要学习并掌握人类发展所积累的数学基础知识和基本技能，以及数学思想方法。但是，由于儿童社会化是一个差异性的存在，因此，课程标准就不仅不能成为刚性要求，而且还应被视为弹性指导。

不论是小学数学课程标准和教材所蕴含的人类社会发展之未来可能的历史发展和现实拓展两个维度的深意，还是"儿童社会化"成长所必须考虑的共性与差异两个视角，都需要教师基于课程标准进行教材分析和比较，以揭示深意和把握共性与差异，创造性地设计、组织、实施和评估课堂教学，以促使学生通晓人类发展所需要的最基础和最基本的数学学科积累与数学学科创新，以及共性基础上的社会化差异成长。

当然，在进行分析与比较的过程中，理论学习、专家（或专业）引领、同伴互助和教学反思，甚至向学生学习，都是不可或缺的。否则，教师就极有可能把学生现有的社会化差异固化，而无视其可能的发展或改变，人为地造成固化的社会化差异，而不是基于学生已有社会化基础上的差异化的社会化发展。

所以，教学要留有余地，而不要留有一手；[1] 教学要差异化，但不能唯差异；教学要依据课程标准和教材，但也不能唯课程标准和教材是从——而这是需要教师以教材分析与比较为前提准备的。

第二节　数学素养培养的需要

在"培养学生未来发展所必需的必备品格和关键能力"已经成为当今世界教育改革潮流的背景之下，学科核心素养的培养也已经成为我国当下学科课程与教学改革的要点之一。学生接受数学教育就是要培养自己的数学核心素养业已成为我国基础教育阶段数学教育理论界和实践界的基本共识。

我们基础教育阶段数学教育的培养目标，自双基（数学基础知识和基本技能）和三大能力（运算能力、逻辑思维能力和空间想象能力）开始，经由三维目标（数学基础知识和基本技能、数学过程与方法、数学思考和解决问题、情感态度与价值观）的发展，现如今已经转变为数学核心素养（数学抽象、逻辑推理、数学建模、数学运算、直观想象、数据分析）的培养。

由此可见，不同社会发展阶段，我国基础教育阶段数学教育的培养目标不外乎数学内容与过程两个方面。双基侧重于内容，而三大能力则侧重于过程；数学过程与方法或者数学思考和解决问题侧重于过程，而情感态度与价值观则侧重于状态，可视为内容与过程的结合体；数学核心素养则明显地侧重于过程。

仅就数学内容而言，它包括数学概念和数学事实两个方面。这两方面的内容在数学课程标准中都有较为简要的介绍，即其内容标准中对各学段数学课程内容的要求与描述。而数学教材则较为详细地介绍、呈现和描述了这两方面的内容。而且，这种简要或详细的描述，都是经过教育学和心理学的加工之后的数学描述，自有其科学性、合理性

---

[1] 罗英，徐文彬，魏同玉. 教学要"留有余地"而非"留有一手"[N]. 中国教育报，2020-2-12（04）.

和实际可操作性。但是，也很有可能会存在着某些教育学或心理学上的历史偏见，譬如，几何难，代数繁，三角公式记不完；与女生相比，男生更擅长数学；小学阶段，女生数学成绩更好是因为她们更适合考试或者试卷更适合她们；小学生数学抽象概念的学习似乎必须经由个别到一般的归纳、概括过程，而不能运用逻辑分析方法；等等。所以，数学本身的发展历史（包括内史和外史）[①]也应该成为教师分析与比较教材的智慧资源和智慧来源之一。其中，数学发展的内史不是指数学的内在逻辑结构的发展历史，而是指数学的自然演变的真实历史状况；而数学发展的外史则是指数学与社会各层面，包括数学各分支学科之间、数学与其他学科尤其是物理等自然科学、数学与技术、数学与政治、数学与军事、数学与艺术、数学与历史等之间的互动，促进或阻碍其发展的真实历史状况。

仅就数学过程而言，即指数学思考。数学思考的核心是在大脑中解决问题，而不是实际解决问题。也就是说，它是理性地、逻辑地解决问题，而不是真实地解决问题。可以说，数学思考是"坐而论道"，而不是"行而论道"。但是，"行而论道"可能需要以"坐而论道"为其前提条件，否则可能会出现"行而无据"的状况，即"知其然而不知其所以然"。由此可见，知是行之始，行是知之果，行难于知。但实际情况也可能是行是知之始，知是行之果，知难于行。所以，数学的哲学思考也应该成为教师分析与比较教材的另一个智慧资源和智慧来源。

数学的基本特征是广为流传的"高度的抽象性、严密的精确性和广泛的应用性"，而数学思考的基本特征则是其思考对象的理想化、思考过程的形式化，思考结果的符号化。即便是小学数学中的数学思考也是如此。

仅就数学思考的对象而言，譬如数的概念，包括10个基本的阿拉伯数字，即0，1，2，3，4，5，6，7，8，9，就是极其理想化的数学思考对象，更不用说几何中的基本概念。又譬如，点、线段、射线和直线，以及三角形、四边形、圆等，也都是数学思考的理想化对象。因为现实中既没有阿拉伯数字等数的概念实体，更没有数学上的几何概念实体。譬如，"没有大小的'点'"，"没有粗细的'线'"，"没有厚薄的'面'"，等等。诚如恩格斯所言"数学的对象是思想事物，而不是客观事物"，而思想事物必定是理想事物。

仅就数学思考的过程而言，譬如，包含10个阿拉伯数字在内的自然数的数学思考过程，其实就是"从0开始"连续不断"+1"的这种形式（或者用更学术化的语言来讲就是"后继"），在小学数学学习中就是我们通常所说的"数数"或者"数一数"这种原初的实际形式。即便是某个几何对象的认识过程也是可以形式化的，即构成要素、要素之间的关系、性质与判定、尺规作图以及与其他几何对象的关系等。

仅就数学思考的结果而言，譬如，上述小学数学学习中的代数和几何中的思考对象也是数学思考的结果，都是符号化的表示，甚至其思考过程的形式化也可以符号化。

[①] 中国数学教育哲学研究的回顾与反思（2000—2015）：兼论数学文化的教育哲学探索[J]. 数学教育学报，2017（02）：60-65.

所以，数学教学既要有数学的内容，也要有数学的过程；既要有数学的概念与事实，也要有数学思考；既要有思考对象尽可能的理想化，也要有思考结果尽可能的符号化，更要有思考过程尽可能的形式化。这里的"尽可能"是需要小学数学教师运用自身的教育、课程和教材判断力，以及教学决策力，在实际课堂教学中来理性理解、具体把握和灵活掌控的——而这是需要教师以教材分析与比较为判断与决策依据的。

第三节　数学专才培养的需要

尽管数学专才的培养不是基础教育阶段尤其是义务教育阶段数学教育的培养目标，但是数学专才的培养却离不开它的孕育，就像参天大树的效用也必然首先来自其最初的幼苗成长甚至种子发芽一样。

基础教育阶段尤其是其义务教育教育阶段的数学教育的根本目标是促使儿童社会化的成长和数学核心素养的培养，以使其能够逐步成为能为我国社会主义建设和发展做出力所能及贡献的合格公民。因此，基础教育阶段的数学教育之课程标准和教材所设定或预设的目标、数学内容（数学概念与事实）和过程（数学思考）等之范围，应该视其为平均数甚至最低要求，至少不能视之为最高要求。也就是说，基础教育阶段的数学教育目标应该是"下要保底、上不封顶"。

因此，在基础教育阶段尤其是其义务教育阶段的数学教育中，我们要力保最低要求乃至平均数的达成，并在此基础上，注意发现和挑选数学专才种子，培养数学专才幼苗，促使其成为未来数学界乃至民族、国家和人类社会的参天大树。

培养数学专才，内在兴趣是最好的老师。所谓内在兴趣是指数学本身的魅力对数学专才的吸引。数学本身的魅力包括内在的和外在的，但都是源自数学本身的。譬如，数学内在的逻辑统一性和创造奇异性，数学外在的广泛应用性和简洁和谐美。而非源自数学本身之外的诸多功效对其的吸引，譬如高考的"加分"、奖项的荣耀。

其实，仅就平均数甚至最低要求的达成而言，也需要数学教师持续呵护、不断激发、持久培育和全面维护学生的数学学习兴趣，而非线性累积式的加班加点或简单重复。因为，兴趣确实是最好的老师，它既可以激发学生自主学习和自主探究，也可以引导学生自我反思和自我提升。

因此，"基于课程标准的"数学（课堂）教学，就既要有"保底"的设计，也要有"不封顶"的预留。但是，现实的做法却常常是基于"平均数"的（课堂）教学设计，既没有"保底"的基本要求，更没有多少"预留"的发展空间，这势必会造成"基础教育课程改革"所倡导的"自主学习"动力不足（譬如，没有独立思考，提不出问题）、"探究学习"方法不当（譬如，探究3分钟，猜想无依据）、"合作学习"虚假有余（已知的探究、未知的放下，已知的告诉未知的、未知的接受已知的）的现象层出不穷、屡禁不止。

所以，数学教学既要有保底的基本要求，也要有追求平均数的事先预设，更要有顾及数学专才的发展预留——而这是需要教师以教材分析与比较为基本要求、事先预设和发展预留缘由的。

所有这一切，即儿童社会化成长、数学素养培养和数学专才培养的顺利达成，都有赖于教师自身的教育、课程和教材判断力，以及教学决策力的不断提升。而教材分析与比较可谓是教师诸多判断力和教学决策力不断提升的极佳路径之一。因此，笔者始终认为，教材分析与比较应该是教师专业发展不可或缺的一个面向。

第二章 教材分析与比较：问题、目的、框架、程序与表达

21世纪初，课程改革在"用教材教"的理念下已经开始重视教师创造性地使用教材，而众多研究者也在这一领域开展了极富成果的研究。近些年来，教师教育已经成为国家深化教育改革的一项重要举措，并在国家层面的教师教育类课程设置中明确提及学科课程标准和教材研究的课程。由此可见，教材的分析和研究能力是合格教师必备素养之一。由一线教师创造性地使用教材到现如今要求一名合格教师具备教材比较和分析的能力，可见这一能力在教师专业发展中的重要性。基于此，作为教师专业发展的教材比较和分析素养应该如何养成？如何让教师成为教材的"建筑师"？[①] 因此，教材分析与比较的一般过程就显得尤为重要，因为它是教师进行教材分析与比较的支架，也是教师成为教材的"建筑师"的前提。具体而言，教材分析与比较的一般过程包括分析与比较的问题、目的、框架、程序与表达。

第一节 教材分析与比较的问题与目的

作为教师素养的教材分析和比较，首先必备的是关于教材分析与比较的问题与目的，因为它是进行教材分析与比较的前提。就教师的教学而言，问题是其进步的关键，因此，教材分析与比较需要明晰其问题所在，由问题来驱动教材分析与比较，这可能比单纯的分析与比较教材更为重要。目的是教师分析与比较教材的旨向，在问题解决之前，目的实则是其牵引问题走向的绳索，它指引着教材分析与比较的问题走向教学，走向学生。

一、分析与比较的问题

分析与比较的问题是指，教师能够从"学什么""教什么""怎么学""怎么教"等问题出发来分析和比较教材。由此可见，分析与比较的问题是其分析和比较教材的第一

---

① 杨启亮. 教材的功能：一种超越知识观的解释[J]. 课程·教材·教法，2002（12）：10-13.

要义，而这与单纯的教材分析和比较的研究略有不同。单纯的教材分析和比较可能关涉上述问题，但也有可能关涉教材编写、课程标准、教育观念等问题。但教师的比较和分析必定是关涉教学的，它是由教和学所引发的。这其中，"学什么"和"教什么"关涉学习内容的问题，"怎么学"和"怎么教"关涉学习方式的问题。

就学习内容的问题而言，"学什么"和"教什么"是任何学科教学的首要问题，这也是教材分析和比较的核心问题。这一问题意识的核心在于教师将教材视作课程内容的一种载体，教材并不等同于课程内容，更不等同于学生学和教师教的内容。教材只是编写者在课程标准、学科知识以及其他各种主客观因素影响下的一种内容的呈现方式。它只是帮助教师或学生更好地理解和学习所需掌握的学科知识，至于这一呈现方式有没有反映学科知识的本质、是否达至课程标准的要求等可能都需要教师进行深入的分析和比较。譬如，小学数学教材中"负数的初步认识"的内容，如若教师不具备学习内容的问题意识，教师所遇到的教材可能就囿限了其对"学什么"和"教什么"的认识。因为某些教材中，在这一内容的呈现方式中很难让教师觉察"负数是表达意义相反的量"这一学生需要理解的核心意义。如果教师依据这些呈现方式来进行教学，学生可能就会偏离这一内容学习的本质，进而与时下所倡导的学科核心素养的培育理念渐行渐远。因此，学习内容的问题意识能够促发教师从学和教的角度来深思其所面对的教材，庶几引发其对学科内容的深入认识和理解。

就学习方式的问题而言，"怎么学"和"怎么教"关涉学与教的路径问题，而合适的路径能够帮助学生更好地理解所学知识。正因为如此，教师对所教学科内容尽管可能持有同样的理解，但学与教的路径的差异可能也会使得教学效果千差万别。教材并非只是呈现所需学习的知识点，其对知识的呈现和编排是试图帮助学生和教师进行有效学与教的一种体现。因此，某种程度上教材也在"引导"教师和学生进行知识教与学，只不过这种"引导"是静态的，它需要教师的转化。譬如，关于"负数的初步认识"一课的内容，北师大版本教材中就有这样一个环节（见图2-1）。

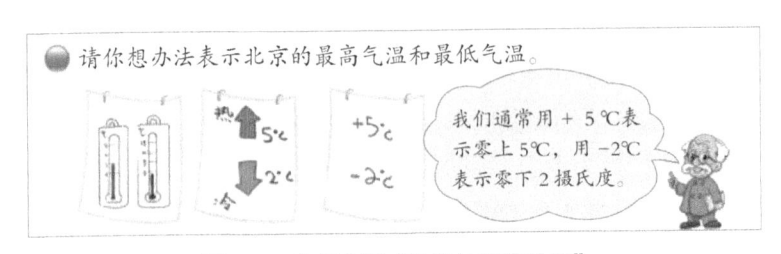

图2-1 北师大版"负数的初步认识"

教材在此意图让学生通过表征来理解负数。如若深入理解负数这一内容，教师可能会发现，负数的认识与理解重在其表示意义相反的量。所以，如何帮助学生更好地理解这一重点就将成为这一内容学习过程的重要支架，而教材在试图帮助教师找到这一支架。由此可见，学习方式的问题意识是指在教师理解所教知识的基础上，审思和寻找合适支架来帮助学生更好地学习的问题意识。

整体而言，问题意识的两个方面是相辅相成的，学习内容的问题意识能够促发教师寻找合适的学习方式，而学习方式的问题意识则能够反向激发教师深入理解其所面对的学生所需要学习的学科内容。

二、分析与比较的目的

教师的教材分析与比较的目的离不开教学与育人两个方面。因而，就教师开展教材分析与比较的目的而言，其可能需要思考"用教材教"和育人两个方面的目的。

（一）"用教材教"的目的意识

"用教材教"的目的意识是指教师应从课程的角度来认识和把握教材。按照美国课程学家古德莱德的看法，课程可以分为五个层次，即理想课程、正式课程、感知课程、运作课程与体验课程。而教材只是正式课程，它与理想课程、感知课程、运作课程以及体验课程之间是有差异的。教师的学科教学是这五种课程的综合体，因此，教师需要将教材放在这五个层面去考虑，如此，教师才能符应"用教材教"这一提倡多年的观念。进一步而言，这一"用教材教"的目的意识包含以下三个方面。

（1）保证教材分析与比较的正确性。保证教材分析与比较的正确性是课程的教材观意识的前提，它要求教材的分析与比较需符合学科知识的正确性要求。譬如，小学数学中在教学折线图时，部分教师以条形图来让学生认识和理解折线图。然而，从统计学的角度来说，条形图是无法过渡到折线图的，即使教师在教学中让学生通过想象的方式来让学生学习折线图也是违反折线图的由来的。严格来说，折线图是由直方图过渡演变而来的，而条形图所代表的离散量是无法与折线图所代表的连续量相等同的。再譬如，某位教师为了让学生理解图形的"高"在图形中可以横着，以身高为例，说明图形的高和身高一样，既然人们躺着时，身高是横着的，那图形中的高也可以"横着"。但是，图形中的"高"与生活中的"高"是有所区别的，虽然生活中的"高"能较好地让学生理解，但图形中的"高"所内聚的学科价值可能会有所忽视。当然，保证教材分析与比较的正确性与教教材是不同的。教教材也需保证教材的正确性，但其只是按照教材的编排来传授知识，甚少对教材进行分析与比较。而上述二则案例是对教材有个人的分析，也即秉持"用教材教"的理念来分析与比较教材，但在分析与比较中，越出了学科的底线，进而偏离了"用教材教"的初衷。

（2）提升教材分析与比较的深刻性。提升教材分析与比较的深刻性是课程的教材观意识的旨向，它要求教材的分析与比较在正确性基础上，深度分析与比较教材所内蕴的学科知识、思维和素养。譬如，小学数学中关于认识位置的内容，倘若教师只是从所教的知识点出发，孤立地看待各部分内容，那学生在学习之后可能只是获得了不同位置的表示方式。于学生而言，可能会有此种感受，即位置表示方式极其多样，但这些表示方式之间好像没有任何关联，他们所需要做的仅是在考试中能够就不同的题目正确写出合适的表示方式即可。然而，如若从数学知识间的关联性出发，认识位置背后实则有极强的关联性，仅就用数对确定位置和用方位角与距离确定位置而言，二者之间除表示方式不同之外，其内隐的思想却是一脉相承的，二者都是在起点、方向和距离这一原理之下来确定位置的，只是用数对确定位置中的距离是有序的数字，而用方位角与距离确定位置中的距离就是距离而已。就教学内容而言，该解读通过文本的写作主线把知识点串联起来，进而提升了教材的深刻性，有益于学生学科素养的养成。

（3）拓展教材分析与比较的价值性。拓展教材分析与比较的价值性是课程的教材观意识的追求，它要求教材的分析与比较在正确性和深刻性基础上凸显教材育人的价值。譬如，① 有这样一道小学计算题：每箱橘汁都装有24罐，为了使250个学生人手一罐，共需多少箱。这是一道有余数的除法题，常规的解法是用250除以24，但某位教师在课堂教学中，板书了这样一个表达式：250？24。学生在自由探索的过程中，形成了5种解法。①用加法，对24进行连加直至达到（或超过）250；②用减法，从250连续减去24直至最终减完；③用乘法，发现24与何者相乘将得到250；④100包括4个25，由于250个学生是2个100再加上半个，因此，如果每箱橘汁都装满25罐的话，相应的结果就是4箱再加2箱（总共10箱）；但现在每箱只有24罐，也即每箱少了1罐，从而就必须在第11箱中补取10罐；⑤通过将长方形分割成250个小正方形来寻找答案。通过教师的这一分析，使得本身极为简单的计算题呈现出极为重要的学科价值，即它充分发挥了培养学生的发散思维、创新意识等价值。如若仅从常规解法来予以读解，则其价值将仅局限于使学生熟悉和巩固有余数除法这一知识点，学生所获也仅仅是将所学知识用以解决一个实际问题而已，其更富价值的读解可能会有所遗失。

（二）育人的目的意识

教材分析与比较的育人目的意识是指教师能够从学科教学实践与育人的关系中分析和比较教材。教材分析与比较的目的意在理清教材分析和比较这一手段与育人这一目的间的关系。正如叶澜教授所言，在教学中，教师实际上通过教书实现育人，为教好书需要先明白育什么样的人。② 因此，教师的教材分析与比较是与育人离不开的。某种程度而言，弱化甚至没有育人的思考，教师的教材分析与比较是很难持之以恒的。换言之，教材分析与比较也就很难真正地成为教师的一种素养，而很有可能只是沦落为一时的心血来潮抑或一种技能。具体而言，教材分析与比较的育人目的意识包含以下三个方面。

（1）教材分析与比较和人的自立。自立是育人的基础，没有自立遑论育人。一个无法自立的人很难真正地或真实地存活于现在的世界之中。因此，学科教学肯定需要思考人的自立问题，即教材分析与比较的初衷。教师可以通过教材分析与比较更好地获知学生所需掌握的知识，获知这一知识在学生自立过程中的作用。简言之，教师教材分析与比较的自立目的意识是提醒教师其所传授的知识对学生有没有用，尽管此种作

---

① 郑毓信. 国际视角下的小学数学教育［M］. 北京：人民教育出版社，2003：210.
② 叶澜. 重建课堂教学的价值观［J］. 教育研究，2002（05）：3-8.

用关涉更多的是功利层面的。据此，教师在面对教材时不会只是把教材的知识传授给学生，可能还会思考这一知识在学生考试中、后续学习中，甚至生活和工作中潜存的意义和价值。

（2）教材分析与比较与人的自新。自新是育人的核心，自新才能成人。自新的含义在于人类处在复杂多变的环境中，其生存和延续必须具备适应环境，甚至改造环境的能力，这一现实要求人必须具备变化和改变的能力。正因为如此，人只有自新才能走向成人。而教材的分析与比较即在自立的基础上，思考如何通过知识来培养学生的自新。这其中，学科素养可能是教材分析与比较的关键。就学科素养而言，它是一门学科最为本质、核心的观念，它的掌握在某种程度上能帮助学生更好地进行学科学习，进而形成学会学习的能力，而学会学习是人面对复杂多变的客观世界所必备的能力，一个在学科教学实践中没有学会学习的人很难具备学会学习的能力，同时很难在遭遇复杂多变的环境中寻求改变，从而也很难达成人的自新。因而，教师教材分析与比较中人的自新这一目的意识意在通过教材的分析与比较发现知识背后的素养，进而在教学过程中将这一素养的培育渗透于知识的学习之中。

（3）教材分析与比较与人的自觉。自觉是育人的旨归，自觉才能达至人的完满。个体生命的自觉乃是个体完满的标志。如果说自立使人能够立足于社会，自新使人知道如何去改变，那自觉就是在二者的基础上使人反思其实践立足与改变，进而有意识地实践立足与改变。因此，自觉于人之为人极为关键。而自觉的实现依托于学科教学中学科思维的培养，学科思维是在学科素养基础上所形成的，学科思维的价值在于学生能够对所学知识进行反思，进而成为反思自身、他人、客观世界的一部分。学科思维可被看成一种"自反抽象"（reflective abstraction），是把已发现的结构中抽象出来的东西投射或反射到一个新的层面上，并对此进行重新建构。① 因而，教师教材分析与比较中人的自觉这一目的意识意在帮助其从教材的分析与比较中挖掘学科知识背后的学科思维，进而在学科教学中引导学生养成学科思维。

第二节 教材分析与比较框架的建构

有了问题与目的之后，教师就需要依据一定的分析与比较框架来解决这些问题，并达到其所设想的目的。因此，教材分析与比较的第二个环节就是分析与比较框架的建构。

---

① 郑毓信. 数学教育：动态与省思［M］. 上海：上海教育出版社，2005：132.

一、基于文献的分析与比较框架的检索

对于教师而言，独立探索和设计框架无疑极为困难，此外，就教材分析与比较的旨向而言，独创某个新颖的比较框架也并非最终的目的。因此，作为教师专业发展的分析与比较素养而言，懂得从已有比较研究中找寻合适的框架就变得尤为重要。因此，教师的教材分析与比较需要检索已有的分析与比较框架的文献。具体而言，教师可从期刊、学位论文以及著作三个渠道检索相关的文献。

就已有分析与比较框架的检索而言，学术期刊应是最为主要的检索渠道。正如上文所言，教材分析与比较一直是教育教学领域研究的重要课题，相关研究时常见于教育类的期刊之上。因此，教师应从这些学术期刊上获得足够的启示。一般而言，国内核心期刊上都能获得较为高质量的分析与比较框架。与此同时，期刊本身的被引和下载次数也能进一步帮助教师检索更为高质量的分析与比较的框架。

学位论文可能是蕴含分析与比较框架较多的一类文献。正因为教材分析与比较是教育教学领域的重要研究课题，所以在学位论文中，有相当数量的硕士和博士学位论文关注这一领域，尤其是硕士学位论文。在学位论文中，分析与比较框架比较明确，通常以附录的形式放在论文的最后，这也便于教师较为快速地获取其分析与比较框架。除此之外，学位论文一般而言对其所构建的分析与比较框架都有较为详细的说明或论证，这对教师构建分析与比较框架具有一定的帮助。与此同时，这些说明一般会牵涉其所参考的文献，这也间接地帮助教师检索这些高质量的文献，或许这些文献也会为教师建构分析与比较框架提供意想不到的帮助。

有关教材分析与比较的著作同样值得教师参考和借鉴。在这些著作中，部分涉及国内不同教材比较的内容，部分涉及不同国家教材比较的内容。尤其是不同国家教材的分析与比较，它是国内了解其他国家教材编写情况的重要方式，与此同时，其在不同国家教材分析与比较时所采用的框架也能够为教师的分析与比较的框架提供帮助。

二、基于循证的分析与比较框架的思考

当然，通过文献检索，教师可能会获得较多的文献资源，此时，教师可能需要对这些不同文献中分析与比较框架进行甄别和分析，以为后续框架的确立奠定坚实的基础。就基于循教育证框架的分析而言，需要关注以下几个方面。

（1）注意比较框架的证据层次性。就循证研究而言，证据是独立于研究者之外的，对于依循循证思维方式的研究者来说，以往研究所产生的证据是其开展研究的依据。然而，如何选择这些证据抑或其在即将开展的研究中具有什么样的地位，而这可能需要研究者明晰不同证据的等级。按照证据所采用的产生方式，可将其分为四个等级：一级，对照组实验（准实验）；二级，前后对照实验；三级，相关研究；四级，案例研究。其中，一级最高，四级最低。[①] 因而，就框架的确定而言，研究者可依据这一分类来对已

---

① 徐文彬，彭亮. 循证教育的方法论考察[J]. 教育研究与实验，2013（04）:10-14.

有研究中所涉及的框架进行判定，从而对其进行甄别和选择。

（2）注意内容的契合性。并非任一框架都适合某一特定的学科教材内容，这就需要教师在符合证据标准的框架内进行二次选择。因为只有符合某一学科内容的比较框架才能真正地分析与比较出符合学科教学需要的内容。譬如，仅就小学数学教材的分析与比较而言，其可能需要关注"数与代数""图形与几何""统计与概率"的不同点，毕竟这些内容本身在教材编排时就已经考虑了其特殊性，其在教材中的呈现反映了其内容特点。譬如，其中的"统计与概率"内容，它在教材中的呈现可能遵循了提出问题、搜集数据、整理数据、分析数据、判断与决策的"线路"。因此，这一内容的比较框架的选择可能还需考虑这一特点，并进而在这一特点之下进行适当的变动和调整，从而确立最终的分析与比较的框架。

三、基于纵向和横向维度的分析与比较框架的确立

统整上述检索和分析之后，教师需要最终确立教材分析与比较的框架。基于教材本身的特点，其最终的分析与比较框架需要从纵向和横向两个维度以及量和质两个层面来考虑（见表2-1）。

表2-1 教材分析与比较的一般框架

分析维度		具体指标		
纵向	量的分析	某一内容在十二册教材某一领域直观呈现的数量		
	质的分析	某一内容在十二册教材例、习题中的内容旨向及对应知识点分析		
横向	量的分析	本单元中设置的例题与练习数量		
	质的分析	例题分析	分析与比较指标	指标解释
		习题分析	分析与比较指标	指标解释

由上表可知，纵向维度主要是分析与比较某一内容在小学六年间的编排情况，横向维度主要是分析与比较这一内容就其所在单元的编排情况。据此来看，纵向维度主要考查所分析与比较的内容在十二册教材中的分布情况，从而了解其在不同阶段学生学习的情况，进而更深入地理解这一内容的前后脉络，以为教师更好地把握这一内容在小学数学中的地位和作用奠定基础。横向维度主要是更为详细地考查这一内容在其教学单元中的分布情况，从而了解这一内容编写的具体情况，获知教材编写者关于这一内容教与学的思路，进而帮助教师更好地实施课堂教学。

在每一个维度中，都涉及质和量两个层面。其中，在纵向维度上，量的分析主要考查某一内容在十二册教材某一领域直观呈现的数量，了解这一内容在不同教材中量上的差异，质的分析主要考查某一内容在十二册教材例、习题中的内容旨向及对应知识点分析，了解这一内容在不同教材中内容和知识点上的质的差异。在横向维度上，量的分析

主要考查不同教材中所设置的例题与练习数量，质的分析主要依据上述所检索和分析的已有框架，合理地设置分析与比较的指标，并依据不同指标的解释对不同教材的例、习题进行更为详细的质性分析。

总之，教材分析与比较框架的建构需要借鉴已有的分析与比较框架，并从纵向和横向两个维度，以及量和质两个层面全面深入地分析与比较不同教材中某一内容的编排情况，从而帮助教师提高课堂教学设计的有效性和针对性。

当然，实际的教材分析与比较可以只选择横向或纵向一个维度来开展，但一般都需要分析与比较质与量这两个方面。

第三节 教材分析与比较的程序

教师的教材分析与比较与一般研究者进行教材分析与比较有相同之处，也有不同的地方。相同之处在于，教材分析与比较都需要选择某一具体的内容，都需要在不同版本教材之间进行分析与比较，都需要对相关结果进行统计与分析。不同之处在于，研究者进行教材分析与比较可能依托于个人，而教师的教材分析与比较可能需要分工协作，将教材分析与比较纳入正常的集体备课的过程当中，从而真正地服务于教师的课堂教学。

一、内容和教材的选择

教师分析与比较教材的首要工作是选择分析和比较的内容，就小学数学教材的内容编排而言，这一分析与比较的内容的选择可以从以下三个方面来进行考虑。

（1）基于现有教材中的单元内容。单元是教材内容的基本单位。因此，教师在分析与比较教材时常常以单元作为分析与比较的内容单位。而在国内"一纲多本"的实际情况下，单元的设置存在较大的类似性，这也为教师进行分析与比较提供了方便。而就教师的教材分析与比较而言，这是最为常用的内容选择方式，毕竟这与教师的课堂教学密切相关，教师可以通过这一单元的相关教材的分析与比较为其课堂教学提供一定的帮助。当然，现有教材中的单元内容的分析与比较也有一定的局限。譬如，当多个版本的教材在单元上存在巨大差异，抑或与境外教材进行比较之时，如果依然依据单元进行分析与比较，可能无法获得较为深入的认识。据此，教材的分析与比较需要在单元的基础上，以主题单元的形式进行分析与比较内容的选择。

（2）基于主题的单元内容的统整。主题单元的内容统整重在从知识的系统性角度来考查所需分析与比较的教材，这一内容选择方式可以不受现有教材中固定单元的限制，可根据某一内容的相关性，进行合理的统整后再去分析与比较不同版本的教材。与此同时，主题单元的内容的选择可能更有利于教师发现教材内容编排背后的理念、价值及其所蕴含的核心素养。这是因为主题单元的内容可能在范围上比现有教材中的单元更广一些，而从这一更广的内容中或许能更为清晰地展现其背后的理念、价值及其所蕴含核心素养。譬如，分析与比较"认识三角形和四边形"，在不同教材中，这一内容可能不在一个单元之内，但二者在某一年段中时常集中学习，此时，教师也可将这些内容统整在一起形成具体的主题单元，进行分析与比较。

（3）基于领域的跨单元的内容。除了基于相近主题选择相关的主题单元内容，主题单元的内容也可根据需要拓展至更大的单元，甚至可以依据需要将某一领域的内容纳入分析与比较的范围。譬如，就"统计与概率"领域而言，教师可以对这一领域的内容进行分析与比较。之所以选择这一领域的内容，是因为在小学数学中，这一领域的内容本身很少，从内容的量上来说，可以将其统整为一个大的单元来进行分析与比较。此外，这一领域的内容具有一些较为特殊的地方，即"统计与概率"的学习尤其是"统计"内容的学习需要关注学生学习统计的过程，割裂统计学习的过程可能会对学生真正感受统计的意义与价值有所影响。据此，教师可以将其作为一个相对独立的单元内容来进行分析与比较。

至于教材选择，目前教师的教材分析与比较应该尽量选用除自身教学用教材之外的广泛使用的境内教材，如人教版教材、苏教版教材、北师大版教材等。一方面，教师不可能分析与比较境内所有的教材，甚至境外教材，这无疑将教材的分析与比较变成了研究者的事情；另一方面，教师也不能随意选择教材进行分析与比较，广泛使用的原则保证了所分析与比较的教材的典型性和代表性，也确保了教材分析与比较结果的价值所在。

二、基于任务的分工协作

当分析与比较框架建构完成，分析与比较的内容确立之后，接下来就需要教师根据分析与比较框架对所选择的内容进行分析与比较。而就教师的教材分析与比较而言，其需要将分析与比较的任务进行合理的分工并保证分析与比较的一致性信度。具体而言，这一分工协作需要遵循以下的一般步骤。

（1）确立合适的教师完成教材的分析与比较。一般而言，从事教材分析与比较的教师应为教学同一年级组的教师。正如上文所言，教师的教材分析与比较主要服务于课堂教学，因此，教材分析与比较的任务只有与教师的日常课堂教学的工作联系起来的情况下，才能在不增加教师过多工作量的前提下予以完成。否则，教材分析与比较的任务可能会草草了事。此外，确立教师从事教材分析与比较需要形成较为稳定的团队，这对一个年级组长期进行这项活动有一定的帮助，尤其对不同教师之间内部一致性信度的达成，更是至关重要。

（2）根据相关需要合理地安排分析与比较任务。不是所有教师都适合从事教材分析与比较的所有任务，也并非所有教师需要全方位地参与所有教材分析与比较的任务之中。教材分析与比较是一项集体性的工作，它需要年级组内的教师进行合理的安排。一般而言，教材分析与比较的任务大致分为三大类：一类任务是分析框架的构建，二类任务是单个教材的分析，三类任务是不同版本教材的比较。因此，这三类任务需要合理安排给同一年级组的不同教师，确保三类任务都有主要的负责人，如此才能保证这一任务的完成。此外，在这一过程中，同一年级组的教师需要全程参与讨论，以确保团队教师知晓每一类任务，以便更好地完成其所承担的任务。

（3）确保不同教师分析与比较的内部一致性信度。在第二类任务中，可能有多名教师参与共同完成。此时，不同教师之间需要达成较高的内部一致性信度，以确保最终分析与比较结果的有效性。就内部一致性信度的达成而言，第二类任务中的不同教师需要在熟悉分析与比较的指标的基础上进行单独的统计分析，然后比较不同教师统计分析的结果，计算这一任务中不同教师间的内部一致性信度。如果这一内部一致性信度较高，则第二类任务可以继续进行；如果偏低，则这一任务中的教师需要与第一类任务中教师一起商量，共同找出导致内部一致性信度偏低的指标，确保不同教师的理解一致。之后再进行统计分析，直至内部一致性信度达至要求。

（4）进行教材的分析与比较。在内部一致性信度达至要求之后，教师可以完成第二类任务，并在完成之后交由第三类任务的教师完成后续的比较工作。对于第二类任务的教师而言，其重要的职责是保证每一版本教材分析的有效性；而对于第三类任务的教师而言，除要对每一版本教材分析的结果进行统整之外，需要将焦点放在不同版本教材之间的异同点的比较上。据此，第三类任务的教师需要依据第二类任务分析的结果归纳和总结不同版本教材间的异同点，以为后续的总结奠定基础。

第四节　教材分析与比较的表述

教材分析与比较除能够帮助教师更好地进行教学之外，其分析与比较的结果本身就是一份十分宝贵的校本资源，可供其他教师继续使用并完善。因此，教师的教材分析与比较不能只是获得一份感受，并将这一感受付诸课堂教学之中，其需要在上述步骤完成之后，以文本的形式将教材分析与比较的结果保存下来，以便后来者参考、借鉴甚至改进。

因此，教材分析与比较的表述就需要遵循研究报告的形式，即研究问题的提出、研究设计、研究结果、结论与建议、参考文献以及附录等的表述框架。这是一个较为规范的实证研究的表述框架，除参考文献和附录之外，其余四个方面的表述所需注意的事项如下。

一、研究问题的提出

就教材分析与比较而言，明确的问题不仅有助于教师开展后续工作，也能够帮助后来者了解教材分析与比较的问题与目的所在。除上文提及的所需具备的问题与目的意识之外，就研究问题的提出这一部分的表述而言，需要注意以下两个方面。

（1）明确已有研究的趋势和方向。研究问题的提出需要基于已有研究的情况，因此，在研究问题的提出中需要提及关于这一内容相关研究的概况，这一概况不仅包括已有的教材分析与比较的方向和结果，也需要包括关于这一内容其他类型的研究，如经验研究、教学设计研究、准实验研究等，进而基于此归纳总结关于这一内容的研究方向和趋势。

（2）明确自身的研究问题。在明确已有研究的趋势和方向之后，教师需要在此基础上确立研究问题，从而确保这一研究问题与已有研究的关系，以保证这一研究问题的价值与意义。与此同时，这一研究问题的提出也为后来者审视和完善这一研究提供了支点，它既能够帮助后来者在使用这一教材分析与比较的结果时明确方向，也能够为后来者推进甚至完善这一研究提供方向。

总之，"研究问题的提出"这一表述是在已有研究相关趋势和方向的基础上，试图提出教材分析与比较的问题与目的，以为后续研究的各个环节提供方向或引导。

二、研究设计

作为一个严格的实证研究而言，研究设计是十分重要的，它需要对研究问题、样本的选择、数据的搜集和分析等问题进行较为详细的阐述。因此，它是审视教材分析与比较合理性的重要窗口。与此同时，它也是后来者改进和完善已有教材分析与比较的重要突破点。作为"研究设计"这一部分的表述而言，其需要关注以下几个方面。

（1）教材的选用和说明。教材的选用和说明主要需要交代一下在分析与比较时所选用的教材，并对选用的原因有一个适当的说明。除上文所提及的使用范围之外，当教师试图分析与比较境外教材时，选用的原因可能就不仅仅只是使用范围，可能还有一些其他原因，诸如教材使用地区或国家的教育水平、文化背景、数学教育的状况等。总之，这一选用和说明意在表明所分析与比较的教材符合分析与比较的要求，同时这些教材的分析与比较兼具一些推广价值和作用。

（2）研究问题的细分和说明。在上述问题提出的基础上，研究设计中需要明确阐述教材分析与比较所要解决的问题。大致而言，可包括这样四个方面：多个版本教材编排背后所隐含的理念；多个版本教材中某一内容在十二册教材中的位置及与前后知识的联系；多个版本教材中某一内容结构与编排特点；多个版本教材编排理念及特点对教学实践可能或实际产生的影响。通过解决上述问题，找出某一内容的特点，进而为后续的课堂教学做好准备。

（3）分析框架的说明。分析框架的设计与说明需要将分析框架的设计予以说明，尤其是分析框架中横向维度质的分析中例题和习题的分析指标，这是分析框架说明的重点。正如上文所言，这一部分的分析指标需要结合具体的内容和已有的相关研究设计相关的分析指标，这些指标需要在此予以详细的说明，以方便于后续的统计。

三、研究结果

研究结果主要是依据分析框架对教材分析与比较的结果，就教材分析与比较而言，其关涉每个版本教材的分析结果与多个版本教材分析结果两个方面的表述。

就每个版本的分析结果的表述而言，其重在从纵向和横向两个维度、质和量两个方面以及例题和习题两个切入点来呈现教材分析的结果。其中，纵向维度的量的分析结果主要呈现某一内容在十二册教材中的数量，纵向维度的质的分析结果主要呈现某一内容在十二册教材中内容上的情况，横向维度的量的分析主要呈现这一内容在某一教材中例题和习题的数量，横向维度的质的分析主要呈现例题和习题在不同分析指标上内容上的特点，这是每个版本教材分析结果中较为重要的一部分。

就多个版本的比较结果的表述而言，其重在从已有的每个版本的教材分析结果中寻找多个版本教材之间在纵向和横向两个维度、质和量两个方面以及例题和习题两个切入点上的异同点。据此，它与每个版本的分析结果的区别在于，其需依据上述每个版本的分析结果，并在此基础上比较它们之间的相同之处与不同之处。当然，就呈现方式而言，其可以放置在三个版本教材分析结果之后，也可单独作为一部分进行表述。

四、结论与建议

结论与建议是"表述"的最后一部分。一方面，它需要对研究设计中研究问题进行解答，这就是结论部分；另一方面，它需要在这些解答的基础上，试图对教师课堂教学乃至这一部分的教材编写提出一些建议。

结论部分的表述主要是在上述分析与比较结果的基础上进行归纳和总结，并有意识地回应研究设计中的问题。譬如，上述分析和比较的结果，反映这一内容背后的理念是什么样的，其编排有什么特点以及其对课堂教学有什么样的影响。通过这些问题的回答，进一步梳理这一内容在教材编排与教学上的特点。

建议部分是在结论基础上对课堂教学与教材编写的建议，它的表述需严格限制在这一内容之中，不能进行过多的拓展和延伸。换言之，它需要教师依据教材分析与比较的结论对这一内容的课堂教学提出较为切实可行的教学建议，并且在多个版本教材的分析与比较的基础上对需要改进和完善的地方给予一些建议。

第二部分
教材分析与比较的具体案例

- 本部分试图具体解决以下三个问题：
  （1）如何具体地分析与比较运算律的教材内容编排？
  （2）如何具体地分析与比较"认识三角形和四边形"的教材内容编排？
  （3）如何具体地分析与比较"统计与概率"的教材内容编排？

- 之所以选择上述内容作为教材内容分析与比较的"主题单元"是因为，上述内容在其各自领域内都具有一定的代表性和典型性。并且，依据教材编制的权威性和教材使用的广泛性，我们将选择人教版、北师大版和苏教版三个不同版本的教材作为分析与比较的教材对象。

  结合主题单元和教材版本，便可得到本书的第三、四、五章。其中，每一章的第一节都是相应内容"编排分析框架"的建构，第二至四节则分别是对人教版、北师大版和苏教版教材对应内容编排的分析，第五节则是对三个版本教材对应内容"编排分析结果"的比较与讨论。

第三章 运算律内容编排的分析与比较

教师的舞台在课堂,而教师的功夫却在课堂之外。"台上一分钟,台下十年功",这句话同样适用于教师的专业发展。那么,教师的功夫究竟体现在哪里呢?或许,教师对教材内容编排的分析、比较与思考能为其提供真实且扎实的教学实践力量。

有质量的课堂教学中,教师绝不是照搬教材上的知识点,堆砌貌似丰富的学习内容,而是正好相反,是通过对教材内容编排的分析甚至比较,把相关知识点创造性地联结在一起,为学生提供丰富多样的学习内容,以及讨论和思考的机会。

第一节 小学数学教材中运算律内容编排 分析框架的建构

教材编写思路和编排特点常常会对教师的教学起到引领或制约作用。在运算律的已有研究中,有研究对所使用的教材进行分析得出了一定的教学启示,[1] 也有研究借助于其他国家的教材来加深对运算律意义的理解,[2] 而更多研究则提出了对运算律教学的种种看法和观点。然而,对运算律知识的理解仍然存在着种种疑惑与矛盾。譬如,运算律的意义是否一定要通过现实意义来阐明,[3] 运算律的价值是否仅在于简便运算。[4] 这些疑惑表明,运算律的教材内容编排可能仍有需要改进或完善的方面。而教材的分析与比较则是改进或完善的基础与前提。

---

[1] 金晶. "数与代数"教学中如何培养学生的推理能力 [J]. 数学教学研究,2011(10):64-67.
[2] 巩子坤,张奠宙,任敏龙. 教学运算律,须先厘清运算的本质 [J]. 小学数学教师,2017(Z1):15-18.
[3] 朱永梅. 植根生活,走向深刻:苏教版数学四上"加法运算律"教学设计及反思 [J]. 数学教学通讯:初等教育,2013(10):16-17.
[4] 薛金星. 小学数学基本知识手册 [M]. 北京:北京教育出版社,2006:67.

一、教材内容编排分析框架建构的依据

教材内容编排分析框架是开展教材内容编排分析与比较的工具，其建构依据主要包括分析框架建构的一般思路和教材内容编排分析的整体考量两部分。

（一）教材内容编排分析框架建构的一般思路

一般而言，建构一个框架就意味着形成一个结构。[①]那么，如何形成一个教材分析的结构呢？抽象地看，就是从一个教材分析的主题出发，不断地对其进行逐级或逐层分类活动。分类活动的本质就是基于一定的标准将一个对象分解为多个对象，所出发的主题便是最原始的那个分类对象，这个对象如何分解为多个对象，被分解的对象又将如何进一步分解，以及这个分解过程何时结束，都需要基于一定的分析目的来具体考量。

框架的建构无外乎要交代清楚上述分解过程，并说明其中每一次分解的标准是什么，以及为何采用这种标准；最后所形成的各个对象的意义是什么，该如何具体地进行操作（分析指标）；在整体上阐述框架内各个对象之间的关联性，以说明其如何能够成为一个具有内在统一性的框架。

由此可见，上述这些描述就是对框架建构提出的一些相应要求，而对这些要求的满足程度就可以作为框架建构合理性的依据。在此，我们将遵循上述所提及的一般思路，具体建构运算律的教材内容编排分析的框架，并阐释其合理性。

（二）教材内容编排分析的整体考量

教材内容编排分析框架的建构要从一个教材分析的主题出发，而主题便是教材内容编排分析的整体依据。主题是其对应目的、内容和手段等方面的一个综合体。因此，需要对其进行划界。一方面，主题意在对其认识对象范围之内予以揭示；另一方面，这也意味着从反面对其认识对象范围之外予以遮蔽。

教材内容编排分析总是要限制在其主题范围之内的，所以，首先就要对这个范围进行整体的规定。而教材内容编排分析主题的规定性则可以从学科性、素养本位和间接性等三个方面来加以考量。

学科性明确了某一教学内容的专门性，专门即深入，这其中包含了这样的一种观念，即没有对学科的深入便无法真实地落实素养的培养。实际上，在现有学科体系下，任何教学要素都需要满足两点，即学科性和素养本位。然而，学科性与素养本位还没有关涉分析对象本身，即教材。于是，间接性则体现了作为分析对象的教材的独特性。在学科性和素养本位基础上，间接性则强调了教材以间接的方式来发挥其对教学的影响。因此，间接性要求教材使用者或分析者形成一种"看"教材的方式。教材全然是静态的、固定的、有待发展的，"看"就意味着让教材"动"起来、变化和发展起来。正是这种

[①] 鲍建生，周超. 数学学习的心理基础与过程[M]. 上海：上海教育出版社，2009：236.

"看"使得教材分析具有了开放性，而这种"看"又是有条件地"看"，这条件即学科性与素养本位的联结。

一般而言，在不同版本的小学数学教材中，运算律既是一个教学单元，更是数学的一个知识单元。因此，要想对该单元有所认识，就必须从数学上去考虑设置哪些分析的项目，同时该单元也在适当的层次上体现出深入性，而这种深入性并不能浅尝辄止，需要揭示其本源性意义。所以，从运算律本身出发，并以此作为运算律教材内容编排分析的依据，才有可能既真正体现数学的学科性，又切实落实素养本位。

二、从运算律本身出发

毫无疑问，课标中对运算律相应知识的概括和界定应该是建立在运算律数学知识基础之上的。但是，由于课标的独特性，其对数学知识的解释无法深入。因此，就不仅需要运算律的课标分析，而且更需要运算律的知识分析。

（一）运算律的课标分析

课标对运算律的教学内容进行了整体规定，但在课标中涉及运算律的部分并不多。具体来看，在课标的"学段目标"的"第二学段"中提出了"掌握必要的运算技能"；在"课程内容"的"第二学段"中则提出了"探索并了解运算律，会应用运算律进行一些简便计算"。[1]除此之外，在课标的能力发展要求上，本单元还涉及数感、运算能力和推理能力等核心能力。

综合来看，课标把运算律作为运算技能的一部分，要求学生掌握它的基本内容，并且这种掌握的过程被描述为探索。也就是说，运算律的教学不是直接告诉学生什么是运算律，而是以一种探究的形式让学生自主发现运算律，这为教学提供了一个明确的大方向。在此基础上，课标进一步要求对运算律进行灵活运用。

因此，基于课标要求，可以初步得出"发现运算律及其形式—理解运算律的意义—综合应用运算律"的教学进程。在具体教学中，特别要注意不能忽视第二步，即在发现并记住了五种运算律以后，要展开对其意义理解的进一步探究。如果忽视了这一步，那么后续的应用只能是表面的应用。只有在理解了运算律背后的深层意义的基础上，才有可能综合、广泛地应用运算律，也才有可能真正体会到运算律的价值所在。

核心能力的发展依赖于上述的教学进程。譬如，数感贯穿于整个学习过程，在运算律的认识和应用过程中，潜在地蕴含着数感的发展；运算能力则显在地体现在本单元之中，对运算律的掌握就是提升运算能力的表现；推理能力也是本单元的一大重点，其对应于探究活动，在不同的活动中兼具了归纳推理和演绎推理。当然，最后需要特别指出的是，这些能力的发展并不是必然出现在教学之中的，毋宁说，在课标的引导下，教师

---

[1] 中华人民共和国教育部. 义务教育数学课程标准（2011年版）[M]. 北京：北京师范大学出版社，2012（1）：11-13.

应该尽可能地促使自己的课堂能够有效地培养学生的核心能力。因此，下列问题就很值得我们特别关注：

（1）应以怎样的逻辑顺序来开展五种运算律的教学？
（2）应以怎样的教学方式来展开每种运算律的教学？
（3）应如何处理好认识和应用运算律等之间的关系？

（二）运算律的知识分析

在知识分析中，我们可从初等数学领域，对运算律本身的相关知识进行尽可能丰富的分析，包括运算律的相关概念、运算律的本质以及对运算律的认识等。

1. 运算律的相关概念

主要包括运算意义和运算顺序。运算律是一种运算本身固有的规律，只要定义了运算意义，就自然会有一些关于运算的规律。因此，运算意义可以作为运算律的基础。运算顺序也是一个与运算律密切联系的概念，它是一种规则，具有一定的人为性，是规定运算书写习惯的一种约定性规则，而通常的运算顺序规则主要包括三点：同级运算从左往右、非同级运算先乘除后加减、括号内的先算。也正是在这一运算顺序规则系统下，形成了相应的运算律的形式。这里需要厘清其中的关系：一方面，作为实质的运算律是运算意义所固有的，任何约定性的运算顺序规则都会有相应的运算律预设，而作为形式的运算律是可变的，其基于具体的运算顺序规则而呈现出相应的形式。另一方面，从形式上看，运算律要根据运算顺序的形式而定，但从本质上看，运算顺序是要基于运算律的本质来进行设置的。也就是说，首先是运算意义，然后是运算律，最后才是运算顺序规则（尽管其学习是安排在运算律之前的，但其实是以运算律作为预设前提的）。

2. 运算律的本质

就运算律本身而言，一共有5个基本的运算律。这就意味着，不能多于5个，也不能少于5个。那么，我们就需要思考不多不少意味着什么。这就要求我们去寻找每一种运算律背后的本质，通过说明它的本质，以说明其存在的必要性。具体来看，通常可以把5种运算律分为三类：加法与乘法的交换律、加法与乘法的结合律、乘法对加法的分配律。这种分类可以从运算律形式本身看出差别。然而，当做出这样的分类时，我们不仅需要考虑其形式上的区别，也需要考虑其本质上的意义。

在收银台上，加法的交换律和结合律的重要应用随处可见，商品的总价钱与先计算哪个商品无关！[①]乘法的交换律和结合律亦然。从本质上看，加法和乘法交换律只是改变算式中数的位置，而不改变运算顺序。譬如，$a+b=b+a$，加法与乘法结合律只是改变算式的运算顺序，但不改变数的位置。譬如，$(a+b)+c=a+(b+c)$。乘法对加

---

① 伍鸿熙. 数学家讲解小学数学 [M]. 赵洁，林开亮，译. 北京：北京大学出版社，2016：33.

法的分配律则体现了一种加法与乘法的联结。譬如，$(a+b) \times c = a \times c + b \times c$。乘法对加法的分配律是唯一同时涉及加法和乘法的运算律，它可以提醒你，乘法就是反复做加法。① 这是从每类运算律本身来看其本质，我们还可以进一步地，将前两类运算律联系在一起，得到更深层次的认识：对于任意一组数，以任何顺序把所有的数相加或相乘，所得的结果不变。因此，以下问题就特别值得我们关注：

（1）存在两种改变算式的方法：一是改变数在算式中的位置，二是通过添加以及去掉括号来改变算式的运算顺序。因此，一个算式可以通过结合这两种方法做到将原算式以任意的顺序来进行运算。

（2）加法和乘法的交换律与加法和乘法的结合律分别对应着这两种方法。

（3）因此，在只有加法或只有乘法的运算中，通过这两类运算律的多次应用，就可以以任意的顺序进行运算。

当厘清了这样一种逻辑关系之后，我们才能够清楚地知道，在很多时候为什么我们可以很自然地改变算式而不影响其运算结果。正是因为在改变算式时，我们潜在地使用了交换律和结合律。所以，同样地，在改变算式时，只有厘清了这些运算律的本质以及它们的联系，我们才可以清楚地判断这一过程运用了哪些运算律。譬如，把"$21+8+9$"写成"$21+9+8$"，常常被认为只使用了交换律，而如果根据运算律的本质进行判断，该算式既改变了数的位置，也改变了运算顺序，所以其既使用了交换律，也使用了结合律：$21+8+9=(21+8)+9=21+(8+9)=21+(9+8)=21+9+8$。这往往是学生学习的难点，甚至部分教师也会出现相应的错误。

3. 运算律的认识

运算律的认识可以分为运算律的初步认识、运算律的本质认识和运算律的应用三个方面。

首先，在初步认识中，作为一种规律，对于小学生来说，运算律不需要证明其合理性。所以运算律的得出只涉及归纳，而不涉及演绎。其核心问题是如何得到各种运算律的形式，归纳过程便是对形式的认可过程。得到形式的探究或许可以是对众多算式进行分类、学生自主创造算式。根据现实情境得到算式等活动来展开。对形式的认可或许可以通过再举例，找反例而不得，通过现实情境或画图解释形式的意义等活动来获得。

其次，在认识运算律的本质中，既包括归纳，也包括演绎。在认识单个运算律的本质时，学生仍然是通过观察并反思来获得知识；而在认识多个运算律的本质联系时，则需要运用演绎，通过对不同运算律的本质的认识来得到更为一般的运算规律。

最后，在运算律的应用中，可以引出更广泛的活动，如简便运算、解决实际问题、对运算本质的理解等。其中，每种活动都包含了一个等量变换的思想。运算律的存在则使得等量变换具有了现实可行性，而各种类型的应用其实是目的不同的各种等量变换。

---

① 伍鸿熙. 数学家讲解小学数学[M]. 赵洁，林开亮，译. 北京：北京大学出版社，2016：36-39.

譬如，简便运算的目的是使运算更加简单，而对运算本质的理解的目的则是想通过变换，形成一种更具结构性、更易于理解的形式，以促进学习者对运算本质的理解。总体而言，这些应用活动既体现了运算律形式的价值性，又反映出运算律本质所蕴含的思维内涵。

由此，我们便可以建构关于运算律的知识结构图了（见图3-1）。运算律与运算意义和运算顺序相联系，并体现为运算意义—运算律—运算顺序的关系脉络。运算律可以被分为三个类型，每一类都具有相应的本质，而运用交换律和结合律可进一步得到一个更为一般性的规律：对任意一组数，以任何顺序把所有的数相加或相乘，所得的结果不变。在此基础上，运算律可应用于多个方面，包括运算本质的理解、实际问题情境以及简便运算等。最后，在这一学习过程中，也潜在地包含着丰富的数学思维和数学方法。

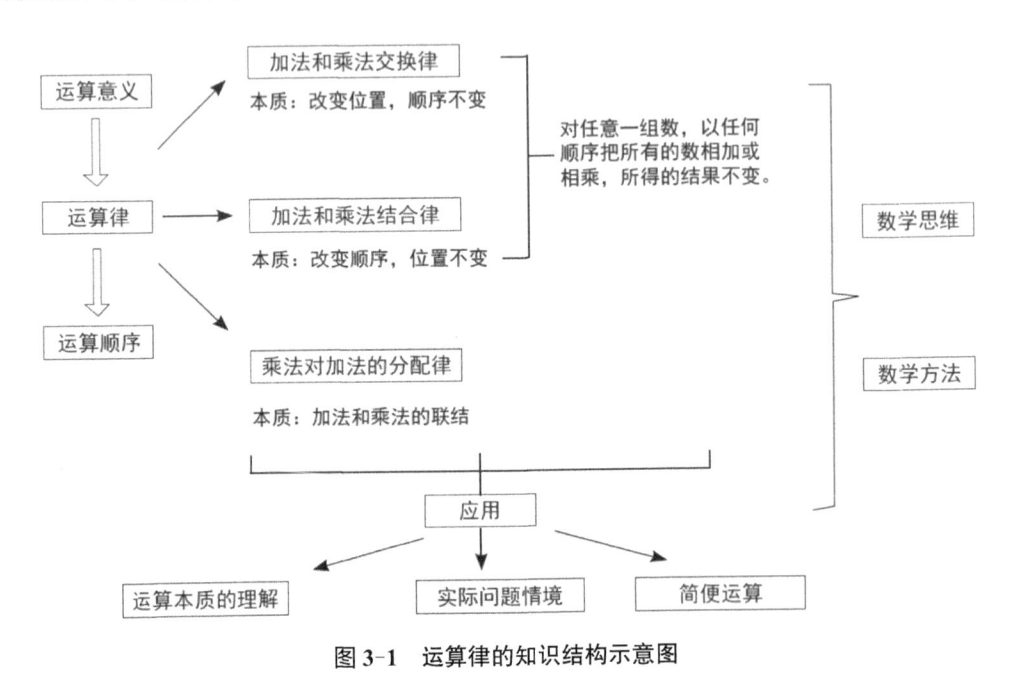

图 3-1 运算律的知识结构示意图

三、运算律教材的内容编排分析框架

在明确了教材内容编排分析框架建构的依据，并对运算律本身进行深入分析之后，便可以来具体建构运算律的教材内容编排框架了。首先是框架的整体结构，然后是框架的纵向维度，最后是框架的横向维度。

（一）框架的整体结构

在建构或分析"整体结构"之始，我们可以先呈现作为建构结果的小学数学教材运算律内容编排分析框架（见表3-1）。

表 3-1　小学数学教材运算律内容编排分析框架

分析维度				具体指标
纵向分析	量的分析			在前后知识中，渗透与应用运算律的例题与习题的数量
	质的分析			在前后知识中，渗透与应用运算律的知识点分析
横向分析	量的分析			本单元中设置的例题与习题的数量
	质的分析	例题	内容组织	每个例题所呈现的知识点及组织顺序
			呈现方式	生活情境、算式、实物图（实在的物体、脱离生活背景的呈现，如温度计）、几何模型等
			表征方式（运算律）	文字（描述性语言）、数字、符号（文字、字母、图形……）
			学习进程	（1）规律学习进程：观察、发现、问题解决、验证 （2）知识应用进程
		习题	内容组织	练习（习题）中所呈现的知识点及组织顺序
			问题类型	依据教材中运算律练习的提问方式，将练习分为总结回顾型、理解判断型、解释说理型、计算型、运算给定型、生活情境型、猜想型、数学活动型等问题
			认知水平	模仿、理解、运用、探究

小学数学教材中运算律内容编排分析框架包括两个维度的分析——纵向分析与横向分析。纵向分析主要是指，对运算律内容在十二册教材中的运算律单元前后分布情况的分析。纵向分析既要统计运算律单元前后知识中渗透与应用运算律的例题与习题数量，也要反映运算律在运算律单元前后哪些知识点上有所体现。

横向分析主要是指，就运算律单元本身所呈现的内容编排特征进行分析，既包括量的分析又包括质的分析。量的分析是大致了解本单元的例题与练习数量；而质的分析则是分别从例题与习题的教学作用出发，选择不同的指标以分析其是否具有连贯性、结构性与适切性。例题在教学中承担着传授新知的角色，因此以内容组织、呈现方式、表征方式与学习进程来反馈知识组织的形式与过程；练习的作用是巩固提升，因此选取内容组织、问题类型与认知水平来分析习题与例题的联系，体现习题的能力要求。

下面我们就将对此"整体结构"进行详细的说明，以揭示其建构的具体过程，并解释其具体分析项目的内涵及其合理性。

小学数学教材中的运算律内容，既是一个教材单元，又是一个知识单元。于是，该单元就成为教材内容编排分析的基本单位。基本单位是分析的出发点，但并不就意味着是最小的单位。因此，可结合课标，厘清包含运算律单元在内的知识层次，即从大到小将知识分为小学数学、"数与代数"领域、"数的计算"子领域、运算律单元、运算律中的各个知识点。相应的，在教材内容上也就可以得到一个与知识单位相对应的整体结构，而单元则处在一个中间位置，那么就自然形成了两条对单元进行分析的路径：纵向分析和横向分析。

所谓纵向分析，就是自上而下对单元进行分析，以厘清单元在小学数学知识体系中的位置，而横向分析则是对单元内的具体知识点进行分析。纵向分析之"纵"，就体现在其强调整体知识体系对本单元知识的影响，以及本单元对在整体知识体系中其他单元的影响，即整体与部分、部分与部分之间的联系性。横向分析之"横"，就体现在其将单元本身充分展开成一个"知识团"，以各个不同的分析视角来揭示单元的单元性。

维度的确立使我们能够在更深层次上确立教材内容编排分析的具体项目，但其还并未涉及分析方法的问题。如何在纵向和横向上对该单元进行具体分析，最终应落实到一个个具体的分析指标上，即基于某个视角，将相应的项目与该视角的指标进行对照，以确定项目在该视角下的分析结果。由于我们已在整体上规定了分析的项目，因此视角和指标便是分析方法上的两个关键点。需要指出的是，视角和指标可构成"视角—指标"结构，这个结构就是由这两个关键点所组成，而一个"视角—指标"结构便是一个分析点，分析方法在整体上便是在纵向和横向维度上以各种不同的分析点来对相应项目进行分析。因此，确立分析点便是框架建构的核心环节。从本质上来说，确立分析点是一个归纳的过程，任何与教材有关的视角都可以纳入其中，并通过建立一定的指标而形成分析点。而由于作为分析对象的教材，总是与无限的其他对象相联系。所以，理想状态下，分析点应是无限多的。但所建构的分析框架总是现实的、可操作的，因此，对视角的规定也是确定分析点环节中的应有之义。

对视角的规定应该是整体性的。如果把视角当成是一个个具体的分析方法，那就可以把这种整体规定当成具体方法背后的方法论。在此，素养本位为方法论提供直接依据，那么，素养的培养对教材内容编排分析具有怎样的方法论诉求就决定了我们如何来规定分析视角。

在学科教学中，与素养联系最为密切的便是学科思维。思维发展何以可能，其需要全面的知识层次作为基础，如此，多个层次的知识组合就可以作为素养发展的潜在可能。这就要求我们以一种全面的分析方式来审视全面的知识内容，那么，质的分析和量的分析即可以作为素养本位意涵下的全面的分析方式。量的分析是基于一定的目的，从不同的视角出发，以发现一定指标下某些对象的数量，并结合目的解释该数量的意义分析。同样，质的分析也是基于一定的目的，并包含"视角—指标"的分析点结构，但在其指标下所获得的是对某些对象的质性描述，这些描述从不同的侧面来揭示教材内容的编排情况。至此，包含纵向分析和横向分析的分析维度与包含量的分析和质的分析的分析方法论，便可构成了（2×2）的分析结构。后续对分析框架的具体阐述将依据这一分析结构来展开。

（二）框架的纵向维度

1. 量的分析

运算律贯穿于整个小学阶段，无论是数的认识还是数的运算，都会或多或少地涉及运算律的内容。由此可见，虽然运算律一般都会在小学的中学段学习，但它从一年级开始就已经被广泛地无意识地使用了。

第一方面便是纵向维度上的量的分析，其分析点为小学数学十二册教材内"数与代数"领域中渗透与应用运算律的例题与习题的数量。

这一分析点显示出以下几方面的意义：①分析范围确定在"数与代数"领域这一层次上；②分析内容为在该领域中渗透与应用运算律的情况；③情况是从量上描述，具体是对例题与练习的数量进行描述。与此同时，这一分析点的设计包含了这样的研究假设：①运算律的知识贯穿于整个"数与代数"领域；②其他单元内渗透与应用运算律的数量状况可在一定程度上反映出这些单元与本单元的联系。当然，对本单元与"数与代数"领域内其他内容间的联系性仍需要规定，这就要求联系性有一个明确的指向。这种指向要与运算律知识本身相联系，具体来说，这里的联系性是指，运算律如何渗透在其他单元之中、其他单元是如何应用，以及是在何种意义上应用运算律的。因此，只要所分析的例题或习题在上述意义上与运算律相联系，那么就可纳入该内容分析点之内。

在该分析点上，一方面，可以了解到各种运算律在整个"数与代数"领域内呈现数量如何，以及各种运算律呈现数量关系如何；另一方面，也可以知道各种运算律在各年级教材中的分布情况如何，以及从数量上看各种运算律与其他知识的联系性如何。

实际上，纵向的量的分析所体现的这种联系性是潜在的，它并不是一个自觉的、主动的知识编排要素。也就是说，我们通常并不能对这种数量有所预设，在教材编排上，与运算律在数量上的联系性并不是其他知识编排的考虑因素。因此，在数量上揭示这种联系，可以反映出教材对待各种运算律知识潜在的不自觉的态度，对这种潜在态度的揭示应该是该分析点的重要价值之所在。

2. 质的分析

在量的分析上，分析只在数量上反映运算律与其他知识间的联系性，而质的分析则倾向于把这种联系到底是怎样的揭示出来。因此，第二方面便是纵向维度上的质的分析，其分析点为整个教材内"数与代数"领域中包含运算律的例、习题的知识点分析。

从某种程度上说，量的分析是一种无涉逻辑的分析，其只能反映作为整体的运算律在各单元知识中出现的数量；而质的分析则要求深入具体单元内去看运算律与怎样的知识产生了联系，是对知识间的联系的具体描述。

不同于量的分析的平面化，质的描述应体现层次性，以触及素养本位的要求。因此，质的分析可进一步分为三个层次：知识点（层次一），分析哪些知识点与运算律产生了联系、与哪些类型的运算律产生了联系；知识类型（层次二），对知识点进行归类，以分析哪些类型的知识与运算律产生了联系，并从各个运算律本身出发，分析各个运算律在哪些方面与其他知识相联系；思维与方法（层次三），基于层次一和层次二，以分析教材所反映的运算律在数学思维和方法上的价值。

具体来说，分析的落脚点首先要落在层次一上，只有在知识点层次上充分地揭示出其他单元与运算律的联系情况，才可以为后续层次的分析提供可能。所以，可以建立知识点分布分析结构，并以表格形式呈现（见表3-2）。其次，在此基础上进一步分析知识点与运算律相联系的具体表现。这种分析不是对每个单元每个知识点与其相应的运算律的联系分析，而是在对知识点进行归类的基础上，对运算律与其他单元的联系性进行概括性描述。这种概括性描述有两个要点：①描述的顺序要体现出"数与代数"领域本身的知识逻辑；②描述的方式要以知识类型为基点，从知识点上升到知识类型才能体现出该层次所要求的概括性。最后，在上述分析基础上，将各知识点、知识类型上升到作为整体的小学数学，去思考在运算律与众多知识的联系过程中，体现了怎样的数学思维和方法的价值。

表3-2　运算律在教材内容编排中的知识点分布示例表

年级/册	知识点		运算律
一/上	第3单元 1~5的认识和加减法	3~5的分与合、加法；0和任何数相加	加法交换律
	第5单元 6~10的认识和加减法	6~10的分与合、加法	加法交换律
	第6单元 11~20各数的认识	数的组成 20以内的加法	乘法分配律 加法交换律
……	……	……	……

总之，纵向维度上的质的分析之三个层次的分析应该是连贯的、可操作的。与此同时，需要指出的是，这种质的分析要求分析者本身应具有较好的数学素养，看到什么常常是指谁在看和看的对象两方面的综合，特别是当分析层次提升时，对分析者的素养要求也就相应地提升了。因此，该分析点要兼顾对分析者的高要求性和对分析结果的开放性。

3. 作为整体的纵向分析

运算律的形式是枯燥的，但是它对数的认识和数的运算都具有重要价值。纵向分析的主要目的是显现运算律的整体价值。在整个数与代数领域的学习中，运算律总是被无形地使用，在使用的过程中，它们也从不与我们直接照面。

因此，试图去分析这些潜在的运算律，就是主动地去与它们照面，揭示它们在何处，以及它们在场的意义。毋宁说，只有从潜在到显在，运算律对于认识运算本质的价值才能真正体现出来。

（三）框架的横向维度

纵向分析的分析范围贯穿于整个小学阶段，其对应的是一种较为宏观的、广泛的筹划。而横向分析则聚焦于本单元之内，因此，无论是量还是质的分析都会倾向于一种微观的、细致的分析态度。

在横向分析上，分析将从某版本教材的运算律单元知识本身而不是运算律知识单元的角度来设置标准，因为教材所包含的单元知识结构是分析的直接对象，毋宁说，横向分析的目标之一便是分析教材单元知识是否和相应的知识单元相一致，以体现知识的本质。

具体来说，横向分析的主要分析对象便是单元中的例题和习题。例题和习题存在密切的联系，就教材内容编排而言，例题在前，作为主题内容，统领着其后的习题，习题在后，作为主题的辅助内容，是对例题所显示的主题的充分展开；就实际教学而言，教例题时要考虑其与习题的一致性，教习题时则要考虑习题对理解例题的价值性；就实际学习而言，学习例题需要习题的巩固，学习习题则需要对例题进行回顾。由此可见，就小学数学教材而言，例题和习题是教材最为重要的两个结构性要素，同时也是两个最主要的知识载体。

所以，量的分析主要是分析本单元中设置的例题与习题的数量，而质的分析则是在量的分析的基础上，对教材背后所预设的知识单元进行深入的挖掘。因此，对横向维度的阐述将主要以例题和习题为分析项目，并在每个项目分析中综合量的分析和质的分析。

1. 例题分析

在例题分析上，一方面是对本单元所设置的例题数量进行介绍，另一方面则是基于某些视角对每个例题进行质性的分析与描述。横向分析上，由于分析范围仅限于单元内部，所以量的分析是简要的，只需要呈现例题的数量即可，而质的分析则是丰富的，其需要对单元内的每一个例题都进行深入的分析。

在此，例题分析本身就应具有结构性。对例题的分析具有多个分析点，每个分析点都是基于一定的视角而建构的，但这些分析点各自并不完全独立，而是在一个整体视角下从不同侧面对例题进行分析。分析要先依次阐述各个分析点，接着阐述这些分析点的联系性和整体性。具体而言，例题分析主要有内容组织、呈现方式、表征方式和学习进程四个分析点。

第一，需要关注例题中的内容组织情况，这就包括例题呈现的知识点及其组织顺序。在纵向分析的该分析点上，分析只是简要地进行知识点描述，而在此，除对每个例题中的知识点进行描述以外，还需要进一步揭示每个例题的具体编排形式。所谓编排形式，就是对例题呈现了哪些知识点、以怎样的方式呈现、呈现顺序如何、顺序背后的逻辑性如何、各种呈现所对应的活动是什么等问题的综合认识。只有依附于这种综合认识，才能揭示每个例题内部的知识逻辑，以及例题间的知识逻辑，从而从整体上发现教材在该单元内容组织上所具有的特点。

第二，一般来说，例题最直接的目的是通过一个问题来学习新知。问题往往需要以一定的方式来呈现，并且当问题是作为例题而存在时，那么问题的呈现方式就在一定程度上影响着例题的有效性和适切性。呈现方式是一个广泛的概念，可以在不同的意义下使用该词。在此，呈现方式的意义是探究关于运算律的问题是以怎样的方式被发现、被提出。具体而言，生活情境、算式、实物图和几何模型都是备选的呈现方式。从揭示运算律问题的视角上看，生活情境是通过一个实际的问题诱发出相应的数量关系，从而显示运算律问题；算式是直接呈现抽象算式，基于算式的结构探究运算律；实物图则通过围绕该实物本身的一些性质或实物间关系，体现对运算律问题的展现；几何模型则通过各种与图形相关的问题，以图形关系引出运算律问题。总之，不同呈现方式为运算律学习提供了不同起点、不同路径；而且，对呈现方式的分析有将利于了解和熟悉教材在教学起点和路径上的倾向。

第三，表征方式是针对运算律本身而言的。该分析点旨在分析教材所出现的运算律是以怎样的表征形式出现的。表征是用某种形式将事物或想法重新表现出来，以达到交流的目的。[①] 对各种表征的使用被广泛认为是培养学生对数学深入理解的有效方法。[②] 表征具有多重含义：侧重动词意义的表征意指，将外在世界转换为心理事件的历程或将心理事件转化为外在事件的过程；侧重名词意义的表征意指，某个认知对象的替代物，或思维的材料，或计算的中介；既作为过程，也作为原材料、产品，甚至是其本身的表征，则既是动词又是名词。[③]

在此，我们选用表征的最后一个层次的含义，分析表征方式既要知道以何种方式表征了运算律，又要清楚这种表征方式下运算律被表征的具体过程。结合运算律知识本身，主要将表征方式分为文字、数字和符号三种。文字主要是描述性语言，是用文字来描述各种运算律所表示的意义，如两个加数交换位置，和不变；数字是运算律的具体示例，如 $28+17=17+28$；符号是运算律的抽象示例，如 $a+b=b+a$。需要指出的是，符号并不专指字母，也可以是文字、图形等任何其他的符号。因此，第一种是对运算律意义的揭示，第二、第三种则是不同类型的运算律示例。

第四，对学习进程的分析是为了了解运算律学习的具体展开方式。学习进程潜在地蕴含在各个例题之中，静态的教材例题总是对学生如何学习运算律有所引导，而这种引导是间接的。因此，分析要揭示例题所引导的进程并对其进行具体描述。

[①] 鲍建生，周超. 数学学习的心理基础与过程[M]. 上海：上海教育出版社，2009：111-115.

[②] Jong C, Thomas J N, Fisher M H, et al. Decimal Dilemmas: Interpreting and Addressing Misconceptions [J]. Ohio Journal of School Mathematics，2017（1）：13-21.

[③] 唐剑岚. 数学多元表征学习的认知模型及教学研究[D]. 南京：南京师范大学，2008：7.

学习进程与例题所蕴含的知识相关，知识是学习进程的起点，知识规定了学习的方向。运算律是关于运算的规律，运算律单元的学习包括规律的认识及其应用。因此，在具体分析时需要明确例题属于哪种类型，但不排除有两种学习相结合的可能性。在认识规律的学习中，学习通过不同路径、不同过程将运算律规律揭示出来，并内化在学生的知识结构中。在应用规律的学习中，作为已有知识，运算律以工具的角色去解决与其相关的问题，在此过程中运算律知识也得到了深化。由此可见，不同类型的学习并不是孤立的。知识分析要厘清例题间的知识逻辑，而学习进程的分析则也需要将例题间的联系性纳入考虑范围。学习总是需要瞻前顾后，单个例题是在场的学习对象，其他联系性的知识则是不在场的学习对象。

但是，从例题知识到学习进程的过程并不是自发的，分析者必须带着对运算律学习的某些预设来进行这个分析转化过程。因此，综合相关研究可以将运算律的学习进程预设为观察、发现、问题解决、验证。观察是对所呈现的运算律情境的经验，以把运算律问题揭示出来；发现是对运算律问题的明晰，确定解决问题的方向，并通过发现活动去接近运算律之结果；问题解决是对发现结果的总结，将运算律问题转化为运算律之结果；验证是对运算律之结果的合理性分析，通过各种类型的验证活动以支持或反对运算律之结果的合理性。

2. 习题分析

在习题分析上，需要先对习题的数量进行简要的描述，然后再从内容组织、问题类型和认知水平三个分析点进行质的分析。

（1）习题上也需要进行内容组织的分析。在内容组织上，如果说例题是找寻内容上的一条知识链，那么习题就旨在找寻一个个以知识点为中心的知识域。习题相比于例题，开放性更强，它是在获得新知基础上的学习。所以，习题中的知识总是发散的，是各个知识点的充分展开。因此，在习题中不以题目顺序为逻辑基点，而是从每个知识点出发，找到围绕知识点所形成的知识域，以审视习题中的知识逻辑。作为分析结果的一部分，我们还希望以特点的形式对习题进行一般性的总结，并以此来较为充分地窥探习题是如何在单元中发挥其应有作用的。

（2）对习题的问题类型进行分析。问题总是与目的相联系，问题总是基于一定的目的被提出，问题类型是对问题目的所涉及范围的规定。通过范围的规定，可以为问题的其他方面进行引导。所以，问题类型应该是目的与方法的统一。借鉴严卿、胡典顺等人的研究成果，[1] 并依据三个版本教材（人教版、北师大版、苏教版）中运算律练习题的问题提出方式，我们将习题划分为八个类型：①总结回顾型问题——回顾总结某个对象的特征或性质；②理解判断型问题——根据运算律的特征，对具体实例进行实际判断；

---

[1] 严卿，胡典顺. 中国和日本初中数学教材中问题提出的比较研究［J］. 数学教育学报，2016（02）：20-25.

③解释说理型问题——做出判断并说明判断理由;④计算型问题——灵活运用运算律进行简便计算,反映计算结果或计算过程;⑤运算给定型问题——提供一个给定的运算或结果,补充完整算式,或是依据规定或发现的某数学模型,模仿写出或解释它的现实原型;⑥生活情境型问题——提供一定的生活情境,从中分析数量关系,并写出算式进行计算;⑦猜想型问题——提供一定的数学或现实情境,要求从中发现事实或者提出猜想,包括类比、归纳或观察发现;⑧数学活动型问题——通过给定的现实情境或自己联系现实情境,从中搜寻资料,分析数量关系,编制、设计问题。

(3)分析习题所蕴含的认知水平。认知水平的分析是对学生在解决习题时所需达到的认知程度的一种预设。不同的习题对学生的认知有不同的需求,而这些需求又存在水平上的差异。以这些差异为基础,去分析习题在各个水平上的分布情况,可以发掘出习题对运算律练习的整体倾向。

借鉴王建波的研究成果,[①] 我们将认知水平主要分为四级:模仿、理解、运用、探究。具体而言,第一层级——模仿,主要表现在以下几个方面:从具体实例中知道或举例说明对象的有关特征;或者,根据对象的特征,从具体情境中辨认或者举例说明对象;或者,直接模拟教材的例题来进行解答。譬如,填写算式等。第二层级——理解,是指在模拟例题的基础上,能够阐述此对象与相关对象之间的区别和联系。譬如,判断、说理(实例说明、解释说理)、总结等。第三层级——运用,是指在综合使用知识的基础上,应用于新的情境中解决问题。譬如,灵活运算、解决实际问题等。第四层级——探究,其需要复杂的、非算法化的思维,没有可供借鉴的、固定的方法。譬如,发现规律等。分析认知水平,主要考虑的是习题的设置是否适合学生现阶段的数学学习能力,同时是否能在一定程度上对学生的认知和思维形成挑战,并促进其认知水平的提升和思维的进阶。

需要特别指出的是,在具体分析时,需要综合从习题、认知水平和运算律三个方面来展开分析:分析每一道习题在哪个认知水平上涉及哪些运算律?相应的,分析结果既可展现出各认知水平上的运算律知识点的分布情况,也可以展现出各运算律认知水平上的分布情况,综合这两个分布情况便可得出习题的整体倾向。

3. 作为整体的横向分析

横向分析上,可分为例题分析和习题分析。例题分析有内容组织、呈现方式、表征方式、学习进程四个分析点;习题分析则有内容组织、问题类型、认知水平三个分析点。无论是例题还是习题,内容组织都是对具体运算律知识的描述,呈现方式和表征方式是对例题的情境性的描述,而问题类型则是对习题情境性的描述。何为情境?它实际上与事件相联系。一个事件,我们总是从某些视角来描述它,以形成对该事件的认识,而其他并未涉及在内的视角就可以作为这个事件的背景,抑或是该事件所处的情境。由此可见,由于视

[①] 王建波. 三个版本初中数学教材统计习题比较研究[J]. 数学通报, 2014, (04): 14-18, 23.

角可以有无限多个，因此情境就具有无限性，关注情境就意味基于一定视角从无限的情境中选择有限的情境。[①] 关注情境的目的在于，从一定视角来对另一个视角下的问题进行侧面的反映。学习进程和认知水平相对应，它们都从学习的角度对分析对象进行分类。学习进程体现出顺序性，而认知水平则体现出层次性，两者分别指向学习的过程与结果。

如果用一句话来概括横向分析，则是"什么知识在怎样的情境中被如何学习"。知识、情境、学习构成了分析点之结构，而例题与习题则构成了分析的内容结构，对横向分析的认识既要从各个分析点上看，更要从整体结构上看。

素养本位，或者说培养学生的核心素养，构成了分析框架最根本的目的。所以，框架最高层次的合理性，在于它与素养之间的关系。分析活动本身就是研究过程，是对教材的了解，对教学的想象，对知识的反复运思。分析教材就是与教材对话的过程，是与教材中的运算律进行对话。对话的结果不是要得到关于运算律的正确认识，而是要获得对运算律的感受。这种感受性构成了用教材教的基础。用教材教不仅是一种教材使用的态度、倾向，也是对教师教学能力的要求，更应是教师专业发展的追求。而唯有把持用教材教的教材观，才能够真正地做到素养本位，以至于做到从素养出发，又回归到素养中去的教学循环。

第二节　人教版教材中运算律内容编排的分析

本节是运用小学数学教材中运算律内容编排分析框架对人教版教材中运算律内容编排进行具体分析。

首先，尝试解读本单元的编写思路与意图，了解运算律单元的大致编排顺序与知识结构，确定此单元的教学目标与重难点，并经沟通讨论初步达成共识。其次，依据初步共识，分析运算律在人教版小学数学十二册教材中的前后联系单元，并梳理例题与习题所呈现的知识点，以形成运算律单元的整体知识结构，此部分体现了运算律的前后渗透与应用。最后，对运算律单元的例题、习题进行数据采集与编码，整理分析并客观表述其所反映的编写理念与特征。以上作为教材分析的过程，遵循了由小单元到大单元再回到小单元的路径，下面将按照从整体到部分的顺序，呈现人教版小学数学教材中运算律的内容编排分析结果。

一、纵向分析

纵向分析主要是搜寻教材中所出现的与运算律单元前后相关的内容，包括量的分析与质的分析两个方面。

[①] 杨丽. 本质主义、反本质主义教学理论批判及另一种发展的可能［D］. 哈尔滨：哈尔滨师范大学，2012：155-197.

（一）量的分析

人教版小学数学十二册教材中，运算律都以不同的方式蕴含其中，以帮助学生体会运算律在数学运算中的本质性与稳定性。本部分内容是对体现运算律的例、习题数量的统计。在统计过程中，我们会对反映了多个运算律的例、习题进行重复计算；对于习题中是否体现了运算律的使用，主要是依据例题的呈现进行判定；此外，为了统计的集中与方便，对于涉及减法或除法的算式，均将其看作"加一个负数"或"乘以除数的倒数"的形式，从而判定其是否隐含了对 5 个基本运算律的使用（见图 3-2）。

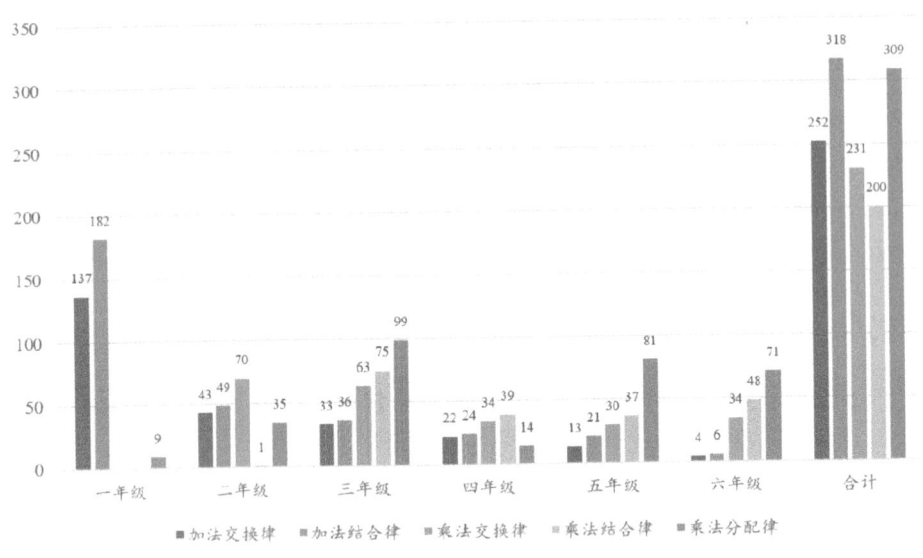

图 3-2 人教版小学数学十二册教材中体现 5 个基本运算律的例、习题的数量分布

由图 3-2 可知，5 个基本运算律分别对应的例、习题数量由多至少依次是加法结合律（318）、乘法分配律（309）、加法交换律（252）、乘法交换律（231）、乘法结合律（200）。上述例、习题数量的多少在一定程度上可反映出教材对 5 个基本运算律不同程度的准备与练习，其中以对乘法分配律的体验较多，因此，教学实践中乘法分配律就可能时常作为教学的重点或难点，但学生仍可能在分配过程中出现问题，而不能与已有的学习经验较好地联系起来。实际上，在分析例、习题时，我们会发现加法交换律常常与加法结合律同时出现或使用，共计有 214 道例、习题；乘法交换律也常常与乘法结合律同时出现或使用，共计有 156 道例、习题。因此，例、习题中以交换律与结合律同时使用的情况居多，而单独使用交换律与单独使用结合律的情况却较少。交换律与结合律同时使用的重要性，我们可以在实际的算式运算过程中有所体会，仅就交换律而言，并不能为算式的运算带来简便；而仅就结合律而言，也只能在部分算式中带来简便。虽然学生会常常面临交换律与结合律同时使用的情况，但是在学习基本运算律时，仍不能将交换与结合的过程表达清楚。

若从每个运算律在不同年级中的分布情况来看,加法交换律和加法结合律在例、习题中的出现次数,随着年级的升高而不断减少,而且十分突出的是一年级基本以加法交换律和加法结合律的渗透为主,不会出现乘法交换律和乘法结合律的渗透,偶有体现乘法分配律。这主要是因为一年级的"数的运算"教学主要有数的加法或减法的运算。在二年级学习"表内乘法"时,例、习题中才开始出现乘法交换律的形式,乘法交换律则在二、三年级的出现次数相差无几,至四、五、六年级时数量有所减少,但基本保持稳定。到了三年级,因为教材中安排了"多位数乘一位数、除数是一位数的除法、两位数乘两位数"的学习,所以,乘法结合律和乘法分配律的渗透次数开始明显增多。四、五、六年级的例、习题中乘法结合律的出现次数也有所减少,但基本持平;乘法分配律则主要运用在五年级和六年级的解决实际问题中,体现为两种不同的数量关系表示方式,因此,此阶段乘法分配律相比其他运算律的使用频次要高。

综上所述,在正式为学生揭开运算律知识的神秘面纱之前,已有大量的例题或习题作为前拥知识孕伏在学生的学习进程当中,而此时学生所获得的可能更多是多样化的算法,而缺少对唯一确定的本质或规律的显性认识。

(二)质的分析

运算律属于人教版教材四年级下册第三单元的学习内容,质的分析主要是通过例题、习题所体现的知识点来联系运算律学习之前所隐含的知识基础,以及学习之后可用之拓展的知识内容(见表3-3)。

表3-3 运算律内容在人教版小学数学十二册教材中的知识点分布

年级/册	知识点		运算律
一/上	第3单元 1~5的认识和加减法	3~5的分与合、加法;0和任何数相加	加法交换律
	第5单元 6~10的认识和加减法	6~10的分与合、加法	加法交换律
	第6单元 11~20各数的认识	数的组成 20以内的加法	乘法分配律 加法交换律
	第8单元 20以内的进位加法	9、8、7、6、5、4、3、2+?(拆分凑整)	加法交换律、结合律
一/下	第2单元 20以内的退位减法	十几减9、8、7、6、5、4、3、2(拆分)	加法交换律、结合律
	第4单元 100以内数的认识	整十数加一位数	加法交换律

年级/册	知识点	运算律	
一/下	第5单元 认识人民币	几元几角加减几元、几角、几元几角	加法交换律、结合律
	第6单元 100以内的加法和减法（一）	整十数加减整十数、连加、连减 两位数加减一位数；整十数加两位数； 整十数减一位数；三个数连加连减 一位数加两位数、两位数加减整十数	乘法分配律 加法结合律 加法交换律、结合律
二/上	第2单元 100以内的加法和减法（二）	两位数加减一位数（竖式计算） 一位数加两位数、两位数加减两位数、三个数连加连减、加减混合（竖式计算）	加法结合律 加法交换律、结合律
	第4单元、第6单元 表内乘法	乘法意义的初步认识* 乘法口诀 乘加、乘减	乘法交换律 乘法分配律 乘法交换律 乘法分配律
二/下	第5单元 混合运算	连减 连除 乘减解决实际问题	加法结合律 乘法结合律 乘法分配律
	第7单元 万以内数的认识	数的组成 整千、整百、整十数的加减法	乘法分配律 乘法分配律
三/上	第2单元 万以内的加法和减法（一）	两位数加减两位数（口算） 几百几十加减几百几十	加法交换律、结合律 乘法分配律
	第4单元 万以内的加法和减法（二）	三位数加减两位数、三位数（竖式计算）；四位数减三位数（算盘计算）；三位数连加计算	加法交换律、结合律
	第6单元 多位数乘一位数	整十、整百、整千数乘一位数（口算） 两位数乘一位数（口算、竖式计算）；三位数乘一位数（竖式计算） 0和任何数相乘 三位数（个位是0）乘一位数（竖式计算） 连续的数相加	乘法交换律、结合律 乘法分配律 乘法分配律 乘法交换律 乘法交换律、结合律、乘法分配律 乘法交换律、结合律、乘法分配律

续表

年级/册	知识点	运算律	
三/上	第7单元 长方形和正方形	长方形和正方形的周长	乘法分配律
	第8单元 分数的初步认识	同分母分数相加、相减、1－分数 1－分数－分数（连减）	乘法分配律 加法结合律 乘法分配律
三/下	第2单元 除数是一位数的除法	整十、整百数、几百几十、 几千几百除以一位数（口算） 两位数除以一位数（口算、竖式计算）、 三位数除以一位数（竖式计算） 几百几十除以一位数（竖式计算）	乘法交换律、结合律 乘法分配律 乘法交换律、结合律、乘法分配律
	第4单元 两位数乘两位数	两位数乘一位数—几百几十乘一位数（口算） 几乘十（几乘九十几） 两位数乘整十、整百数（口算） 几百几十乘一位数、整十数 两位数乘两位数（竖式计算） 连乘、连除	乘法交换律、结合律 乘法分配律 乘法分配律 乘法结合律 乘法交换律、结合律 乘法结合律、分配律 乘法交换律、结合律
	第7单元 小数的初步认识	小数加减法（竖式计算）	加法交换律、结合律
四/上	第4单元 三位数乘两位数	三位数乘两位数（竖式计算） 三位数乘两位数（任意一个数个位是0）（竖式计算） 乘法积的变化规律	乘法分配律 乘法交换律、结合律 乘法交换律、结合律
	第6单元 除数是两位数的除法	整十、整百数、几百几十除以整十（口算） 除法商的变化规律	乘法交换律、结合律 乘法交换律、结合律
四/下	第6单元 小数的加法和减法	小数的加法和减法（口算、列竖式计算）；小数的连加、连减；整数加法运算定律推广到小数	加法交换律、结合律

续表

年级/册	知识点	运算律	
五/上	第1单元 小数乘法	小数乘整数、小数乘小数（竖式计算、乘法积的变化规律） 整数乘法运算定律推广到小数	乘法交换律、结合律、乘法分配律 乘法交换律、结合律、乘法分配律
	第3单元 小数除法	除数是整数的小数除法；一个数除以小数；除法商的变化规律	乘法交换律、结合律
	第5单元 简易方程	用字母表示运算律；含字母的算式使用运算律 计算组合图形面积（两个同宽的长方形）；用小棒摆三角形和正方形共用小棒数量；解方程；解决实际问题（先列方程，需用乘法分配律解方程）	加法交换律和结合律 乘法交换律和结合律 乘法分配律 乘法分配律
五/下	第6单元 分数的加法和减法	同分母分数相加、相减 同分母分数连加、连减 分数的连减 整数加法运算律对分数加法同样适用；异分母分数的加减混合、连加、连减	乘法分配律 加法结合律 乘法分配律 加法结合律 加法交换律、结合律
六/上	第1单元 分数乘法	分数乘整数 分数乘分数（一般计算、约分） 分数乘整数、小数（约分） 解决实际问题（长方形周长、每……每……）；整数乘法运算律对分数乘法同样适用 分数乘法解决实际问题（谁是谁的几分之几、谁又是谁的几分之几） 分数乘法解决实际问题（谁比谁多或少几分之几）	乘法交换律、结合律 乘法分配律 乘法交换律、结合律 乘法结合律 乘法交换律、结合律 乘法分配律 乘法结合律 乘法分配律
	第3单元 分数除法	分数除以整数、整数除以分数；连除 分数乘法解决实际问题（相遇、工程、总价等）	乘法结合律 乘法分配律
	第5单元 圆	求圆环的面积	乘法分配律

续表

年级/册	知识点	运算律	
六/上	第6单元 百分数（一）	解决实际问题（增加或减少几分之几）	乘法分配律
六/下	第2单元 百分数（二）	折扣、成数、本金、利息、利率	乘法分配律
	第3单元 圆柱与圆锥	瓶子的容积解决实际问题	乘法分配律

在正式学习运算律之前，其主要通过"数的认识"和"数的基本运算"渗透运算律。"数的认识"是以数的拆分与组成来无意识地体现运算律。譬如，在认识10以内的数时，涉及以拆分数字的方式引导学生学习10以内数的加法，体现了加法交换律的渗透；再譬如，在认识稍大些的数时，涉及数的组成的认识，一个多位数可按照其数位理解为由几个亿、万、千、百、十、个等组成的数，这有助于理解如何以竖式的形式展开加、减运算，其过程体现了加法交换律和结合律，或乘法分配律。

"数的基本运算"主要是以学习加减乘除运算的意义、整数的四则运算、初步的同分母分数加减法、初步的小数加减法、整数的四则混合运算的顺序等来体现的。具体而言，加法意义是四种运算中最基本的，减法、乘法、除法的意义均可由其直接或间接转化而得到，运算律的合理性则可由运算意义得以解释。

整数的四则运算中，加法、减法运算首先涉及10以内的加法，在加法算式表中完整地体现了加法交换律的渗透；其次是20以内进位加法和20以内的退位减法，在拆分凑整的过程中体现了加法交换律和结合律的使用；至于100以内的加法和减法、万以内的加法和减法，不管是在口算还是在竖式计算中，如果是一般数的加法和减法，主要表现为加法交换律或加法结合律的渗透，但如果是整十、整百、整千之类的数的加法和减法，往往以乘法分配律的方式进行计算。乘法、除法运算首先涉及的是表内乘法，在乘法意义的初步认识中可以初步看到乘法交换律的形式，乘法口诀表则完整地体现了乘法交换律。此外，在"将带有乘法意义的算式改写成加法算式"的过程中，可体会到乘法分配律的渗透，而在"同一个数先分别乘以一个数再相加或相减"的计算中，则直接呈现了对乘法意义的理解，并间接传达了对乘法分配律的使用。其次是多位数乘一位数、除数是一位数的除法、两位数乘两位数、三位数乘两位数、除数是两位数的除法，如果按照一般的计算过程而言，以上乘法或除法均满足乘法分配律的使用，但如果参与乘法、除法的数是整十、整百之类的数，则还可以考虑乘法交换律和结合律的使用。此外，乘法积的变化规律与除法商的变化规律也体现了乘法交换律和结合律的使用。

同分母分数的加减法，最初出现在分数的初步认识中，主要通过"分母不变，分子相加减"来体现乘法对加法、减法的分配律。小数的加减法，最初也是出现在小数的初步认识中，主要通过小数加减法的竖式计算来体现加法交换律和结合律。

整数的四则混合运算的顺序主要包括学习连加连减、加减混合、连乘连除、乘除混合的同级运算和四种运算间的不同级运算，在同级运算中除了按照运算法则从左到右依次计算，均可用到交换律和结合律以改变运算的顺序。以上这些内容的学习都为学生接下来整体学习运算律这一单元做了铺垫和知识储备。

由此可发现，"数的基本运算"与运算律联系最为紧密，而"数的认识"则提供了"如何拆分"的认识以更好地引导"数的运算"。运算的算理主要包括运算意义、运算法则与运算规律，其中，可依据运算意义推导出运算规律，这是演绎推理的过程；而运算规则的制定和使用则应该以运算律为前提，运算规则是人为共同约定的运算要求，其可以有所不同，但算式中所体现的运算规律却是客观存在且始终一致的。因此，运算规律始终不可违背，必须以此为基础进行运算意义和运算法则的灵活转化。

在学习运算律之后，与运算律有关的学习内容主要是小数的四则运算、分数的四则运算、运算律使用的数的范围的拓展，在简易方程的求解过程中使用运算律，以及某些实际问题的数量关系表现为乘法结合律或乘法分配律的形式。

在小数的四则运算中，小数的加法和减法与整数的加法和减法的计算过程相似，将不同数位上的数相加减，体现了加法交换律和结合律的使用；而小数的乘法和除法则需分别依据乘法积的变化规律、除法商的变化规律，先按照整数的乘法和除法进行计算，然后再确定计算结果的小数点的位置，体现了乘法交换律和结合律、乘法分配律的使用。

在分数的四则运算中，同分数的加减法体现了乘法分配律，异分母分数的加减法也需转换为同分母分数以相加、相减；分数的乘法与除法可先将分数看作两个数相除，从而可通过乘法交换律与结合律以计算结果，据此可以解释分数的乘法是"分子、分母分别相乘"，分数的除法则是"除以一个数等于乘以该数的倒数"。

此外，教材中有说明整数的加法运算定律、乘法运算定律均可推广到小数、分数。

因此，在运算律之前，大量操作与计算过程的积累，譬如，拆分与组成、验算、竖式计算的过程等，都是帮助学生体会不同的运算律的渗透；而在运算律之后，等价关系的符号表示与结构理解，却能够帮助学生在发展代数思维时产生合适的学习迁移。

总之，运算律是学生由算术思维向代数思维过渡的重要节点，需要加强而不能有任何削弱，而人教版教材中运算律内容的学习进程安排，基本符合学生的心理逻辑与数学学习的知识逻辑。

二、横向分析

横向分析是关于运算律单元的例、习题分析，同样是从量与质两个方面展开，其中以质的分析为主。为了完整地了解运算律单元的编排思路与特点，下面将以例题、习题为分析的两大板块，对分析结果进行阐述。

（一）例题分析

主要包括内容组织、呈现方式、表征方式和学习进程四个方面。

1. 内容组织

人教版教材的运算律内容编排在四年级下册第 3 单元,并在同册教材中的第 1 单元进行了四则运算内容的整体回顾与复习,第 2 单元却是观察物体,属于"图形与几何"的范畴。

就运算意义、运算法则与运算律之间的联系来看,这样的安排有些相对分割、零散,但也有可能是在编排上考虑到从运算法则包括运算意义,到运算律的学习过程之间,学生应该有适当的缓冲时间之故吧。

人教版教材中运算律单元的例题内容组织情况(见表 3-4)。

表 3-4 人教版小学数学教材中运算律例题的内容组织

版别	内容组织	
人教版	加法运算定律	例 1 加法交换律
		例 2 加法结合律
		例 3 加法交换律和结合律的综合使用
		例 4 连减 234 − 66 − 34(比较计算方法)
		例 5 加法交换律和结合律的灵活运用(从 1 加到 100 的和)
	乘法运算定律	例 6 乘法交换律
		例 7 乘法结合律
		例 8 乘法对加法的分配律
		例 9 乘法结合律与乘法分配律的灵活运用、连除

运算律单元是以运算符号来划分运算律的教学内容的,分为加法运算定律和乘法运算定律。本单元共计安排了九道例题,呈现了 5 个运算律的基本内涵、由运算律推导而来的规律性结论,以及运算律与规律性结论的灵活运用三个部分。其中,教材将前五道例题作为加法运算定律的学习。第一是加法交换律;第二加法结合律;第三是加法交换律和结合律的综合使用;第四是减法性质的学习;第五是引导学生在"计算由 1 加到 100 的和"的例题中,灵活运用加法运算律,打破了加法运算律使用过程中数的个数的局限。教材将后 4 道例题作为乘法运算定律的学习,先是乘法交换律,到乘法结合律,再到乘法对加法的分配律,最后给出例题计算"12×25""330÷5÷2"分别体现乘法运算律的灵活运用以及除法性质。

整体而言,其例题的内容组织呈现是一个由易到难的过程。一是由加法运算定律到乘法运算定律的学习顺序,二是加法运算定律、乘法运算定律的学习均经历了理解内涵、延伸结论、运用规律的过程。

2. 呈现方式

例题的作用在于明确清晰地向学生提出问题，为学生获取学习内容提供某种理解方式。因此，分析例题的呈现方式，即分析问题提出的方式，将有助于剖析其呈现方式与知识获得之间的联系是否合理与紧密。如果例题的呈现方式对所需要完成的教学目标针对性不强，那么学生就无法准确把握学习信息（见表3-5）。

表3-5 人教版小学数学教材中运算律例题的呈现方式

呈现方式	人教版
生活情境	例1 加法交换律 例2 加法结合律 例3 加法交换律和结合律的综合使用 例4 连减 234 − 66 − 34（比较计算方法） 例6 乘法交换律 例7 乘法结合律 例8 乘法对加法的分配律 例9 乘法结合律与乘法分配律的灵活运用、连除
算式	例5 加法交换律和结合律的灵活运用（从1加到100的和）
实物图	—
几何模型	—

人教版教材中运算律例题的呈现方式大多以生活情境为主，具体以文字与主题图的方式来表现。因此，在这种呈现方式下，文字的说明以故事叙述为主，主要是呈现问题情境，给出已知条件与提出所要解决的问题，而主题图则起到匹配文字的作用。譬如，例1、2、3、4都是骑行情境，但依据所给条件的不同，分别给出了多个情境图，当例3中涉及行程计划时，例题会通过具体的表格或路线图展示行程。再譬如，例6、7、8都是植树情境，这三个例题选择共用一个主题图将问题条件完整地展现出来。例9则呈现购物主题图引入学习。与前面例题的呈现方式不同的是例5，其题意是让学生"计算1到100的和"，有关算式结果计算的题目主要是直接呈现算式。由此可见，人教版教材中运算律的例题在呈现方式上，基本考虑到了内容的简洁性与完整性，方便教学。

当然，以熟悉的生活情境来引入运算律的学习，可能有助于学生拉近数学与生活的距离，也是帮助其以不同算法来理解运算律的内涵，而且例题间生活情境的连贯性有利于学生较好地接受与比较加法运算定律、乘法运算定律中的不同。

但值得注意的是，从数学的实质而言，即使有多样的呈现方式，但数学本质始终是不变的。因此，甚至在某种程度上，我们可以认为，数学知识可以不需要表征，因为不同表征可能会产生某种局限。关于此点，在本单元例题中主要表现为生活情境的引入带来了局限。譬如，在植树活动的情境中，例7想要传达的乘法结合律的本质就不能得到完全体现。而例 7 中所给出的两种算法分别是 (25×5)×2 和 25×(5×2)，等号左右两个算式的情境意义可得到解释，25×5 表示先计算一共种了多少棵树，5×2 表示先计算每组要浇多少桶水，其也符合乘法结合律的形式。但实际上，如果根据题意另列出算式 (5×25)×2，那么再依据乘法结合律，等式应该也可以写成 (5×25)×2 = 5×(25×2) 的形式，此时等号右边算式中 (25×2) 的情境意义却无法解释。由此可见，运算律是运算中客观存在的规律，而非是从情境意义中衍生出来的。

3. 表征方式

运算律单元涉及 5 个核心知识点：加法交换律、加法结合律、乘法交换律、乘法结合律、乘法对加法的分配律（一般简称为"乘法分配律"）。5 个基本运算律的表征方式均选取了文字、数字与符号（见表 3-6）。

表 3-6　人教版小学数学教材中运算律例题的表征方式

表征方式	人教版
文字 （描述性语言）	例 1　加法交换律 例 2　加法结合律 例 6　乘法交换律 例 7　乘法结合律 例 8　乘法对加法的分配律
数字	例 1　加法交换律 例 2　加法结合律 例 6　乘法交换律 例 7　乘法结合律 例 8　乘法对加法的分配律
符号 （文字、字母、图形……）	例 1　加法交换律（文字、字母、图形） 例 2　加法结合律（字母、图形） 例 6　乘法交换律（字母） 例 7　乘法结合律（字母） 例 8　乘法对加法的分配律（字母）

数字表征体现在每一个例题从情境导入列出等式后，均要求学生再比较类似的等式或写出类似的例子。从知识内容来看，数字表征是对运算律的一种具象的表达，旨在促使学生通过对多个实例的观察比较以发现关键的变与不变。

文字表征主要起总结解释的作用，表明经过思考后得出的结论。因此，在文字表征中，学生参与了主动说理的过程，能够用自己习惯的语言方式针对数字表征进行说明与解释。

符号表征是基于文字表征的抽象。从运算律的意义来看，运算律的符号表征由对象符号、运算符号、结合符号以及关系符号所构成。首先，从对象符号来看，5 个基本运算律所选取的符号形式略有不同。起初加法交换律选择了文字、字母、图形三种表示形式，加法结合律选择了字母与图形两种表示形式，而后乘法交换律、乘法结合律、乘法对加法的分配律只选择以字母来表示。此处表现形式数量上的递减，主要是适应学生学习的发展过程，减少认知上的重复，而且以字母表示数也是之后数学学习常用的方式。对象符号的出现，有助于培养学生的符号意识，提升学生当前对交换律和结合律的理解。在小学数学教材中，交换律最初表现为两个数的交换，而结合律最初也表现为前两个数的结合，或后两个数的结合。实际上，对象符号所指的对象应该既可以是数，也可以是式子。其次，从运算符号和结合符号来看，符号表征相比文字表征方式而言可能要稍简洁些，主要体现在乘法分配律的表达上，"两个数的和与一个数相乘，可以先把它们与这个数分别相乘，再相加"，不管是先相加再相乘，还是相乘再相加，对于小学生而言，符号表示比较直观，可避免言语上的混乱以引起思维紊乱。最后，从关系符号来看，运算律的符号表征中，等号的意义要比文字表征所传达的意义丰富。教材中，关于交换律和结合律的文字表征体现的是程序思维。一是表达了操作过程，比如"交换两个数的位置""先……后……"；二是强调结果，比如"和不变""积不变"。然而，在运算律的符号表征中，除了能够直观地看到操作变化的过程，等号的使用既表达了两个算式的结果相同，也表达了关系的等价，重在同一结果下不同的算式表示。由此可见，结合之前纵向的梳理可知，等量关系的学习不是在学方程时才开始的，学生挖掘问题中的数量关系是其一，而运算律的表达则是其二。

4. 学习进程

人教版教材安排了9个例题展开运算律的教学，例题如下：

例1：呈现骑行情境，已知李叔叔上午骑了40 km，下午骑了56 km，问：李叔叔今天一共骑了多少千米？依据两种算法而列出两个算式40 + 56和56 + 40，并根据计算结果的相等而画上等号。接着引导学生再举出几个这样的例子，通过观察比较，让学生用自己喜欢的方式表示加法交换律。

例2：呈现同一个骑行情境，已知李叔叔第一天骑了88 km，第二天骑了104 km，第三天骑了96 km，问：这三天一共骑了多少千米？依据两种算法而列出两个算式(88 + 104) + 96和88 + (104 + 96)，并根据计算结果的相等而画上等号，接着教材中给出另外两组算式，让学生观察比较，并说说发现，最后让学生用符号表示加法结合律。

例1和例2都呈现了"出示问题情境—比较不同的算法—举出类似的算式例子或书中给出类似的例子，展开比较—得出发现（语言描述）—用字母或符号表示"这一发现规律的过程，主要表现为不完全归纳推理的思考方式。但是，这里所呈现的举例在数量与范围上仍有所局限，而且，就完整的归纳推理的过程而言，也缺少了对发现的验证环节。

例3：继续呈现同一个骑行情境，展示了李叔叔后四天的行程计划，问：后四天还要骑行多少千米？教材中给出了算式并以连等式的形式展现了计算过程。此计算过程仍需学生补充完成，而且需要学生说明115 + 132 + 118 + 85 = 85 + 115 + 132 + 118 =

(85 + 115) + (132 + 118) 的每一步运用了加法的什么运算律，以及是怎样计算的。这一例题是加法交换律和结合律的综合使用，在综合使用的过程中，学生主要体会在加法的实际计算过程中，为了"凑整十"等简便计算，加法交换律和结合律都是最基本的运算律，缺一不可。

例 4：呈现的看书的问题情境。一本书一共 234 页，李叔叔昨天看了第 66 页，今天又看了 34 页，问还剩多少页没看？在本例题中主要给出了三种算法：一是按照条件与问题，用书的总页数依次减去每天看书的页数，而列出一般的算式 234 − 66 − 34，按照运算顺序计算；二是书的总页数减去后面两天看书的总和，写成 234 − 66 − 34 = 234 − (66 + 34)；三是为了计算的简便，写成 234 − 66 − 34 = 234 − 34 − 66。随即，教材中提问，最喜欢哪种计算方法，并提醒学生从中发现减法的性质。"减法的性质"与加法交换律和结合律都有联系，但结合加法交换律与结合律，可得到一个综合的规律是"若干个数相加，任意改变数的位置，和不变"，而在减法的性质中，不能简单地对数的位置进行调整，如果是以负数的形式表示，则对其进行调换则符合该规律。因此，减法的性质是由加法交换律与结合律延伸的导出规律。

例 5：计算从 1 加到 100 的和。例题通过阅读与理解、分析与解答、回顾与反思的方式，积极引导学生理解题意，找出算法并列式验算。该例题反映了复杂的计算过程，学生需要思考和探索使用加法交换律和加法结合律来简化计算过程的方法，从而实现灵活使用加法交换律和而结合律的目的。

例 7、例 8：呈现同一问题情境"植树"，分别已知"一共有 25 个小组，每组里 4 人负责挖坑、种树，2 人负责抬水、浇树"和"每组要种 5 棵树，每棵树要浇 2 桶水"。

例 6：问负责挖坑、种树的一共多少人？依据两种算法而列出两个算式 4×25 和 25×4，并根据计算结果的相等而画上等号，接着引导学生再举出几个这样的例子，从而观察比较，说说发现，最后让学生用字母表示乘法交换律。

例 7：问一共要浇多少桶水？给出的两种算法分别是 $(25 \times 5) \times 2$ 和 $25 \times (5 \times 2)$，并根据计算结果画上等号，之后通过类似算式的举例比较以得出乘法结合律的规律。最后让学生比较加法交换律和乘法交换律、加法结合律和乘法结合律，并说说发现。整体来看，乘法运算定律与加法运算定律的学习过程相似，其发现规律的线索一致。

例 8：问一共有多少名同学参与此次植树活动？同样根据不同算法列出两个算式 $(4 + 2) \times 25$ 和 $4 \times 25 + 2 \times 25$，并依据结果相等而画上等号，之后让学生想一想 $25 \times (4 + 2)$ 与 $25 \times 4 + 25 \times 2$ 是否相等，以得出乘法分配律的发现，并用字母表示以上两个等式。与例 6、例 7 不同，此部分只呈现了该问题情境的两种算法，并由这一组算式发现乘法分配律，再让学生用符号表示出该规律。在例题下的"想一想"中，教材有调换乘数与括号整体的位置，让学生补充完成 $a \times (b + c) = \_ \times \_ + \_ \times \_$，可能考虑的是帮助学生理解如何进行分配，避免漏掉对括号内某个加数的乘法分配，与乘法结合律做区分。

例 9：呈现了买羽毛球的问题情境，已知王老师买了 5 副羽毛球拍，花了 330 元，买了 25 筒羽毛球（1 筒 12 个），每筒 32 元。设置了两个问题，第一个问题是"王老师一共买了多少个羽毛球?",学生列出的算式是12×25,接下来所给出的两种计算方法(3×4)×25和(10+2)×25,体现了对乘法结合律与乘法分配律的灵活运用,学生的数感仍在其中起到非常重要的作用。第二个问题是"每支羽毛球拍多少钱?",学生所列的算式是330÷5÷2,主要是引申到除法的性质。同样地,除法的性质并不应该作为乘法运算律来认识,它是由乘法运算律延伸而来的导出规律。因此,前面所学的加法交换律和结合律、乘法交换律和结合律、乘法对加法的分配律是最基本的5个运算律,其他的运算规律皆可由此出发得到。

综上分析,例1、例2、例6、例7、例8反映了5个基本运算律的学习进程,经历了问题解决、举例、观察、发现四个阶段;例4与例9(2)反映的是减法性质与除法性质的学习进程,是以同一问题情境下采用不同的算法以得出规律性结论;例3、例5与例9(1)体现的是运算律的综合运用或灵活运用的学习进程,均是为了计算的简便而考虑运算律的使用,改写后的算式不必考虑对情境意义的解释。

以上这9个例题的学习进程基本体现了情境引导、思维启发、比较联系、抽象概括的特点。情境引导是指每个知识点呈现一个例题,例题以情境的方式给出具体算法(算式),例题中两种算式的列举引导规律的发现。思维启发是指在运算律学习中比较注重语言提示的引导作用,譬如,在启发计算方法的使用时,常采用两个学生对话的形式指出两种不同的计算方法,也有的语言提示指向帮助学生分解思考过程,而且,随着学习的深入,教材中所呈现的语言提示会逐步减少,或者在语言提示中出现了以省略号来留白的方式,让学生主动参与说理的过程,这能帮助学生慢慢地熟悉思考过程,展开独立思考。比较联系有两个方面,一是每个规律的发现经历两次比较(比较两个不同算式的结果、比较类似等式的特点),二是乘法运算律的发现过程与加法运算律的发现过程基本一致。其中体现了归纳推理的数学思想,学生先学习加法运算律,可实现向乘法运算律学习的迁移。抽象概括是指规律的发现经历举例的过程,在这些例子的比较联系中得以发现,继而需要用文字语言或符号或图形来抽象概括出更为一般的规律。

(二)习题分析

习题分析主要包括分析习题的内容组织、问题类型和认知水平等三个方面。

1. 内容组织

人教版教材中运算律的习题共有45道("做一做"练习11道,小节练习34道)。"做一做"练习基本都安排在运算律内容的每个例题之后,其与例题的知识点基本吻合。另外,在加法运算律与乘法运算律的学习中,教材共设置了四个小节练习以巩固例题的知识点,每一个小节练习中,反映例题知识的习题大约占75%,剩下的习题主要体现了下一阶段将要学习的知识点或者是拓展提升(见表3-7其中,p表示页码,t表示练习)。

表 3-7 人教版小学数学教材中运算律习题的内容组织

版别		内容组织
人教版	加法运算定律	做一做 p18 t1 加法交换律；t2 加法结合律
		练习五加法交换律：t2、t3 加法结合律：t4 加法交换律和结合律的综合判断：t1 加法交换律和结合律的灵活运用：凑百 t5
		做一做 p20 t1 加法交换律和结合律的综合使用（简便计算） t2 加法交换律和结合律的综合使用（解决实际问题：购物）
		做一做 p21 t1 连减（补充算式）；t2 连减（简便计算）
		做一做 p22 加法交换律和结合律的灵活运用（从 1 加到 20 的和）（奇数连加）
		练习六加法运算律的灵活运用（简便计算）：t1、t2、t6、t8 连减：t3、t6、t7 加法运算律的灵活运用（若干个数相加）：t4、t5（1） 加减混合的灵活运算：t5（2）、t9
	乘法运算定律	做一做 p26 乘法交换律、乘法结合律（补充算式）
		做一做 p27 t1 乘法对加法的分配律（判断）；t2 乘法的竖式计算
		练习七乘法交换律：t2 乘法结合律：t2、t3、t7（4）、t9（3）、t10 乘法对加法的分配律：t4、t5、t7（1、2）、t8、t9（1、2、4）、t11（1） 乘法对减法、加减法的分配律：t7（3）、t11（2、3） 灵活运用（凑整、拆分）：t1（两个数乘法凑整）、t6（两个数相乘，拆分其中一个数使用乘法分配律）
		做一做 p30 t1 乘法结合律、乘法对加法的分配律、连除（简便计算）
		练习八所有运算：简便计算 t1、判断 t6 乘法交换律：t4 乘法结合律：t3、t4 乘法对加法的分配律：t7、t8 连除：t2 可用加法结合律，可用乘法分配律：t5、拓展练习

　　练习五与练习七安排在规律学习之后，练习六与练习八安排在灵活运用运算律或规律性结论的学习之后，缺少本单元"整理与复习"的内容。练习五有 5 道习题，其中有 4 题与加法运算律及综合使用有关，1 题属于凑整计算的练习，以帮助学生提前熟悉凑整计算的过程，这与之后加法运算律的灵活使用紧密相关，学生可以尽快在多个数

相加的算式中，先找到某两个数相加凑整。练习六有 9 道习题，其中有 8 道与加法运算律的灵活运用、连减的简便计算有关，2 题涉及加减混合运算的简便计算，这是对加减符号的运算意义理解的提升（第 5 题中两个算式分别体现不同的知识）。练习七有 11 道习题，其中有 9 道与乘法运算律有关，4 题涉及乘法对减法的分配律，或是以凑整和拆分完成对运算律的使用（第 7、11 题都包含不同的知识）。练习八有 9 道习题，其中有 7 道与 5 个运算律的基本判断与使用有关，两题涉及运用时对加法结合律与乘法分配律的灵活选择。由此可见，这四个小节练习的内容组织基本符合学生学习由易到难、循序渐进的特点。

2. 问题类型

正如第一节所述，我们可以将习题的问题类型分为八类：①总结回顾型问题——回顾总结某个对象的特征或性质；②理解判断型问题——根据运算律的特征，对具体实例进行实际判断；③解释说理型问题——做出判断并说明判断理由；④计算型问题——灵活运用运算律进行简便计算，反映计算结果或计算过程；⑤运算给定型问题——提供一个给定的运算或结果，补充完整算式；或是依据规定或发现的某数学模型，模仿写出或解释它的现实原型；⑥生活情境型问题——提供一定的生活情境，从中分析数量关系，并写出算式进行计算；⑦猜想型问题——提供一定的数学或现实情境，要求从中发现事实或者提出猜想，包括类比、归纳或观察发现；⑧数学活动型问题——通过给定的现实情境或自己联系现实情境，从中搜寻资料，分析数量关系，编制问题。因此，运算律单元的习题之问题类型的分布情况（见表 3-8 和表 3-9）。

表 3-8　人教版小学数学教材中运算律习题的问题类型分析（一）

问题类型	人教版	
总结回顾型问题	—	
理解判断型问题（7 题）	练习五 1 做一做（p27）1 练习七 4、7、9 练习八 4、6	加法交换律、加法结合律 乘法分配律、乘法结合律 乘法分配律（4）；乘法分配律、乘法结合律（7、9） 乘法交换律、乘法结合律；5 个基本运算律
解释说理型问题	—	

续表

问题类型	人教版	
计算型问题（12题）	练习五 2、5 做一做（p20）1 做一做（p21）2 做一做（p22） 练习六 1、5 练习七 1、6 做一做（p30） 练习八 1 拓展练习	加法交换律；加法凑百 加法交换律、加法结合律 减法的性质 若干个数相加 加法运算律、减法性质；若干个数相加（加减） 乘法凑整；乘法分配律 乘法分配律、乘法结合律、除法性质 5个基本运算律、减法和除法性质 加法结合律、乘法分配律、等量代换
运算给定型问题（6题）	做一做（p18）1、2 做一做（p21）1 做一做（p26） 练习七：2、11	加法交换律；加法结合律 减法的性质 乘法交换律、乘法结合律 乘法交换律、乘法结合律；乘法分配律
生活情境型问题（18题）	练习五：4 做一做：（p20）2 练习六：2、3、4、6、7、8、9 练习七：3、5、8、10 练习八：2、3、5、7、8	加法结合律 加法交换律、加法结合律 加法运算律（2、6、8）；减法性质（4、7）；若干数相加（3）；加减混合（9） 乘法结合律（3、10）；乘法分配律（5、8） 除法性质；乘法结合律；加法结合律、乘法分配律；乘法分配律（7、8）
猜想型问题（2题）	练习五：3 做一做：（p27）2	加法交换律 乘法分配律
数学活动型问题	—	

表3-9 人教版小学数学教材中运算律习题的问题类型分析（二）

问题类型	运算律				
	加法交换律	加法结合律	乘法交换律	乘法结合律	乘法分配律
总结回顾型问题	—	—	—	—	—
理解判断型问题	2	2	2	5	5
解释说理型问题	—	—	—	—	—
计算型问题	6	9	1	5	4
运算给定型问题	1	2	2	2	1
生活情境型问题	6	10	—	4	5

续表

问题类型	运算律				
	加法交换律	加法结合律	乘法交换律	乘法结合律	乘法分配律
猜想型问题	1	—	—	—	1
数学活动型问题	—	—	—	—	—

注：依据表3-8的数据进行统计，如果一个习题中出现多个运算律，将作重复统计。

人教版中运算律练习包含5种类型的问题，有理解判断型、计算型、运算给定型、生活情境型和猜想型问题。其中，以生活情境型问题居多，有18题，占40%；计算型问题次之，有12题，占26.67%；理解判断型问题有7题，运算给定型问题有6题，猜想型问题有2题。由此可知，运算律的习题重在帮助学生灵活运用运算律，而且对运算律的使用并不限于算法技巧的锻炼，业已关注到在实际问题的解决中，运算律可启发问题解决策略的多样化，以及在运算过程中仍可注意简便计算。需要特别指出的是，与判断有关的习题，我们将其分为理解判断型和解释说理型两类。之所以做出如此划分，正如分析结果所揭示的那样，人教版教材中虽然有理解判断型问题（它要求学生在理解运算律的基础上进行判断），但仍缺少解释说理的部分，而这其实是有利于学生思维过程的可视化的，而且据此我们甚至可以推断学生是否真正理解了运算律的意义。

从5个基本运算律所分别对应的问题类型来看（见表3-9），与加法交换律和加法结合律有关的习题中，仍以生活情境型与计算型问题为主，而且重在计算过程中学生能够发现凑整的两个数，以实现简便计算。与乘法交换律有关的习题，包含理解判断型、计算型和运算给定型问题三类，但其计算型问题的数量，相比较乘法结合律与乘法分配律的计算型问题而言，明显较少。在乘法结合律与乘法分配律的习题中，理解判断型、计算型和生活情境型问题数量较为均衡，相比较其他3个运算律而言，对乘法结合律与乘法分配律的比较判断应引起关注，因为这也是学生常常产生错误的地方。由此可见，5个运算律分别对应的不同类型的问题数量基本符合教学目标和学生学习需求，此外，猜想型问题的设置也能帮助学生继续熟悉归纳思考的方式，但在说理品质和创新意识的培养上，运算律的习题仍重视不够。

3. 认知水平

习题认知水平主要分为四级，分别是模仿、理解、运用、探究。在具体分析时，需先对习题、认知水平及运算律进行编码，分别记为A、B、C，其中，习题包括试一试、做一做、小节练习、整理与复习，分别记为1、2、3、4（人教版中运算律单元的习题主要是做一做与小节练习），四种认知水平分别记为1、2、3、4，5个运算律分别记为1、2、3、4、5；其次，我们将对运算律单元中的所有习题依此进行标记，并进行统计（一个习题若体现多个运算律的使用，可重复统计），形成表3-10和表3-11。

表 3-10 人教版小学数学教材中运算律习题的认知水平分析（一）

类别	人教版	
A2-B1-C1	做一做（p18）1	1
A2-B1-C2	做一做（p18）2、（p21）1*	2
A2-B1-C3	做一做（p26）	1
A2-B1-C4	做一做（p26）	1
A2-B2-C4	做一做（p27）1	1
A2-B2-C5	做一做（p27）1、2	2
A2-B3-C2	做一做（p21）2*	1
A2-B3-C12	做一做（p20）1、2；做一做（p22）	3
A2-B3-C4	做一做（p30）	1
A2-B3-C5	做一做（p30）；做一做（p30）*	2
A3-B1-C3	练习七 2	1
A3-B1-C4	练习七 2	1
A3-B2-C1	练习五 1	1
A3-B2-C2	练习五 1；练习八 6	2
A3-B2-C3	练习八 4	1
A3-B2-C4	练习七 7、9；练习八 4、6	4
A3-B2-C5	练习七 4、7、9；练习八 6	4
A3-B3-C1	练习五 2；练习六 1；练习八 1	3
A3-B3-C2	练习五 4、5；练习六 1；练习六 1*、4*、7*；练习八 1、5；练习八 1*	9
A3-B3-C12	练习六 2、3、5、6、8、9	6
A3-B3-C3	练习八 1	1
A3-B3-C4	练习七 1、3、10；练习八 1、3；练习八 1*、2*	7
A3-B3-C5	练习七 5、6、8、11；练习八 1、5、7、8	8
A3-B4-C1	练习五 3	1
A3-B4-C2	拓展练习	1
A3-B4-C5	拓展练习	1

注：表中将体现减法性质和除法性质的习题分别统计在加法结合律和乘法结合律中，并在题号上标记*。

表 3-11　人教版小学数学教材中运算律习题的认知水平分析（二）

认知水平	运算律						
	C1	C2	C12	C3	C4	C5	合计
B1	1	2	—	2	2	—	7
B2	1	2	—	1	5	6	15
B3	3	10	9	1	8	10	41
B4	1	1	—	—	—	1	3

如表 3-11 所示，从整体的认知水平来看，运算律习题中，体现运用认知水平的习题数量最多，有 41 题；"理解"认知水平的习题，有 19 题；相对数量较少的是模仿和探究认知水平的习题，分别有 7 题和 3 题。整体而言，人教版的习题比较注重层次，而且在分析运用认知水平的练习中可发现，其中也不乏具有拓展作用的变式题。譬如，习题中不仅给出"要求学生计算若干个数相加的和"的习题，还让学生通过迁移和变化之前的计算方法来计算同时具有加法和减法的算式，学生也可通过观察其特征，运用加法交换律和加法结合律来简化计算。再譬如，例题中所提及的乘法分配律主要是指乘法对加法的分配律，但在习题中有设置乘法对减法的分配的习题。以上这样的变式题，其实难度并未加大，但学生对于运算律的认识会越发灵活与深刻。

再结合 5 个基本运算律来看，在模仿认知水平上，有关乘法分配律的习题并没有，但是在理解认知水平上，有关乘法结合律和乘法分配律的习题数量要比其他 3 个运算律多；与问题类型的分析相结合来看，可以证实对乘法结合律和乘法分配律的区分理解在教材中是予以重视的。从运用认知水平来看，除了加法交换律和乘法交换律的习题，其他 3 个运算律的习题均明显地以运用认知水平为主，交换律在运用中并非关注的重点。但是，根据统计结果仍可发现，交换律和结合律综合使用的习题在运用认知水平上的数量仍占有一定比重。由此可见，相比交换律、结合律的应用，交换律与结合律综合使用的过程是学生需要理解的一个知识内容。最后，从探究认知水平来看，习题主要涉及规律的发现，或者是运算律与其他数学思想相结合以解决符号的计算问题。

由此可见，针对不同的运算律，人教版小学教材运算律单元所设置的习题在认知水平上均有所区分，这在巩固提升上对于学生而言应该是合适的。

三、分析结论

通过上述分析可知，人教版教材运算律单元的内容编排有其自身的意图与思路，究其根本，仍要从学生的学习心理活动与数学的知识逻辑出发来展开内容设计。

以下我们从编排理念、编排特点、对教学实践可能产生的影响等三个方面总结、概括相关的分析结论。

（一）运算律的内容编排基本符合相应的编排理念

参照人教版教材在进行运算律内容的编排时所提出的编排理念，我们可以发现，其内容组织与具体编排方式基本符合其所提出的四点编排理念："集中编排，突出整体；结合情境，突出意义；关注结合，突出价值；体现灵活，突出思维"。[1]

其一，运算律内容的学习不能脱离以往的学习经验，学生需要基于已有大量的计算经验积累才能开始本单元的学习，这可见于运算律的学习是安排在运算意义、运算法则的学习之后，以及此前学生已经涉及大量的计算实例。

其二，运算律作为一种规律，对其本质的理解需要经历思考的过程，因此，学生需要体验完整的规律发现的过程，从而培养自身严谨有条理的思维品质。这表现在五个基本运算律的发现基本都经历了出示问题情境、比较不同的算法、举出类似的算式例子或书中给出类似的例子，展开比较、得出发现（语言描述）、用字母或符号表示的过程，学生集中参与了计算、观察、猜测、归纳等数学活动，由此获得数学规律性知识学习的活动经验。

其三，人教版教材中，运算律的学习有意指向计算算式结果及简便运算，促进学生对运算律及相关性质的灵活运用。这一方面体现在学生在例题中是通过计算结果以发现两种算式的相等关系，另一方面体现在例题中所给的算式以及大量的习题都以进行简便计算为主，表现为五个基本运算律、减法性质、除法性质的应用等。

但是，与此同时，基于上述对运算律单元内容编排的分析，我们对运算律的相关编排理念产生了以下两点疑惑：

（1）是否仅能借助情境内容以充分理解运算律的意义？教材主要是希望通过呈现学生熟悉的问题情境，以结合情境意义来解释运算律的意义，但是情境意义下所列的算式其实局限了四则运算的意义，由此也限制了在运算律下算式变换的各种可能。其实，运算规律是可以由运算意义直接推导而来的。

（2）简便计算与解决问题是否完全体现了运算定律和运算性质的重要价值？人教版教材"改变了孤立教学运算律的特点，也避免了单纯地重视算法技巧的锻炼"，因此，既考虑到了运算规律与运算性质在简便计算中的价值体现，也考虑到学生将运算律中的算式变化联系到解决实际问题策略的多样性。由此可见，运算律的理解已基本超脱了简单的规律或公式记忆，关注到了运算律或运算性质的应用能力的发展，有算法技巧的习题，也有对解题策略的考量。但是，总体而言，对运算律或运算性质中关系变换的理解仍然不够。即使在简便计算与解决问题中我们会运用到运算律，但是数字的改变或情境的变化对运算规律不会产生任何影响，或者说，运算规律或运算性质本身并不带来计算的简便或者不同的解题策略。

---

[1] 人教版小学数学四年级下册教材内容及编写思路［EB/OL］.（2016-02-19）［2022-07-24］. http://www.pep.com.cn/products/jc/jks/201602/t20160219_1258150.shtml.

（二）运算律的内容编排之教学性、适合性和整体性较好，但逻辑性不足

例题和习题的内容组织和编排方式，反映出运算律内容的教学性、适合性与整体性较好，这在知识呈现与能力培养中均有所体现。

具体而言，运算律内容基本每一例题体现一个知识主题，这些知识主题的组织顺序在知识点上表现为由加法运算律到乘法运算律，在学习目标指向上表现为内涵理解、延伸规律与应用规律，整体符合由易到难、由理解到灵活运用的特点。此外，运算律的例题注重情境引导，学习进程主要体现为学生思考过程的启发，由具体到抽象，而且，在五个最基本的运算律的学习中，其学习进程的连贯性与一致性都有利于实现学生思维的连续性与联系性。从习题的内容组织、问题类型与认知水平来看，习题的难度适中，而且在例题的基础上有拓展大量的变式，其所反映的知识点较为丰富，每一小节练习的呈现也都体现了知识点与目标能力的层次性，习题中多样化的问题类型支持学生多元的思考方式。

从整体知识结构来看，运算律的前后内容分别体现了运算律的渗透式学习与应用式学习过程。在运算律学习之前，学生已有的经验主要是对运算意义的理解、计算技能的掌握以及运算法则的学习，此阶段学生所进行的计算过程大多是机械的、规定的、重复的，他们主要是基于一些人为规定而确定计算的步骤和规范。在运算律学习之后，主要是整数运算的规律学习之后，学生基于对运算规律的客观性、永恒性的理解，才能联想到是否小数、分数等的运算都符合这样的规律，从而更加灵活地变换运算过程。因此，运算律既是先前学习中运算意义基础上运算法则的最根本的依据，也是推广到所有数都能遵循使用的定律。仅就这一点来看，人教版教材"数的运算"的内容在整体安排上具有一定的逻辑性。

但是，就运算律单元的内容编排而言，逻辑性略有不足，有待提高。具体而言，主要表现在以下三个方面：

（1）在加法运算律与乘法运算律的内容划分上仍有可商榷之处。一方面，将乘法分配律放在乘法运算律中存在问题，教材中乘法分配律的学习是乘法对加法的分配律，涉及两种运算符号，并不能与乘法交换律、乘法结合律统称为乘法的运算规律。另一方面，关于减法中连减的性质与除法中连除的性质是否能分别包含在加法运算律与乘法运算律之中，这一点也存有疑惑。虽然人教版在运算律的编排理念中考虑到"帮助学生认识加减法运算性质间的联系，强化运算性质在简便计算中的重要价值"，[①] 但值得注意的是，连减的性质和连除的性质，其根本是依据运算律与减法的转换、除法的转换得到的，可以看作是一种规律性的结论，而且是作为一种性质的体现。究其本质而言，将其放在运算规律中可能会带来知识理解上的矛盾（基本规律与导出规律的矛盾），有泛化理解运算律的可能。

[①] 人教版小学数学四年级下册教材内容及编写思路[EB/OL].（2016-02-19）[2022-07-24］. http://www.pep.com.cn/products/jc/jks/201602/t20160219_1258150.shtml.

（2）整体安排的逻辑说明学生在学习运算律之前已有大量的操作性学习经验，那么此阶段运算律的学习目标应该定位于本质理解与思维提升。教材中通过情境的设置以得到运算律，体现的是情境意义背后的发现，这仍是具象化的发现，而运算规律的本质特征仍然没有得到充分的挖掘。

（3）如何设计学生的学习过程不仅要考虑到学生是否能够接受，而且更需重视的是不能违背基本的科学规定。具体来分析教材中这五个运算律的学习过程，先是要求学生根据情境写出两个算式，然后根据算式的计算结果为此画上等号，另外通过类似的两组算式给出运算律的发现，并用符号进行表示。从运算律的知识逻辑看，规律发现的过程基本完整但过于简单，而且在总结发现过后，其实缺少了大量的正例支持或缺少反例的质疑。这一学习过程的设计应该是归纳推理的过程基于大量的实例，并有严格的验证以获得最后的猜想之结果。

（三）对教学实践可能产生的影响

从学生的认识与教师的教学来看，人教版中运算律内容的编排，尤其是教材例题的编排基本符合学生的认知规律，学生可以通过学习加法运算律来联系到乘法运算律的学习，而简便计算与解决问题的设计也考虑到了运算规律与运算性质的综合应用与灵活使用，此外，从具体个例中抽象出规律的过程考虑到了对学生思考方式的培养，这将成为教师引导学生学习规律的重要方式。但是，教材的内容组织顺序有一定的模糊性，这极有可能会导致运算律内容学习的不严谨或不准确。

一方面，教材在简便计算的安排中对交换律和结合律的使用比较模糊，教师在一定程度上也有可能忽视了对交换律和结合律之间联系的解释。譬如，教材中在学习加法交换律和结合律后，安排了综合使用交换律和结合律的例题，试图引导学生理解交换律并不能带来简便运算，只有当加法结合律和加法交换律同时使用时才可能带来简便，因为其运算顺序会改变。其实这也说明，交换律和结合律的综合使用，能够得到一个综合的规律，即"若干个数相加，任意改变数的位置，和不变"，但这个规律在教材中并未提及，即使后面设计了"由1加到100的和"的例题，学生可能仍凭由直觉将任意两个数交换结合以凑成多个相同的结果，并展开计算，对此教师引导学生对规律使用情况进行判断时，可能只知道运用了加法交换律和结合律，至于是如何使用的可能并不清楚。另外，在加法运算律部分，教材给出了交换律和结合律综合使用的例题，在乘法运算律部分，却没有类似的例题。因此，在学习交换律和结合律时，有关其区别与联系的内容理解就极有可能不够。

另一方面，在初步学习加法交换律和结合律中，以及后面学习乘法运算律的过程中，教学实践给予学生参与思考的环节设置仍然不够充分。教材中重视情境引导的作用，以情境意义过渡到运算规律的意义，因此在举出算式实例进行验证的部分减少了参与的过程，规律的可信度有所降低，规律发现的过程不够严谨。此外，学生基于已有的计算经验得出运算律，还未能跳出算术思维的过程以实现向代数思维的过渡，如果遇到无法计算的算式时就极有可能会简单地以规律要求对算式进行变化，其实是知其然而不知其所以然。

因此，由以上两个方面可知，运算律内容的编排给予了教师较大的思考空间，教师需要重新理解运算律的本质意义与代数思维的重要性，通过拥有"代数的眼睛与耳朵"，引导学生学会从运算律单元起真正展开代数的思考，这可能是现有教材中强调通过运算律进行简便计算与解决实际问题的局限。

四、问题讨论

基于以上分析结论，以及对教材内容编排的整体理解，我们认为以下可能是人教版教材在改进或完善运算律的内容编排上值得深入思考的几个问题。

（一）回归教材内容的连贯性

在展开运算律的教材内容分析时，我们做了一些前后知识内容的梳理工作以更好地掌握数学教材的知识结构。此时我们可发现，寻找教材知识结构的潜在意义，分析与运算律单元有关的前后知识联系，有助于我们梳理出运算律内容与学生已经学习的运算意义、运算顺序之间可以建立怎样的联系，而且，学生所经历的具体的操作过程，譬如，数的分与合、加法或乘法的验算、加法或乘法的竖式计算、解决实际问题列综合算式等中，就已经体现了加法交换律、结合律及乘法交换律、结合律以及乘法对加法的分配律，此外，此时所学的整数的运算律仍可以推广到其他数的范围。由此可见，运算律单元的内容设计应该可以直接从学生的已有计算经验出发，通过对过去知识的重新回顾与比较，以初步提出发现并展开下一步的验证。但是，教材主要是以情境引入的方式来展开运算律学习的，仅在习题中略有提及"学过的加法计算的验算与竖式计算体现了什么运算律"。对于学生而言，这一安排方式可能比较直观、容易理解，但与此同时，运算律的学习却与前面的"数的运算"的学习产生了某种程度上的割裂。而且，在此种编排方式下，学生可能会产生一个误区，即认为计算方法或运算法则是计算或运算中始终不变的规则，而运算律仅是为了简便计算而出现的知识准备。实际上，有关"数的运算"的连贯性却是由运算的意义和运算律的普遍性和客观性所决定的。

（二）探索教材内容的结构性

教材内容的结构性其实离不开教材前后知识的连贯性，由浅入深，由繁到简，但同时，其也体现在教材知识结构需要回到具有逻辑意义的数学知识中去。[①] 然而，在运算律单元中，学科知识的逻辑线索可能略有模糊不清的地方。

正如前面的分析结果所述，在人教版教材中，运算律的划分不太合理。首先，是否

---

① 中国教育报刊社人民教育家研究院组编. 张天孝与新思维数学［M］. 北京：北京师范大学出版社，2016：55.

将减法性质、除法性质放在运算律的认识中，仍可再作探究，或许可在运算律全部完成学习之后，作为运算性质再予提及，可能会更好。其次，教材中的五个基本运算律，如果从运算符号出发，应将加法交换律和加法结合律归为加法运算定律，将乘法交换律和乘法结合律归为乘法运算定律，乘法分配律应单独列一个标题进行呈现。当然，也可以按照运算律的维度来划分，分为交换律、结合律和分配律。如此，在学交换律时同时介绍加法交换律和乘法交换律，学结合律时则依次介绍加法结合律和乘法结合律。最后，在学习了交换律和结合律的基础上，学习乘法对加法的分配律。以上对运算律单元的知识点的划分，均从有联系、有逻辑意义的数学知识展开思考，避免了人为地破坏数学知识的内在逻辑。

此外，人教版在解释说明"加法交换律"的内容时，仍需注意前后学习活动的结构性。在人教版教材中，本单元例3呈现了加法交换律和结合律综合使用的算式 $115+132+118+85$，并要求学生对计算过程中运用了什么运算律进行说明。由例题呈现的计算过程可知，其在使用加法交换律时，是对一个数与一个式子进行位置交换，而非简单的两个数的位置交换。对此，学生并非能轻易理解。因此，在加法交换律的内容组织中，用字母或其他方式对该规律进行表示时，需要进一步为学生提供思考：加法交换律 $a+b=b+a$ 中的"a"或者"b"是否只能表示一个数。对于这个问题的明确有两个好处：一是在此部分运算中，学生能够体会等量代换的思想，为前三个加数添上括号，并把括号作为一个整体与括号外的数进行交换位置；二是在加法交换律的学习中，我们是通过"两个数相加的规律"得到的加法交换律，学生容易忽视"三个数连加的规律"中也有只用了加法交换律的情况，以此可说明加法交换律和加法结合律的独立性。由此可见，只有在加法交换律与加法结合律的比较中，运算位置、运算顺序与这两个运算律的关系才能更加清晰。

（三）促进教材内容的适切性

教材内容的适切性需要考虑教材内容能够给予学习者多大发展可能，即能帮助学生在当前能力水平下，跳出舒适圈，带有困惑和挑战地完成学习任务。

因此，基于前面教材内容连贯性的分析，也许可以推测，对于四年级学生而言，运算律的学习应该重在数学思维能力的提升，而不是局限于从具体生活情境中吸收知识，也不能将学生运用运算律局限于简便计算。虽然起初学生的思考仍不成熟或不完善，但学生具备基本的数学思考的能力，能够体验到观察、比较、猜想、验证的过程，以自己的表达方式或语言习惯归纳结论。

数学的思考是在大脑中解决问题，而非实际操作解决。在运算律的学习中，直观情境的出现有利于学生体会运算的意义，引起计算的需求，但根据直观情境所反映的数量关系而列出算式，体现的是不同的算法，而非是对算理的发现。由此，关于运算律的数学思考必定需要进一步跳出生活情境，找到该算法成立的必然性依据，在具体情境中，算法不仅要依据本身的算理，也会受限于情境的要求。掌握算理，反过来能更好地落实算法，可以在理解算理的基础上，结合直观情境启发算法的生成。另外，需要特别指出的是，在小学阶段，发现算理的过程可作为一个合情推理的过程，它并非脱离情境，情境可以包括生活情境，也可以包括数学情境，而此处可以直接从数学情境出发，以所学过的数学知识作为经验基础展开推理过程。因此，数学教学材料的选择应该以维护学生严谨的数学思考为前提。

以上对运算律内容的教材分析是不断理清数学知识线索的过程，在这一过程中，我们亦可发现，教材虽作为教师教与学生学的知识载体，但并不是唯一的知识载体，也不是静态的知识载体。在教学活动中，学生学到什么，是教材编排与教师教学的目标指向。因此，教师的教要形成自己的教学材料，联系数学知识逻辑、学生心理逻辑以及自身教学的可能性，这对教师的专业素养提出了更高的要求，需要教师在提升协调教学内容知识与学科关键素养的能力上花费更多的精力。

就运算律单元而言，对运算律、运算意义、运算法则关系的把握是展开本单元学习的重要基础。从数学知识本身来看，运算律是比运算法则更基础也更上位的算理，但其教材的编排却是将运算律安排在运算法则的学习之后，这说明运算的本质是可以通过大量的运算操作来发现的，由此，教师才能理解运算律的学习并非为了算法技巧的训练，而平时的算法技巧，究其本质而言都是对运算律的关系变化的掌握。此外，教材所设计的运算律的发现过程，虽考虑到学生的接受性，避免了直接给出数值算式的示例以探究发现规律，但情境意义的解释却限了知识的本质与学生的归纳推理能力。基于此，教师在安排任何教学活动时，需考虑学生的已有经验并不都是从生活中来的，学生学习的发展应该帮助其找到原有知识经验的生长点，才能构建完整的知识结构，现在所学的知识应该包含过去与体现未来。

因此，教师在协调教学内容知识与学科关键素养时，首先是要保持数学知识本身的合理性，这是教学的前提；其次才是教师依据学科知识本身以关照如何培养学生的核心素养，这是教学的重点；最后，教师采用哪种合适的方式是基于学科知识与学生心理而自然生成的。

第三节 北师大版教材中运算律内容编排的分析

本节是运用上述小学数学教材中'运算律'内容编排分析框架，对北师大版教材中运算律内容编排进行具体分析的详情。

依据上述分析框架，分析者三人分别对北师大版小学数学十二册教材中运算律内容在例、习题中的渗透分布进行分析，从分布位置、数量、知识点等方面进行统计分析并标记清楚，以便进行校对。对运算律单元内容编排的分析，分析者三人分别阅读教材文本，各自理解教材编排特点及理念、依据分析框架进行整理并适当表述。在进行独立阅读分析、采集、编码数据的基础上，发现分析结果基本一致，一致性程度达 84% 左右，并再次对各自的研究结果进行沟通交流、研讨分析、整合概括，得出北师大版教材运算律整体编排分布与单元编排分布情况。

一、纵向分析

数的运算是小学阶段"数与代数"领域的重要学习内容，运算律是关于数的运算的规律，与前后知识有着密切的联系。纵向上，对运算律内容在十二册教材例、习题中的渗透进行分析，将有助于把握运算律在小学数学阶段的位置与作用，从整体上展开运算律的教学。

（一）量的分析

为考察运算律在北师大版十二册教材中的渗透情况，首先从量上对例、习题的知识点数量分布和年级数量分布进行统计（见图 3-3）。

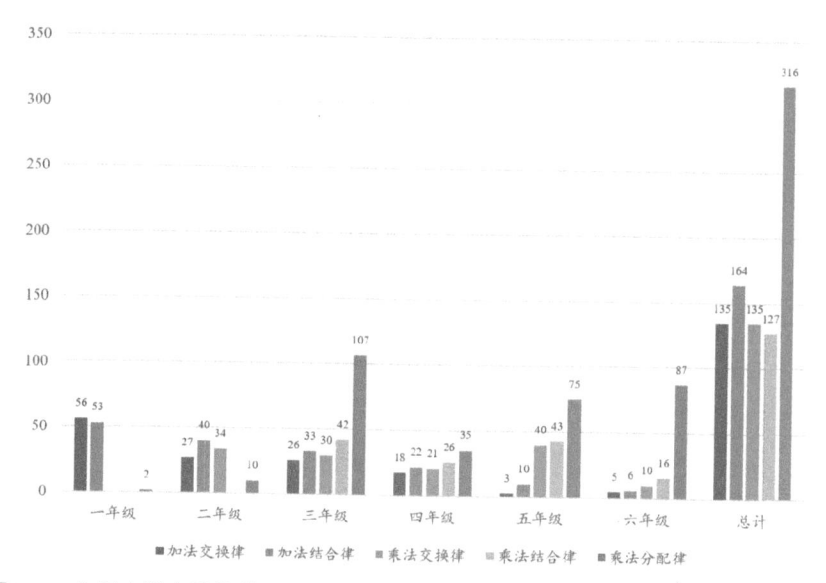

图 3-3 北师大版小学数学十二册教材中体现五个基本运算律的例、习题的数量分布

从图 3-3 可以看出，各个年级运算律的内容都有分布，其中三年级数量最多，其次是五年级，再次是六年级，一、二、四年级数量较少。这与每一年级学习的内容相关，一年级主要是加法的学习，渗透着加法运算律。二年级开始学习较为简单的一位数的乘法运算而不涉及两位数的乘法，开始渗透乘法运算律，但在乘法运算律中主要是乘法交换律而没有乘法结合律。三年级五个形式的运算律都有渗透，这是由于三年级开始学习四则混合运算和更为复杂的加法和乘法运算，其中以乘法分配律居多，主要体现在混合运算部分的学习中。运算律单元的学习居于北师大版四年级上册的位置，这里不计入渗透分析量的统计中。总体而言，四年级五个运算律的分布较为平均，其中数量最多的是

乘法分配律，体现在乘除法的拆分运算中。五年级加法运算律的分布数量较少，以乘法运算律的应用为主，并拓展到小数的运算。四年级运算律的学习处于三年级和五年级学习的过渡阶段，这三个年级知识内容的连贯性较强，在三年级渗透运算律的内容，有利于学生在学习运算律单元时，建立前后知识之间的联系；五年级则承接运算律的学习，将运算律的应用从整数拓展到小数、分数的计算。六年级以乘法分配律的应用居多，其他形式的运算律数量较少。整体来看，运算律的数量分布从低年级到高年级的学习中遵循着由加法到乘法的学习过程，符合学生的认知，具有逻辑性。

从六个年级每一运算律的合计结果来看，乘法分配律出现的次数多达316次，远远高于其他运算律出现的次数。值得注意的是，乘法分配律通常被认为是变式较多、形式较为复杂的运算律，不仅出现次数最多且在六个年级中都有分布。这一方面验证了乘法分配律变式的复杂和在运算律学习中的重要位置，另一方面也说明乘法分配律的应用广泛，与学生的生活经验、数学经验有密切的联系，在加法和乘法的学习中都有渗透乘法分配律。学生在学习这一运算律之前已经积累了丰富的生活和数学经验，教学中要充分利用学生已有经验。其他运算律出现的次数较为平均，出现次数均在150次左右。其中，加法结合律出现164次，加法交换律和乘法交换律各出现135次，乘法结合律出现127次。这也表明每一运算律在六个年级的学习中都有一定数量的渗透，运算律的学习贯穿在整个小学阶段"数与代数"的运算中。

（二）质的分析

考察运算律在北师大版12册教材中的质的分布，主要是分析运算律知识点的分布。从年级分布、单元分布、知识点、相关运算律等四个方面进行统计，以便进行分析。

表3-12 运算律内容在北师大版小学数学十二册教材中的知识点分布

年级/册	单元分布	知识点	运算律
一/上	三 加减法（一）	10以内的加与减	加法交换律
	七 加减法（二）	20以内的加与减	加法交换律；加法结合律
	总复习	两位数加一位数	加法交换律
一/下	一 加与减（一）	两位数减一位数	加法交换律；加法结合律
	五 加与减（二）	整十数加（减）整十数	乘法分配律
		两位数加（减）一（两）位数	加法交换律；加法结合律
	六 加与减（三）	两位数加（减）一（两）位数	加法交换律；加法结合律
	总复习	两位数加（减）两位数	加法交换律；加法结合律
二/上	一 加与减	两位数的连加	加法交换律；加法结合律
		两位数的连减	加法结合律

续表

年级/册	单元分布	知识点	运算律
二/上	一 加与减	加减混合	加法交换律；加法结合律
	三 数一数与乘法	一位数的乘法	乘法交换律
	五 2~5的乘法口诀	2~5乘法口诀	乘法交换律
	整理与复习	2~5的乘法	乘法交换律
	七 分一分与除法	两位数除以一位数	乘法交换律
	八 6~9的乘法口诀	6~9的乘法口诀	乘法交换律；乘法分配律
二/下	五 加与减	整十、整百数相加	乘法分配律
		三位数加（减）两（三）位数	加法交换律；加法结合律
	总复习	三位数加（减）两（三）位数	加法交换律；加法结合律
三/上	一 混合运算	四则混合运算	乘法分配律
	三 加与减	两三位数的连加、连减、加减混合	加法交换律；加法结合律
	四 乘与除	整十、整百数乘（除）一位数	乘法交换律；乘法结合律
		两位数乘（除以）一位数	乘法分配律
	整理与复习	两三位数的连加	加法结合律
		两三位数乘（除以）一位数	乘法分配律
	六 乘法	两三位数乘一位数	乘法分配律
		两三位数乘一位数（乘数末尾为0）	乘法交换律；乘法结合律；乘法分配律
		三个数连乘	乘法分配律
	八 认识小数	小数的加减法	加法交换律；加法结合律
	总复习	小数加减；两三位数乘（除以）一位数；四则混合运算	加法交换律；加法结合律；乘法交换律；乘法结合律；乘法分配律
三/下	一 除法	两三位数除以一位数	乘法分配律
		三位数除以一位数（数字末尾为0）	乘法交换律；乘法结合律；乘法分配律
		三位数连除一位数	乘法结合律
	三 乘法	两三位数的乘法	乘法分配律

续表

年级/册	单元分布	知识点	运算律
三/下	三 乘法	两三位数的乘法（乘数末尾为0）	乘法交换律；乘法结合律
	整理与复习	两三位数的乘法；三位数除以一位数	乘法分配律
		两位数乘两位数（乘数末尾含有0）	乘法交换律；乘法结合律；乘法分配律
		乘除混合运算	乘法结合律
	六 认识分数	同分母分数相加减	乘法分配律
	总复习	两三位数的四则运算；分数的加减法；小数的加减法	加法交换律；加法结合律；乘法交换律；乘法结合律；乘法分配律
四/上	三 乘法	三位数乘两位数	乘法交换律；乘法结合律；乘法分配律
		四位数减四位数	加法交换律；加法结合律
	整理与复习	两三位数的乘法	乘法交换律；乘法结合律；乘法分配律
	六 除法	两三位数除以两位数	乘法交换律；乘法结合律；乘法分配律
		整十、整百数乘或除以一个数	乘法交换律；乘法结合律
		三个一两位数相乘	乘法结合律
	总复习	两三位数乘或除以一个数	乘法交换律；乘法结合律；乘法分配律
四/下	一 小数的意义和加减法	两个小数相加减	加法交换律；加法结合律
		三个小数相加减	加法结合律
	三 小数乘法	小数乘法（整数相乘再除以一定倍数）	乘法交换律；乘法结合律
		小数乘法（与整数部分、小数部分相乘）	乘法分配律
		小数混合运算	加法交换律；加法结合律；乘法交换律；乘法结合律；乘法分配律
	整理与复习	小数四则运算	加法结合律；乘法交换律；乘法结合律；乘法分配律

续表

年级/册	单元分布	知识点	运算律
四/下	总复习	小数混合运算	加法交换律；加法结合律；乘法交换律；乘法结合律；乘法分配律
五/上	一 小数除法	小数除以整数	乘法分配律
		小数除以小数	乘法交换律；乘法结合律；乘法分配律
		小数乘除混合运算（连除）	乘法结合律
	整理与复习	小数除法	乘法分配律
		小数乘除混合运算（连除）	乘法结合律
	五 分数的意义	同分母分数相加	乘法分配律
	总复习	小数除法	乘法交换律；乘法结合律；乘法分配律
		小数四则混合运算	加法交换律；加法结合律；乘法结合律；乘法分配律
五/下	一 分数加减法	分数加减法	乘法分配律
		分数混合运算	加法交换律；加法结合律；乘法分配律
	三 分数乘法	分数乘整数；分数乘分数	乘法交换律；乘法结合律
	五 分数除法	分数除整数；分数除分数	乘法交换律；乘法结合律
	七 用方程解决问题	解方程合并同类项；方程解决问题	乘法分配律
	总复习	分数四则运算	加法结合律；乘法交换律；乘法结合律；乘法分配律
		解方程合并同类项；方程解决问题	乘法分配律
六/上	二 分数混合运算	分数混合运算	乘法交换律；乘法结合律；乘法分配律
		解分数方程；方程解决问题	乘法分配律
	四 百分数	解方程	乘法分配律
	整理与复习	分数混合运算；解方程；方程解决问题	乘法分配律
	六 比的认识	方程解决问题	乘法分配律

续表

年级/册	单元分布	知识点	运算律
六/上	七 百分数的应用	百分数的应用；解方程；方程解决问题	乘法分配律
	总复习	分数混合运算	乘法交换律；乘法结合律；乘法分配律
		百分数的应用	乘法分配律
六/下	总复习	数的运算	加法交换律；加法结合律；乘法交换律；乘法结合律；乘法分配律
		运算律	加法交换律；加法结合律；乘法交换律；乘法结合律；乘法分配律
		解方程；方程解决问题	乘法分配律

从北师大版十二册教材的分布情况来看，在学习运算律之前，教材已经渗透了大量关于五个运算律的特殊实例，主要体现在"数的运算"部分，贯穿于整个小学教育阶段。学习运算律之前学生主要学习的是整数的四则运算，在加与减的学习中主要渗透的是加法运算律和减法的性质。在一年级上册学习一（两位数）位数加减一位数，两个数字的加减较多地体现为加法交换律，而在加数的拆分运算中较多体现为加法结合律。在二、三年级学习更多位数的整数加减法时主要在加数的拆分中体现加法结合律，在例题和习题中都有相关的内容。乘法分配律在北师大版小学数学教材中渗透较早，出现在加与减的运算中，主要体现在二年级整十数、整百数相加减的运算中，两个整十数相加先把十位上的数字相加写在十位上，再在个位上填上0，教材中呈现的例题是计算20 + 30，给出的解决过程是2 + 3 = 5，20 + 30 = 50。在乘与除的学习中主要渗透的是乘法运算律和除法的性质，在二年级上册学习一位数乘法口诀时，主要从乘法的意义出发渗透乘法交换律。在两、三位数的乘法中，主要体现的是乘法结合律与乘法分配律，而且这两种运算律都往往与拆分相结合，比较典型的是竖式计算中乘法分配律的体现，例题和习题中都有较多相关的内容。在三年级上册学生学习四则混合运算，这也为后续的运算律的学习打下了基础。在四年级上册学习了运算律后，初步体验从数字到符号的抽象，在后续学习的小数的四则运算和分数的四则运算以及方程解决问题与百分数的应用中，都有渗透与应用运算律去解决问题的内容，其中应用较多的是结合律与分配律，在例题和习题中都有分布。

在运算律的变式计算中，算式的灵活计算往往需要与数的拆分结合起来，数的拆分对运算律的认识与运用都有重要的意义。数的拆分的学习主要是在"数的认识"的内容中，在"数的运算"部分也常常被运用来帮助理解运算。拆分的运算思想主要在无意识下运用了结合律和分配律,具体体现在数的分解和数的组成两个部分。在一年级学习认识一位数时,已经渗透了将一个数分解成两个数的和;在后续多位数和大数的认识中,数的分解主要体现在数的组成中,一个多位数可以按照亿、万、千、百、十的数位分解成三个、四个甚至更多数的和。

数的拆分不仅仅体现为整数的分解,也表现为小数、分数的分解和组成。在"认识小数""认识分数"部分,一个小数被拆分为整数部分和小数部分,一个带分数或假分数可以被拆分成整数和真分数的和。

小数和分数的运算虽然被安排在运算律教学之后,但在小数和分数的认识中已经有渗透运算的内容,体现了运算律。譬如,在三年级上册第八单元"认识小数"教材情境中给出了 1.6 元 +12.8 元的例子,算式被拆分成 1 元 +12 元 =13 元,6 角 +8 角 =1 元 4 角,13 元 +1 元 4 角 =14 元 4 角,体现了拆分与加法结合律。而在三年级下册第六单元"认识分数"中涉及同分母相加减的问题,则体现了乘法分配律。

运算律单元安排在第二学段,起到了承上启下的作用。它是在学生认识运算意义、掌握运算法则的基础上进行的学习,在运算律教学之前学生已经积累了大量的运算经验,对于五个运算律都具有粗糙的感知,这是运算律教学的依据和出发点,教学必须建立在学生已有经验基础之上,发展性地展开。在后续"数的运算"学习中,这五个运算律仍然适用,深刻理解运算律的算理并灵活运用,能够帮助学生更好地迁移到小数和分数的运算中,甚至迁移到中学阶段有理数、无理数、复数运算的学习中。

二、横向分析

横向分析是指对北师大版教材运算律单元例、习题进行量和质的分析,其中以质的分析为主。量的分析主要是对例、习题的数量进行统计,质的分析将从不同维度展开,且数量的统计主要贯穿在质的分析的内容组织维度,所以不单独展开论述。

(一)例题分析

例题分析主要从内容组织、呈现方式、表征方式和学习进程等四个方面展开,其具体分析结果如下所述。

1. 内容组织

教材(例题)的内容组织体现了教材的设计思路与内在逻辑,是教材内容编排分析的重点分析部分(见表 3-13)。

表 3-13 北师大版小学数学教材中运算律例题的内容组织

教学内容	例题	具体描述
四则混合运算	例 1	买文具列式—买文具解释列式算法—说明算式运算顺序

续表

教学内容	例题	具体描述
交换律	例2	观察算式，说说发现—实例解释发现—符号概括发现—解释算式算理
加法结合律	例3	观察算式，说说发现—实例解释发现—符号概括发现—思考怎样计算简便
乘法结合律	例4	观察算式，说说发现—实例解释发现—符号概括发现—思考怎样计算简便
乘法分配律	例5	贴瓷砖列式—观察算式，说说发现—符号概括发现—结合算式解释乘法分配律

第一，从数量上来看，例题分布较为均匀，数量充足。一共有5道例题，分布在相应内容当中。每一道例题均由问题串组成，约3—4个，共19个问题。其中，混合运算部分有3个问题，每一运算律部分各有4个问题。

第二，从内容组织上看，较为注重前后知识的联系，将混合运算作为学习的起点，再过渡到运算律的学习。混合运算依据四则运算法则进行计算，运算律和运算法则都是运算的重要依据，符合运算意义，一个是运算的一般规律，一个是运算的程序规则。程序规则能够保证算法上的准确性却不能做到灵活运用算理，要做到算法上的灵活性、便捷性，运算的一般规律则可以弥补这一缺陷。运算律是在遵循运算法则的前提下呈现的，同时在一定条件下可以改变运算法则，以帮助学生获得对数的运算更一般的规律性的认识。交换律和结合律能够打破运算法则的前提条件是同级运算；分配律能够打破运算法则的前提条件是乘法对加法的分配，这种规则的打破是从运算的意义上来理解的。学生在学习运算律时容易出现忽视运算顺序的错误，往往是忽略了其前提条件。所以，要灵活进行计算，必须理解、掌握运算律和运算（顺序）法则及其关系。

第三，从编排顺序上看，北师大版采用的是类比推理和归纳推理的设计思路。按照交换律、加法结合律、乘法结合律、乘法分配律的顺序呈现教学内容。在交换律和结合律的学习中，乘法可以类比加法。在教学交换律时同时介绍加法交换律和乘法交换律，因为它们的共同点是两个对象之间的位置改变了；教学结合律时则依次介绍加法结合律和乘法结合律，其共同点是不改变加数或乘数的位置，通过加括号的方法改变算式的运算顺序。由此可见，两者的内容编排思路是一致的。交换律和结合律都是由加法类比到乘法，不仅仅是由于二者形式的相似性，还可以从加法和乘法的意义上来理解，任意多个数相加或相乘，改变任一加数或乘数的位置，和或积不变。教学乘法分配律时，完整表达应该是乘法对加法的分配律，它涉及不同级别的运算，变式也较为复杂，因而一般放在交换律和结合律之后才开始学习，教材在此部分内容先呈现生活情境，再让学生经历观察算式、符号化、解释算理的过程，以降低学生学习的难度。

在五个运算律的具体教学中，则按照归纳推理的思路展开，基本按照观察算式、实例解释、符号化、解释算理四个过程，学生可以经历猜想、发现、验证、归纳的思维过程。由此可见，北师大版例题设计注重学生对运算律基础算理的理解，从数学算式出发，在大量的举例验证的过程中归纳得出五个运算律,强调推理过程中的观察、猜想、发现,并在得出运算律的一般形式之后,注重学生结合具体算式理解运算律的算理,数学抽象过程较充分。

总体而言,北师大版教材运算律内容编排的思路清晰,较为严密;注重知识本身的教学和学生对概念的理解,强调学习的基础性和扎实性;从运算律本身出发,按照运算律的类型,由简单到复杂;在具体学习过程中注重学生对数学抽象的逐步理解,从数与式出发,让学生经历观察、猜想、解释、验证的推理过程。

2. 呈现方式

内容编排以何种方式呈现学习内容,蕴含着教材编排的理念。例题呈现方式主要有四种:生活情境、算式、实物图、几何模型。不同的呈现方式对学生的学习可能产生不同的学习效果,方式的多样性也会对学生数学问题解决产生深刻影响。[①]关于北师大版小学数学教材中运算律例题的呈现方式(见表3-14)。

表3-14 北师大版小学数学教材中运算律例题的呈现方式

呈现方式	例题	知识点
生活情境	例1	混合运算
	例3	加法结合律
	例4	乘法结合律
	例5	乘法分配律
算式	例2	加法交换律和乘法交换律
	例3	加法结合律
	例4	乘法结合律
实物图	例2	加法交换律和乘法交换律
几何模型	例2	加法交换律和乘法交换律
	例4	乘法结合律

由表3-14可知,四种呈现方式在例题中都有体现,其中有4道例题在问题呈现中使用了生活情境、3道例题使用了算式、2道例题使用了几何模型、1道例题使用了实物图。呈现方式多样化,具体的呈现方式与抽象的呈现方式相结合,有利于学生对知识的深刻理解。

从每一例题的呈现来看,混合运算主要通过买文具的生活情境呈现问题,这种设置

[①] 张文宇,张守波. 海峡两岸小学数学教材分数内容例题的比较研究[J]. 数学教育学报,2015(03):68-72.

可能不太恰当。因为这一部分内容学生已经学习过，之所以安排在运算律单元的目的应该是回顾运算法则，以建立新旧知识之间的联系。因此，问题呈现可直接从算式出发，安排体现不同运算法则的算式，从整体上系统梳理，以形成运算法则的知识结构，并加深对其的理解，从运算法则自然过渡到运算律的学习。

运算律部分的呈现方式基本合理。运算律是更高层次的抽象，从数字抽象到符号，而数字则是较低层次的抽象，是对物品数量的抽象。在进入运算律的学习之前，学生已经经历了大量的数字抽象，抽象思维得到了一定的训练，数学教学不能停留在浅层的形象思维上。北师大版运算律内容的呈现基本从算式出发，体现了数学思维的抽象过渡。交换律的学习脱离生活情境，从算式出发，结合实物图和几何模型等呈现方式来理解；加法结合律首先呈现算式，然后再让学生自己结合生活情境进行理解；乘法结合律先呈现算式，再让学生自己结合生活情境和几何模型进行理解。

乘法分配律部分的呈现方式有待斟酌。主要是呈现生活情境，从情境出发来理解。这一呈现方式可能是考虑到乘法分配律较为复杂，学生可能难以理解。但是，若从学生已有经验来看，他们业已积累了很多乘法分配律的经验，不仅包括生活情境的经验，也包括算式的经验（主要体现在乘法的竖式计算当中）。所以，可以呈现乘法竖式，从算式出发来帮助学生理解乘法分配律，可能更有利于学生对运算律本质的理解。

总体而言，北师大版运算律例题的呈现方式多样，在内容编排上基本做到了关注学生和关注数学知识本身。

3. 表征方式

例题在呈现每一运算律时会有不同的表征方式，主要有文字、数字、符号三种形式。多种表征方式表达同一规律，将有利于学生多角度、多层次地进行理解（见表3-15）。

表3-15　北师大版小学数学教材中运算律例题的表征方式

表征方式	例题	知识点
文字 （描述性语言）	例2	加法交换律和乘法交换律（不完整）
	例3	加法结合律（不完整）
	例4	乘法结合律（不完整）
数字	例2	加法交换律和乘法交换律
	例3	加法结合律
	例4	乘法结合律
	例5	乘法分配律

续表

表征方式	例题	知识点
符号 （字母……）	例2	加法交换律和乘法交换律
	例3	加法结合律
	例4	乘法结合律
	例5	乘法分配律

北师大版在教学每一运算律时都使用了不同的表征方式，几乎三种表征方式都有涉及，只是乘法分配律缺少文字的表征。

交换律、结合律的学习虽然没有完整的文字表征，但都引导学生用描述性语言来进行说明。譬如，交换律都以"我发现两个数相加（乘）……"的形式来进行引导；加法结合律以"三个数相加，先算前两个数相加或先算后两个数……"；乘法结合律则以"三个数相乘，先把前两个数相乘……"。数字的表征通过数字连接的等式来呈现，是具体的算式实例；符号表征则用字母连接的等式来呈现，是运算律的概括。从数字到符号的表征既能够培养学生从数字到符号的抽象能力，又能够帮助学生更好地从数学抽象的角度来理解运算律。

文字表征的不完整是北师大版教材内容编排的一个特点，体现了教材较为注重学生的独立思考和探究能力，能够使用恰当的数学语言描述规律的能力，而数字和符号表征的不可缺失则表明较为强调学生的抽象概括能力。

4. 学习进程

运算律单元的教学主要是引导学生学习五个运算律，而且都经历了观察、发现、实例验证、概括规律、解决问题的规律之一般学习进程。具体而言，均按照观察算式、实例解释、符号化、解释算理等四个过程来展开学习，学生经历了从归纳推理到演绎推理的完整的思维过程。

运算律是北师大版小学数学四年级上册第四单元的主题，主要包括加法交换律、乘法交换律、加法结合律、乘法结合律和乘法分配律五个运算律的学习，各部分的内容学习基本从算式或情境导入，发现说明的过程。交换律和结合律的学习进程相同，都是通过四个问题呈现相应知识。第一个问题呈现两组算式，让学生观察算式，并用语言描述发现的规律；第二个问题让学生用生活实例解释发现；第三个问题让学生使用字母概括出一般规律；第四个问题让学生运用规律解决问题，解释算式计算的道理。加法结合律和乘法结合律的学习在教学过程的问题解决阶段与交换律不同，开始渗透简便运算的思想，而且强调运用交换律和结合律可以使一些计算变得简便。交换律仅仅通过改变两个对象的位置不能带来简便；结合律不改变位置，通过加括号改变运算顺序，在简便计算时也是有局限的。只有二者结合起来使用，才能灵活地进行简便计算。至于乘法分配律，考虑到学生的算式经验不足（其实不然，前文已有所分析），教材选择情境导入，再按照观察、发现、符号化、解释的过程进行教学，也经历了完整的规律学习进程。

（1）交换律的内容编排。首先，通过同时呈现两组分别运用加法交换律和乘法交换律的算式：$4+6=6+4$；$3×5=5×3$，让学生仿写算式并进行猜想，归纳得出两个数相加（或相乘）交换加数（或乘数）的位置，结果不变。然后让学生用生活事例解释发现，利用从电影院到学校的距离和从学校到电影院的距离是一样的来解释加法交换律，利用电影院座位横着看是每排6把，有5排，竖着看是每列5把，有6列，座位数量一样，促使学生深刻理解乘法交换律。其次，让学生用符号写出发现的规律，并由此得出加法交换律 $a+b=b+a$ 和乘法交换律 $a×b=b×a$。最后，让学生利用竖式计算，分别计算交换加数或乘数位置的两组算式 $358+276=634$ 和 $5×107=535$，得出结果一样，从而验证加法交换律和乘法交换律，深化对交换律的理解。

（2）加法结合律和乘法结合律的内容编排。在交换律的学习后过渡到加法结合律的学习，而没有将加法结合律和乘法结合律放在一起，原因可能是相较于交换律的学习来说这部分内容较难，而且涉及更多复杂的变式。在内容设计思路上，与交换律相同。结合律内容设计，首先，通过同时呈现两组结合律的算式，加法算式是 $(4+8)+6=4+(8+6)$，$(19+62)+38=19+(62+38)$，乘法算式是 $(2×4)×3=2×(4×3)$，$(7×4)×25=7×(4×25)$，让学生仿写算式，猜想发现三个数相加（乘），先算前两个数相加（乘）和先算后两个数相加（乘），结果不变。其次，让学生用生活实例解释发现，促使学生深刻理解加法结合律和乘法结合律。再次，让学生用符号写出发现的规律，由此得出加法结合律 $(a+b)+c=a+(b+c)$，乘法结合律 $(a×b)×c=a×(b×c)$。最后，呈现三个数相加（乘）的算式，$(57+288)+43$，$125×9×8$，让学生思考怎样计算更简便。此题综合运用了交换律与结合律。

（3）乘法分配律的内容编排。乘法分配律是运算律中较难掌握的部分。教材从生活情境出发，首先，呈现贴瓷砖这一生活实例，根据这一情境，计算贴瓷砖数，教材呈现两组算式 $3×10+5×10=30+50=80$，$(3+5)×10=8×10=80$；$4×8+6×8=32+48=80$，$(4+6)×8=10×8=80$，其次，让学生观察算式，发现 $3×10+5×10=(3+5)×10$，$4×8+6×8=(4+6)×8$。再次，让学生用符号写出发现的规律，由此得出乘法分配律 $(a+b)×c=a×c+b×c$。最后，让学生结合 $4×9+6×9$ 这个算式说明乘法分配律是如何成立的。教材给出了画图与乘法和加法意义上的两种解释方式，使学生进一步更好地理解分配律。

整体而言，北师大版小学数学教材运算律例题呈现遵循了由易到难、由具体到抽象、由特殊到一般的思维过程，注重培养学生的观察、猜想、验证、归纳的推理能力，注重学生对规律的理解与解释。对每一运算律的学习，教材均按照归纳推理的思路展开，基本从算式出发，脱离具体情境的限制，感受到数学的抽象，从数学逻辑出发探索数学运算的规律，以致体会到数学知识本身的趣味。

（二）习题分析

习题分析将主要从习题的内容组织、问题类型和认知水平等三个方面来展开。

1. 内容组织

习题的内容组织是基于例题，并在例题的基础上适当拓展而形成的知识的内容组织。习题的重要作用是巩固基础和拓展练习，加深学生对所学知识的理解（见表3-16）。

表3-16 北师大版小学数学教材中运算律习题的内容组织

教学内容	习题	具体描述
四则混合运算	试一试	（1）添括号使等式成立；（2）概括运算顺序
	练一练	（1）买文具，提问并解决；（2）行程问题，比较速度；（3）说出运算顺序并计算；（4）比较带括号算式并计算；（5）2、3、4、6，经过运算得到24；任选4张扑克牌，运算得到24；（6）计算带括号算式；（7）应用题，设计奖品购买方案
交换律	练一练	（1）实例解释交换律；（2）运用交换律填写等式；（3）计算，运用交换律进行验算；（4）举例说明减法和除法是否符合交换律
加法结合律	练一练	（1）实例解释加法结合律；（2）运用加法运算律填写等式；（3）观察算式中加数的特点并计算；（4）情境应用题，四个数相加；（5）连减算式，减法的性质
乘法结合律	练一练	（1）实例解释乘法结合律；（2）运用乘法运算律填写等式；（3）观察算式中乘数的特点并计算；（4）情境应用题，三个数相乘；（5）算式计算，拆分基础上的乘法运算律的应用
乘法分配律	试一试	（1）观察算式并计算，两数和乘一个数；（2）观察算式并计算，一数分别与两数相乘在求和
	练一练	（1）情境应用题，买服装，列式并解释；（2）几何图形解释算式；（3）观察算式并计算；（4）情境应用题，卖水果；（5）情境应用题，贴画；（6）乘法分配律解释竖式计算
单元练习	练习四	（1）乘法分配律，情境应用题，贴瓷砖；（2）乘法结合律和乘法分配律，结合例子解释等式；（3）综合运用，算式计算；（4）乘法分配律和乘法结合律，图形周长与面积；（5）综合运用，连接相等的式子；（6）乘法结合律，观察算式，乘数的扩大或缩小；（7）乘法分配律，与拆分相结合

就习题数量来看，北师大版教材习题数量总体可能偏少，共计38道，其中包括4道试一试和34道练一练。在混合运算部分配有2道试一试及7道练一练，强调了运算顺序的重要性；在交换律部分配有4道练一练，但没有试一试；在加法结合律和乘法结合律部分均配有5道练一练；在乘法分配律部分配有2道试一试及6道练一练；在单元

练习中，配有7道练习题。由此可见，试一试习题数量较少，仅有4道且只有2道分布在运算律部分的学习中。五个运算律部分所对应的习题总计20道，数量可能偏少。

就习题考察内容来看，以基础性练习为主，拓展性练习不足。其中，有6道习题考察了学生对运算律的理解；8道算式计算、6道解决实际生活情境问题，主要考查学生对运算律的理解及简单的应用，相对例题来说难度没有太大的提高。拓展性练习题目有5道，涉及减法、除法、拆分、竖式计算等，但内容拓展可能不够，多是探究性的练习，缺少与此相关的灵活应用的习题。

就习题内容编排来看，较为注重巩固学生对规律的理解及在计算与解决实际问题的应用。习题的编排逻辑与例题的较为一致，主要包含解释算理、观察算式并计算、解决情境应用题等三种类型。各部分习题的编排思路也基本一致，呈现顺序是由解释算理到简单应用，逐步过渡到复杂变式应用，逻辑较为清晰，应该有利于帮助学生巩固所学，进一步理解算理、运算律及其变式的应用。在每一部分的习题中都有1—2道题目，让学生通过实例或几何图形解释某一运算律为什么成立；都有涉及让学生运用运算律进行计算和解决实际情境应用题的题目。习题的内容编排总体上以基础训练为主，在计算题目中，呈现的都是基本形式的运算律相关题目，变式较少；有适当拓展性的计算练习题目，均被编排在习题的最后，为探究练习。譬如，加法结合律最后1道题目呈现连减算式的算法，涉及减法的性质；在乘法结合律和乘法分配律部分编排了与拆分相结合的计算题目，但题目数量较少且可能不够全面。

由加法和乘法适当拓展到减法和除法的探究，有与减法性质相关的习题但缺少与除法性质有关的习题，也没有较为复杂的变式习题。譬如，等差数列求前n项的和的相关的拓展性习题，这在其他版本的教材中几乎均有所涉及。

在应用题中，涉及的情境主要包括出行路程、相册页数、水果数量、贴画价格、花圃周长和面积等，都是与学生生活较为贴近的具体生活情境的题目，而没有涉及较为复杂的解决问题。譬如，行程（相遇或追及）问题或工程问题。

总之，北师大版教材的习题编排思路较为清晰、严密，注重知识本身的教学和学生对规律的理解，强调学习的基础性和扎实性，按照运算律的类型，由简单到复杂地呈现习题。但在数量分布与内容编排上仍然存在有待进一步完善的地方，譬如，也许可以在已有习题基础上适当增加多种变式的计算和多种情境的解决问题。

2. 问题类型

问题的类型多种多样，而且每种类型的问题对知识考查的侧重点也有所不同。新授知识的巩固也需要多种不同类型的问题，可从多方面进行巩固练习。对北师大版"运算律"单元习题问题类型的考察，我们借鉴了严卿、胡典顺等人的研究成果，[1]可将习题的

---

[1] 严卿，胡典顺. 中国和日本初中数学教材中问题提出的比较研究[J]. 数学教育学报，2016（02）：20-25.

问题类型分八种：总结回顾型问题，即回顾总结某个对象的特征或性质；理解判断型问题，即根据运算律的特征，对具体实例进行实际判断；解释说理型问题，即做出判断并说明判断理由；计算型问题，即灵活运用运算律进行简便计算，反映计算结果或计算过程；运算给定型问题，即提供一个给定的运算或结果，补充完整算式或是依据规定或发现的某数学模型，模仿写出或解释它的现实原型；生活情境型问题，即提供一定的生活情境，从中分析数量关系，并写出算式进行计算；猜想型问题，即提供一定的数学或现实情境，要求从中发现事实或者提出猜想，包括类比、归纳或观察发现；数学活动型问题，即通过给定的现实情境或自己联系现实情境，从中搜寻资料，分析数量关系，编制问题。（见表 3-17 和表 3-18）。

表 3-17　北师大版小学数学教材中运算律习题的问题类型分析（一）

问题类型	习题	知识点
总结回顾型问题（1 题）	试一试 2	混合运算
理解判断型问题（2 题）	试一试 1	乘法分配律
	练习四 5	4 个运算律（除乘法交换律）
解释说理型问题（6 题）	练一练 1	加法交换律和乘法交换律
	练一练 1	加法结合律
	练一练 1	乘法结合律
	试一试 2	乘法分配律
	练一练 2	乘法分配律
	练习四 2	乘法结合律、乘法分配律
计算型问题（8 题）	练一练 3、4、6	混合运算
	练一练 3	加法交换律和乘法交换律
	练一练 3	加法结合律
	练一练 3	乘法结合律
	练一练 3	乘法分配律
	练习四 3	5 个运算律
运算给定型问题（4 题）	试一试 1	混合运算
	练一练 2	加法交换律和乘法交换律
	练一练 2	加法结合律
	练一练 2	乘法结合律
生活情境型问题（8 题）	练一练 2	混合运算

续表

问题类型	习题	知识点
生活情境型问题（8题）	练一练4	加法结合律
	练一练4	乘法结合律
	练一练1、4、5	乘法分配律
	练习四1	乘法分配律
	练习四4	乘法结合律
猜想型问题（7题）	练一练5	混合运算
	练一练4	加法交换律和乘法交换律
	练一练5	加法结合律
	练一练5	乘法结合律
	练一练6	乘法分配律
	练习四6	乘法结合律
	练习四7	乘法分配律
数学活动型问题（2题）	练一练1、7	混合运算

表3-18　北师大版小学数学教材中运算律习题的问题类型分析（二）

问题类型	运算律					
	混合运算	加法交换律	加法结合律	乘法交换律	乘法结合律	乘法分配律
总结回顾型问题	1	—	—	—	—	—
理解判断型问题	—	1	1	—	1	2
解释说理型问题	—	1	2	1	1	3
计算型问题	3	2	2	2	2	2
运算给定型问题	1	1	—	—	1	—
生活情境型问题	—	—	—	—	2	4
猜想型问题	1	1	1	1	2	2
数学活动型问题	2	—	—	—	—	—

注：依据表3-17的数据进行统计，如果一个习题中出现多个运算律，将作重复统计。

就问题类型来看，北师大版虽然习题数量偏少，但类型较为丰富。每一知识点都对应多种类型的习题，每一类型问题也有多个知识点相对应。

混合运算部分有总结回顾型、计算型、运算给定型、生活情境型、猜想型、数学活动型问题。交换律部分有解释说理型、计算型、运算给定型、猜想型问题。加法结合律和乘法结合律部分有解释说理型、计算型、运算给定型、生活情境型、猜想型问题。乘法分配律部分有理解判断型、解释说理型、计算型、生活情境型、猜想型问题。

题目类型的丰富应该有利于知识的多层次、多方面、有深度的学习。运算律单元内容属于运算规律的学习，北师大版运算律单元习题的问题类型注重对运算规律的理解，运算律各个部分的学习中均有解释说理题型，目的是让学生依据实例和算式解释运算律的成立，加深对规律的认识；与此同时，题目类型以计算型和情境应用型为主，强调在学校学生理解规律基础上，注重对运算律的灵活应用能力的培养。

此外，北师大版运算律单元习题的问题类型也有猜想型、数学活动型等探究性问题，从五个基本的运算律出发，探索其他的运算规律。其中，数学活动型问题有 2 道，分布在混合运算部分，与运算律的关联不大，此处不赘述。猜想型问题有 7 道，分布在各个部分的内容中，在"交换律"内容学习后，提出了"减法和除法也满足交换律吗？举例试一试"这样的猜想型问题，但这一问题猜想意味较淡，学生举出一个反例就可以否定这一猜想，问题挑战性不够，在一定意义上不能称之为猜想。在加法结合律部分编排了减法的性质的猜想型问题，通过观察算式，猜想、归纳、概括得出连减算式的运算规律，符合归纳推理的思维过程，具有一定的挑战性。在乘法结合律部分呈现乘法算式 $24 \times 25 = 6 \times 4 \times 25 = 6 \times (4 \times 25) = 6 \times 100 = 600$ 的计算过程，让学生观察算式，交流发现，体会乘法结合律的变式运算常常与拆分凑整的简便运算思想相结合，并运用这一发现去解决新的运算问题。

在乘法分配律部分呈现了多位数乘法的竖式计算，让学生运用乘法分配律解释算理，体会乘法分配律的变式运算蕴含数的拆分，并运用这一发现去解决新的计算问题。在单元练习的最后编排了有关乘法结合律和乘法分配律的猜想型问题。其中，第 6 题蕴含了与拆分相结合的乘法结合律。通过呈现行程问题情境，速度为 12 km/h，时间分别为 1 小时、2 小时、4 小时、6 小时，列出算式，求出对应的路程，观察算式，发现积的变化规律，并利用发现的规律直接写出两组算式的结果，呈现的两组算式分别将其中一个乘数扩大或缩小 2 倍、3 倍或 4 倍，这里的倍数增减可以用数的拆分来表示，如已知 $150 \times 20 = 3000$，那么 150×40 可以写成 $150 \times 20 \times 2 = (150 \times 20) \times 2$ 的形式。第 7 题猜想乘法对减法有没有分配律，通过呈现算式验证这一猜想。北师大版运算律单元的习题包括了丰富的猜想型问题，学生在解决此类问题时可经历完整的思维过程，有利于训练学生的猜想、归纳和应用能力。

总之，北师大版运算律单元习题问题类型多样，涉及巩固理解、灵活运用、解决实际问题、猜想探索规律等多种问题，从巩固到运用再到前后知识紧密联系的拓展性练习，习题编排有层次性，也具有较强的逻辑性，应该有利于从多方面、多层次地训练学生进行数学思考，并促使其数学思维能力向纵深方向发展。

3. 认知水平

习题的认知水平在一定程度上能反映出习题的难度、教材编写者对教材内容、考察的知识点的整体把握。本文借鉴王建波的研究成果来考察北师大版运算律单元习题认知水平，将习题要水平主要分为四级，分别是模仿、理解、运用、探究。[①] 其中，模仿是指从具体实例中知道或举例说明对象的有关特征。根据对象的特征，从具体情境中辨认或者举例说明对象，直接模拟教材的例题来进行解答。理解是指在模拟例题的基础上，能阐述此对象与相关对象之间的区别和联系。运用是指在综合使用知识的基础上，应用于新的情境中解决问题。探究是指需要复杂的、非算法化的思维，没有可供借鉴的、固定的方法。

对北师大版运算律单元习题进行认知水平的分析是基于如下的编码：一级编码将习题、认知水平、运算律分别记为A、B、C。习题主要包括试一试、练一练（做一做）、练习、整理与复习等四种形式。因此，对习题进行二级编码，其对应的四种形式分别记为1、2、3、4。但北师大版的"练一练"却相当于其他版本教材中的"练习"，所以记为3；而其"练习"则相当于其他版本的"整理与复习"，故记为4（此为后续比较之考虑）。认知水平的二级编码，四级认知水平分别记为1、2、3、4。运算律的二级编码，按照加法交换律、加法结合律、乘法交换律、乘法结合律、乘法分配律的顺序分别记为1、2、3、4、5。混合运算部分的习题没有体现五个运算律，故不做分析，具体分析结果可见表3-19和表3-20。

表3-19 北师大版小学数学教材中运算律习题的认知水平分析（一）

知识点	认知水平							
交换律	A3-B2-C1,3	A3-B1-C1,3	A3-B3-C1,3	A3-B4-C1,3	—			
加法结合律	A3-B2-C2	A3-B1-C2	A3-B3-C2	A3-B3-C2	A3-B4-C2	—		
乘法结合律	A3-B2-C4	A3-B1-C4	A3-B3-C4	A3-B3-C4	A3-B4-C4	—		
乘法分配律	A1-B2,3-C5	A1-B2,3-C5	A3-B2,3-C5	A3-B2-C5	A3-B3-C5	A3-B3-C5	A3-B3-C5	A3-B4-C5
整理与复习	A4-B2,3-C5	A4-B2-C4,5	A4-B3-C1,2,3,4,5	A4-B3-C4	A4-B1-C1,2,4,5	A4-B4-C4	A4-B4-C5	—

[①] 王建波. 三个版本初中数学教材统计习题比较研究[J]. 数学通报，2014（04）：14-18, 23.

表 3-20　北师大版小学数学教材中运算律习题的认知水平分析（二）

认知水平	运算律					
	C1	C2	C3	C4	C5	合计
B1	2	2	1	2	1	8
B2	1	1	1	2	5	10
B3	2	3	2	4	8	19
B4	1	1	1	2	2	7

由表 3-19 可知，北师大版运算律每一部分内容的习题中都包含有四种认知水平的题目，共有 19 道。交换律有 4 道"练一练"（相当于"练习"），主要反映的是加法交换律和乘法交换律，分别对应的认知水平为理解、模仿、运用、探究；加法结合律和乘法结合律各有 5 道"练一练"，分别对应的认知水平为理解、模仿、运用、运用、探究；乘法分配律有 2 道"试一试"和 6 道"练一练"，其中，"试一试"习题分别对应理解、运用两种认知水平，"练一练"中有 1 道对应理解、运用两种认知水平，1 道对应理解水平，3 道对应运用水平，1 道对应探究水平。

单元练习（相当于"整理与复习"）中有 7 道习题分别对应不同的认知水平和运算律，其中 1 道体现了乘法分配律，对应理解、运用两种认知水平；1 道题目体现了五个运算律，对应运用的认知水平；1 道题目体现了乘法交换律之外的四个运算律，对应模仿的认知水平；1 道题目体现了乘法结合律和乘法分配律，对应理解的认知水平；2 道题目体现了乘法结合律，分别对应运用、探究的认知水平；1 道题目体现了乘法分配律，对应探究的认知水平。

不同认知水平的题目相对来说，在难度上有所不同。四级水平的习题难度逐渐提升，模仿水平的习题难度最低，探究水平的习题难度较高。在习题编排上，可以看出每一运算律内容对应的习题基本呈现由较低水平到较高水平的发展，在难度上逐渐提升，认知水平符合学生思维的发展，循序渐进、螺旋上升，有利于学生吸收、消化、拓展应用所学知识。

在单元练习中，以乘法结合律和乘法分配律的练习为主，这也表明了运算律单元的知识难点更多的分布在乘法结合律和分配律上，学生在学习这两种运算律时可能会更多地出现理解和运用上的困难。这也表明，知识点在认知水平上的分布对教学中把握单元知识的重难点有启示作用。

由表 3-20 可知，不同认知水平所对应的习题数量也有所不同。北师大版运算律习题中，有 8 个处于模仿水平，10 个处于理解水平，19 个处于运用水平，7 个处于探究水平，共有 44 个认知水平，而运算律部分习题共计只有 29 道。

就北师大版运算律习题的认知水平分布来看，运用水平的习题数量最多，其次是理解水平，再次是探究水平，模仿水平的则最少。由此可知，认知水平分布的数量呈倒 U

型变化，低思维和高思维的习题数量都较少，一般思维的题目数量较多。这在一定程度上是合理的，保证了教材习题难度适中，符合学生的整体认知水平，也反映了教材编写者对习题在认知水平上的把握。那么，是否每一种认知水平的习题都需要有一定数量的呈现呢？

一般而言，在低思维水平和高思维水平习题的编排数量上，人们会存在争议。譬如，对于模仿水平的习题是否有必要呈现、呈现的数量如何把握、呈现的形式如何确定都有待商榷。这三者之间也存在某种联系，习题呈现与否与呈现数量由呈现形式决定，如果只是单纯的数字呈现或每一运算律一般形式的呈现，那么则不需要重复呈现。而北师大版模仿认知水平的习题均是数字形式，缺少代数形式的呈现，且既有一般形式的呈现，也有简单变式的呈现。

习题数量较为合理，但可进一步考虑的是，是否可考虑在交换律部分编排模仿水平的习题，而这类习题对于学生来说难度较低。北师大版在每一部分内容中均设计有1—2道探究性习题，就数量而言，应该较为合理。但运算律的单元习题数量较少，而且没有涉及更多类型的探究练习，譬如，除法性质、等差数列求和（连续自然数、连续奇数、连续偶数的和）等。

总之，北师大版运算律习题的认知水平与学生整体认知水平相适宜，同时也关注到了学生思维水平之间的差异性，每一认知水平的习题均有一定数量的编排，总体难度适中，具有层次性，较为合理。

三、分析结论

通过对北师大版小学数学教材中运算律内容编排的综合分析发现，其内容编排基本符合课标要求，具有鲜明的自身特点，主要从学生的心理发展与数学内在的知识逻辑进行设计。下面我们将从编排理念、编排特点、对教学实践可能产生的影响三个方面加以概括。

（一）教材编排在理念上，重知识逻辑，轻灵活应用

北师大版教材十分注重知识间的逻辑和知识内部的逻辑。首先运算律是放在十二册教材"数的运算"中来考虑的，以"数的认识""整数的四则运算"为基础，探索数的运算规律，进而拓展到小数、分数的四则运算，知识逻辑线索清晰、明确。在具体内容展开上，将混合运算作为学生学习运算律的起点，且非常重视算理的解释，将算理、运算法则与运算规律有效连接起来，重视知识间的逻辑关系。运算律内部知识之间遵循类比推理、归纳推理的逻辑，乘法运算律类比加法运算律，每一运算律的学习都经历观察、猜想、验证、归纳、演绎等完整的推理过程。例、习题编排特别强调学生对运算律的理解，要求学生由实例、算式出发去理解某一运算律为什么成立，强调对规律的深层次理解。

但是，在强调知识逻辑的同时，也有逻辑上的某些欠缺，首先表现在从运算（顺序）法则过渡到运算律，没有清楚地呈现二者之间的逻辑关系；其次，表现在将加法交换律

和乘法交换律内容一起呈现,是类比的思维,而类比思维更多地关注想象、猜想,知识间的逻辑严密性不如归纳推理和演绎推理。从"数的运算"本身的逻辑出发,将交换律和结合律安排在一起进行教学更符合可能数学的逻辑,交换律和结合律都是同级运算,符合同级运算的运算规律,它们都可以拓展到任意多个对象或某个数系,并得到一个更普遍的关于数的运算规律:任意多个数相加或相乘,改变任一加数或乘数的位置,其和或积不变。

在强调知识逻辑的同时,也有忽视知识灵活运用的地方。尽管北师大版教材涵盖了运算律所有的基础性知识,从算术和实例两个方面出发,过渡到一般规律概括及算理解释,并蕴含了较为完整的思维过程。但在具体例题呈现上,形式单一,五个运算律的教学设计基本按照统一的模式;举例较为简单,呈现的算式基本是一两位数的运算,问题设计形式比较单调。

在习题的编排上,问题设计相对例题难度变化不大,主要是对运算律的巩固练习,包括解释算理、运算、解决简单情境应用题等。每一部分习题的编排基本相似、顺序也基本一致,虽然逻辑性比较强,但形式单一,缺乏对运算律进行辨识的问题,拓展性问题的数量也偏少,算式练习的变式基本与例题相似,缺少更多变式练习。应用题型较少,数学中重要的工程问题、行程问题在练习中几乎没有呈现。

运算律学习的难度首先在于对运算算理的灵活运用,这是由于其具有较多复杂的变式,有时在运算中不仅仅需要用到一种运算律,而是需要多种运算律的综合使用;有时运算律变式不能直接从形式上观察出来是否符合某种运算律,而常常需要与数的拆分结合起来,形式变化复杂。

运算律学习的难度还在于数的运算不仅仅存在于两个数、三个数之间,而是可以扩充到多个数的运算,在进行更多数字的运算时,对学生的要求更高。运算律分为加法运算律、乘法运算律、乘法对加法的分配律,这种分类自然引发学生思考减法、除法有没有类似的运算规律,这在初中学习有理数的加减时会得到解决,超出了小学生的认知经验,但实际上却是值得探究的问题。小学阶段一般研究的是减法、除法的性质,但北师大版这部分练习也较少。习题最主要的作用是巩固、提升对所学知识的理解,运算律的学习应当让学生经历更多复杂变式的训练,应在变式训练中,学会灵活使用五个运算律。

(二)教材编排的逻辑性和教学性较突出,但适合性和全面性略有不足

内容编排应该重视和强调结构性问题,这是由数学学科的特殊性所决定的。[①]教材内容的结构性是指教材组织要符合学科逻辑,强调知识的系统性和前后关联性。与此同时,教材引导教学,应体现出一定的教学性,并关注过程性的教学。

运算律单元是四年级下册的内容,起着承上启下的作用,与前后知识练习密切,搭建起整数的运算到小数、分数的运算、由数字到代数符号运算的桥梁。仅就运算律单元

---

① 刘朝晖. 关于小学数学教材编排的几点思考及构想[J]. 课程·教材·教法, 2000(01): 24-26.

的学习来看，将混合运算作为学习的起点，再过渡到运算律的学习，重视算理的解释，将算理、运算法则与运算规律有效连接起来，建立起运算顺序与运算规律之间的联系，这种由旧知到新知的学习符合学生认知发展的过程。五个运算律的教学顺序遵循由易到难的原则，从交换律到结合律再到乘法分配律、由加法到乘法都符合教学的逻辑。对每一运算律的学习，按照归纳推理的思路展开，从算式出发，让学生经历观察猜想、探索发现、归纳概括、演绎验证的完整的思维过程，层层递进，逻辑较为严密。

内容编排的教学性可以通过问题的呈现和学习过程的引导来判断。呈现上注重多元化，运用了生活情境、算式、实物图、几何模型等多种方式和文字、数字、符号等多种表征来帮助学习和理解。图形与图画的形象特点能够帮助学生更直观地理解运算律，文字、数字与符号表征的结合能够让学生更好地理解运算律的内涵，培养学生从数字到符号的抽象能力，帮助学生更好地从数学抽象的角度来理解运算规律。

在教学过程的引导上，注重对学生的启发。在运算律例题中非常注重语言的提示，通过恰当的关键的语言启发学生思考，发现探索运算规律，主要体现在教学情境、问题或活动中通过语言引导学生观察、猜想、说一说、想一想、算一算。与此同时，还非常注重学生思维过程的启发，在例题中注重学生对算式算理的理解，设置问题让学生解释算式的计算过程，引导学生思考先算什么再算什么，解释算式每一步的道理，这也是将学生思维过程外化，启发学生有序地进行数学思考。多种多样的形式和表征的呈现，以及教学过程的启发，都能够帮助学生更好地理解数学概念、解决数学问题，教学性较强。

但在适合性和全面性上，却略显不足。适合性主要关注的是教材与学生认知水平之间的符合程度。教材内容的组织要符合儿童的心理发展特点和认知规律。因此，教材内容的选取、组织和表达都要符合学生的认知发展水平。首先表现在例题的难易程度上，整体适中，以基础性练习为主，相对简单，拓展性练习较少，算式的变式不够丰富。因此，仅仅通过教材，学生可能达不到对运算律的深度理解，教师在课堂教学中需要有所拓展。运算律各部分内容例题设计思路一致，较少有形式或梯度上的变化，学生在经过此前内容的学习，阅读教材可能会认为此处的内容简单，产生疲倦感，缺乏自学的兴趣。就每一部分例题的类型来看，包含运算、发现规律、概括规律、解释说理的题目，基本涵盖所有题型，没有超出五个运算律，但对于减法和除法的性质探究不足，对于四个数字以上的运算几乎没有涉及，习题的挑战性不够。

仅就整个例题来看，尽管有一定的层级性，由易到难，但在例题内各环节梯度跨越上存在过大或过小的问题，譬如，在乘法交换律中，前3道例题从呈现算式到发现算式相等之间的梯度较小，而从发现算式相等到概括一般规律之间的梯度却较大。其实，可以通过呈现多组不同的算式，让学生从尽可能多的例子中归纳猜想，来平衡梯度间的差距。

从习题的多样性来看，习题数量略显不足。主要类型是解释算理、运算、解决简单情境应用题，很少涉及更多复杂的运算变式和更多类型的数学应用题，譬如，行程问题。

关于拓展性练习，减法的性质、除法的性质、等差数列求和等相关练习较少。总体来看，习题相对例题，难度变化不大，以基础性练习为主，综合性和拓展性练习较少，不利于学生的差异化发展。

仅就内容的全面性来看，例题尽管涵盖了运算律所有的基础性知识，从算术和实例两个方面出发，过渡到一般规律概括及算理解释，题目蕴含较为完整的思维过程。但在具体例题呈现上，形式单一、特例较少，题目设计比较单调。习题设计也较为简单，主要是对教学基本概念的巩固练习，每一部分习题题目设置基本相似、题目顺序也基本一致，虽然逻辑性比较强，但题目单一，缺乏对运算律进行辨识的题目，拓展性题目数量也偏少，算式练习变式基本与例题相似，缺少更多变式练习；应用题型较少。总之，运算律例、习题的全面性不足，综合性题目偏少。

（三）对教学实践可能产生的影响

教材的内容编排对教师教与学生学都会产生较大的影响，教材的思维逻辑也影响到教师教学与学生学习的思维逻辑。

对教师教学可能产生的影响主要有以下几点。一是影响教师对知识内在逻辑的把握。北师大版将混合运算作为一个版块的内容呈现，教师备教材时自然会思考混合运算与运算律之间的联系，将"数的运算"看作是一个整体，建立起前后知识之间的关联，从而能够从整体上把握教学。二是影响教师的教学设计思路。在教学每一运算律时，北师大版教材采用的是归纳推理的思路，从算式出发，引导学生经历观察算式、猜想发现、归纳概括、解释算理的探索性学习，从而从数字过渡到代数符号的抽象。教师教学时，从教材出发，把握知识的特点，按照归纳推理的思路进行教学是一种合适的教学方式。三是影响教师对知识难度的理解和对知识内容的把握。北师大版教材将交换律作为一个整体来学习，交换律、加法结合律、乘法结合律和乘法分配律则分别展开，遵循由易到难的原则。教师根据教材把握不同知识教学的难度，在教学过程中，对于每一部分内容占单元教学的比重有所侧重，挖掘每一部分的教学重点展开教学。

对学生学习可能产生的影响主要有以下几点。一是影响学生的学习方式。北师大版教材注重过程性的探究，归纳推理的教学设计符合学生自学的认知过程，适合学生展开自主探究的学习。二是影响学生对知识难度的判断。根据教材内容呈现的先后顺序和知识内容，学生直观地认为交换律涉及较少的数字，较为简单，而结合律和分配律的学习较难。因此在进入不同的知识学习时，学生的准备状态可能不同，如何把握学生的认知与学习状态是教师教学需要思考的问题。

四、问题讨论

北师大版小学数学教材中运算律的内容编排之整体设计思路清晰、组织严密，有许多值得借鉴的地方，但也存在一些不足。

（一）合理处理知识的基础性和综合性的关系，增强与学生认知水平的适切性

教材是教学重要的要素之一，既是教师教的依据，又是学生学的对象。教材要指导教师的教，教学内容必须具有基础性，注重对知识的理解，又要具有综合性，注重知识的应用。教材要指导学生的学，也必须具有基础性和综合性，重要知识的呈现与解释是必要的。综合拓展的练习加深学生对知识的理解，帮助学生灵活运用所学解决实际问题，也是必要的。

合理处理知识的基础性和综合性应当从教师的教和学生的学两个方面出发。在教材例题设计中，应呈现重要的知识并设置适当的问题，具有启发性的引导语对知识进行探究，问题与问题之间具有层级性，由易到难，由浅入深，逐步探究。为进一步加深学生对知识的理解，通过举例的方式不断验证，通过说理的方式引导学生解释算理。在习题设计中，兼顾基础性与综合性，巩固学生对知识概念的理解，并提升学生对知识的灵活应用和解决实际问题的能力。即设计一定数量的基础性练习，包括实例说明运算律的成立、填写算式、运算律形式的计算、解决较为简单的生活情境应用题。同时设计一定数量的综合性练习，包括竖式计算说明运算律的成立、复杂变式的运算（四个数字以上的计算、与拆分相结合的计算、减法的性质、除法的性质等）、较为复杂的应用题（工程问题、行程问题等）。如果习题以基础性练习为主，综合性练习较少，那么将不利于学生思维的发展。

教材设计应合理把握例题之间的梯度，由易到难，循序渐进。例题间各个环节的问题设计应具有逻辑性、连贯性。运算律单元教学使用归纳推理的思路，应符合归纳推理的逻辑，从大量的算式中猜想、归纳出运算规律。从特殊实例或一组算式就得出运算规律的梯度跨越过大，不符合逻辑的层次性。教材设计应注意拓展性习题的设计，在把握学生整体认知水平的基础上，基于学生的最近发展区，设计变式较为复杂的运算和具有一定难度的挑战性练习，体现教材关注学生的发展，而不只是知识的习得。

（二）把握知识间的逻辑联系，关注教材内容的整体编排

数学知识之间前后联系紧密，教师教学不仅应立足于某一单元、某一知识点的内容，更应当从整个小学阶段出发，思考数学知识整体的逻辑结构，从整体上展开教学过程的设计。

运算律单元的教材设计也应当立足于小学十二册教材内容和整个小学阶段的数学内容，从大的整体"数与代数"或者较小的整体"数的运算"来考虑，建立起前后知识系统的逻辑关联，以帮助教师在教学中思考从"数的运算"整体内容出发，将加减法、乘除法的运算意义与运算规律联系起来，运算的规律是确定的，是从运算的意义出发的；也可以将四则混合运算的运算法则与运算规律联系起来，运算规律是在一定的运算意义下对运算法则的打破。运算律的教学也可以与后续小数、分数的学习关联起来，在

四年级运算律单元的教学中，可以突破整数、一二位数的加法和乘法的限制，在算式举例时，可以尝试将数字拓展到有理数（乃至实数）的范围。

与此同时，在运算律单元的教材设计中，把握五个运算律之间的关联，按照归纳推理的教学思路展开，让学生经历推理的完整过程。加法交换律与乘法交换律、加法结合律与乘法结合律的关联形式上是相似的，教师在把握这种关联的基础上，通常按照类比推理的思路展开教学；但仅仅关注到形式上的相似是不够的，更要关注到它们在运算意义上的联系。交换律是两个数相加或相乘，任意改变加数或乘数的位置和或积不变；结合律是三个数相加或相乘，先把前两个数相加或相乘和先把后两个数相加或相乘，和或积不变。交换律和结合律的结合使用，可以拓展到更一般的加法或乘法的意义，任意多个数相加或相乘，改变其中一些加数或乘数的位置，和或积不变；甚至可以拓展到同级运算的运算意义，乘除混合运算中，任意数字可以带符号移动到运算中的任意位置。乘法分配律是乘法对加法的分配律，要从乘法和加法的运算意义上来理解，在整体和部分的运算中可以进行数字交换和结合的变化。

教师在教学过程中要把握五个运算律之间的关联，并且设计适当的教学形式和教学片段来渗透这种关联，帮助学生从整体上深层次地把握五个运算律，有利于增强学生解决复杂变式运算的能力。

（三）立足数学学科知识，把握学科专业内涵

教材分析立足于数学学科知识，从整个小学阶段乃至整个初等数学教育阶段的数学学科知识系统的整体中去把握单元的教学，在整体的把握中关注教师的专业发展，引导教师把握数学学科上位知识与上位知识、上位知识与下位知识、下位知识与下位知识之间的逻辑关系，促进自身学科知识的发展。由于小学数学的基础性与教材内容碎片化的呈现方式，可能导致小学教师仅仅从小学阶段的数学或某一单元的内容出发进行教学，学生学习到的内容仍然是简单的和碎片化的。同时，长期采取这样的教学方式，教师脱离数学学科知识的系统展开教学，不利于教师的专业发展。教师关注自身专业发展，应当认识到数学教学并不是教一个知识点会一个知识点，而是教一个知识点会一个知识串，而且串知识的线越长越好。

教材编排立足数学学科知识，更应当探究知识的本质，加深对知识的理解。这有利于促进教师的专业发展，帮助教师由教材出发去关注数学知识的本质，应理解数学的本质及数学的学科属性。数学的本质是逻辑的思维的科学，数学学科则是一门训练人的理性思维的学科。在把握数学本质及学科属性的基础上，把握教材某一知识内容，思考这一知识如何实现促进人的理性思维的发展。关注数学知识的本质，拓深对知识的理解，将教材某一内容放到知识整体中去理解。知识是一个整体而不是碎片化的，系统地把握知识结构，展开有逻辑的、深层次的教学，这能够帮助学生拓深对知识的理解。北师大版运算律单元属于"数的运算"，"数的运算"又属于"数与代数"领域，因而要在"数的运算"或"数与代数"当中去理解，理解数本身的意义，理解数的运算的意义，进而

理解运算的规律。

教材是静态的、基础的教学材料，而教学则是动态的、综合的、开放的，因此，教材的编排总是有待改进的。教学立足于教材，对教材编排进行分析，发现教材编写特点，对启发教师思考教材编写的优劣，改进教学设计思路具有一定的意义。在立足于学生发展和数学知识逻辑基础上促进教材编排的同时，教师也应该意识到教材编排必然是不完美的，教师应关注自身专业知识发展，促进自身对学科知识在教育内涵上有更深层次的理解。

第四节　苏教版教材中运算律内容编排的分析

本节是运用上述小学数学教材中运算律内容编排分析框架，对苏教版小学数学教材中运算律内容编排进行具体分析的详情。具体包括纵向分析、横向分析、分析结论和问题讨论等几个部分。

一、纵向分析

纵向分析主要是搜寻教材中所出现的与运算律单元前后相关的内容，包括量的分析与质的分析两个方面。

（一）量的分析

笔者三人组在对苏教版小学数学教材中运算律内容在6个年级十二册教材中的例、习题的数量分布进行了统计整理（见图3-4）。

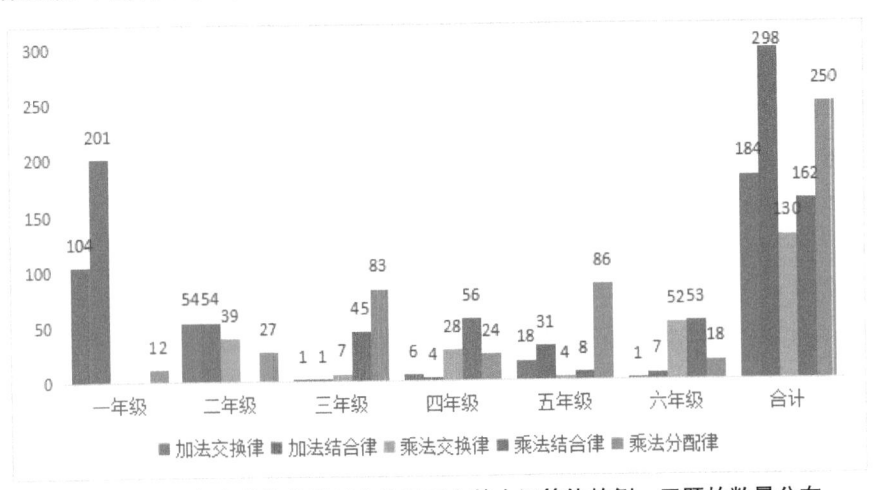

图 3-4　苏教版小学数学教材中体现五个基本运算律的例、习题的数量分布

由图 3-4可知，就年级而言，一年级中例、习题的数量占比最多，其他几个年级例、

习题总数相差不大。就运算律而言，加法交换律、加法结合律在一年级渗透最多，二、五年级的渗透和运用次之，三、四、六年级最少；乘法交换律在二年级开始大量渗透，四年级学习运算律后，在五、六年级有少量的应用；乘法结合律在三年级开始渗透，在四年级的运算律学习中达到最大值；乘法分配律在一年级开始渗透，始于多个相同的数连加可写成乘法的形式，从一年级到四年级随着学习深度的增加，对于乘法分配律的探索难度也在加深。

总之，一年级主要是加法交换律和加法结合律的渗透，二年级是乘法交换律和乘法分配律的渗透，三年级是乘法结合律和乘法分配律的渗透，为四年级运算律的学习奠定了良好的基础。在一至三年级的学习中，运算律融入了其他教学内容，学生接受着潜移默化的影响，在四年级运算律的学习中进行总结与归纳出五个运算律也就不会显得突兀，而且学生对运算律的接受性也因此而提高。

（二）质的分析

质的分析是对运算律在十二册教材中的内容编排的具体审视，以探明运算律在其中的内容编排具体情况（见表3-21）。

表3-21 运算律内容在苏教版小学数学十二册教材中的知识点分布

年级/册	知识点		运算律
一/上	第7单元 分与合	4~10的分与合	加法交换律
	第8单元 10以内加法和减法	关于6，8，9，10的加法算式	加法交换律
		看图列式解决问题	
	第9单元 认识11~20各数	看图列式和直接写得数	加法交换律
		利用小棒学会10和20的组成以及说法	加法结合律
	第10单元 20以内进位加法	计算8+？的算式	加法交换律
		凑十法的应用	加法结合律
	第11单元 期末复习	20以内进位加法	加法结合律
一/下	第1单元 20以内的退位减法	减数为7，8，9的20以内退位减法	加法交换律 加法结合律
	第3单元 认识100以内的数	通过小棒认识10个10是100	加法结合律
		学习加数＋加数＝和	加法交换律

年级/册		知识点	运算律
一/下	第4单元 100以内的加法和减法（一）	两个整十数相加	乘法分配律
		非整十数加/减一位数的不进/不退位加减法	加法结合律
		非整十数加/减整十数的不进/不退位加减法和两个非整十数的加减法	加法交换律 加法结合律
	第6单元 100以内的加法和减法（二）	两位数加/减一位数进/退位加减法	加法结合律
		两位数加/减两位数进/退位加减法	加法交换律 加法结合律
	第7单元 期末复习	100以内加减法运算	加法交换律 加法结合律
二/上	第3单元 表内乘法（一）	认识乘法算式、各部分名称及读法	乘法交换律
		乘法的意义（几个相同加数加法算式的简便计算）	乘法分配律
		2~6的乘法口诀及算式的写法（两种）	乘法交换律
		乘加、加法算式改写成乘法	乘法分配律
	第6单元 表内乘法和表内除法（二）	认识7~9的乘法口诀及算式（两种）	乘法交换律
		乘法算式的写法（两种）	乘法交换律
		乘加	乘法分配律
	第8单元 期末复习	乘法算式的写法（两种）	乘法交换律
二/下	第6单元 两、三位数的加法和减法	两、三位数的加减法（竖式计算算理、验算）	加法交换律 加法结合律 （含减法的性质）
		整十整百整千数相加减	乘法分配律
	第9单元 期末复习	两、三位数的加减法（竖式计算算理、验算）	加法交换律 加法结合律 （含减法的性质）
		整十整百整千数相加减	乘法分配律
三/上	第1单元 两、三位数乘一位数	三位数乘一位数（三位数的个位数字是0）	乘法结合律
	第1单元 两、三位数乘一位数	两、三位数乘一位数（竖式计算）	乘法分配律

续表

年级/册		知识点	运算律
三/上	第4单元 两、三位数除以一位数	两、三位数除以一位数	乘法分配律 乘法结合律
	第7单元 分数的初步认识（一）	同分母分数加减法	乘法分配律
	第8单元 期末复习	两、三位数乘/除以一位数	乘法结合律 乘法分配律
三/下	第1单元 两位数乘两位数	两位数乘两位数（验算）	乘法交换律
		两位数乘整十数	乘法结合律
		两位数乘两位数	乘法分配律
	第4单元 混合运算	整数四则混合运算	加法交换律 加法结合律 乘法结合律
	第10单元 期末复习	整十数乘整十数	乘法结合律
		两位数乘两位数（验算）	乘法交换律
		两位数乘两位数（竖式计算）	乘法分配律
四/上	第2单元 两、三位数除以两位数	连除	乘法结合律
		整十数除以整十数；商不变的规律	乘法交换律 乘法结合律
	第7单元 整数四则混合运算	会列式计算没有括号的综合算式； 计算题	加法交换律 乘法结合律 乘法分配律
	第8单元 垂线与平行线	计算题	乘法分配律
四/下	第3单元 三位数乘两位数	三位数乘两位数竖式计算（不含整十整百数）	乘法分配律
		积的变化规律	乘法结合律
	第3单元 三位数乘两位数	含整百/几百几十数的口算及竖式计算	乘法交换律 乘法结合律 乘法分配律

续表

年级/册		知识点	运算律
四/下	第7单元 三角形平行四边形和梯形	计算题	加法交换律 加法结合律 乘法交换律 乘法结合律 乘法分配律
	第8单元 确定位置	计算题	乘法交换律 乘法结合律 乘法分配律
	第9单元 整理与复习	口算或列竖式计算三位数乘两位数及解决实际问题	加法交换律 加法结合律 乘法交换律 乘法结合律 乘法分配律
五/上	第2单元 多边形的面积	利用运算律进行简便计算	乘法结合律 （除法的性质） 乘法分配律
	第4单元 小数的加法和减法	小数加减法竖式计算	加法交换律 加法结合律
		小数的加法（验算）（两种）	加法交换律
		小数减法的应用	加法结合律 （减法的性质）
	第5单元 小数的乘法和除法	列竖式计算（一/二位）小数相乘的乘法算式并理解算理	乘法分配律
		小数除法算理	乘法分配律
		运用运算律进行简便计算	加法交换律 加法结合律 （减法的性质） 乘法结合律 （除法的性质） 乘法分配律
		运用减法的性质和除法的性质进行简便计算	加法结合律 乘法结合律 （含除法的性质）
		小数的加法、乘法（验算）（两种）	乘法交换律

续表

年级/册		知识点	运算律
五/上	第8单元 用字母表示数	利用正方形周长公式,学习用字母表示数的简写形式 $a \times 4 = 4 \times a$	乘法交换律
		学会简单计算含有字母的算式(用小棒摆三角形和正方形的例子、解决问题)	加法结合律 (减法的性质) 乘法分配律
		运用运算律进行简便计算	加法交换律 加法结合律 乘法交换律 乘法结合律 乘法分配律
	第9单元 整理与复习	学会简单计算含有字母的算式 小数乘法算理	乘法分配律
五/下	第1单元 简易方程	用方程解决实际问题	乘法分配律
		解方程	
	第2单元 折线统计图	解方程	乘法分配律
	第5单元 分数的加法和减法	计算单位"1"连续减去两个分数、三个及以上分数之间的相加减	加法结合律 (含减法的性质)
		运用加法结合律、减法的性质简便计算	
		分数的应用题	
	第8单元 整理与复习	用方程解决实际问题	乘法分配律
六/上	第2单元 分数乘法	分数乘法	乘法交换律 乘法结合律
	第3单元 分数除法	分数除法	乘法交换律 乘法结合律
	第5单元 分数四则混合运算	分数四则混合运算(简便计算)	加法结合律 乘法分配律 乘法交换律 乘法结合律
	第6单元 百分数	分数四则混合运算(简便计算)	加法结合律
		列方程解决关于百分数的实际问题	乘法分配律

续表

年级/册		知识点	运算律
六/上	第7单元 整理与复习	分数四则（混合）运算	加法结合律 乘法分配律 乘法交换律 乘法结合律
六/下	第2单元 圆柱和圆锥	分数四则混合运算	加法结合律 乘法结合律 乘法分配律
	第4单元 比例	分数四则混合运算	加法结合律 乘法分配律
	第7单元 总复习	整数四则运算及验算	加法交换律 乘法交换律
		四则混合运算及简便计算	加法结合律 乘法结合律
		解方程；找规律	乘法分配律
		四则混合运算及简便计算	

就运算律单元前后知识联系的角度而言，教材在运算律这一单元之前安排了加法、减法、乘法和除法的整数四则运算及四则混合运算相关知识，共有 26 个单元渗透了运算律。具体可归纳概括为"数的认识"和"数的运算"两大部分。"数的认识"包括分与合、认识万以内整数、初步认识小数等，"数的运算"包括整数的加法（进位加）和减法（退位减）、多位数乘除法、整数四则混合运算等。此外，在图形与几何领域某些单元的计算练习中，也渗透了运算律，譬如，垂线与平行线。

这些内容的学习，为本单元运算律的探索和学习奠定了良好的基础，有利于学生更好地理解运算律，掌握运算技巧。

运算律单元是苏教版小学数学四年级下册第六单元的内容，本单元的学习内容也将给整数运算律推广到小数、分数做铺垫。教材在本单元的学习之后，将运算律推广运用到小数、分数的四则运算及运算顺序，共有 20 个单元应用了运算律。具体包括小数、分数和百分数的四则（混合）运算，特殊图形的长度/面积/体积计算，多边形的内角和，圆柱和圆锥，确定位置，简易方程，折线统计图，用字母表示数、比例等。

运算律是加法和乘法计算法则的重要依据。在运算律单元前后知识联系中，两位数加一位数、两位数加两位数、两位数乘两位数、多位数乘一位数、三位数乘两位数等的计算过程中都隐约地体现了对加法运算律及乘法运算律的运用。由此可见，运算律是相关运算中最为基本、核心的规律，其他运算性质和运算规律都可以由运算意义和运算律推导而来。因此，学生在正式学习运算律之前，对此已有模糊的认识和体会，此单元运算律的学习则是引导学生唤醒已有知识经验，建构运算律的知识结构。

就运算律在十二册教材中的渗透和运用的角度而言，纵观十二册教材，各个运算律都涉及了诸多知识点，具体体现如下：

加法交换律：4~10 数字的分与合、关于 6，8，9，10 的加法算式、看图列式解决问题、看图列式和直接写得数；计算 8+? 的算式；减数为 7，8，9 的 20 以内退位减法；加数 + 加数 = 和；非整十数加（减）整十数的不进（不退）位加减法和两个非整十数的加减法；两位数加（减）两位数进（退）位加减法；100 以内加减法运算；两位数的加法（算法）；两位数的减法（算法）；两位数、三位数的加减法（竖式计算算理、验算）；整数四则混合运算及简便计算；小数加减法竖式计算；小数的加法（验算）（两种）；利用运算律进行简便计算；运用减法的性质进行简便计算；整数四则运算及验算。

加法结合律：利用小棒学会 10 和 20 的组成以及说法；凑十法的应用；20 以内进位加法；减数为 7，8，9 的 20 以内退位减法；通过小棒认识 10 个 10 是 100；100 以内非整十数加/减一位数的不进/不退位加减法；两位数加/减一位数进/退位加减法；100 以内加减法运算；两位数的加法（算法）；两位数的减法（算法）；两、三位数的加减法（竖式计算算理）；整数简便计算；小数加减法竖式计算；小数减法的应用（减法的性质）；利用运算律进行简便计算；计算单位"1"连续减去两个分数、三个及以上分数之间的相加减；运用加法结合律（减法的性质）简便计算；分数的应用题（减法的性质）；分数四则混合运算（简便计算）；分数四则混合运算；四则混合运算及简便计算。

乘法交换律：认识乘法算式、各部分名称及读法；乘法的意义（几个相同加数加法算式的简便计算）；乘法算式的写法（两种）；认识 2~6 的乘法口诀及算式（算式有两种）；认识 7~9 的乘法口诀及算式（两种）；乘法算式的写法（两种）；乘法算式的写法（两种）；两位数乘两位数（验算）；整十数除以整十数；商不变的规律；含整百/几百几十数的口算及竖式计算；整数简便计算；利用运算律进行简便计算；小数的加法、乘法（验算）（两种）；列竖式计算（一/二位）小数相乘的乘法算式并理解算理；利用正方形周长公式，学习用字母表示数的简写形式（$a×4 = 4×a$）；分数乘整数；整数四则运算及验算。

乘法结合律：三位数乘一位数（三位数的个位数字是 0）；两位数乘整十数；整数四则混合运算；整十数乘整十数；连除；整十数除以整十数；商不变的规律；积的变化规律；会列式计算没有括号的综合算式；含整百/几百几十数的口算及竖式计算；简便计算；利用运算律进行简便计算；运用除法的性质进行简便计算；分数四则混合运算；四则混合运算及简便计算。

乘法分配律：乘加、加法算式改写成乘法；整十/百/千数相加减；两、三位数乘一位数（竖式计算）；两、三位数除以一位数（验算）；两位数乘两位数（竖式计算）；整数四则混合运算；三位数乘两位数竖式计算；简便计算；利用运算律进行简便计算；列竖式计算（一/二位）小数相乘的乘法算式并理解算理；学会简单计算含有字母的算式；小数乘法算理；小数除法算理；运用运算律进行简便计算；学会简单计算含有字母的算式（用小棒摆三角形和正方形的例子、解决问题）；用方程解决实际问题；解方程；分数四则混合运算（简便计算）；列方程解决关于百分数的实际问题；分数四则混合运算；解方程；四则混合运算及简便计算。

总之，加法交换律和加法结合律涉及了大部分与加法有关的计算，并由整数推广到小数和分数的计算；乘法交换律主要涉及九九乘法表的学习，以及乘法的验算中，并由整数推广到小数和分数的计算；乘法结合律主要涉及在一个或两个乘数是整十整百数的计算中；乘法分配律主要涉及在竖式计算、解决含有公共关系的实际问题中，并由整数推广到小数和分数的计算。而且，五个运算律又都涉及简便计算，这也是运算律的主要应用之一。

二、横向分析

横向分析是针对运算律单元的例、习题的分析，从量与质两个方面展开，其中以质的分析为主。为了完整地了解运算律单元的内容编排思路与特点，下面我们将以例题、习题为分析的两大板块，对其进行具体的分析。

（一）例题分析

例题分析主要包括内容组织、呈现方式、表征方式和学习进程等四个方面。

1. 内容组织

苏教版运算律单元共有7个例题，其内容组织可见表3-21。具体而言，其知识呈现的顺序是认识、学习加法交换律和结合律（例1）——利用加法交换律和结合律解决问题（例2）——认识、学习乘法交换律（例3）——认识、学习乘法结合律（例4）——认识、学习乘法对加法的分配律（例5）——利用乘法对加法的分配律解决问题（例6）——利用乘法对加法的分配律解决问题（例7）。

虽然有7个例题，但真正初学运算律的例题只有4个（例题1、例题3、例题4、例题5），并且这4个初学运算律的例题是按照加法——乘法、交换律——结合律——分配律的顺序加以编排学习的。例题1同时学习加法交换律和结合律，例题3、4、5分别学习乘法交换律、乘法结合律和乘法对加法的分配律。另外3个例题（例题2、例题6、例题7）都是利用相关运算律解决问题的例题，渗透简便计算思想，并且这些例题中针对加法交换律和结合律的例题有1个（例2），针对利用乘法对加法的分配律解决问题的例题有2个（例题6、例题7），却没有涉及针对乘法交换律和乘法结合律的练习式例题。

针对例题的内容编排，三位分析者一致认为：其一，初学运算律的例题和练习式例题的数量可能偏少，不利于学生全面深入掌握运算律，学习节奏快，学生未必来得及消化。其二，加法交换律和结合律在解决问题时常常一起使用，譬如，6+5+4＝(6+4)+5，其实是先用加法结合律，再用加法交换律？因此，教材在设计例题时将加法交换律和结合律安排在一起具备一定的合理性，又由于乘法交换律和结合律的规律特点是容易由加法交换律和结合律类比得来，这或许是教材没有涉及针对利用乘法交换律和乘法结合解决问题的例题的原因之所在。其三，教材没有专门编排针对减法的性质除法的性质的例题，这或许是教材编写人员认为这两个性质不属于运算律知识，但这两个性质是由运算律推演而来的，可将其分别放在加法运算律、乘法运算律例题之后进行学习，或许能够更好地帮助学生构建更为完善的运算律知识体系，同时不易作为运算律来认知。

2. 呈现方式

教材中的例题所呈现的图表、生活情境或算式是学生直接映入眼帘、获取本节课内容的渠道，不同的教学内容适合采用不同的呈现方式，使得该知识能够被学生更好地理解、吸收。

表 3-22　苏教版小学数学教材中运算律例题的呈现方式

呈现方式	苏教版
生活情境	例 1　加法交换律和结合律 例 2　加法交换律和结合律 例 3　乘法交换律 例 4　乘法结合律 例 5　乘法对加法的分配律 例 6　乘法对加法的分配律 例 7　乘法对加法的分配律
算式	—
实物图	—
几何模型	—

就呈现方式而言，由表 3-22 可知，苏教版运算律单元的 7 道例题均是以生活情境方式呈现的，通过创设跳绳和踢毽子的问题情境串来引导学生学习运算律，且为学生创设的情境比较贴近学生的生活，而且通过问题情境串的形式来整体呈现，更容易让学生体会到数学的生活性。例题 1—5 均是以跳绳、踢毽子为内容素材，提出相关问题情境。例题 6、例题 7 均以加法模型作为内容素材，提出问题情境，在利用运算律解决实际问题的同时巩固运算律，还可以加强解决问题的方法。

但是，苏教版运算律例题的呈现形式较为单一，缺乏多样性。尽管苏教版的这样呈现方式符合密切联系学生实际生活的新课标理念，但或许更为多样的呈现方式会使得学生对所学内容更加充满新鲜感和学习热情，也能够激发学生的学习兴趣，教学效果会可能更有效。

3. 表征方式

这里的表征方式主要是指，运算律的表征方式。本单元涉及五个核心知识点（运算律），分别是加法交换律、加法结合律、乘法交换律、乘法结合律、乘法对加法的分配律。如表 3-23 所示，五个基本运算律的表征方式均选取了文字、数字和符号表征。

表 3-23　苏教版小学数学教材中运算律例题的表征方式

表征方式	苏教版
文字（描述性语言）	例 1　加法交换律和结合律 例 2　加法交换律和结合律 例 3　乘法交换律 例 4　乘法结合律 例 5　乘法对加法的分配律 例 6　乘法对加法的分配律 例 7　乘法对加法的分配律
数字	例 1　加法交换律和结合律 例 2　加法交换律和结合律 例 3　乘法交换律 例 4　乘法结合律 例 5　乘法对加法的分配律 例 6　乘法对加法的分配律 例 7　乘法对加法的分配律
符号（字母……）	例 1　加法交换律和结合律 例 3　乘法交换律 例 4　乘法结合律 例 5　乘法对加法的分配律 例 6　乘法对加法的分配律 例 7　乘法对加法的分配律

由表 3-23 可知，苏教版的例题在表征方式上丰富多样，除例 2 没有运用符号这种表征方式外，基本上本单元 7 道例题都运用了三种表征方式。这里的文字是贯穿整个例题学习探索过程之中的描述性语言，数字主要是在解决问题过程中列出算式、解答过程中出现的，符号则是在探索运算律之后，以字母符号形式呈现运算律的公式。

表征方式的丰富多样，可以引导学生探索、学习运算律，主动生成对运算律的认识和理解，并且加深对所学知识的印象。与此同时，多种表征方式齐头并进，能够让学生保持对所学内容的求知欲和好奇心，学习热情不易熄灭，学习效果更加显著。

4. 学习进程

学习进程分析主要是指就运算律单元的例题之具体展开过程进行具体、细致的分析，以寻找教学线索。

例题 1，呈现条件：28 个男生跳绳、17 个女生跳绳、23 个女生踢毽子。问：跳绳的有多少人？有两种列式：28＋17 和 17＋28，得数相等故而写成等式：28＋17 ＝ 17＋28，引导学生再写几组这样的算式，观察发现规律，用其他方式（字母、图形等）表示具有该特点的等式，总结概括得出加法交换律并呈现其公式。同样的条件下，问：跳绳和踢毽子的一共有多少人？有两种列式：(28＋17)＋23 和 28＋(17＋23)，呈现 2 组类似的加法算式，让学生通过计算明白其结果相等，可写成等式：(28＋17)＋23＝28＋(17＋23)，通过引导观察、比较，发现规律，总结概括得出加法结合律并呈现其公式。

例题 2，出示问题情境：林山小学四、五、六年级参加跳绳比赛的人数统计表，让学生在计算总人数时，巩固加强加法交换律和加法结合律，感受其给运算带来的简便。

例题 3，同样是踢毽子情境：同学分成 3 组踢毽子，每组 5 人。在计算总人数的过程中，有两种列式：3×5 和 5×3，引导学生再写几组这样的算式，观察发现规律，总结概括得出乘法交换律并呈现其公式。

例题 4，同样是跳绳比赛：华丰小学每个班要选派 23 人参加，每个年级 5 个班。在计算"6 个年级一共要选派多少人参加比赛？"这个问题时，有两种列式：23×(5×6) 和 (23×5)×6，让学生再写几组类似的算式，让学生通过计算明白其结果相等，观察、比较，发现规律，总结概括得出乘法结合律并呈现其公式。

例题 5，呈现问题情境：四年级有 6 个班，五年级有 4 个班，每个班领 24 根跳绳，四、五年级一共要领多少根跳绳？有两种列式：(6＋4)×24 和 6×24＋4×24，写出等式 (6＋4)×24＝6×24＋4×24，让学生观察比较等式两边的联系，再写几组这样的算式，计算、观察，发现规律，总结概括得出乘法对加法的分配律并呈现其公式。

例题 6，出示问题情境：中国象棋一盒 32 元，买 108 副中国象棋，计算总价时，巩固加强乘法对加法的分配律，感受其给运算带来的简便。

例题 7，呈现路程问题中的相遇问题：让学生通过画图或列表的方法整理题目条件和问题，进一步分析数量关系，列式计算，从而利用乘法对加法的分配律解决问题。

由此可见，本单元有 4 个例题是属于初学运算律的例题（例题 1、例题 3、例题 4、例题 5），即规律地学习运算律的例题：每一个运算律的获得都有相似的学习进程，大体都是按照出示问题情境—由算法列算式—再写几组算式—'算、比'发现规律—总结概括，表征公式，注重让学生通过计算、观察、比较，发现算式的特点、规律，更好地理解运算律。仔细分析教材还可知，教材先呈现问题情境，然后在让学生探索算法的过程中进行方法的启发，安排卡通小人物旁白启发多种方法；教材在引导学生通过算、比、观察比较发现运算律的特点、规律时启发学生的思考过程；在总结概括运算律规律、特点时进行适当语言提示，帮助学生生成运算律的规律特点及其公式。

其实，这 7 个例题的学习进程包括规律学习、知识应用两个方面。在规律学习的学习进程方面，苏教版不仅注重知识的循序渐进，从加法的运算律到乘法的运算律再到乘法对加法的运算律，而且重视知识间的联系，将解题时通常同时利用的加法交换律和加法结合律放在一起学习，乘法运算律的学习和乘法对加法的运算律的学习进程与加法运算律的学习进程大体一致，有利于学生认识、理解它们之间的联系。但又注意到了乘法交换律和乘法结合律较之加法交换律和结合律难，故而分为两个例题进行学习。总之，苏教版在规律学习的进程方面设计较为合理，能够促进学生思考、解决问题。

利用运算律解决实际问题的例题有 3 道（例 2、例 6、例 7），即知识应用的例题。其中利用运算律解决实际问题的 2 道例题（例 2、例 6）在学习进程方面注重对方法和思考过程的启发，主要体现为呈现问题情境后让学生自由列式计算时，出现了卡通小人物进行解题方法的启发。算式列出并写出计算过程后，呈现相关问题并引导学生思考其利用的运算律以及是否简便等问题，这是进行思考过程的启发。利用乘法对加法的分配律解决路程问题的例题 7，其学习进程主要体现在，要求学生整理题目条件和问题时启发解题方法（画图和列表）。在整个例题思考、解决问题呈现过程中，引导学生一步步学会思考、解决相遇问题：先整理条件，再思考解题方法，然后列式解答。在回顾解决问题过程谈体会时，给予一定的语言提示。

由此可见，在知识应用的学习进程方面，苏教版注重引导学生掌握计算方法和解题方法，同时激发学生的思考，让学生在自主学习、探究的过程中，经历思考、探索、解决问题的问题解决过程，自主生成解答过程，从而有所得有所获，特别是在例 6、7 的学习进程中，学生通过学习不仅掌握了乘法对加法的分配律的实际应用，还一步步巩固了加法模型的解答过程，回顾旧知，掌握新知。总之，苏教版在知识应用的进程设计方面别具匠心。

（二）习题分析

练习分析主要包括习题的内容组织、问题类型和认知水平三个方面。

1. 内容组织

本单元中习题的设计起到了巩固和拓展延伸的作用。本单元共有 71 道习题，其中"试一试" 4 题，"练一练" 9 题，练习九 13 题，练习十 21 题，练习十一 11 题，整理与复习 13 题。除了例 3 以外每个例题后均配有"试一试"/"练一练"，练习九对应例 1、例 2 所学的加法交换律和加法结合律；练习十对应例 3 至例 6 所学的乘法交换律、乘法结合律和乘法对加法的分配律；练习十一对应例 7；最后安排了总的整理与练习对应整个单元的学习。每个习题的编排都是难易结合，基于学生的基础，又提供具有挑战性的题目。

"试一试""练一练"是跟随在例题后的巩固习题，仔细翻阅教材会发现，本单元除例 7 后的"试一试"以外，例 2、4、6 后的"试一试"均是让学生运用刚刚所学的运算律进行简便计算，题目问句格式均为："用简便方法计算，并说说（各）应用了什么运算律。"由此可见，"试一试"注重对所学知识的复习、回顾。而"练一练"的题目则更多涉及对运算律的巩固，实操性较强。这或许是"试一试"和"练一练"的区别之所在。

练习九中的题目涉及加法交换律和加法结合律的识别、计算、应用（验算、简便计算、解决问题），还涉及加法结合律的拓展延伸。譬如，10 题，比较 $178-(78+7)$ 与 $178-78-7$，在减法中，不能直接将两个数结合起来，还要考虑到符号的问题，涉及减法的性质。以此提醒学习者不能将加法结合律直接应用到减法中。

练习十中的题目涉及乘法交换律、乘法结合律和乘法对加法的分配律的识别、计算、应用（验算、简便计算、解决问题），还涉及乘法对加法的分配律的拓展延伸。譬如，16题，比较 $32×(30-2)$ 与 $32×30-32×2$ 是否相等，并思考有什么发现。也就是说，将乘法对加法的分配律中的加号改为减号，等式仍然成立。练习十中8题与乘法交换律有关；9题与乘法结合律有关；11题与乘法对加法的分配律有关。由此可见，关于每个运算律的习题数量设置相当，并侧重学生较难掌握的乘法对加法的分配律。

练习十一主要对应例7的问题解决，11个题目中有9个题目关于应用乘法对加法的分配律解决实际问题。首先理清题目条件和问题，然后进一步分析数量关系，进行表达，最后列式计算，从而利用乘法对加法的分配律计算该问题。另外两题则在理解题意的基础上寻找等量关系解决问题，渗透模型思想，与整数四则混合运算（法则）有关。

整理与练习中的题目涉及本单元学习的五个运算律。4个题目涉及加法交换律；5个题目涉及加法结合律；3个题目涉及乘法交换律；4个题目涉及乘法结合律；9个题目涉及乘法对加法的分配律。题目类型包含识别、计算、应用（验算、简便计算、解决问题），还涉及了乘法结合律的拓展延伸。譬如，算一算、比一比 $290÷5÷2$ 和 $290÷(5×2)$。这表明，在除法中，不能直接将两个数结合起来，还要考虑到符号的问题，涉及除法的性质。

在例题后的跟踪练习和练习组中，涉及三个数相加（相乘）改变加数（乘数）的位置，不影响计算结果。对于这样的情况，应该是综合运用加法（乘法）交换律和加法（乘法）结合律的结果。但是，教材在其编排体系中却没有强调这一点，只是将这一重点安排在了练习题中。若一线教师没有相关正确的意识，很容易将三个数相加（相乘）改变加数（乘数）的位置，不影响计算结果认为是运用了加法（乘法）结合律，从而影响学生的思维和发展。这一重点为灵活运用简便计算服务，对于数感、推理等思维发展也有十分重要的作用。

2. 问题类型

我们将习题的问题类型分为：①总结回顾型问题。回顾总结某个对象的特征或性质。②理解判断型问题。根据运算律的特征对具体实例进行实际判断。③解释说理型问题。做出判断并说明判断理由。④计算型问题。灵活运用运算律进行简便计算并反映计算结果或计算过程。⑤运算给定型问题。提供一个给定的运算或结果，补充完整算式；或是依据规定或发现的某数学模型，模仿写出或解释它的现实原型。⑥生活情境型问题。提供一定的生活情境，从中分析数量关系，并写出算式进行计算。⑦猜想型问题。提供一定的数学或现实情境，要求从中发现事实或者提出猜想，包括类比、归纳或观察发现。⑧数学活动型问题。通过给定的现实情境或自己联系现实情境，从中搜寻资料，分析数量关系，编制问题。各问题类型可运用于分析运算律之习题（见表3-24）。

表 3-24　苏教版小学数学教材中运算律习题的问题类型

问题类型	苏教版	相应的运算律	习题数量
总结回顾型问题	整理与练习 1（P72）	5 个	1
理解判断型问题	练一练（P56） 练习九 1（P58） 练一练 2（P63） 练习十 12（P66） 整理与练习 2（P72）	加法交换律、加法结合律 加法交换律、加法结合律 乘法分配律 乘法结合律；乘法交换律；乘法分配律 5 个	5
解释说理型问题	试一试（P61） 练习十 8（P66）	乘法结合律 乘法分配律	2
计算型问题	试一试（P57） 练一练 2（P57） 练习九 2（P58） 练习九 3,5,6,9（P58） 练习九 4（P58） 练习九 10（P59） 练习十 1（P65） 练习十 2.4（P65） 练习十 3,15（P65,67） 练习十 6.9（P65.66） 练习十 13,17（P66,67） 练习十一 8（P71） 整理与练习 3,8（P72） 整理与练习 4（P72） 整理与练习 7（P72）	加法结合律 加法结合律 加法交换律 加法结合律；加法交换律 ×4 加法结合律 加法结合律 乘法交换律 乘法结合律；乘法交换律 ×2 乘法结合律 ×2 乘法分配律 ×2 乘法结合律；乘法交换律；乘法分配律 ×2 加法交换律；加法结合律；乘法分配律 加法结合律；乘法结合律；乘法分配律 ×2 乘法分配律 乘法结合律（除法的性质）	23
运算给定型问题	练习九 8（P59） 练一练（P61） 练一练 1（P63）	加法结合律；加法交换律 乘法结合律；乘法交换律 乘法分配律	3

续表

问题类型	苏教版	相应的运算律	习题数量
生活情境型问题	练习九 7（P58） 练习九 12（P59） 练习十 5（P65） 练习十 7（P66） 练习十 10（P66） 练习十 11,20（P66.67） 练习十 18,19（P67） 试一试；练一练（P69） 练习十一 1,2,4,5,6,7,10（P70） 整理与练习 5（P72） 整理与练习 9,10,11,12（P72）	 加法结合律 加法结合律 乘法结合律 乘法分配律 乘法结合律 乘法分配律 ×2 乘法结合律 乘法分配律 ×2 乘法分配律 ×7 加法结合律 乘法分配律 ×4	23
猜想型问题	练习九 10（P59） 练习九 13（P59） 练习十 14（P67） 练习十 16（P67） 整理与练习 6（P72） 整理与练习 13（P73）	加法结合律 加法结合律 乘法结合律 乘法分配律 乘法结合律（除法的性质） 乘法分配律	6
数学活动型问题	无	无	0

由表3-24可知，在多种问题类型中，计算型问题和生活情境型问题占据习题的比例最大，均为36.5%。这也许是本单元学习的主要特点之一，在计算技能获得的同时，注重将数学知识应用到实际的情境中。习题中，理解判断型问题和解释说理型问题相比，前者要多于后者，但这并不代表只注重结果，而不注重本质的把握。同时也给教师的教学提供了一定的弹性，可以根据实际教学情况，对学生进行解释说理的提问。总结回顾型问题、运算给定型问题、猜想型问题是相比较少出现的问题。总结回顾型问题有利于学生基础知识的掌握，猜想型问题有利于培养学生的探究意识和总结能力，都是必要且适量就好，无须过多的练习。美中不足的是习题中没有安排数学活动型问题。

在五个运算律中，着重对加法结合律、乘法结合律和乘法分配律的练习，因为加法交换律和乘法交换律在以往的学习过程中积累了大量的经验，学生很容易接受并掌握这两个运算律，相比较而言，加法结合律、乘法结合律和乘法分配律对初学者来说比较陌生，需要更多的练习来熟悉和掌握。

3. 认知水平

习题要求的认知水平分为四级：模仿、理解、运用、探究。具体来讲，模仿是指从具体实例中知道或举例说明对象的有关特征；根据对象的特征，从具体情境中辨认或者举例说明对象；直接模拟教材的例题来进行解答。理解是在模拟例题的基础上，能阐述此对象与相关对象之间的区别和联系。运用是在综合使用知识的基础上，应用于新的情境中解决问题。探究是需要复杂的、非算法化的思维，没有可供借鉴的、固定的方法。

我们的编码方式是，将习题、认知水平、运算律分别记为 A、B、C；习题之试一试、练一练、练习几、整理与复习，分别记为 1、2、3、4；四种认知水平分别记为 1、2、3、4；五个运算律分别记为 1、2、3、4、5。将此编码也能用于分析运算律习题（见表 3-25 和表 3-26）。

表 3-25　苏教版小学数学教材中运算律习题的认知水平分析（一）

类别	苏教版	数量
A1-B23-C2	试一试（p57）	1
A1-B23-C12	试一试（p57）	1
A1-B23-C4	试一试（p61）	1
A1-B23-C34	试一试（p61）	1
A1-B23-C5	试一试（p64）	1
A1-B3-C5	试一试（p69）	1
A2-B1-C5	练一练（p61）练一练1（p63）练一练1（p64）	3
A2-B2-C1	练一练（p56）	1
A2-B2-C2	练一练（p56）	1
A2-B2-C12	练一练（p56）	1
A2-B2-C5	练一练2（p63）	1
A2-B3-C2	练一练2（p57）	1
A2-B3-C12	练一练2（p57）	1
A2-B3-C5	练一练2（p64）练一练（p69）	2
A3-B1-C1	练习九8（p58—59）	1
A3-B1-C2	练习九8（p59）	1
A3-B1-C3	练习十1（p65）	1
A3-B2-C1	练习九1（p58）	1

续表

类别	苏教版	数量
A3-B2-C2	练习九 1（p58）	1
A3-B2-C12	练习九 1（p58）	1
A3-B2-C3	练习十 12（p66）	1
A3-B2-C4	练习十 12（p66）	1
A3-B2-C34	练习十 12（p66）	1
A3-B2-C5	练习十 12（p66）	1
A3-B23-C5	练习十 8（p66）	1
A3-B3-C1	练习九 2（p58—59）	1
A3-B3-C2	练习九 3、4、5、6、7、9（p58—59）	6
A3-B3-C12	练习九 3、4、6、9、12（p58—59）练习十一 3（p70）	6
A3-B3-C3	练习十 1（p65）	1
A3-B3-C4	练习十 2、4、13、15、19（p65—66）	5
A3-B3-C34	练习十 2、3、4、5、13、15（p65—66）	6
A3-B3-C5	练习十 6、7、9、10、11、13、17、18、20（p65—67）练习十一 1、2、3、4、5、6、7、10（p70）	17
A3-B4-C2	练习九 10、11（p59）	2
A3-B4-C12	练习九 11、13（p59）	2
A3-B4-C4	练习十 14（p67）	1
A3-B4-C5	练习十 16（p67）	1
A4-B1-C1	整理与练习 1、2（p72）	2
A4-B1-C2	整理与练习 1、2（p72）	2
A4-B1-C3	整理与练习 1、2（p72）	2
A4-B1-C4	整理与练习 1、2（p72）	2
A4-B1-C5	整理与练习 1、2（p72）	2
A4-B3-C2	整理与练习 8（p73）	1
A4-B3-C12	整理与练习 3、5、8、12（p72—74）	4
A4-B3-C4	整理与练习 7、8、10（p73）	3
A4-B3-C34	整理与练习 3、4、8（p72—73）	3

续表

类别	苏教版	数量
A4-B3-C5	整理与练习 3、4、8、9、11、12（p72—74）	6
A4-B4-C4	整理与练习 6（p73）	1
A4-B4-C5	整理与练习 13（p74）	1

表 3-26　苏教版小学数学教材中运算律习题的认知水平分析（二）

认知水平	运算律						
	C1	C2	C12	C3	C4	C34	C5
B1	3	3	—	3	2	—	5
B2	2	2	2	1	1	1	2
B3	1	8	11	1	8	9	26
B23	—	1	1	—	1	1	2
B4	—	2	2	—	2	—	2

由此可见，第一，习题要求的四种水平在五个运算律中单独出现次数由多到少依次是运用、模仿、理解和探究，次数分别是64、16、11、8。此外，苏教版四个"试一试"中前三个习题均采用了"用简便方法计算，并说说各应用了什么运算律"的类似问法，涉及理解和运用两种水平。运用水平的习题数量远远多于其他三种水平的习题数量，这可能表明，苏教版更加强调运算律的灵活运用和知识点的识记；探究水平的题目数量略少于模仿和理解水平的题目，也可能说明，苏教版练习题难度要求上可能稍高，一些知识作为探究题目让学生解答。

第二，每道题目并不总是单一地考察每个运算律，而是和其他一个或几个运算律共同考察，这与教材习题编写有关，也与题目本身有关。五个运算律中考察最多的是乘法分配律，其被单独出题的次数是37；最少的是加法交换律和乘法交换律，它们往往不单独考察，而是表现为加法交换律和加法结合律一起使用、乘法交换律和乘法结合律一起使用解决问题。

三、分析结论

下面我们将主要从编排理念、编排特点和对教学实践可能产生的影响等三个方面来总结、概括分析结论。

（一）内容编排难度合理，问题情境生活化突出，重视学生能力发展

其一，苏教版教材整体编排上，无论是前后单元中有关运算律的内容还是运算律本单元内容的编排均体现了这样一个编排理念——内容编排难度合理，由易到难。前后单元中有关运算律的四则运算内容基本上是按照加、减、乘、除和整数、小数、分数这样的顺序进行编排，且内容编排难度梯度逐渐拔高，遵循了儿童思维发展的逻辑顺序，使得运算律内容的教学更易于被学生接受和掌握。

其二，运算律单元的教材在编排上设计了许多与学生实际生活密切联系的问题情境，充分体现了以学生为主体的新课改理念，这就是苏教版教材编排的第二个理念——问题情境的生活化突出。运算律单元各例题的导入都是根据学生实际生活创设教材问题情境，以生活情境的方式加以呈现。尽管如此，教材中的情境还是存在某些过时、刻意（为问题而提问）等问题，有待改进。因为以生活情境为主的教材呈现方式，不够丰富多样，且与数学本身的联系不够紧密。

其三，苏教版教材编排还体现了重视学生能力发展。运算律单元中对于各个运算律特点、规律、公式的学习过程，教材充分运用了算、比等方法，注重学生自主生成知识，而不是教师灌输知识，在经历了算、比等过程之后，学生的运算能力、推理能力都得到了一定程度上的发展，这体现了苏教版教材注重对学生运算能力和推理能力的培养与发展的理念。这也与课标所倡导的相关思想相吻合。

（二）知识编排的教学性、适合性较好，逻辑性、整体性有待提高

（1）教学性上，表征方式多元，启发方式多样。例题（例1、例3、例4、例5）均涵盖了三种启发方式：方法的启发、思考过程的启发和语言提示。仔细分析教材可知，教材是在呈现问题情境后让学生探索算法的过程中进行方法的启发的，安排卡通小人物旁白启发多种方法；教材在引导学生通过算、比、观察比较发现运算律的特点、规律时进行思考过程的启发；在总结概括运算律规律、特点时进行语言提示。

（2）适合性关注的是教材内容的选择、组织和表达与学生学习准备之间的适合程度，其中，学习准备是指学生原有的知识水平或心理发展水平对新的学习的适应性。因此，教材与学生认知水平之间的符合程度可以体现教材的适合性（主要包括例题的难易程度和多样性）。

就例题的难易程度而言，苏教版例题难度适中。尤其是在之前学习中已经渗透过运算律相关知识，所以在一些较低的认知和识记层面的例题上，学生相对而言比较容易掌握。具体来看，从教材例题内容的广度来看，苏教版例题均从生活情境中生成数学问题，进而五个运算律均涉及简单的整数加法和乘法，但并未推广到小数、分数等。因此，苏教版运算律例题内容的深度和广度都不是很足。从例题设计的坡度来看，苏教版按照加法运算律、乘法运算律、乘法对加法的运算律的顺序编排，加之乘法与加法交换律、乘法与加法的结合律可以类比学习。所以，例题之间看似并未有任何坡度，但是由于运算

律这样一种内部的联系，所以五个运算律学习起来难度跳跃性并不大。

就习题的多样性而言，苏教版练习题所呈现的习题数量多且题型丰富多样。具体来看，教材共安排了练习九、练习十及练习十一这样三个练习（包含45道题目）和一个整理与练习（包含13道题目），而且除例3外，每个例题都配有相对应的"试一试""练一练"等形式的练习，用以巩固所学知识或进行拓展延伸、探索其他知识。题目以文字、图片和表格呈现，包含填空题、连线题、计算题、应用题、判断题和讨论交流题，题目类型丰富多样。

（3）逻辑性是指知识间的内在结构。数学知识都有其启蒙脉络，并且会不断推广，这样就构成一定的知识逻辑体系。纵观苏教版小学数学十二册教材，发现运算律被编排在四年级下册第六单元，位置偏中后，教材是按照加法、减法、乘法和除法的整数四则运算及四则混合运算的相关知识来渗透运算律的，而运算律的应用范围也将从整数推广到小数和分数。这样的安排有其合理性，运算律起到了承上启下的作用，虽然可以唤起学生已有的知识经验，但也使得运算律本身知识碎片化，不利于运算律知识的系统化学习。而在本单元中，苏教版将五个运算律按照符号逻辑分类，即先呈现关于加法的运算律（交换律和结合律），后呈现关于乘法运算律（同样是交换律和结合律），最后是关于加法和乘法的乘法运算律，即乘法对加法的分配律。这样的安排也可能会引发一些问题，譬如，学生可能会产生疑问：为什么乘法比加法多一个运算律？为什么乘法有分配律而加法却没有分配律？为什么减法和除法没有运算律？诸如此类问题，都将不利于运算律的深入学习。每一个运算律的验证大致都有一个相似的呈现路径：出示生活情境问题、根据题意列式、用其他方法再写几组算式、发现规律、总结概括规律、写出表征公式。学生发现加法结合律通过三组算式，而乘法结合律和乘法分配律只通过一组算式便得到了验证，引发了猜想，得到了规律。很显然，教材是想让学生通过类比、归纳推理的方式来得到规律，但这样的编排显然既不是类比，也不是归纳。

苏教版将整数四则运算作为运算律教学起点，是与整数的意义相联结，但总体看来，五个运算律的得出不全都是充分的。第一，知识内部逻辑不明了，容易让学生产生困惑，无法进行运算律知识的深度学习。第二，重结果轻推理过程，轻运算律学习整个过程，合情推理，类比，说理（逻辑推理），例题大多都缺乏必要的表征方式的转换，只是比一比结果，再写几组算式就得出了结论，而缺乏算理性的说明。由此可能导致学生的学习仅仅停留于表层的应用上，从而影响学生数学思维水平的发展。

（4）就内容的整体性而言，苏教版教材尚可。其知识点内容和难度适中，重视数学文化的传播，在思想方法上，注重渗透数学的加法模型，且在单元整理练习中设有评价与反思模块，帮助学生进行自我评价。在小学一至六年级中，对运算律知识不断进行渗透和运用，能够使学生比较好地掌握运算律的知识，但是，可能要在运算律这一知识如何更加整体性、系统性地呈现和教学方面再加以深入的探讨。

（三）对教学实践可能的影响

就"学"而言，苏教版的编排或许能让学生在较短时间内初步认识五个运算律，但就学习效果来说，苏教版与其他版本相比，可能会有一定的差距。

就"教"而言，由于苏教版的编排特点，一些一线教师如果不具有较强的研究能力和反思意识，可能导致自己对运算律的认识不清，并在一定程度上影响其对运算律的内在本质的准确把握，进而影响教学效果，无法为学生提供更多学业上的支持。

四、问题讨论

基于以上分析结论，我们认为苏教版教材可在运算律的内容编排上就以下问题展开深入的探讨，以为改进内容编排服务。

（一）淡化生活情境的导入，从学生已有知识经验引入

教材中运算律的学习以生活情境的形式呈现，这样的呈现方式让学生不能直接将学习目光聚焦在数学知识本身，去理解、思考、探索运算律的规律性特点。针对本单元的知识是训练学生数学逻辑推理、思维能力的学习内容，教材不宜过多从情境入手，可以先前所学数学知识作为例题素材加以呈现，以便能够更好地让学生将目光放在数学上，展开数学头脑风暴，推理得出数学的规律、结论。

譬如，教学加法交换律时就可以结合低年级时学过的一位数、两位数、三位数的加法算式及其验算，加以呈现；教学加法结合律时就可以结合一年级时所学的凑十法，设计一些算式予以呈现；教学乘法交换律时就可以结合二年级时学习乘法口诀的两种乘法算式，加以呈现；教学乘法结合律时就可以结合三年级时所学的两、三位数乘一位数（如 $150 \times 6 = 15 \times 10 \times 6$）设计算式，呈现教学；教学乘法分配律时可以结合乘加、乘减算式予以呈现等。

（二）更新教材问题情境，润色教材提问语言

教材的问题情境是学生学习本单元内容时贯穿始终的问题背景，教材提问语言则是引导学生思考问题、解决问题的桥梁，二者缺一不可。但是，教材中的问题情境还是存在时代过时、语言设计刻意等问题，这也是苏教版教材可能需要改进的地方，可以结合当下的社会环境，更新问题情境，并适当使用当前时代的语言特点加以表述，这样会使得学生更乐于阅读数学教材，深入问题情境内部，探索数学问题。

其一，教材呈现问题情境时可以结合本地区本学校学生的学情设计贴合学生实际生活的情境，让学生更有代入感。其二，教材提问语言应尽量考虑到学生的年龄特征、认知发展水平和语言习惯，尽量用简洁易懂的语言陈述问题，方便学生理解问题、探索问题，获得知识。

(三)丰富教材呈现方式,提升学生学习兴趣

苏教版教材的呈现方式是较为单一的生活情境,这在一定程度上也是它的优点,但同时也暴露了它的缺点,呈现方式较为单一的苏教版教材可以适当以一些算式、实物图、几何模型等方式呈现,以提升学生的学习热情,使得学习更为有效。

就本单元而言,人教版运算律单元的呈现方式除了生活情境,还有算式,北师大版还有几何模型等,苏教版教材在教学运算律时,也可以结合本单元知识特点选择适合各个知识点的呈现方式,因为不同的呈现方式会带给学生一定的学习热情和兴趣,让学习过程更丰富、有趣。

(四)明晰类别,突出五个运算律的内在逻辑性

教材不只是教师教学的参考工具,也是学生自学的参考书籍,教材编排逻辑的清晰与否,将可能直接决定教师阅读教材时的思路明晰与否,学生阅读教材、自学教材内容的过程顺利与否。苏教版运算律单元教材在呈现7个例题时,没有在教授同一类别运算律的例题前添加相应的标题。其实,可以在例1、例3、例5的前面分别创建标题:加法运算律、乘法运算律、乘法对加法的运算律,这样可能会使得教材层次更鲜明,方便教师的教学设计和教学安排,也有利于学生复习、梳理知识点,更加便于学生在自学教材内容时进一步明确本单元的知识点之间的关系、层次和结构。

此外,教学实践方面,应立足教材,联系前后知识,明确教学中心,开展课堂探究活动。其一,充分利用教材资源。教师应该充分、合理地利用教材资源作为教学实践的生长点,生长出新的结合时代与学生特点的优秀教学设计,改善教学效果。其二,切实开展课堂探究活动。教师应该重视教材的温馨提醒,充分使用这些方法,开展课堂的小组合作探究活动,让学生在探究过程中,自主生成运算律的相关知识。其三,辨识知识的本质,明确教学中心。教师更应有针对性地进行教学思考与研究,将知识结构化地教授给学生,根据最近发展区,发展学生的更高阶思维水平,而非聚焦知识的简单识记与理解。

教师专业发展方面,增强教材研读能力,提升教学设计水平。其一,充分熟悉教材,提高对教材的敏感度,增强教材研读能力。教师在深入了解教材的基础上进行教学,有利于对教学时机的把握,在一年级至四年级上册的学习中,有意识地引导学生对运算律进行模糊的感知,将有利于运算律教学效果的提升。其二,立足教材内容组织、呈现方式及表征方式,结合学情,设计教学过程。教师应该以教材、课标作为教学设计的落脚点、生长点,立足教材内容,结合学生知识基础、认知发展水平和年龄特征,真正以培养学生的代数思维为目的,设计出有利于学生推理能力发展的教学设计过程。其三,对知识体系有整体感知,系统把握,教学中做到有的放矢。教师不仅要熟悉教材中各知识点以及它们之间的内在联系,还应熟知每部分知识内在的逻辑体系,整体把握教学目标、重点和难点、分配课时等,课堂中不再是不由分辨地依据教材对知识点的呈现进行

教学。这就对教师自身专业素质提出了更高的要求,我们希望教师能在拥有系统的专业学科知识,在充分熟悉教材的前提下,真正做到"用教材",而非"讲教材"。

总之,教材的编排特点以及教师如何解读教材是影响教学效果的重要因素,苏教版小学数学教材运算律的内容编排有其可取之处,但也有一些需要改进的地方,希望一线教师们充分发挥主观能动性,辩证地看待教材,利用好教材这一抓手,真正开展好小学数学课堂教学。

第五节 三个版本教材中运算律内容编排的比较

基于第二、三、四节的分析结果,我们将比较人教版、北师大版和苏教版小学数学教材中运算律内容编排的异同,以便更好地为教学运算律提供参考或借鉴。

一、纵向比较

纵向比较主要是比较教材中所出现的与运算律单元前后相关的内容,包括量的比较与质的比较两个方面。

(一)量的比较

三个版本的小学数学教材中,运算律都以不同的方式蕴含在不同年级当中。量的分析旨在统计运算律的例、习题数量,以期发现运算律在不同年级的潜伏与拓展。

就相同点而言:其一,五种运算律在不同教材的不同年级都有所体现,这说明运算律在学生不同阶段的学习过程中时常出现;其二,总体而言,加法结合律和乘法分配律较其他运算律分布的更为广泛,这说明这两个运算律在学生学习中的重要性;其三,大体而言,加法结合律和加法交换律在六个年级中呈现逐渐递减的趋势,这说明加法交换律和加法结合律在学生正式学习运算律之前已具备较为丰富的学习经验。

就不同点而言:一是五种运算律在不同版本教材相同年级的分布情况不同,譬如,在一年级,人教版和苏教版中加法交换律和加法结合律的内容明显多于北师大版;二是从二年级到六年级,相较于苏教版,人教版和北师大版在五种运算律的分布上较为均衡。

(二)质的比较

通过上述量的比较分析可知,运算律在小学六年的学习中都会有所涉及,为进一步明确运算律在小学六年中的具体体现,以下将通过质的比较分析,即通过例题、习题所体现的知识点来联系运算律学习之前所隐含的知识基础,以及学习之后可用之拓展的知识内容。

在学习运算律之前，运算律主要存在于"数的认识"和"数的运算"之中。就"数的认识"而言，数的拆分蕴含着运算律，譬如，在人教版"认识10以内的数"中，涉及以拆分数字的方式引导学生学习"10以内数的加法"，这体现了加法交换律的渗透，同一内容在另外两个版本教材中也都有所体现。

就"数的运算"而言，在整数的四则运算中，加法、减法运算首先涉及"10以内的加法"，在加法算式中完整地体现了加法交换律的渗透；其次是"20以内进位加法"和"20以内的退位减法"，在拆分凑整的过程中体现了加法交换律和结合律的使用。至于"100以内的加法和减法""万以内的加法和减法"，不管是在口算还是在竖式计算中，如果是一般数的加法和减法，主要表现为加法交换律或加法结合律的渗透，但如果是整十、整百、整千之类的数的加法和减法，往往以乘法分配律的方式进行计算。

乘法、除法运算首先涉及的是表内乘法，在乘法意义的初步认识中可以初步看到乘法交换律的形式，乘法口诀表则完整地体现了乘法交换律；另在"将带有乘法意义的算式改写成加法算式"的过程中，可体会到乘法分配律的渗透，而在"同一个数先分别乘以一个数再相加或相减"的计算中，直接呈现了对乘法意义的理解，间接传达了对乘法分配律的使用。其次是多位数乘一位数、除数是一位数的除法、两位数乘两位数、三位数乘两位数、除数是两位数的除法，如果按照一般的计算过程，以上乘法或除法均满足乘法分配律的使用，但如果参与乘法、除法的数是整十、整百之类的数，则还可以考虑乘法交换律和结合律的使用。此外，乘法积的变化规律与除法商的变化规律也体现了乘法交换律和结合律的使用。

在分数运算中，主要通过"分母不变，分子相加减"来体现乘法对加法、减法的分配律。在小数运算中，主要通过小数加减法的竖式计算来体现加法交换律和结合律。

在学习运算律之后，与运算律有关的学习内容主要是小数的四则运算、分数的四则运算、运算律适用的数的范围的拓展，在简易方程的求解过程中使用运算律，以及某些实际问题的数量关系表现为乘法结合律或乘法分配律的形式。在小数的四则运算中，小数的加法和减法与整数的加法和减法的计算过程相似，将不同数位上的数相加减，体现了加法交换律和结合律的使用；而小数的乘法和除法则需分别依据乘法积的变化规律、除法商的变化规律，先按照整数的乘法和除法进行计算，然后再确定计算结果的小数点的位置，体现了乘法交换律和结合律、乘法分配律的使用。

在分数的四则运算中，同分数的加减法体现了乘法分配律，异分母分数的加减法也需转换为同分母分数以相加、相减；分数的乘法与除法可先将分数看作两个数相除，从而可通过乘法交换律与结合律以计算结果，据此能解释分数的乘法是"分子、分母分别相乘"，分数的除法是"除以一个数等于乘以该数的倒数"。此外，教材中有说明整数的加法运算定律、乘法运算定律均可推广到小数、分数。

最后，在简易方程的求解过程中使用运算律，以及某些实际问题的数量关系表现为乘法结合律或乘法分配律的形式，在这一应用过程中，教材内容的设置关注学生对运算关系的理解与灵活变化。

其实，上述关于运算律的前因后果之前后知识之间的关联，在三个版本中都有涉及，只是有些细节上的差异。

二、横向比较

横向比较是关于运算律例、习题分析基础上的比较，同样是从量与质两个方面展开，其中以质的比较为主，而把量的比较纳入质的比较之中来加以阐释。

（一）例题比较

例题（分析之上的）比较主要包括三个版本小学数学教材中运算律例题的内容组织、呈现方式、表征方式和学习进程等四个方面。

1. 内容组织

表 3-27　三个版本小学数学教材中运算律例题的内容组织

版本	内容组织
人教版	例 1—例 5：加法运算定律；例 6—例 9：乘法运算定律
北师大版	例 1：四则混合运算；例 2：交换律（加法和乘法）；例 3：加法结合律；例 4—例 5：乘法结合律和分配律
苏教版	例 1—例 2：加法运算定律；例 3—例 6：乘法运算定律

由表 3-27 可知，人教版和苏教版在例题的内容组织上较为一致，即先学习加法运算定律，后学习乘法运算定律。而北师大版例题的内容组织则有一些差异，即先帮助学生回顾和熟悉四则混合运算，后学习运算律，并将加法交换律和乘法交换律放在一起。

2. 呈现方式

表 3-28　三个版本小学数学教材中运算律例题的呈现方式

版本	生活情境	算式	实物图	几何模型
人教版	例 1、2、3、4、6、7、8、9	例 5	—	—
北师大版	例 1、3、4、5	例 2、3、4	例 2	例 2、4
苏教版	全部例题	—	—	—

由上表 3-28 可知，人教版和苏教版在例题呈现方式上基本一致，即基本采用生活情境的方式来呈现所要学习的内容。这一点与北师大版的例题呈现有很大的不同，北师大版的例题采用的呈现方式较为多样。

3. 表征方式

数字表征体现在每一个例题从情境导入列出等式之后，均要求学生再比较类似的等式或写出类似的例子。从知识内容来看，数字表征是对运算律的一种具象的表达，旨在学生通过对多个实例的观察比较以发现关键的变与不变。文字表征主要起总结、解释的作用，表明经过思考后得出的结论，而符号表征则是基于文字表征的数学抽象。

表 3-29　三个版本小学数学教材中运算律的表征方式

版本	文字	数字	符号
人教版	五种运算律	五种运算律	五种运算律
北师大版	加法交换律和结合律，乘法交换律和结合律以及乘法分配律	五种运算律	五种运算律
苏教版	五种运算律	五种运算律	五种运算律

由表 3-29 可知，三个版本的教材中运算律的内容都涉及三种形式的表征方式。从运算律的意义来看，运算律的符号表征由对象符号、运算符号、结合符号以及关系符号构成。

首先，从对象符号来看，五个基本运算律所选取的符号形式略有不同。起初加法交换律选择了文字、字母、图形三种表示形式，加法结合律选择了字母与图形两种表示形式，而后乘法交换律、乘法结合律、乘法对加法的分配律只选择以字母来表示。此处表现形式数量上的递减，主要是适应学生学习的发展过程，减少认知上的重复，而且以字母表示数也是之后数学学习常用的方式。对象符号的出现，有助于培养学生的符号意识，提升学生当前对交换律和结合律的理解。在小学数学教材中，我们可注意到，交换律最初表现为两个数的交换，而结合律最初也是表现为前两个数的结合，或后两个数的结合。实际上，对象符号所指的对象应该既可以是数，也可以是式子。

其次，从运算符号和结合符号来看，符号表征相比文字表征方式而言可能要稍简洁些，主要体现在乘法分配律的表达上，"两个数的和与一个数相乘，可以先把它们与这个数分别相乘，再相加"，不管是先相加再相乘，还是相乘再相加，对于小学生而言，符号表示比较直观，可避免言语上的混乱所引起的思维紊乱。

最后，从关系符号来看，运算律的符号表征中，等号的意义要比文字表征所传达的意义丰富。教材中，关于交换律和结合律的文字表征体现的是程序思维，一是表达了操作过程，比如"交换两个数的位置""先……后……"；二是强调结果，譬如，"和不变""积不变"，乘法分配律的文字表征同样表达了操作过程。然而，在运算律的符号表征中，除了能够直观地看到操作变化的过程，等号的使用既表达了两个算式的结果相同，也表达了关系的等价，重在同一结果下不同的算式表示。

因此，结合之前纵向的梳理可知，等量关系的学习不只是在学方程时才开始，挖掘问题中的数量关系是其一，而运算律的表达则是其二。

4. 学习进程

就人教版而言，例1、例2、例6、例7、例8反映了五个基本运算律的学习进程，经历了问题解决、举例、观察、发现四个阶段；例4与例9（2）反映的是减法性质与除法性质的学习进程，是以同一问题情境下采用不同的算法以得出规律性结论；例3、例5与例9（1）体现的则是运算律的综合运用或灵活运用的学习进程，均是为了计算的简便而考虑运算律的使用，改写后的算式不必考虑对情境意义的解释。

就北师大版而言，基本按照观察算式、实例解释、符号化、解释算理四个过程来学习，学生经历了从归纳推理到演绎推理的完整的思维过程。其中，交换律和结合律都是通过四个问题呈现知识。第一个问题呈现两组算式，让学生观察算式，并用语言描述发现的规律；第二个问题则让学生用生活实例解释发现；第三个问题让学生使用字母概括出一般规律；第四个问题让学生运用规律解决问题，解释算式计算的道理。乘法分配律则通过情境导入，再按照观察、发现、符号化、解释的过程进行学习或教学。

就苏教版而言，例题1、例题3、例题4、例题5大体按照出示问题情境—由算法列算式—再写几组算式—'算、比'发现规律—总结概括，表征公式，注重让学生通过计算、观察、比较，发现运算的特点、规律，更好地理解运算律。细细分析教材可知，教材是在呈现问题情境后让学生探索算法的过程中进行方法的启发，安排卡通小人物旁白启发多种方法；教材在引导学生通过算、比、观察比较发现运算律的特点、规律时启发学生的思考过程；在总结概括运算律规律、特点时进行适当语言提示，帮助学生生成运算律的规律特点及其公式。例2、例6、例7注重对方法和思考过程的启发这两种方式，在教材中主要体现为呈现问题情境后让学生自由列式计算时，出现卡通小人物进行解题方法的启发与引导。

（二）习题比较

习题（分析之上的）比较主要包括三个版本小学数学教材中运算律习题的内容组织、问题类型和认知水平等三个方面。

1. 内容组织

内容组织的比较主要是通过对三个版本教材中运算律习题的数量及其类型的分析基础上的相关比较，以揭示运算律需要学生掌握的重点。

就运算律习题的数量而言，人教版和北师大版教材的习题数量相对较少，而苏教版教材的习题数量则相对较多。

就习题所涉及的类型而言，三个版本教材大致相同，即主要关注运算律的识别、计算和应用三个方面。其中，运算律的识别主要是让学生在所给定的四则运算中判断运算律的使用情况。譬如，在苏教版教材中，比较 $178-(78+7)$ 与 $178-78-7$，其意在告诉学生，在减法中，结合律的使用是成问题的。再譬如，比较 $32\times(30-2)$ 与 $32\times30-32\times2$ 是否相等，其意在帮助学生识别乘法分配律的同时，延伸拓展乘法分配律的使用。运算律的计算是习题中较为主要的内容之一，其意在帮助学生巩固所学的五种运算律。运算律的应用主要涉及运算律在简便计算中的应用和运用运算律来解决问题。这其中，简便计算是运算律应用较为重要的内容，运算律本身即是通过改变运算顺序或位置来使运算程序发生改变，因而，合理地使用运算律能够使得计算更为简便，并提高计算的速度和准确性。

除此之外，因教材内容编排的不同，在北师大版教材中涉及（整数的）四则运算内容的相关习题。

2. 问题类型

三个版本小学数学教材中运算律的习题主要采用的问题类型，都以计算型问题和生活情境型问题为主。三个版本小学数学教材中运算律习题类型前文已做分析，分作八类：总结回顾型、理解判断型、解释说理型、计算型、运算给定型、生活情境型、猜想型、教学活动型。这说明，运算律的练习重在帮助学生灵活运用运算律，而且对运算律的使用并不限于算法技巧的锻炼，亦已关注到在实际问题的解决中，运算律可启发问题解决策略的多样化，同样地，在运算过程中仍可注意简便计算。

3. 认知水平

习题的认知水平既反映出习题对学生的认知要求，也间接地反映出相应内容的重要程度。

在运算律的习题中，体现运用认知水平的习题数量最多。不同的是，在人教版和北师大版教材中，理解水平的习题所占比例较多，而在苏教版教材中，模仿水平的练习所占比例较多。

三、比较结论

针对比较结果，以下将主要从编排理念、编排特点和对教学实践可能产生的影响等三个方面总结、概括相关的比较结论。

（一）运算律的内容编排基本符合课标所倡导的编排理念

由以上对三个版本小学数学教材中运算律的内容编排之分析与比较可知，其内容编排基本符合课标所倡导的教材编排理念。

其一，运算律的学习不能脱离以往的学习经验，学生需要基于已有大量计算经验的积累开始本单元的学习，此点可见于运算律的学习是安排在运算意义、运算法则的学习之后，此前学生已接触到大量的计算实例。

其二，运算律作为一种规律，对其本质的理解需要经历思考的过程，因此，学生需要体验完整的规律发现的过程，从而培养自身严谨有条理的思维品质。此点表现在五个基本运算律的发现基本经历了出示问题情境—比较不同的算法—举出类似的算式例子或书中给出类似的例子，展开比较—得出发现（语言描述）—用字母或符号表示的过程，学生集中参与了计算、观察、猜测、归纳等数学活动，由此获得数学规律性知识学习的活动经验。

其三，运算律的学习有意指向算式结果和简便运算，促进学生对运算律及相关性质的灵活运用。关于此点，一方面体现在学生在例题中是通过计算结果以发现两种算式的相等关系，另一方面体现在例题中所给的算式以及大量的习题都以进行简便计算为主，表现为五个基本运算律、减法性质、除法性质的应用。

（二）运算律的内容编排有较好的教学性、适合性和整体性

例题和习题的内容组织和编排方式，反映出运算律的教学性、适合性与整体性都较好，在知识呈现与能力培养中均有所体现。具体而言，三个版本教材中，运算律内容基本每一例题体现一个知识主题，这些知识主题的组织顺序在知识点上表现为由加法运算律到乘法运算律，在学习目标指向上表现为内涵理解、延伸规律与应用规律，整体符合由易到难、由理解到灵活运用的特点。

此外，运算律的例题注重情境引导，学习进程主要体现为学生思考过程的启发，由具体到抽象，而且，在五个最基本的运算律的学习中，其学习进程的连贯性与一致性有利于实现学生思维的连续性与联系性。

由此，从习题的内容组织、问题类型与认知水平看，习题的难度适中，而且在例题的基础上有拓展大量的变式，其所反映的知识点较为丰富；每一小节练习的呈现也都体现了知识点与目标能力的层次性，习题中多样化的问题类型支持了学生多元化的思考方式。

（三）运算律的内容编排比较有利于教师开展相应的教学活动

由三个版本的比较可知，运算律的内容编排较为重视从学生已有知识和经验出发来帮助学生构建所学内容，这与小学生的认知特点较为吻合，也体现了以学生为学习主体的观念。

具体而言，苏教版和人教版都较为重视从学生生活经验出发来帮助学习运算律的内容。其中，人教版以骑行和种树的情境学习加法交换律、结合律以及乘法交换律和结合律，以买东西的情境学习乘法分配律；苏教版则主要以学生熟悉的体育活动为问题情境。而北师大版则以学生较为熟悉的算式出发，帮助学生学习加法和乘法的交换律和结合律，且以铺地砖的情境帮助学生学习乘法分配律，与人教版和苏教版相比较，略有不同。

此外，三个版本教材都意在让学生通过归纳和发现的思路来进行学习，这无疑有助于启发教师让学生通过自主探索的方式帮助学生学习。

由此可见，三个版本教材一定程度上都有助于启发教师进行有效教学，且后续习题的内容编排也有助于教师对学生进行知识的巩固。

四、问题讨论

基于以上比较结论，以及对教材内容编排与设计的整体理解，我们认为，下列问题的探讨将有助于小学数学教材中运算律的内容编排的改进或完善。

（一）回归教材内容的连贯性

在开展运算律的教材分析时，我们做了一些前后知识内容的梳理工作以便更好地掌握数学教材的知识结构。此时我们可发现，寻找教材知识结构的潜在意义，分析与运算律单元有关的前后知识联系，有助于我们梳理出运算律内容与学生已经学习的运算意义、运算顺序之间可以建立怎样的关系，而且，学生所经历的具体的操作过程，譬如，数的分与合、加法或乘法的验算、加法或乘法的竖式计算、解决实际问题列综合算式等中，就已经体现了加法交换律、结合律及乘法交换律、结合律、乘法对加法的分配律，此外，此时所学的整数的运算律仍可以推广到其他数的范围。

运算律单元的内容设计是否可以直接从学生的已有计算经验出发，通过对过去知识的重新回顾与比较，以初步提出发现并展开下一步的验证？经对比发现教材中多是以情境引入的方式展开运算律的学习，仅是在习题中略有提及"学过的加法计算的验算与竖式计算体现了什么运算律"，尽管这一方式的安排对于学生理解而言比较直观、容易，但与此同时，运算律的学习却与前面的"数的运算"的学习产生了割裂。而且，在此种编排方式下，学生可能会产生一个误解，认为计算方法或运算法则是计算或运算中始终不变的规则，而运算律则仅仅是为了简便计算而出现的知识准备。其实，有关"数的运算"的连贯性是由运算的意义及其衍生的运算律的普遍性和客观性所决定的。

（二）探索教材内容的结构性

教材内容的结构性其实离不开教材前后知识的连贯性，由浅入深，由繁到简，但同时，其也体现在教材知识结构需要回到具有逻辑意义的数学知识中去。然而，在运算律单元中，学科知识的逻辑线索可能略有模糊不清的地方。在教材中，运算律的划分不太合理。首先，是否将减法性质、除法性质放在运算律的认识中，仍可再作探究，或许可在运算律全部完成学习之后，作为运算性质再予提及。其次，教材中的五个基本运算律，如果从运算符号出发，应将加法交换律和加法结合律归为加法运算定律，将乘法交换律和乘法结合律归为乘法运算定律，乘法分配律（实为"乘法对加法的分配律"）应单独列一个标题进行呈现。当然，也可以按照运算律的维度来划分，分为交换律、结合律和分配律。如学交换律时同时介绍加法交换律和乘法交换律，学结合律时则依次介绍加法结合律和乘法结合律，最后在学习了交换律和结合律的基础上，学习乘法对加法的分配律。以上对运算律单元的知识点的划分，均从有联系、有逻辑意义的数学知识展开思考，可避免人为地破坏数学知识的发展线索。

此外，教材在解释说明加法交换律的内容时，仍需注意前后学习活动的结构性。譬如，在人教版教材中，例3呈现了加法交换律和结合律综合使用的算式115 + 132 + 118 + 85，并要求学生对计算过程中运用了什么运算律进行说明。由例题呈现的计算过程可知，其在使用加法交换律时，是对一个数与一个式子进行位置交换，而非简单的两个数的位置交换。因此，在加法交换律的内容组织中，用字母或其他方式对该规律进行表示时，需要进一步为学生提供思考，加法交换律 $a + b = b + a$ 中 a 或者 b 是否只能表示一个数。对于这个问题的明确有两个好处：一是，在此部分运算中，学生能够体会等量代换的思想，为前三个加数添上括号，并把括号作为一个整体与括号外的数进行交换位置；第二个好处是，在加法交换律的学习中，我们是通过"两个数相加的规律"得到的加法交换律，学生容易忽视"三个数连加的规律"中也有只用了加法交换律的情况，以此可说明加法交换律和加法结合律的独立性。由此，加法交换律与加法结合律的比较中，运算位置、运算顺序与这两个运算律的关系才能更加清晰。

（三）促进教材内容的适切性

教材内容的适切性需要考虑教材内容能够给予学习者多大的发展可能或空间，即能帮助学生在当前能力水平下跳出舒适圈，带有困惑和挑战地完成学习任务。因此，基于前面教材内容连贯性的分析，也许可以推测，对于四年级学生而言，运算律的学习应该重在数学思维能力的提升，我们不能总是把学生局限于从具体生活情境中吸收知识，也不能将学生运用运算律局限于简便计算。虽然起初学生的思考仍不成熟或不完善，但学生具备基本的数学思考的能力，能够体验观察、比较、猜想、验证的过程，以自己的表达方式或语言习惯归纳结论。

"数学的思考是在大脑中解决问题，而非实际操作解决。"在运算律的学习中，直观情境的出现有利于学生体会运算的意义，引起计算的需求，但根据直观情境所反映的数量关系而列出算式，体现的是不同的算法，而非是对算理的发现。由此，关于运算律的数学思考必定需要进一步跳出生活情境，找到该算法成立的必然性依据，在具体情境中，算法不仅要依据本身的算理，也会受限于情境的要求。掌握算理，反过来能更好地落实算法，可以在理解算理的基础上，结合直观情境启发算法的生成。另外，需要指出的是，发现算理的过程在小学阶段，可作为一个合情推理的过程，它并非脱离情境，情境可以包括生活情境，也可以包括数学情境，而此处可以直接从数学情境出发，以所学过的数学知识作为经验基础展开推理过程。因此，数学教学材料的选择应该以维护或培养学生不断严谨的数学思考为前提。

需要特别指出的是，对教材的分析和比较应是教师专业发展的重要内容之一。因为，唯有如此，我们的教师才能够真正做到"用教材教，而不只是教教材"。而本分析与比较研究则为教师学习分析和比较教材提供了一个具有可操作性和可行性的真实案例。

第四章 "认识三角形和四边形"内容编排的分析与比较

教师的课堂实践活动离不开对教材内容的把握，教师想上好课，就要先把教材作为对象进行研究，以便吃透教材。基于课程标准、学生发展的角度对教材内容、教材结构有清晰的把握，才能更好地理解教材的深刻内涵。教师要站在更高层面对教材进行再认识，并从整体上对其内容进行再组织、再创造，使其更好地服务于自己的教学和学生的学习。如此，教师才能游刃有余地上好每一堂课，也才能够在更大程度上运用教材内容来促进学生更好的发展，同时教师也能够在此过程中收获自身的专业成长。

第一节 小学数学教材中"认识三角形和四边形"内容编排分析框架的建构

"图形的认识"是小学阶段"图形与几何"领域中占比最大的一部分内容，而且还是学习图形的测量、运动与位置的基础，在几何教学中发挥着重要的作用。

三角形和四边形是小学图形认识的主要对象，它们以各种角色出现在各个年级的数学学习之中。与此同时，"认识三角形和四边形"是后续进一步学习三角形和四边形的周长和面积测量、三角形和四边形的平移、旋转、轴对称、立体图形的认识等内容的基础，也是发展学生直观想象能力和逻辑推理能力的重要载体。

因此，教师如何将前后知识联系起来，如何在教学中更好地培养学生的探究、推理等数学思维能力，使教学不浮于表面，取决于教师对三角形和四边形内容本质和结构的理解，教师教学效果也会影响到学生数学内容的学习和数学思维的发展。所以，对该主题进行教材分析是必要且重要的。

就"三角形和四边形的认识"而言，目前国内研究者已经对其进行了不少研究，但研究者更多从教学的角度来剖析"认识三角形和四边形"的学习，主要是从教学设计、教学思考、教学评价等角度来分析"认识三角形和四边形"的教学。[1]已有研究对教材内容编排也有一些涉及，主要是通过教材分析，提出教材理念上和学生发展上的建议，主张教材设计要注重发展学生的动手操作能力和概括能力，[2]以及要分析学生学习"三角形和四边形的认识"的知识起点。[3]

但是，这些研究主要是基于个人经验与感性认识去分析教材，不够系统全面。因此，本章的分析与比较就旨在，基于系统、科学的教材分析框架对人教版、北师大版和苏教版教材中"认识三角形和四边形"的内容编排进行分析，并在此基础上对其进行比较，以期获得对"认识三角形和四边形"的教材内容有一个更全面、更深刻的认识，并能够为改进教师教学提出具有一定现实意义的建议。

一、教材内容分析的内涵与视域

教材内容编排分析框架是开展教材内容编排分析与比较的工具，首先就要考虑教材分析的内涵和视域两个问题。

（一）教材分析的内涵

在进行具体的教材分析之前首先需要厘清教材分析的内涵，而概念分析就是运用逻辑方法以澄清概念内涵的理性活动，它力图发现组成一个概念的要素和这些要素是怎样相互联系的。[4]教材分析的内涵，可分解为教材和分析两个要素。一方面，教材是什么，影响着教材分析框架应该以怎样的标准来建构。教材之"是"，蕴含着分析者对教材之为教材的期望。它可以是静态的书本，可以是师生交际的中介，也可以是教学活动的一部分等等。另一方面，教材分析即是一种教材认识，分析是什么，决定着认识的整体结构与具体路径。分析之"是"，可理解为一种以直觉或判断力为依据的分类活动。[5]教材与分析的"是"都是其未言尽其所欲言之意的，毋宁说，唯有将两者联结，才可彰显教材分析的真正内涵。

教材是分析的对象，分析活动的目的是获得对教材的认识，同时，教材也是分析的依据，教材之"是"，是分析者直觉与判断力的起点，对教材的持续想象贯穿于分类活动

---

[1] 聂敏惠. 挖掘生活中的数学点燃学生学习的热情：教学"认识三角形和平行四边形"一课中的体会[J]. 数学学习与研究, 2018 (15): 127; 陈培群, 马亚琴. 化静为动，让课堂多一份情趣："三角形和四边形"教学实践与探索[J]. 小学数学教师, 2014 (12): 17-22; 段安阳, 孙妤. 教会学生用联系的观点看问题：特级教师朱国荣"三角形的认识"精彩教学片段赏析[J]. 小学数学教育, 2011 (03): 13-14, 29.

[2] 丁宜林. 谈"三角形、平行四边形和梯形"教学中的动手操作[J]. 小学教学研究, 1996 (11): 25-26. 张勇成. 充实活动体验培养空间观念："三角形、平行四边形和梯形"教材透视及教学思考[J]. 小学数学教育, 2015 (10): 24-26.

[3] 梁金柳, 尤金田. 把握现实起点有效推进教学：以北师大版四下"认识三角形和四边形"为例[J]. 新教师, 2018 (01): 38-39.

[4] 金生鈜. 教育研究的逻辑[M]. 北京：教育科学出版社, 2015: 254.

[5] 怀特海. 思维方式[M]. 刘放桐, 译. 北京：商务印书馆, 2018: 71.

的始终。分析是教材的指向，在原则上说，分析所获得的认识必然是一种新认识，"新"就意味着存在关于教材的问题与目的。关于教材的问题，欲求一种问题意识，是分析者将教材的经验问题化，转变为一个可能通过分析来解决的教材问题，分析即通过分析活动，解决问题，获得新认识。

至此，我们已初步呈现出教材分析所蕴含的要素结构及要素间的关系。需要特别指出的是，由于我们对于一个概念内涵的理解可能会有所不同，仁者见仁，智者见智。因此，明确教材分析的逻辑内涵只是进一步具体分析教材的基础。由此可见，要明确教材分析的具体内涵，还必须进一步明确教材分析的视域。

（二）教材分析的视域

怀特海曾指出：我们可以根据任何事物的某种视域来认识任何事物。但是，整个视域则包含了有限的认识之外的无限性。[①] 这就意味着，有限的视域是认识事物的前提，认识活动总是有限的，而有限性之外总是有尚未认识的无限性。所以，总体而言，对教材分析的认识也是无限的，运用不同的概念框架，我们所发现的问题和提出的观点就很有可能极其不同。

但是，无论如何，就本章的分析与比较而言，我们的教材分析还是需要有一个有限的视域。

视域与教材分析的问题与目的是一致的。其实，当我们建立分析框架的时候，我们已经具有了概念框架与分析对象之间相关性的理解。在此我们以一种对比式的方式来阐述我们分析教材的视域。首先，教材分析可以是宏观的或微观的。我们的教材分析是微观的，它指向对具体的、专门的教材内容的认识，而宏观分析则通过指向一般性的教材认识。其次，教材分析可以是学科性的或非学科性的。我们的分析是学科性的，并强调以学科性为核心，学科性构成了我们的教材分析的依据与标准，这也就明确了分析需要揭示学科知识与学科思维等，而非学科性的分析则通常指向揭示出教材中的一般性结构要素的情况。最后，教材分析可以是表层的或深层的。表层分析多指向外显的现象，深层分析则倾向于分析现象背后的本质，而这种本质总是在某种视角下被揭示的。我们的分析是深层的，我们的分析就是一种微观的学科性的深层分析。这就意味着，分析要指向学科中某一重要主题，并挖掘该主题的知识本质与相应的思维，从而指向学生的素养发展。

至此，可以明确地提出进行教材内容编排分析的直接目的在于揭示小学数学教材在某主题的内容编排上，能够多大程度地有利于学生对该主题知识本质与相应思维的学习；其间接目的是提升教材在促进学生数学核心素养发展上的价值。

因此，本章的教材分析有以下三点预设：①基于上述目的，作为分析对象的教材应侧重于学科性和知识性；②以学科性和知识性作为分析框架建构的依据应该是合理的；

[①] 怀特海. 思维方式[M]. 刘放桐, 译. 北京：商务印书馆，2018：41.

③一种微观的学科性的深层分析可以达成以上的分析目的。

由此可见，整个教材的分析与比较都需要围绕某主题的学科性来建构与实施。而本章的分析主题是"认识三角形和四边形"，因此，下面我们就将从"认识三角形和四边形"本身出发来探讨分析框架的具体建构。

二、从"认识三角形和四边形"本身出发

毫无疑问，课标对"认识三角形和四边形"相应知识的概括和界定应该是建立在"认识三角形和四边形"数学知识基础之上的。但是，由于课标的独特性，其对数学知识的解释无法深入。因此，就不仅需要"认识三角形和四边形"的课标分析，而且更需要对其开展进一步的知识分析。

（一）"认识三角形和四边形"的课标分析

认识三角形和四边形是"图形与几何"领域的两个主要内容，它们贯穿多个年级。由于跨越了多个学段，因此该单元在课标中的内容较多。

在学段目标的第一学段就提出了"经历从实际物体中抽象出简单平面图形的过程，了解一些常见的平面图形""掌握初步的识图和画图技能""在从物体中抽象出几何图形，发展空间观念"；在第二学段则提出了"探索一些图形的形状、大小和位置关系，了解一些平面图形的基本特征""掌握测量、识图和画图的基本方法""在观察、实验、猜想、验证等活动中，发展合情推理能力，能进行有条理的思考，能比较清楚地表达自己的思考过程与结果""会独立思考，体会一些数学的基本思想"。

在课程内容上，第一学段提出了"能辨认长方形、正方形、三角形、平行四边形、圆等简单图形""通过观察、操作，初步认识长方形、正方形的特征""能对简单几何图图形进行分类"；第二学段则提出了"通过观察、操作，认识平行四边形、梯形和圆""认识三角形，通过观察、操作，了解三角形两边之和大于第三边、三角形内角和是180度""认识等腰三角形、等边三角形、直角三角形、锐角三角形、钝角三角形"。另外，在整体的能力发展要求上，本单元还涉及空间观念和推理能力等数学核心能力。

由此可见，认识三角形和四边形在课标的第一学段和第二学段都有所涉及。在三角形的认识上，第一学段只要能辨别三角形即可，对其深入认识主要在第二学段。在四边形的认识上，第一学段主要是正方形和长方形的学习，第二学段则是梯形和平行四边形的学习。第一学段强调以直观的方式学习图形，第二学段则强调在直观的基础上进行适当的特征探究，并学习相应的数学方法和数学思想。实际上，从第一学段到第二学段的发展，就是一种空间观念和推理能力不断联结的过程，而这正是图形与几何领域学习的关键所在。

空间观念的培养既包括从实际生活中抽象出各种图形的表象，以识别各种图形，也包括在此基础上，不停留于直观的、经验性的认识，而是从一种更具数学味的逻辑形式来再认识各种图形。正是基于推理能力以实现这样一种思维的跨越，学生才能够真正地

以数学的方式来进行图形的学习，也才能够形成课标所要求的相应的数学素养。由此可见，认识三角形和四边形的学习要充分体现这一关键点。

认识三角形和认识四边形具有较密切的联系性。两者都属于平面图形，认识平面多边形是它们共同的知识基础，根据一定标准把多边形归为三角形或四边形，就产生了这两类平面图形。在四边形上，学习者主要要学习长方形、正方形、菱形、平行四边形和梯形等特殊四边形。不过，这种认识主要是一种直观的、经验性的学习过程，是让学生初步体会到有这些图形的存在，并将它们的样子和名称等记住。而认识四边形单元则就是在这一基础上所进行的更深层次的图形认识活动。在三角形上，学习者在学习本单元之前只对三角形有一般性的认识，而在本单元的学习中才与四边形类似，即进行更深层次的图形认识。因此，我们从课标中可以揭示出对本单元的几个重要认识：①图形之间具有密切的联系；②需要整体地认识图形；③需要揭示认识图形的一般方法。

（二）"认识三角形和四边形"的知识分析

从三角形和四边形本身出发，既要考虑他们内在的关联（包括构成要素之间的关联和类型），也要考虑他们之间的关联。

1. 用数学语言来描述图形

图形的认识是人们自然而然的经验，其与空间概念密切相关。空间可以分辨事物之间的位置关系，得到事物的性质差异。因此，空间是一个关于物体存在形式的基础概念，人们从物体的存在形式中抽象出关于图形以及图形关系的概念，构成数学的研究对象。[①] 在此之前，学生已经具有丰富的认识图形的经验，包括立体图形和平面图形。学生经历了从现实生活抽象出这些图形的过程，甚至可以说，在直观层面上学生已经可以较好地识别各种各样的三角形和四边形。因此，本主题的学习不再是从直观层面认识图形，而是更进一步以更具数学味的方式来认识图形。也就是说，需要学生能够以一种数学语言来描述图形。

什么是"用数学语言来描述图形"？以四边形为例，一个最为简单的描述便是：由四条边首尾相连而围成的平面图形就是四边形。虽然这很容易理解，但其在认识层次上已经大大超越了小学阶段常常出现的直观性描述："像这样的图形就是××形"。仔细分析便可发现，这一描述已经包含了两个要素：①四条边，②围成。因此，这里所谓的数学语言就是要求学生在描述图形时需要包含某些要素，这些要素是与图形相关的各种概念，譬如边、角、高等。有了这些要素，学生也就具有了进行图形推理的机会：满足这两个要素时，就是四边形；不满足时，就不是四边形。而这也正是图形学习的重要目标之一。

因此，"认识三角形和四边形"旨在形成大量的类似的描述（命题），分别针对各种类型的三角形和四边形的定义、特征、性质等。但需要注意的是，这并不意味着直观在

---

① 史宁中.基本概念与运算法则：小学数学教学中的核心问题[M].北京：高等教育出版社，2013：53.

此已经不再需要。恰恰相反，小学数学中的几何学，主要诉诸儿童的直观感受，借以识别各种不同几何图形。①在试图得到这些描述的过程，实际上也是对各种图形表征的观察与操作，从而形成各种直观经验。但与之前的学习有所不同，此时外在的观察与操作还需要伴随着内在的脑海中的想象与思考，试图将原来朴素的语言描述"像这样"转化为包含各种要素的更为精确明晰的描述。正如皮亚杰所指出的那样，数学活动可以在事物上进行，也可以在思想内部进行。思维中的协调活动是外部活动的内化。内化能产生概念，所以活动的内化就是概念化，得到了内化的活动称为运算。运算就是一个概念化的过程。②因此，认识三角形和四边形就是一种运算，一种概念化的过程。

2. 学习图形的一般方法

在运算这一层次上，可以形成如下学习图形的一般方法，即直观——思考图形的定义、特征、性质——概念化。其中，最为关键的是第二步，即学习者如何去思考三角形和四边形的定义、特征、性质。其实，第二步最为关键之处便是那建构图形的分类活动。

分类是一种十分重要的科学思想方法，而图形的分类活动也因此具有重要价值。通过图形分类可归纳出隐藏的信息。譬如，平行四边形有很多性质，如果能通过一些方法确认该图形是平行四边形，就能使用平行四边形的所有性质。这就是分析归纳的实用之处。要想通过分类获取正确信息，那就必须正确理解事物最根本的性质，牢记通过逻辑论证得到的定理。另外，通过分类不仅能找出隐藏的性质，还能让各个类别之间的差异变得显而易见，更方便研究。③认识某个具体图形的教学只是个案，只有让学生理解图形的分类才使教学具有一般性。认识图形需要感悟如何合理地制订分类标准，学会如何遵循标准合理地进行分类。④

数学的分类包含两种基本类型：①不重不漏型；②包含套装型。⑤图形认识的研究主要是不重不漏型分类，这就需要一个落脚点，即我们一般可以从哪些要素来认识和描述图形。而对于平面图形来说，其基本的落脚点有两个：边和角（实际上，边与角也是最基本的平面图形，但在此仅将其作为三角形和四边形的构成要素）。对于平面图形来说，我们总是要么从边，要么从角，要么从边和角的关系上去思考它。这也为我们从直观到定义、特征、性质提供了具体的操作方法，在学习一个平面图形时，我们可以带着一定的目的去进行观察和操作：它的边是怎样的，边和边之间有什么关系；它的角是怎样的，角和角之间是怎样的；它的边和角之间又有怎样的关系。以认识四边形为例，在对这些问题进行一系列的考察之后，我们便可以得出一个四边形的相应性质（见表4-

---

① 张奠宙. 小学数学研究 [M]. 北京：高等教育出版社，2010：124.
② 李士锜，吴颖康. 数学教学心理学 [M]. 上海：华东师范大学出版社，2011：5.
③ 永野裕之. 数学好的人是如何思考的 [M]. 李俊，译. 北京：北京时代华文书局，2016：198-199.
④ 史宁中.基本概念与运算法则：小学数学教学中的核心问题[M].北京：高等教育出版社，2013：57.
⑤ 张奠宙. 小学数学研究 [M]. 北京：高等教育出版社，2010：136.

1）。需要特别指出的是，表内所有的内容都是通过直观的方式得到的，也就是学生通过观察与操作就可以得到表内的所有内容。然而，对于认识四边形来说，这才是刚刚开始。

表 4-1 各种特殊四边形的性质对照表

图形构成要素	a1 边的大小	a2 边的位置	b 角	c 对角线	d 顶点	e 高	f 对称轴
正方形	四边相等	对边平行，邻边垂直	四个角都是直角	两组对角线等长，相互垂直平分	四个顶点	一边上的点到对边的垂线为高，对边为底	4
长方形	两组邻边相等	对边平行，邻边垂直	四个角都是直角且相互平分	两组对角线等长且相互平分			2
菱形	四边相等	对边平行	两组对角相等	两组对角线相互垂直平分			2
平行四边形	两组对边平行 两组对边相等	对边平行	两组对边相等				0
鸢形	两组临边等长		一组对角相等	两组对角线相互垂直，且一组对角线被平分			1
等腰梯形	两个腰相等	一条对边平行	两组邻角相等	两组对角线等长			1
直角梯形		一条对边平行	一组邻角为直角				
梯形		一条对边平行					0
四边形	四条边		四个角	两组对角线			0

当我们孤立地认识一个图形时，就可以横向地查看表 4-1 中的内容；而当我们试图竖着查看表内的某一列内容时，就是在思考不同图形之间的关联，而这也正是认识四边形最为重要的学习内容。

对图形关联的认识是与之前的学习紧密相连的：①学习图形的方法是一致的；②学习各种四边形的方法是一致的；③因为方法是一致的，所以可以观察以相同方法所学习的各种四边形有怎样的联系和区别。而这种图形联系的考察，就包含了丰富的推理活动。因为，当我们想要去考察图形的联系时，会进一步发现，某些图形之间不仅有联系，而且存在种属关系：当 a 图形的所有性质，b 图形都有，而 b 图形却有 a 图形没有的性质时，我们就可以说，b 图形属于 a 图形。性质越少，说明概念的内涵越小，也就说明了概念的外延越大；相反性质越多，说明概念的内涵越大，也就说明了概念的外延越小。外延大的概念范围就大，譬如，表 4-1 中四边形的内涵最小，因此它的外延最大，它的范围也就最大，其他所有特殊图形都属于四边形（见图 4-1）。

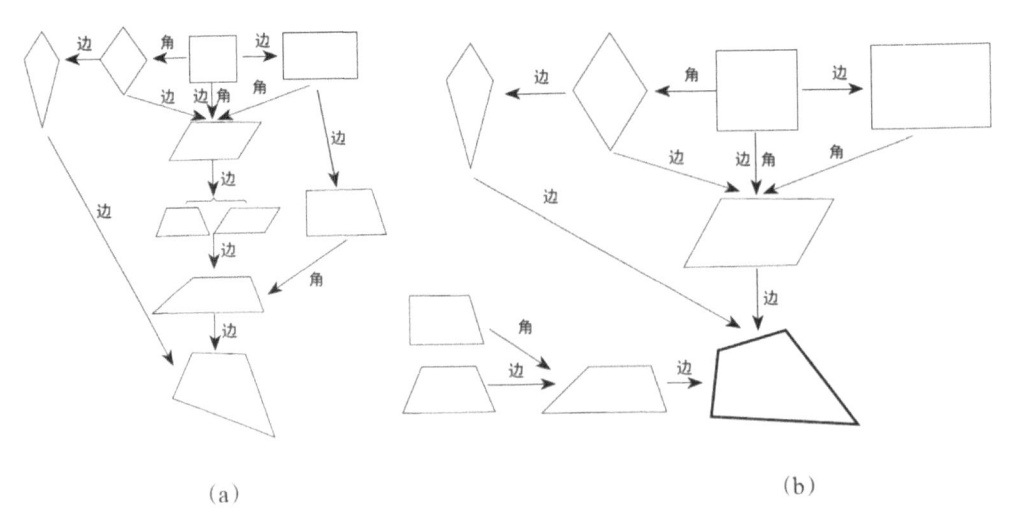

图 4-1　四边形的种属关系示意图

3. 认识图形的知识结构

因此，我们可以得到了一个图形认识的整体路径（以四边形为例）：直观——认识单个四边形——认识各种四边形的关系（种属关系）。需要特别指出的是，从第一步到第二步是一种经验式的学习，即通过观察和操作直接得到结论；而从第二步到第三步则是一种推理过程，通过各种图形的定义、特征、性质进行种属关系的推理。值得一提的是，这种方法可以直接迁移到其他多边形和立体图形的学习当中，具有一般性。

就认识三角形而言，可能在此路径上的学习要更简单一些。因为其具有较为工整的分类标准，即可依据边的相等关系进行分类，或者可依据角的大小进行分类。

总体而言，三角形的认识侧重于从分类标准到类别的划分，而四边形的认识则侧重于从类别划分到分类标准的概括。

基于上述分析，我们可以概括出认识图形单元的整体知识结构（见图 4-2）。认识三角形和四边形作为一种认识活动，其内在的方法可以直接迁移至认识其他多边形和认识立体图形之中。而这一方法具体表现为这样的认识路径：观察与操作——单个图形的认识——图形联系与区别的认识。其中，观察与操作是认识的直接来源，通过这一活动可获得相应的认识材料。单个图形的认识从构成要素开始，一方面，根据各种构成要素，将认识材料转化为各种性质；另一方面，在众多性质中选择具有判断性的性质作为图形定义的描述内容（在后续学习中，这被称为图形的判断定理）。然后，基于各种图形的性质，对其进行种属关系的认识与推导。

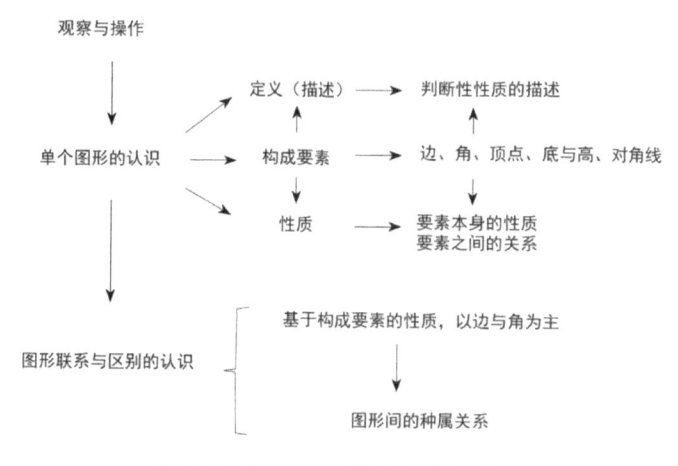

图 4-2 认识图形的知识结构示意图

"认识三角形和四边形"作为一个单元，它更像是一个学习主题，表现为对某种数学知识的整体性学习。作为一个整体的"认识三角形和四边形"，显现了更为丰富的内涵和价值。而对该单元的多重分析不仅为教材的内容编排分析提供了方向与视角，也为具体分析过程提供了诸多启发。

三、"认识三角形和四边形"教材的内容编排分析框架

在明确教材分析的视域，并从知识上对该视域进行具体探讨以后，教材的内容编排分析框架便已经初步建成。在此，我们将首先对框架的整体结构进行建构，然后再基于分析维度对框架的各具体项目/类目进行阐释。

（一）框架的整体结构

小学数学教材中"认识三角形和四边形"内容编排分析框架的整体结构。与第三章的分析框架类似，本章的框架仍然具有纵、横和质量的"2×2"结构。但在分析类目和具体指标上却与第三章有所不同，这是由"认识三角形和四边形"知识本身的学科性和深层次性所决定的。

小学数学教材中"认识三角形和四边形"单元的分析包含两个部分——纵向分析与横向分析。纵向分析包括"三角形和四边形"在十二册教材"图形与几何"领域直观呈现的数量，以及"图形的认识"内容在十二册教材例、习题中的内容旨向及对应知识点分析。

横向分析是对"认识三角形和四边形"单元本身呈现的编排特征进行分析，包括量的分析与质的分析。量的分析主要是对单元例、习题数量的分析，质的分析则从不同的维度分别对例题和习题进行分析。例题通常是按照知识学习的逻辑进行编排，主要目的是让学生经历探索新知的过程，因而从其内容组织、情境创设、学习进程、思维水平等四个方面进行分析。习题通常以问题的形式呈现，主要目的是帮助学生通过解决问题巩固新知，因而从内容组织、问题形式、问题结构、思维水平等四个方面进行分析（见表 4-2）。

表 4-2 小学数学教材中"认识三角形和四边形"内容编排分析框架

分析维度			具体指标	
纵向分析	量的分析		"三角形和四边形"在十二册教材"图形与几何"领域直观呈现的数量	
	质的分析		"图形的认识"内容在十二册教材例、习题中的内容旨向及对应知识点分析	
横向分析	量的分析		本单元中设置的例题与练习数量	
	质的分析	例题分析	内容组织	例题呈现的知识点及其组织顺序
			情境创设	真实情境、虚设情境、数学情境
			学习进程	概念的学习进程（引入、描述、应用） 命题的学习进程（发现、证明、应用）
			思维水平	视觉水平、分析水平、非形式化演绎、形式化演绎
		习题分析	内容组织	习题所呈现的知识点及其组织顺序
			问题形式	符号形式、口头形式、视觉形式和组合形式
			问题结构	封闭问题、半开放问题、开放问题
			思维水平	视觉水平、分析水平、非形式化演绎、形式化演绎

对"认识三角形和四边形"教材的内容编排分析，同样需要先将其放置在整体的知识层次中进行审视："图形与几何"领域、"图形的认识"子领域、"认识三角形和四边形"单元、"认识三角形和四边形"中的各个知识点。这种知识层次视角为纵向分析提供了充足的空间，而单元本身所蕴含的知识性则为横向分析提高了可能。由此可见，纵横分析都是以知识性为前提的，任何具体的分析类目都不能脱离知识性，唯有在知识性中体现类目之价值，才能认识分析旨趣下的教材内容及其编排。

（二）框架的纵向维度

1. 量的分析

其分析要点是"三角形和四边形"在十二册教材"图形与几何"领域直观呈现的数量。该分析的内容范围落在"图形与几何"领域上，而具体的分析内容是考察本单元内两个主要图形三角形和四边形在整个"图形与几何"领域中呈现的数量分布情况。这其中潜在地蕴涵着两个观点：①虽然该单元的主题是认识三角形和四边形，但实际上在其他单元中，也存在着对三角形和四边形的认识，但并不是以它们为单元学习的主题；②两种图形在其他单元内直观呈现的数量可在一定程度上反映出这些单元与本单元之间的联系性。这其实也就表明了该分析的前提和直接目的。

从知识性的角度来看，直观呈现是该分析上的一个关键点，规定了教材内容编排分析的目光所及，要求仅在直观层面上去"看"三角形和四边形。但直观之"看"仍然需要规定，这种看的具体内涵则与知识单元本身的逻辑相关，在该单元内如何认识三角形及四边形，就指示着如何去"看"其他单元中的三角形和四边形。因此，可将三角形进一步分成各种类型的三角形，将四边形也分成各种类型的四边形（见表4-3）。值得注意的是，其中对图形进行分类的标准来源于知识单元本身，这可以体现出从本单元向外发散，以及从其他单元向本单元聚敛的联系性。

表4-3 三角形和四边形的分类统计表

图形	具体类型
三角形	锐角、直角、钝角、等腰锐角、等腰直角、等腰钝角、等边
四边形	长方形、正方形、菱形、平行四边形、鸢形、等腰梯形、直角梯形、一般梯形、一般四边形

2. 质的分析

其分析要点是"图形的认识"在十二册教材例、习题中的内容旨向及对应知识点分析。该分析的目的是厘清教材中"图形与几何"知识的链接路径，从整体上审视本单元在"图形与几何"领域中的地位和意义，并审视本单元与其他单元间逻辑上的联系。

同样，如何质性地"看"教材仍然需要规定，只是不同于量的分析，此时的规定不是从知识单元本身出发，而是从"图形与几何"领域中的"图形的认识"子领域出发。"认识三角形和四边形"显然属于"图形的认识"子领域，作为一个整体，该子领域的各个部分之间不是相互独立的，独立就意味着仿佛每认识一个新的图形都是一个全新的开始。正相反，一种理想的学习进程应是以一种层层递进的方式来认识各种图形，这种递进不仅包括从简单图形到复杂图形，也包括从认识图形的一些要素到认识图形的另一些要素等。这就要求我们在质的分析上不能仅仅是蜻蜓点水，而是以一种尽可能简洁的方式去揭示教材中认识图形的路径。认识图形的路径具体指什么，就在于认识图形本身：认识什么图形和认识图形的什么两种问题结构，而且这两个结构便可以构成路径分析的具体指标。在认识什么图形上，主要以空间维数为标准来划分图形类型，那么分析对象就可能是包括点、线、角、面、体等不同维数的图形，以维数为切入点，就可以基于不同维数间的层次性，来展现各个图形之间的联系性，得出教材在该内容上的具体逻辑。在认识图形的什么上，则将认识图形具体转化为认识图形的诸要素，如果将图形看成一个整体，那么我们总是先认识该图形的各个部分，并通过各部分之间的联系来认识这个整体。也就说，问题被转化为哪些图形的要素被作为分析的对象。要素的选择最为直接的两个依据是课程标准和图形本身的结构。前者作为学科依据，而后者则是作为知识本身的依据。

因此，我们在该指标上可建构五个类目：直观认识概念、定义、图形构成要素、图形特点、图形间的关系。直观认识概念是以非概念式的方法来认识概念，包含这样的认识结构：像这样的图形就是"某种图形"；定义则是以概念式的方法来描述概念，是一种以某些已知的概念来描述未知概念的描述结构；图形构成要素包含两个重要意涵，一是对一个作为整体的图形的认识，二是以一种认识其构成要素的方法来进行认识，这就包含了某个图形由某些要素组成的结构；图形特点指向某个单独的图形，对其特点的认识就是对其要素之间的关系进行认识，一个图形的特点可以该图形的某些要素间具有某种关系来描述；图形间的关系指向一些相互联系的图形，以揭示其之间的联系，这种联系可以是整体上的，也可以只是要素上的，因此，其描述结构则是一些图形在整体上或要素上存在如此的关系。我们特将"认识什么图形"概括为概念关系，将"认识图形的什么"概括为内容旨向（见表4-4）。

其中，在内容旨向中包含量的分析，但它却只是在一个质的分析大背景下的一个环节，是为整体的质的分析而存在的。在具体使用中，可将其与知识点概述结合在一起，从而获得所分析单元的知识侧重点。

3. 作为整体的纵向分析

如前所述，在图形认识的一般步骤中，直观是必不可少的一个过程，而直观之后的概念化也是至关重要的环节。量与质的分析分别倾向于直观与概念化，直观的量化分析可揭示出教材对图形认识的潜在影响，而质的分析则可显地呈现教材中的知识逻辑，两者从不同方面揭示着教材的整体情况，这也体现了教材分析对整体性和差异性的兼顾。

（三）框架的横向维度

运用与第三章相同的分析方式，即主要以例题和习题为分析类目，并在每个类目中综合量的分析和质的分析。

1. 例题分析

例题分析包括对例题的内容组织、情境创设、学习进程和思维水平四个方面进行分析。例题通常按照知识学习的逻辑进行编排，其主要目的是让学生经历探索新知的过程。

首先，内容组织是不可或缺的分析类目。其作为分析类目具有一般性，这种一般性意味着任何一个知识主题都可以进行内容组织的分析。我们将主要从操作性思路来展开具体分析，即内容组织的分析具体包括：①对例题数量，涉及的知识点数量进行介绍，并对知识点做简要描述；②对每个例子的具体编排进行阐述，即介绍该例题如何一步步展开知识点内容；③结合前两步分析，概括内容组织的整体特点。

其次，例题是作为例子的题目，其作为例子包含了两个要点：一是对新知识的学习，二是需要一定的情境以形成一个例子。那么，例题就可以理解为基于一定的情境来学习新知识的例子。何为情境，它实际上与事件相联系。一个事件，我们总是从某些视角来描述它，以形成对该事件的认识，而其他并未涉及在内的视角就可以作为这个事件的背景，抑或是该事件所处的情境。由此，由于视角可以有无限多个，因此情境就具有无限性，关注情境就意味着基于一定视角从无限的情境中选择有限的情境。关注情境的目的

表 4-4 "图形的认识"在小学数学 12 册教材中的知识点分析(北师版示例)

年级/册	内容分布		概念关系		数量	内容旨向					知识点概述
	单元	单元名称	几何维度	几何概念		直观认识概念	定义	构成要素	特点	关系	
一/上	单元6	认识图形	三维图形	正方体、长方体、圆柱、球	例/2	2	0	0	1	1	图形认识、分类、圆柱特点;方体和柱体的滚动;立体图形的组合
					习/4	2	0	0	2	2	
	总复习				例/1	0	0	0	1	0	图形分类
					习/0	0	0	0	0	0	
一/下	单元4	有趣的图形	二维图形	长方形、正方形、三角形、平行四边形、梯形、圆、正六边形	例/4	2	0	0	3	3	图形认识、图形的构成要素、图形的对称轴和图形间关系(图形的折剪)
					习/12	5	0	3	9	10	
	整理与复习				例/3	1	0	0	2	3	图形拼接关系(图形拼接七巧板)
					习/1	0	0	0	1	1	
	总复习				例/2	1	0	1	1	1	图形的构成要素(绘图)、图形间关系(拼接、折叠)

就在于从一定视角来对另一个视角下的问题进行侧面的反映。所谓的另一个视角就是"认识三角形和四边形"本身,而在情境上所选择的视角,则借鉴华东师范大学徐斌艳教授的研究成果,① 将情境分为三种类型:①真实情境,指来自日常生活、外部现实世界(自然、艺术、体育、人文等),或文学作品、科幻作品等的故事情节,这种情境是真实的、非人为构造的,如几何实物图、几何数学史、学生生活空间;②虚设情境,指有一定现实依据的、人为构造的情境,这种情境是非真实的,其情节、数据都是为开展教学人为构造的;③纯数学情境,指纯粹数学问题表述,如纯粹呈现数学抽象的符号、图形的情境。这种分类,旨在通过各种情境本身的特点,它们之间的联系和互补,以及认识对象与认识目标与情境之间的联系,来充分反映认识图形活动的整体情况。

再次,学习进程的分析就是要揭示"教材中,关于图形认识的学习到底是怎样的"。在此,主要借鉴宋运明的研究成果,将对图形的认识分为概念学习和命题学习两部分。概念学习进程主要包含引入、描述和应用三个阶段,而命题学习进程则包括发现、证明和应用三个阶段。②概念学习和命题学习从不同的方面展现了认识图形的学习过程,通过对两种学习的学习进程的分析,可进一步揭示教材在该单元内所包含的学习路径。最后,思维水平的分析是要揭示例题学习的深刻性及其层次性。在此,我们采用最具影响力之一的范希尔理论(简称"VH理论")中的几何思维五水平分类法作为分析的依据。考虑到小学生几何思维水平和教材内容均未达到第五水平,故仅就前四个水平进行分析。需要特别指出的是,考虑到教材的间接性以及范希尔理论本身的抽象性,需要对其进行加工才可以转化为具有可操作性的分析指标。因此,我们又借鉴了鲍建生、周超等人的研究成果,其运用范畴理论的语言描述了VH理论每一水平对象的内涵,具有较好的可操作性。③ 而借鉴这一描述,可从对象的内涵和外延出发,再结合VH理论描述和课标内容,将"三角形和四边形"主题内容具体类目化(见表4-5)。④

思维水平的分析在例题分析中起到了中流砥柱的作用,它建构了关于本知识单元的思维结构,规定了每道例题处在怎样的思维水平上,从而从本质上揭示了单元在何种程度上具有培养学生数学素养的潜力。

2. 习题分析

数学学习的一个重要目的是学会解决问题的思维,通过例题学习获得关于概念或命题的认识后,学生要将学到的知识运用到习题中去解决问题。习题在数学教材中占有很大的比重,反映了教材内容的重点和难点所在,是教材分析的一个重要部分。对习题进

---

① 徐斌艳. 高中数学教材探究内容的分析指标体系及比较研究 [J]. 课程·教材·教法, 2012(10): 35-40.

② 宋运明. 我国小学数学新教材中例题编写特点研究 [D]. 重庆:西南大学, 2014.

③ 鲍建生, 周超. 数学学习的心理基础与过程 [M]. 上海:上海教育出版社, 2009:10-12.

④ 贠朝栋. 基于范希尔理论的湘教版初中几何教材分析与使用研究 [D]. 湘潭:湖南科技大学, 2017.

行分析，主要从内容组织、问题形式、问题结构和思维水平等四个方面展开。

其中，习题分析中有两个分析点与例题分析是一样的。一方面体现了内容组织和思维水平这两个分析点的重要性；另一方面也指出，这两个方面在两种分析中也存在不同的价值，都是在各自的分析体系下发挥其作用。因此，在习题分析中，我们首先来探讨这两个分析点与它们在例题分析中的联系与区别。

表4-5 基于VH理论的"认识三角形和四边形"的思维水平

水平	对象	VH描述	单元类目化
视觉水平	学习三角形和四边形的基本元素，包括点、线、角（点与线的复合元素）、高（点与线复合） 1. 三角形要素的认识：3个顶点、3条线段、3个角、3条高 2. 四边形要素的认识：4个顶点、4条线段、4个角	通过整体轮廓辨认图形，并能操作其几何构图元素（如边、角）；能画图或仿画图形，使用标准或不标准名称描述几何图形；能根据对形状的操作解决几何问题，但无法使用图形的特征或要素名称来分析图形	1.1 根据图形的整体轮廓辨认各种三角形和四边形； 1.2 说出三角形和四边形各部分要素的名称 1.3 通过观察三角形和四边形，列出图形所具有的物理特征（视觉上包括色彩、大小、形状等），说出要素（顶点、边、角）的数量；直观比较要素的大小；使用不标准的名称描述三角形和四边形的形状（如三角形是尖尖的、长方形是方方的；平行四边形是斜斜的）； 1.4 通过操作图形的几何构图元素画出或摆出三角形和四边形；量出三角形和四边形中的边的长度、角的大小、高的长度
分析水平	三角形和四边形具有的一些可用来分析的基本元素的特征，包括：边的长短关系、位置关系〔平行、相交（垂直）〕；角的大小关系、角度和；顶点到对边的距离 三角形基本元素的特征：三边位置关系；三边长度关系；稳定性；顶点到底边的距离；锐角、直角、钝角三角形，不同大小的角的个数；内角和是180°； 四边形的基本特征：对边长度、位置关系；邻边长度、位置关系；顶点到对边做垂线；平行四边形不稳定性；邻边夹角的大小；邻角、对角关系；内角和是360°	分析图形的组成要素及特征，并依此建立图形的特性，利用这些特性解决几何问题，但无法解释性质间的关系，也无法了解图形的定义；能根据组成要素比较两个形体，利用某一性质做图形分类，但无法解释图形某些性质之间的关联，也无法导出公式或使用正式的定义	只能运用简单结构的定义（构成要素）（三角形、锐角△、直角△、钝角△、等腰△、等边△、平行四边形、梯形、等腰梯形、直角梯形及其高的定义）； 分析三角形和四边形的基本元素的特征及所具有的数学特征 基于图形的数学特征对图形进行分类（三角形按角分、按边分；四边形按是否有对边平行分） 可以通过观察和分析图形所具有的特征，并利用这些特征解决几何问题，如根据三边长度判断是否可以围成三角形，根据三角形两内角判断第三角、根据三角形一个角判断三角形类型 2.5 基于三角形和平行四边形的特性解释其在生活中的实际运用

续表

水平	对象	VH描述	单元类目化
非形式化演绎水平	建构图形性质间的关系及图形整体间的关系 各类三角形之间的关系 等腰直角三角形和等腰三角形、直角三角形的包含关系；锐角三角形和等边三角形的包含关系 各类四边形之间的关系 平行四边形和正方形、长方形的包含关系 三角形和四边形之间的关系：三角形和四边形的拼接、折叠（轴对称，画对称轴）与割补 边的特征与角的特征间的关系 直角三角形直角对斜边；图形中大边对大角	建立图形及图形性质之间的关系，可以提出非形式化的推论，了解建构图形的要素，能进一步探求图形的内在属性和其包含关系，使用公式与定义及发现的性质做演绎推论，但不能了解证明与定理的重要性，不能由不熟悉的前提去证明结果的成立，也不能建立定理网络之间的内在关系。	3.1 可以通过图形解释其所具有的数学性质，也可以通过所描述的数学性质画出相应的图形（如：描述平行四边形两组对边分别平行或根据两组对边分别平行推出这一图形是平行四边形；长方形是轴对称图形，有2条对称轴）； 3.2 可以通过图形及其性质（之间的关系）给出非形式化的推论（如，两个相同的三角形可以拼成一个平行四边形；一个三角形3条边相等，则它的3个角也相等）； 3.3 理解图形定义是充分性和必要性的集合（如，任意由3条线段首尾相连围成的图形叫作三角形、任意三角形都是由3条线段首尾相连围成的）； 3.4 根据通过建构图形的要素，进一步探求图形所具有的内在属性和其包含关系（如学生了解了长方形和平行四边形的性质之后，他们会推出长方形是平行四边形的一种特殊形式）
形式化演绎水平	特征陈述的部分次序，演绎的推导过程：（由A导出B，由B导出C，由C导出D……） 依据基本元素特征、图形性质间的关系及图形整体间的关系进行的推导	能够了解到证明的重要性，了解"不定义元素""定理"和"公理"的意义，确信几何定理是需要形式逻辑推演才能建立的，理解解决几何问题必须具备充分或必要条件；能猜测并尝试用演绎方式证实其猜测，能够以逻辑推理解释几何学中的公设、定义、定理等，也能推理出新的定理，建立定理间的关系网络，能比较一个定理的不同证明方式；能理解证明中的必要与充分条件	4.1 了解"不定义元素"（没有定义：点和线）、"公理"和"定理"的意义； 4.2 理解证明或解决几何问题必须具备充分条件和必要条件（2个对象）；（正方形的性质对于判定正方形是必要的但不是充分的；正方形对于推导正方形的性质是充分但不必要的） 4.3 可以利用逻辑推理去解释几何学中的公理、定义、定理等；（如，解释平行四边形对边相等） 4.4 能够利用所学的定理、定义等去推出新的定理；（如，利用三角形的内角和推导出四边形的内角和） 4.5 可以建立并解释定理之间的网络关系图（3个对象及以上），如树状图等；（正方形是特殊的长方形，长方形是特殊的平行四边形，所以正方形是特殊的平行四边形）

在内容组织上，习题的内容组织是基于例题、并在其基础上的适当拓展。习题的重要作用就是巩固基础和拓展练习，加深学生对所学知识的理解。在习题的数量上，可以分析习题的总体数量，以及每个知识点所对应的习题数量。在此基础上，可以分析每个习题的"内容＋层次"的结构，即习题是关于哪个知识点的习题，在哪种层次上的习题。并据此进一步可以从知识点出发，分析每个知识点上包含哪些层次的习题以及它们之间的关系。最后概括、整体性地得出习题部分的内容组织的特点。

在思维水平上，与例题一样，都运用同样的分析类目，即例题和习题在思维水平上的分析方法是一致的。因此，我们不仅可以"看"习题中思维水平的分布情况，还可以结合分析结果来进一步"看"例、习题在思维水平上的相关性与差异性。习题中思维水平仍然具有较高的优先性，它在思维上提供了对习题的整体把握，为习题的分析定下了基调。

问题形式和问题结构是习题分析的另两个分析点。习题即问题，是以达成学习目标为目的的问题。那么，对问题的分析可以从两个方面展开：其一，问题是学习的载体，问题所包含的所有要素都是学习的潜在辅助；其二，问题的问题性恰恰是其作为学习辅助最重要的价值所在，而问题形式和问题结构则是问题的问题性的具体表现。它们不仅可以在知识学习上提供帮助，更可以在数学思维和数学方法上提供帮助，而后者对数学核心素养的培养具有更大的意义。因此，对问题形式和问题结构的分析是习题分析的应有之义。

问题形式可理解为问题的外显的样态，即问题的表征。对形式的理解，可联系于问题内在的实质，"形式—实质"结构即构成问题的完满结构。在该结构下，对于同一个问题实质来说，形式可以是丰富多样的，它呈现出各种样态，而这些样态都指向于最终的问题实质。然而，对解决问题者来说，形式并不仅仅是实质的外显，它也是理解实质的途径，那么，不同的形式则为解题者提供了不同的理解途径。与此同时，问题实质可揭示出知识本质，多种问题形式通过对实质的反映也有利于认识知识本质。因此，在理解途径的意义上，以及在揭示知识本质的意义上，对问题形式的分析都是必要的。我们将采用王子玲、杨德清的研究成果，在对小学数学教科书几何内容比较的研究中，他们提出了几何问题的四种表示形式：符号形式、口头形式、视觉形式和组合形式。其中，符号形式是指一个几何问题中只包含数学表达式，也即条件是通过数学语言表达的；口头形式是指一个问题仅以口头形式出现，也即条件是口语化的、含有生活情境的；视觉形式是指问题是用图形、图片、图表、表格等表示的，也即所有条件隐含在图中；组合形式是指含有以上至少两个形式的问题。[①]由此可见，分析将通过条件呈现的形式来对这四种问题形式进行辨析。

问题结构可理解为问题所包含的要素及它们之间的关系。与问题形式类似，问题结构也与问题实质直接联系，毋宁说，问题形式是对问题条件的形式进行了规定，而问题结构则可以看成是从"条件—答案"的关系上对问题实质进行的规定。这种结构上的规

[①] DC Wang. A Comparative Study of Geometry in Elementary School Mathematics Textbooks from Five Countries. [J]. European Journal of Stem Education, 2016, 1 (3): 1-10.

定也就同时规定了解题者应以怎样的解题思维来解决问题。解题之目的在于认识知识的本质，所以不同解题思维也就意味着不同的认识思路和认识方法，而多种思维的联结恰恰是深刻地认识图形所需要的。李鹏在相关研究中确定了问题结构可分为三类：封闭、半开放、开放。[1] 封闭问题清晰地给出了目标和条件；开放问题则要求学生在个人理解的基础上给出更进一步的规范化假设、目标和条件；半开放问题介于两者之间。戴再平则在相关研究中依据数学命题中的未知要素对开放题进行了分类："凡是具有完备的条件和固定的答案的习题，我们称为封闭题，而答案不固定或者条件不完备的习题，我们称为开放题。"[2] 其还指出，有的问题只给出一定的情境，其条件、解题策略与结论都要求主体在情境中自行设定与寻找，这类题目为综合开放题。[3]

因此，我们可将条件和结论是否确定、策略是否唯一作为评价问题开放的依据，并将部分要素开放的问题归为半开放问题，将三个要素全部开放的问题归为开放问题，将三个要素都不开放的问题归为封闭问题。由于半开放问题涉及一种或两种要素开发的多种情况，因此，在统计时需要进行编码：X 表示条件开放，也即条件不确定；Y 表示结论开放，也即结论不确定；Z 表示策略开放，也即策略不唯一（见表 4-6）。

表 4-6 "认识三角形和四边形"习题的问题结构（分析示例）

分布	问题结构							
	封闭问题	半开放问题						开放问题
		X	Y	Z	X+Y	X+Z	Y+Z	
图形分类	1	—	—	3	—	1	—	—
三角形分类	2	—	1	1	—	—	1	—
三角形内角和	4	—	—	1	—	1	1	—
三角形边的关系	2	—	—	1	—	—	—	1
四边形分类	—	—	—	2	—	—	2	—
单元练习	5	—	—	1	2	—	1	—
总计	14	0	4	10	0	2	3	1

3. 作为整体的横向分析

在横向分析上有例题分析和习题分析。例题分析包括内容组织、情境创设、学习进程、思维水平等四个方面；习题分析则包括内容组织、问题形式、问题结构和思维水平

---

[1] 李鹏. "中国""美国""巴西"数学教材"比和比例"内容的比较研究[J]. 数学教育学报, 2016（06）：46-50.
[2] 戴再平. 时代的呼唤：数学开放题研究进展综述[J]. 中学数学教学参考, 1999（04）：19-20.
[3] 戴再平. 数学习题理论[M]. 上海：上海教育出版社, 1996：234.

等四个方面。内容组织和思维水平分别从知识层面和学习者层面考察教材中的内容，这是例题与习题共有的分析类目。情境创设和学习进程体现了例题的目的以学习新知为主，把学习新知当成在情境中以一定的进程进行新知学习构成了这两个分析类目的前提。而问题形式和问题结构则体现了习题主要是以问题来巩固和拓展所学知识，而且问题的形式与结构影响着巩固和拓展的具体效果。

总体而言，横向分析旨在对单元本身进行深层的分析，而其深层的方向就在于学科性，而唯有落实到具体的知识和学习之上，才是真正地落实学科性。因此，上述八个分析点便是紧抓学科性而得来的。

以人教版、北师大版和苏教版小学数学教材中具体的"认识三角形和四边形"内容编排为分析和比较对象，在纵向与横向上展开具体分析与比较，体现了分析与比较研究旨在对教材进行深入分析基础上的比较态度。而在此基础上进一步的分析类目之建构，则一直围绕在"认识三角形和四边形"知识内容本身，这又体现了本分析与比较研究旨在贯彻学科性的研究态度。因为唯有结合这两者，才有可能真正地通过教材分析与比较来促发学生数学核心素养的培养与发展。

第二节　人教版教材中"认识三角形和四边形"内容编排的分析

本节所选择的教材是人民教育出版社的小学数学教材（2012年、2013年审定），以下简称"人教版教材"。分析主题是"认识三角形和四边形"，其在人教版教材中包含两个单元：四年级上册第5单元"平行四边形和梯形"、四年级下册第5单元"三角形"。

依据上述分析框架，合作分析者分别对人教版教材中"认识三角形和四边形"的内容编排展开独立分析。首先是尝试解读本单元的编写思路与意图，了解"平行四边形和梯形""三角形"单元的大致编排顺序与知识结构，确定两个单元学习的教学目标与重难点，并经过沟通讨论，初步达成共识。其次，合作分析者依据共识分别独立对"认识三角形和四边形"在十二册教材中的图形直观呈现，以及图形认识内容进行同步统计，对于有所争议的内容再作讨论以明晰观点异同，并达成共识。最后，合作分析者分别就单元设置的例题与习题按照指标要求进行独立数据采集与编码，以便客观呈现统计结果进行比对。以上过程均由合作分析者先独立分析再作沟通交流，达成共识，以确保研究结果的信度与效度。

一、纵向分析

纵向分析主要是从图形直观呈现与图形认识内容两个方面，分别以量与质的分析方式，探寻"认识三角形和四边形"在教材中的前后关联。

（一）量的分析

量的分析主要是通过对教材中出现的三角形和四边形进行分类统计，分别考察不同的三角形和四边形在六个年级的教材中（图形）直观呈现的现状（见图4-3和图4-4）。图形直观呈现主要反映的是学生对图形的整体形象的感知，这是学生开展几何学习的基础。丰富的直观感知经验可顺利地帮助学生过渡到对空间观念的把握，实现由整体形象到要素抽象再到关系想象的过渡。比较图4-3与图4-4的合计结果可见，小学阶段，学生认识四边形的机会比认识三角形的机会要多一些。

一般可将三角形按角的不同分为锐角三角形、直角三角形和钝角三角形。此外，再考虑到三角形边的特点，又可将特殊的三角形分为等腰锐角三角形、等腰直角三角形、等腰钝角三角形和等边三角形。为避免重复统计，将出现的图形标记为最特殊的图形，如等边三角形只标记在等边三角形中，不再标记为锐角三角形；等腰直角三角形只标记在等腰直角三角形中，而不再标记为直角三角形。

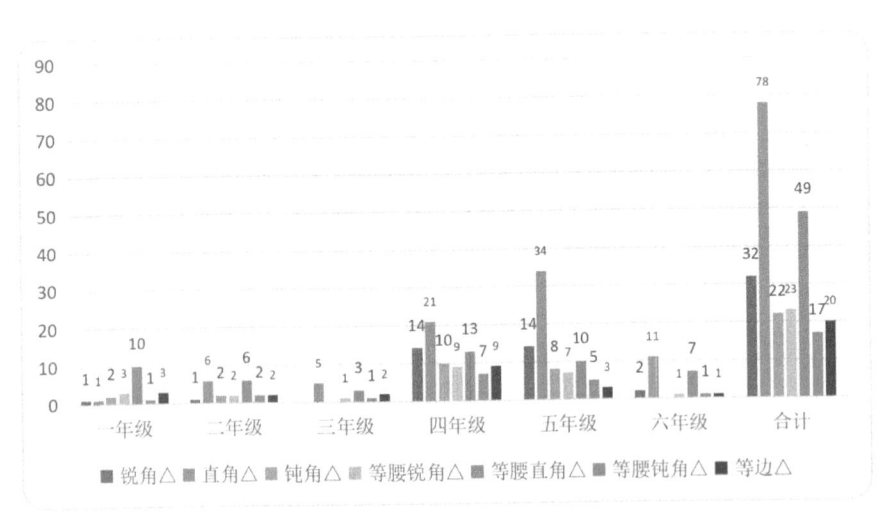

图4-3　人教版教材图形与几何领域三角形直观呈现的数量分布

由图4-3可知，在人教版教材三角形直观呈现中，以直角三角形的图形呈现数量最多（78次），等腰直角三角形次之（49次），再者是锐角三角形（32次），最后是等腰锐角三角形（23次）、钝角三角形（22次）、等边三角形（20次）和等腰钝角三角形（17次）。数据表明，不管是一般的直角三角形还是等腰直角三角形，直观呈现数量均排在前列，因此，学生对三角形的认识以直角三角形居多，由此也能获得较多的有关直角三角形的学习经验。这可能与教材的几何学习方式有关，学生在认识三角形时接触最多的就是三角板，一副三角板中包括直角三角形和等腰直角三角形，而且在图形的拼接与分割中直角三角形也常常作为其中的一部分出现。

学生对三角形的直观感知以特殊的三角形为主，有关一般三角形（锐角三角形、钝角三角形）的直观感知相对较少。因此，比较而言，学生在人教版教材的三角形直观呈现中，关于一般三角形的认识可能比较匮乏。而且值得注意的是，学生可能从中感知更多的是三角形角的特征，对于三角形边的特征的感知又相对不够全面。譬如，对等腰三角形的认识可能会局限于对等腰直角三角形的形象感知；再有，由于等边三角形的直观呈现数量较少，所以学生在观察等边三角形时可能会相对困难一些。

整体而言，以上不同三角形的直观呈现数量分布基本合适，教师在教学中亦可提醒学生对三角形角的特征进行观察与分析时，也应对边的特征进行观察与分析。

从不同年级的数量分布来看，在人教版教材三角形直观呈现中，以四、五年级的数量居多，一、二、三、六年级的数量较少。认识三角形属于四年级的几何学习内容，而第一学段中三角形直观呈现数量较少，而且，在第一学段中，三年级的三角形直观呈现数量明显地减少，直观呈现种类也有缺失，仅关注特殊的三角形（直角、等腰、等边），可能会出现对某些三角形（如锐角三角形、钝角三角形）产生感知空缺，不太有利于学生在认识三角形时及时地由形象感知向抽象分析过渡。在认识三角形之后，六年级的三角形直观呈现数量相比四、五年级也要少一些，这可能与六年级仅在圆锥的认识与图形的放大缩小中出现三角形有关。再就每一年级中不同三角形的数量分布而言，六个年级中关于三角形的直观呈现数量分布侧重点基本一致，均以直角三角形和等腰直角三角形的直观呈现数量居多（一年级主要是等腰直角三角形），这说明直角三角形在三角形的认识和应用中占有重要的位置。

从每一种三角形在不同年级中的数量分布来看，同一种三角形在不同年级的数量分布有较大差异，这应该与每一年级安排不同的几何学习内容有关。锐角三角形和直角三角形在四、五年级直观呈现的数量较多。在四年级中，锐角三角形主要出现在"三角形"这一单元，解决与三角形有关的几何问题，会以锐角三角形的形式出现；直角三角形主要出现在"角的测量""平行四边形和梯形""三角形"这三个单元。在"角的测量"中，往往是在直角三角形的三角板中发现角的度数，在"平行四边形和梯形"中涉及图形的分割，往往分成直角三角形和另一个图形，在"三角形"中会考虑到多种类型三角形的呈现。在五年级中，锐角三角形和直角三角形出现在"多边形的面积"这一单元。其中，涉及"高"的出现时，往往将图形（平行四边形、梯形、锐角三角形等）分割出一个直角三角形，而且在组合图形的面积计算中，锐角三角形和直角三角形也会作为组合图形的一部分而出现。钝角三角形、等腰锐角三角形和等腰钝角三角形主要出现在四、五年级，涉及"三角形"和"多边形的面积"两个单元，这里也会涉及多种类型三角形的呈现。等腰直角三角形在六个年级的数量分布差距不大，在三年级中，等腰直角三角形的直观呈现相对较少，低年级的等腰直角三角形主要以三角板或七巧板的形式出现，而高年级的等腰直角三角形则主要涉及在这样的三角形中发现特殊的角，或者在图形的运动中出现。等边三角形主要分布在四年级中，在其他年级中的直观呈现数量非常少，四年级里主要出现在"三角形"的认识中，以及在"图形的运动"单元作为轴对称图形来进行理解。

总之，小学阶段学生对三角形的直观认识主要出现在四、五年级。对于学生而言，三角形的学习基础略微薄弱，继续探索三角形的学习动力不足。另外，三角形的直观呈现表现为特殊三角形、一般三角形、特殊三角形的发展过程，初步认识三角形的种类范围虽相对缺乏，也不乏是学生认识三角形的切入点，但仍需注意引导学生初步认识图形时对象的广泛性与普遍性。

为厘清不同四边形之间的归属关系，关注特殊四边形的关键特征，统计时，会依据图形的全部特征对某个图形进行判断。因此，统计时，正方形不再纳入长方形、菱形之中；菱形不纳入鸢形之中；长方形、正方形、菱形也不再纳入平行四边形中；等腰梯形和直角梯形也不纳入一般梯形中；一般四边形则是指不包括以上特殊四边形的所有其他四边形。

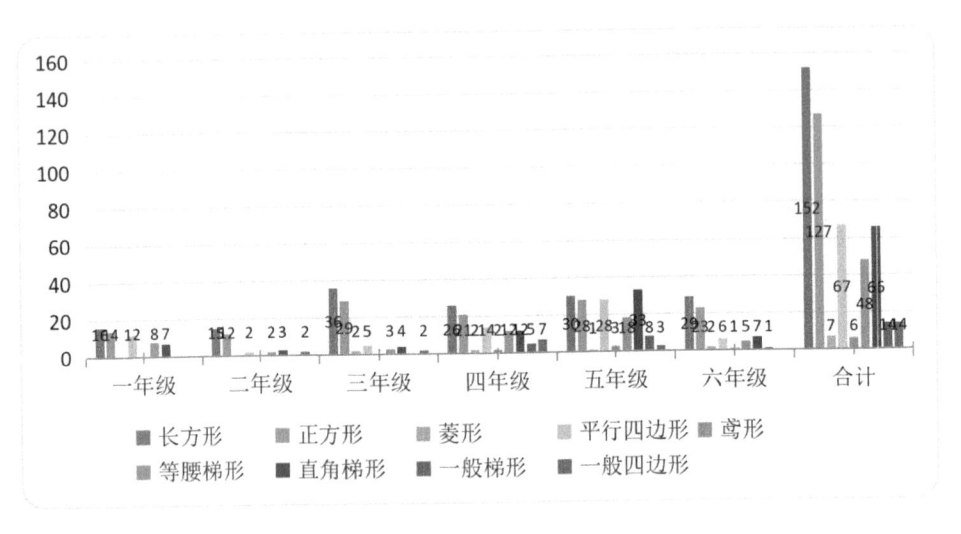

图 4-4　人教版教材"图形与几何"领域四边形直观呈现的数量分布

由图 4-4 可知，在人教版教材四边形的直观呈现中，对不同图形的侧重有较大差异。对长方形和正方形的感知往往成为小学阶段的重点，长方形出现了 152 次，正方形出现了 127 次，其次是平行四边形（67 次）、直角梯形（66 次）、等腰梯形（48 次），再者是一般梯形（14 次）与一般四边形（14 次），最少的是菱形（7 次）与鸢形（6 次）。

数据表明，人教版教材四边形的直观呈现仍以特殊图形为主，相比认识平行四边形，学生对长方形和正方形的感知次数要多出许多；相比认识一般梯形，学生对直角梯形和等腰梯形的感知次数要多一些。学生对特殊图形的感知丰富确实可以作为了解一般图形的突破口，一般图形所具有的性质特征，特殊图形一定也具有。

但在实际的教材安排中，独立的呈现方式可能又过于凸显每一图形的特殊，由此学生难以从众多的特征中找到最为一般的图形特征。因此，在学生学习每一特殊的图形之后，既可通过充分的比较图形特征以发现异同，进而找到图形之间的归属关系，又要跳脱对于图形特征的静态比较，需要帮助学生在原有图形的基础上，充分地展开图形想象，学会从角或边的特征的增减变化出发，以体会图形一般与特殊的动态转化。

与三角形的直观呈现认识不同，由于四边形边的数量的增加，边与边的关系也复杂了起来，一组或两组邻边、对边的长度关系、位置关系的组合，产生的四边形种类也极为丰富，边的关系变化也会引起角的关系变化，因此，四边形的认识难度要比三角形大。相比三角形的认识可以直接从一般的三角形出发，四边形的认识如果直接从一般四边形出发，确实加大了认识的难度。

教材中以长方形和正方形的直观呈现居多，比较合理的是长方形和正方形处在四边形中比较居中的位置，比较方便认识其他的四边形，可以演绎推理的方式呈现完整的图形关系推导图。具体而言，就是长方形和正方形通过删减特征可以获得对平行四边形、直角梯形与等腰梯形的认识，进而删减特征以认识一般梯形和一般四边形，也可通过扩充特征以获得对菱形与鸢形的认识。

此外，值得一提的是，虽然人教版教材对菱形与鸢形的直观呈现较少，但在小学阶段，菱形直观呈现在四边形和平行四边形的相关内容中，就已经间接联系了菱形和四边形、平行四边形的关系，菱形是四边形，菱形也是平行四边形；鸢形则直观呈现在两个同等大小的三角形拼接、五角星以及图形的运动中，也能渗透一些细微的图形特征。

从不同年级的数量分布来看，在人教版四边形直观呈现中，以四、五年级的数量居多，一、二、三、六年级的数量较少。平行四边形和梯形属于四年级的几何学习内容，而第一学段中一般的平行四边形虽有一定数量的直观呈现，但数量相比长方形和正方形仍比较少，而低年级并未出现一般梯形的直观呈现，仅有直角梯形和等腰梯形的呈现。以上仅关注了特殊的平行四边形和梯形，对于新阶段学生认识平行四边形和梯形而言，容易将特殊的平行四边形和梯形与一般的平行四边形、梯形进行剥离，关注了特殊而忽略一般特征。

此外，需要注意的是，在四年级之前，四边形的直观呈现种类在每个年级都有缺失，主要是一年级没有菱形、鸢形、一般梯形和一般四边形；二年级没有菱形、鸢形和一般梯形；三年级没有鸢形、一般梯形。而人教版教材中"初步认识四边形"则安排在三年级上册"长方形和正方形"这一单元，这表明学生对四边形的图形认识仍留有空白。这与小学生对图形的接受能力有关，但直观呈现这些图形，并将其作为四边形以初步体会特征，或许对学生而言在拓展图形的认识范围上是有所助益的。在四年级之后，四边形的直观呈现种类基本完整。

再就每一年级中不同四边形的数量分布来看，六个年级中关于四边形的直观呈现数量分布侧重点基本一致，基本以长方形和正方形的直观呈现数量居多，这说明长方形和正方形在四边形的认识和应用中占有重要位置，学生对其认识过程也比较连贯。

就每一种四边形在不同年级中的数量分布来看，同一种四边形在不同年级的数量分布有较大差异。这可能与每一年级安排的不同几何学习内容有关。长方形和正方形在每个年级的直观呈现数量均比较多，其中，三、四、五、六年级要比一、二年级略多。

一年级主要出现在"认识图形"这一单元，涉及平面图形的认识，包含有长方形和正方形的图形识别；二年级主要出现在"角的初步认识"和"图形的运动"单元，在"角的初步认识"中会涉及在长方形和正方形中找角的情况，"图形的运动"中涉及将长方形或正方形纸剪出轴对称图形，以及平移长方形或正方形；三年级是对长方形和正方形的再认识及其周长、面积的计算；四年级开始加入平行四边形和梯形的认识；五年级"多边形的面积"中，出现了平行四边形和梯形面积的计算。

由此可见，虽然四、五年级并未再有单独提及长方形和正方形，但在平行四边形和梯形的认识及面积计算中，均涉及图形之间的归属关系或分割关系，从而以长方形或正方形作为图形认识的学习起点。

此外，四五年级在"观察物体"和"图形运动"中仍较多地呈现了长方形和正方形，而且五年级的"长方体和正方体"单元中，长方形和正方形会作为立体图形的某一构成要素（面）而被认识。最后，六年级中"圆"常常与长方形和正方形相结合，以探求圆的半径或直径，"圆柱与圆锥"单元中圆柱的侧面展开图或截面也与长方形和正方形发生联系。

平行四边形、直角梯形和等腰梯形在五年级的直观呈现数量最多，四年级和一年级次之。五年级涉及求多边形的面积，除平行四边形的面积计算外，梯形与三角形的面积计算均由平行四边形而来；一年级和四年级则是对平行四边形、梯形的识别和再认识。一般四边形、菱形、一般梯形、鸢形则逐次在二年级、三年级、四年级、四年级出现，菱形和鸢形在各年级的数量分布差不多，出现次数非常少；一般梯形和一般四边形大概是由于四、五年级集中学习几何图形的缘故，直观呈现数量略微多一点。

总之，小学阶段学生对四边形的直观认识主要出现在四、五年级，而且四边形的直观呈现也比较完整。对于学生而言，因为长方形、正方形在低年级也最为常见，所以可以保持其学习的连贯性，而平行四边形、等腰梯形和直角梯形在低年级数量较少，四、五年级成为学习的集中阶段。值得注意的是，在初期阶段的图形认识中，由于图形直观形象受视觉的影响，往往会习惯于以某个样子去比对图形，因此，长方形和正方形的联系，长方形、正方形与平行四边形的联系在低年级还不够突出，学生容易忽视正方形也是长方形，长方形和正方形也是平行四边形等。由此可见，在四年级认识四边形时，从直观形象中挖掘图形的关键特征而舍去无关特征或许是理解图形间关系的基点。

（二）质的分析

"认识三角形和四边形"属于"图形的认识"，而且是对基本平面图形的认识。图形的认识基于图形本身的特征就带有结构性，而在点、线、面、体的构成中，它们既有联系也有区别。因此，在十二册教材中，对"认识三角形和四边形"展开质的分析，可以纵向把握教材编写的逻辑，并从图形认识的整体出发，发现图形之间的内在联系。

以下我们将分别从图形认识在教材中的内容分布、概念关系、内容旨向、知识点概述等四个方面出发，来厘清"图形的认识"的具体内容和活动要求。

在图形的概念关系中，需要确定图形对象的几何维度和几何概念，其中，几何维度包括零维（点）、一维（线）、二维（面——角、三角形、四边形等）和三维（立体图形），几何维度确定几何概念，据此可反映出学生的几何学习进程。

图形认识的内容包括直观认识概念、定义、图形构成要素、图形特点、图形间的关系等五个方面。其中，直观认识概念是指教材没有给出图形的描述定义，而是通过直观的方式认识图形，图形的直观形象需要与图形的概念名称形成对应。定义是指通过描述性的语言给出图形概念。构成要素是指构成图形的要素，其包括基本的构成要素（点、线、面）和复合的构成要素（角、高、对称轴），要素的分析需要考虑图形本身的几何维度。图形特点是指图形本身构成要素之间的关系与对图形整体的认识，要素间的关系主要考虑角与角、边与边、角与边的关系，对图形整体的认识主要是感觉上的认知，如圆圆的、尖尖的、不稳定等。关系是指一个图形与其他图形的关系，包括要素或整体间的比较（见表4-7）。

由表4-7可知，从"图形的认识"在教材中的内容分布和概念关系来看，虽然"图形与几何"相对集中分布在四、五年级，但是在每一年级、每一册教材中（三下、五上除外）基本都有涉及对图形的认识。

具体来看，第一学段与第二学段均包含了对一维、二维、三维图形的认识，认识每一类图形基本遵循从立体图形至平面图形，从平面图形再到立体图形的过程。第一学段中，一年级首先是对三维立体图形（长方体、正方体、圆柱、球等）的初步认识，其次是对二维平面图形（长方形、正方形、平行四边形、三角形、圆等）的初步认识，并通过用立体图形的某个面来画图形，这在人教版教材中初步联结了平面图形与立体图形的关系。到了二年级，主要是二年级上册"角的初步认识"这一单元，既涉及对二维平面图形（锐角、直角、钝角）的了解，也经历了认识边与顶点的过程，"观察物体"单元是从不同侧面对一年级所学立体图形展开观察。此外，二年级下册"图形的运动"这一单元中，学生通过动手操作用长方形或正方形纸剪出轴对称图形（圆、三角形、梯形等），以初步了解图形整体的特点。至于三年级，三年级上册需要再认识"长方形和正方形"，其首先是从平面图形中的四边形出发，再来认识长方形和正方形的特征。至此，第一学段认识图形的过程是"三维、二维—二维（角）、一维—二维"，在该学段中，学生可以积累认识图形的基本方法，学会通过数一数、量一量、拼一拼及折一折的活动来感知图形的特征，而特征的观察可以从顶点、边、角及其中的关系出发。另外，学生在一、二年级初步认识图形时有分类的经验，也有通过外部形象的观察进行图形分类的基本经验，这些都将有助于学生在"认识三角形和四边形"时进一步明确分类标准的重要性。

第二学段中，四年级首先是在"角的度量"中了解线段、射线和直线，这属于一维图形的认识；其次，又从认识构成角的边和顶点转向认识角的操作定义（由一点引出两条射线），又从单独认识线段、射线、直线转向认识线与线之间的平行与相交关系，这是随后再认识"平行四边形和梯形"以及"三角形"的重要基础。四年级同样加入了"观察物体"，其主要是对由小正方体组合起来的立体图形进行不同侧面的观察。此外，四

表 4-7 "图形的认识"在人教版教材十二册教材中的知识点分布

年级/册	内容分布 单元	概念关系 几何维度	概念关系 几何概念	概念关系 数量	内容旨向 直观认识概念	内容旨向 定义	内容旨向 构成要素	内容旨向 特点	内容旨向 关系	知识点概述
一/上	第4单元 认识图形（一）	三维立体图形	长方体、正方体、圆柱、球	例/2	1			2	1	简单立体图形的识别（实物和模型）、分类和立体的特点（滚动）；立体图形组合（拼长方体、拼正方体、搭积木）
			长方体、正方体、圆柱、球、圆锥	习/8	5			8	6	
	总复习	三维立体图形	长方体、正方体、圆柱、球	习/3	3			3	2	简单立体图形的识别与分类（模型）；拼正方体
一/下	第1单元 认识图形（二）	二维平面封闭图形	长方形、正方形、三角形、平行四边形、圆	例/3	2			2	2	简单平面图形的识别（实物和模型）；平面图形与立体图形的关系（用立体画平面）；图形拼接、折叠、剪切。
		二维平面封闭图形 三维立体图形	长方形、正方形、三角形、平行四边形、圆；圆柱、长方体、正方体、球、圆锥、三棱柱	习/8	3		3	5	4	
	总复习	二维平面封闭图形	长方形、正方形、平行四边形、三角形、圆	习/2	1			2	1	简单平面图形的识别与分类（模型）；图形拼接。
二/上	第3单元 角的初步认识	二维平面封闭、不封闭图形	直角三角形；角（锐角、直角、钝角）	例/6	6		5	3	1	角（直角、锐角、钝角）的辨认（实物模型）、分类（直角、锐角、钝角）；画角；三角尺、七巧板拼锐角、直角、钝角；平面图形、立体图形中找角（锐角、直角、钝角）；比较角的大小。
		二维平面封闭、不封闭图形 三维立体图形	长方形、正方形、三角形、梯形、平行四边形、一般四边形；角（锐角、直角、钝角）；正方体、长方体	习/21	19		12	5	3	

续表

年级/册	内容分布 单元	概念关系 几何维度	概念关系 几何概念	数量	内容旨向 直观认识概念	定义	构成要素	特点	关系	知识点概述
二上	第5单元 观察物体（一）	二维平面/三维立体图形	长方体、正方形、正方体	例/2				2	2	从不同面观察立体图形（上面、左面、前面、后面）；根据某一面的形状判断立体图形。
				习/2				2	2	
	总复习	二维平面封闭图形、三维立体图形	长方体、正方体	习/2	2		2		1	平面图形中找角（锐角、直角、钝角）；画角（直角、锐角、钝角）。
二下	第3单元 图形的运动（一）	二维平面封闭图形	长方形	例/2				2	2	长方形、正方形剪出轴对称图形；图形拼接。
			梯形、三角形、圆、正方形	习/3				3	3	
	总复习	二维平面封闭图形	长方形、正方形	习/1				1	1	长方形、正方形剪出轴对称图形。
三上	第7单元 长方形和正方形	二维平面封闭图形	四边形；五边形；长方形、正方形、直角三角形、菱形、一般四边形、等腰梯形、直角梯形	例/2	2		2	1		四边形的识别（实物和模型）、特征、画四边形；长方形、正方形的识别与分类（模型）、特征、画图；平行四边形的识别（模型）；
			四边形；长方形、正方形、平行四边形、等腰梯形、直角梯形	习/12	5		4	8	4	三角尺拼成长方形、正方形；长方形与正方形的关系（长方形剪出正方形，画最大的正方形）。
三下										

续表

内容分布		概念关系		数量	内容指向				知识点概述
年级/册	单元	几何维度	几何概念		直观认识概念	定义	构成要素	特点	关系	
四上	第3单元 角的度量	一维图形 二维平面不封闭图形	线段、直线、射线；角（锐角、直角、钝角、平角、周角）	例/4	3	2	2	3	1	线段、直线、射线的识别、特征、画图；角的识别（构成要素）、分类（知道平角和周角）、图形中找角；了解锐角、直角、钝角、平角与周角之间的关系；长方形、圆折出特殊角；比较角的大小。
		一维图形 二维平面不封闭图形	线段、直线、射线；角（锐角、直角、钝角、平角）；梯形、三角形、长方形、圆	习/8	5	3	3	4	1	
	第5单元 平行四边形、梯形	二维平面不封闭图形	平行线、垂线（点到直线的垂直线段、平行直线段）、长方形、正方形、平行四边形、一般梯形、等腰梯形、直角梯形、一般四边形	例/8	6	4	6	5	1	(1) 平行、垂直关系的识别，画平行线、垂线，知道点到直线的距离（图形中画出直线段的垂线、平行线之间的线段长度相等），平面图形和立体图形中找互相平行、垂直的线段；平行、垂直的传递性，平行线的性质。 (2) 平行四边形的识别、特征、分类、画图（平行四边形、四边形之间的关系）；梯形的高；剪、割补图形；拼接、交叉重叠、复合图形中找图形；四边形的内角和。
		二维平面不封闭图形 三维立体图形	平行线、垂线（点到直线的垂直线段、平行直线段）、长方形、正方形、三角形、直角梯形、一般梯形、正六边形、平行四边形、长方体、正方体	习/39	25	12	12	30	7	

续表

年级/册	单元	概念关系		数量	内容旨向					知识点概述
		几何维度	几何概念		直观认识概念	定义	构成要素	特点	关系	
四/上	总复习	二维平面封闭、不封闭图形	正方形、长方形、平行四边形、梯形、一般四边形；平行线	习/6	3		3	5	2	不同四边形之间的区别与联系（特点陈述与判断、图形分割）；画平行四边形、梯形、画角手识别；画角作高
	第2单元 观察物体（二）	二维平面封闭图形 三维立体图形	正方体	例/2			2	2	2	从不同面观察正方体（长方体）组合图形（上面、左面、前面）；不同的正方体组合图形从哪些面看形状相同/不同；根据从不同面观察到的形状，摆一摆正方体组合图形中的小正方体数量
			正方体、长方体	习/9				9	9	
四/下	第5单元 三角形	二维平面封闭图形	三角形（直角三角形、锐角三角形、钝角三角形、等腰三角形、等边三角形），四边形（长方形、正方形），一般	例/7	2	2	2	6	3	三角形的识别、特征、分类、画图、三角形内角和，多边形的内角和；三角形的三边关系，三角形内角和，多边形的内角和；多边形分割成多个三角形，长方形剪出等腰直角三角形
			三角形（直角三角形、锐角三角形、钝角三角形、等腰三角形、等边三角形）；多边形	习/23	3		4	18	6	两点间的距离
	第7单元 图形的运动（二）	二维平面封闭图形	长方形、正方形、圆	例/1			1	1		轴对称图形的识别，画对称轴
			长方形、正方形、正六边形	习/1			1	1		

续表

年级/册	内容分布 单元	概念关系 几何维度	概念关系 几何概念	数量	内容旨向 直观认识概念	内容旨向 定义	内容旨向 构成要素	内容旨向 特点	内容旨向 关系	知识点概述
四/下	总复习	二维平面封闭图形、不封闭图形；三维立体图形	三角形（直角三角形、锐角三角形、钝角三角形、等腰三角形），长方形、平行四边形；锐角、直角、钝角；正方体	习/6	1			6	5	不同三角形之间的区别与联系；三角形的内角和、三边关系；长方形中找角、三角形分割；图形分割（大等边三角形分成4个小等边三角形）；从不同面观察正方体组合图形（上面、左面、前面）
五/上						—				
	第1单元 观察物体（三）	二维平面封闭图形	正方形	例/2				2	2	从不同面观察正方体组合图形（上面、左面、前面）；根据从不同面观察到的形状，摆一摆正方体；正方体组合图形中添加或减少正方体，正面观察形状不变。
		三维立体图形	正方体	习/8				8		
五/下	第3单元 长方体和正方体	二维平面封闭图形	长方体、正方形	例/4	2	2	4	3	1	图形认识（构成要素、棱的特征——每个面的形状；正方体与长方体联系与区别；认识长方体、正方体的展开图（与立体图形的关系）
		三维立体图形	长方体、正方形	习/12	2		9	11	1	
	整理与复习	二维平面封闭图形	长方体、正方形	例/1	1		1	1	1	图形识别（名称、构成要素），图形理解（长方形与正方体关系、平行、相交垂直的棱）；展开图与立体图形关系
		三维立体图形	长方体、正方形	习/1			1	1	1	

续表

内容分布		概念关系		数量	内容旨向					知识点概述
年级/册	单元	几何维度	几何概念		直观认识概念	定义	构成要素	特点	关系	
五/下	总复习	二维平面封闭图形 三维立体图形	正方体；正方形	习/2				2	2	从上面观察正方体组合图形，正方体组合图形中补充小正方体，变成大正方体；根据从不同面观察到的形状，摆一摆正方体
六/上	第5单元 圆	二维平面封闭图形	圆、弧、扇形、圆心角	例/3	2	1	3	3		认识圆（构成要素），画图，找圆心，圆心的位置与圆心角
			圆、长方形、正方形、扇形、圆心角、扇环	习/14	8		8	6		圆、正方形、轴对称图形的认识；扇形的大小，画扇形，认识扇环
	整理与复习	二维平面封闭图形	圆、正方形	例/1			1		1	外方内圆、外圆内方（找圆心，确定直径）
六/下	第3单元 圆柱与圆锥	二维平面封闭图形 三维立体图形	圆柱；长方形、圆、直角三角形	例/5	4		3	1	2	圆柱的识别（实物与模型、构成要素）；圆柱侧面、底面，截面与圆柱；圆柱侧面，长方形旋转成圆柱
		三维立体图形	圆柱、圆锥；长方形、正方形、平行四边形、圆、直角三角形	习/12	3		8	6	3	圆锥的识别（构成要素）；直角三角形旋转成圆锥
	整理与复习	三维立体图形	圆柱、圆锥	例/1	1			1		图形识别、特征

续表

内容分布		概念关系		数量	内容旨向				知识点概述
年级/册	单元	几何维度	几何概念		直观认识概念	定义	构成要素	特点	关系	
六/下	总复习	一维平面图形 二维平面封闭、不封闭图形 三维立体图形	平面图形与立体图形；直线、射线、线段；线与线的位置关系；角；长方体、正方体、圆柱、圆锥	例/3	1			3	3	图形分类、图形关系；直线、线段、射线特点；三角形三边关系、内角和；立体图形的特点（长方体与正方体长宽高，圆柱与圆锥由什么图形旋转而成，圆柱与圆锥关系）；图形拼接；轴对称图形、画对称轴；展开图与立体图形关系；从不同面观察正方体组合图形，并列排的立体图形（上面、左面、前面）；根据从不同面观察到的形状，摆一摆正方体
		一维平面图形 二维平面封闭、不封闭图形 三维立体图形	直线；角；三角形、梯形、平行四边形、正方形、长方形、圆、椭圆、六边形；正方体、长方体、圆锥、圆柱、球	习/11			3	11	5	—
总计	—	—	—	例/59 习/214	33 88	11 0	30 82	43 155	25 76	

年级的"图形的运动"这一单元中需要学生直接识别轴对称图形，并画出对称轴。五年级的"观察物体"，延续四年级的内容，要求学生能够根据观察到的平面图形还原立体图形的摆放；另外，在"长方体和正方体"的再认识中，此时的学习涉及对三年级和四年级知识的提取，对长方体和正方体的认识均从棱的关系、面的关系出发，而且关注其展开图与立体图形的关系。六年级则是开始对圆、圆柱、圆锥的再认识。至此，第二学段认识图形是在对线的了解、对线与线之间关系的认识的基础上，交替学习平面图形与立体图形。

由此可见，学生在第一学段时已整体把握了图形的外部特征，基本能够在看到图形时说出图形的名称，因此，"认识三角形和四边形"作为二维图形的再认识，应该是进一步从图形的各部分结构及名称、关系来描述图形的特征，既是从点、线、角对图形进行分解的认识，也是从高和底构成对图形"面"的感知。教材的这种安排既体现了循序渐进的特点，也基本符合学生的认知特点。

人教版"图形与几何"领域中，有关图形的认识的例题共有59道，习题共有214道。从五个维度的具体数量分布来看，例题中呈现数量最多的是图形特点，有43处，其次是图形的直观认识概念、图形的构成要素、图形间关系，分别有33处、30处、25处，有关图形定义的呈现数量最少，仅有11处；习题中呈现数量最多的也是关于图形特点的，有155处，在图形的直观认识概念、构成要素、图形间关系上数量次之，分别是88处、82处、76处，图形的定义没有呈现。

首先，就图形的特点而言，之所以其呈现数量最多，除明确考察图形特点的例、习题外，图形拼接和观察物体中也间接地运用或体现了图形特点，此类问题纳入统计后所占数量较多，其中，例题有11处，习题有59处。第一学段中，有关立体图形的特点认识仅限于从感官上体会"立体图形是否可以滚动"。而有关平面图形特点的认识主要体现在"角的初步认识"中，涉及根据角的特点以了解角的分类，包括锐角、直角和钝角，还需利用三角板以学会比较角的大小。图形运动是初步通过剪轴对称图形这类操作活动，以体会某些平面图形（长方形、正方形、三角形、梯形、圆）的整体特征。三年级中"长方形和正方形"的再认识是在直观认识图形概念的基础上，分解图形的构成要素，并探索图形的性质，以联系和区别长方形与正方形，并且已初步给出了一般四边形的构成要素的数量特征，以及长方形、正方形中角的大小关系与边的长短特征。

第二学段中，图形特点的认识得到进一步完善，这是由于在四年级上册中，对线段、直线、射线和角的认识以及平行和相交关系的学习，进一步丰富了要素之间关系分析的角度。因此，在平面图形特点的认识中，有关角的特点的认识仍然包括比较角的大小，此外，角的分类加入了平角和周角，并分析锐角、直角、钝角和平角、周角之间的关系。有关线的特点的认识，对线段、射线与直线进行了区分，并探讨了线与线的位置关系及其推导而来的结论（两点之间线段最短、两点确定一条直线、垂线段最短、平行线之间的距离处处相等、平行与垂直的传递性、两直线平行同位角相等）。有关三角形和四边形的特点的认识，包括三角形、四边形的边角关系（长短、大小、位置、数量等）、三角形的稳定性、四边形的不稳定性、三角形的三边关系、三角形和四边形的内角和、轴对称图形的认识等。有关圆的特点的认识，包括圆的大小与位置分别由半径和圆心决定、圆的半径与直径的关系、圆的直径经过圆心等。在立体图形特点的认识中，长方体、正方体、圆柱与圆锥均关注展开图与立体图形之间的关系，另外，长方体与正方体分析棱与棱、面与面之间的关系，圆柱和圆锥从平面图形旋转与立体图形截面形状来认识其独特的特点。

综上可知，图形特点的认识随着学习进程的推进不断丰富与细化，从认识整体特征到认识要素特征，再到认识要素之间关系的特征，这样的认识线索基本符合学生认知发展的递进特点。

其次，就图形的直观认识概念而言，在例题中主要表现为呈现某一图形并有相应的图形名称以标识，在习题中则主要表现为从实物或图形模型中识别图形，或者要求学生画出什么图形，以使图形的直观形象与名称相匹配。

就图形的构成要素来看，例题中图形的直观呈现也会对（面）、边、顶点、高或底进行标识，而习题中，人教版教材则注重在图形中分析面、边、角要素，或者是在"认识三角形和四边形"中，要求学生画图作高，并说明图形各部分的名称。不管是图形的直观认识概念还是图形的构成要素，对于理解图形整体和局部而言都有着重要的意义，相比例题将两者都直接呈现出来，习题呈现的方式更为丰富，旨在对图形的认识从空间知觉过渡到空间表象，此时学生即使没有相应的图形呈现，也能依据初步的认识进行画图再现，这将有利于学生进一步巩固图形的直观形象。

就图形与图形之间的关系而言，在平面图形中，较多出现的是对图形进行剪切、拼接、折叠、重合等活动，但是在操作活动中，学生所了解的图形间的关系可能只是基于图形直观形象上的改变，而且某个图形通过剪切、拼接、折叠、重合等活动得到另一个图形，并不代表它们之间有归属关系，图形间的归属关系在这里不能得到明确的解释。因此，了解图形间的关系，更重要的是关注图形与图形之间的转化改变了什么要素或条件。关于此点，人教版教材有些许提及，其在例题中注重通过比较图形间的几个特征以找出图形间的归属关系，在比较特征过程中，学生可以体会到特征多的图形包含于特征少的图形中；在习题中主要通过归属关系的判断题以进行考察，或者在"平行四边形和梯形"单元中有设置"在复合图形中找不同的平面图形"的习题（该复合图形一组对边平行，另一组对边有多种变化情况）。相比采用比较特征的方法，这样的习题可能更直观地突出对图形的哪个条件进行了改变，有利于培养学生的空间想象能力，动态呈现图形间关系的例、习题在人教版教材中是比较缺少的。

最后，就图形定义而言，在例题中，四年级上册给出定义的有线段、射线、直线、角（平角、周角）、平行线和垂线，以及点到直线的距离，平行四边形和梯形（等腰梯形、直角梯形）也依据图形特征给出了定义；四年级下册给出的是三角形、两点间的距离的定义；五年级下册提出了长方体和正方体的定义；六年级上册给出的是圆的半径和直径的定义。此外，在三角形、平行四边形和梯形中均给出了图形中高和底的定义。

值得注意的是，在第一学段，学生虽已完成了对长方形和正方形的学习，但仍未给出长方形和正方形的定义，这或许是学生未能将正方形理解成长方形的原因之一，此阶段学生对确定长方形和正方形的关键特征比较模糊。在分析教材中所给的图形定义可发现，小学阶段已有的定义方式包括两种：一种是从图形特征、性质出发定义图形，譬如线段、射线、直线，平行线和垂线，平行四边形、梯形和三角形，以及长方体和正方体等；另一种是从操作过程出发定义图形，譬如角（平角、周角）、高和底等。由此可见，平面封闭图形的定义可由图形的关键特征进行描述，定义包括内涵和外延，外延可反映图形间的归属关系，内涵可确认定义图形与外延图形之间的关键区别。如果小学阶段学生能够基本通过特征了解图形间的归属关系，那么从图形间的关系出发，学生也能够比较直观地给出图形的相关定义。

二、横向分析

横向分析是关于"平行四边形和梯形"以及"三角形"单元的例、习题分析，同样是从量与质两个方面展开，其中以质的分析为主。为了完整地了解这两个单元的编排思路与特点，下面将以例题、习题为分析的两大板块，对其进行具体分析。

（一）例题分析

例题分析主要包括对例题的内容组织、情境创设、学习进程和思维水平等四个方面的具体分析。

1. 内容组织

分析例题所蕴含的知识点并了解其具体的编排顺序，将有利于我们推测教材内容编排的意图，并反映人教版教材中"认识三角形和四边形"的思路与方式（见表4-8）。

表4-8 人教版教材中"认识三角形和四边形"例题的内容组织

	例题	知识点	描述
平行与垂直	例1	两条直线的关系：平行线、垂直（垂线、垂足）	在纸上任意画两条直线，会有哪几种情况？没有相交：呈现平行线概念和图示，举出生活实例；相交：量角，呈现垂线概念和图示，要求举出生活实例
	例2	画出互相垂直的两条直线	两把三角尺画，用量角器画；用一把三角尺画（过直线上一点画垂线；过直线外一点画这条直线的垂线）
	例3	点到直线的距离，垂线段最短	从直线外一点，到这条直线画几条线段（量一量线段长度，找出最短线段）
	例3	与两条平行线互相垂直的线段的长度都相等	一组平行线中，在其中一条直线上任选几个点，分别向另一条直线画垂直的线段（量一量线段长度）
	例4	画长方形	根据长方形的特征，用画垂线的方法来画长方形

续表

	例题	知识点	描述
平行四边形和梯形	例1	平行四边形定义、特点、高和底	生活实例中找出平行四边形，观察以发现特点，呈现图形定义，并对平行四边形高和底进行描述，展示图形
	例2	平行四边形的不稳定性	两手捏住长方形的两个对角，向相反方向拉，并举出生活中的应用实例
	例3	梯形、等腰梯形、直角梯形	生活实例中找出梯形，观察以说明共同点，呈现图形定义，并展示图形标识各部分名称，给出等腰梯形和直角梯形定义与图形
	例4	四边形之间的关系	通过维恩图显示四边形之间的关系并要求说明理由
三角形	例1	三角形定义、特点、高、底	例1之前呈现生活实例找三角形。此处要求画三角形，并说明三角形要素的数量特征，呈现图形定义，并对三角形高和底进行描述，展示图形
	例2	三角形的稳定性	同等长度的小棒摆三角形、四边形（实物操作）—生活实例（三轮车车架、篮球架、电线杆）—拉扯（实验）
	例3	两点间的距离	通过选择上学最近路线提出发现，给出了"两点间的距离"的描述概念
	例4	三角形三边关系	分别给出四组纸条摆三角形，通过摆的结果以得出发现
	例5	三角形的分类	先按角分，再按边分。按角分：用集合图表示三角形之间的关系，并要求量一量直角三角形的直角边与斜边，发现关系；按边分：等腰三角形与等边三角形的关系、角的特征，并在生活实例中找特殊三角形
	例6	三角形的内角和	在画出的不同的三角形中，量一量、算一算内角和，再通过剪拼验证
	例7	四边形的内角和	特殊四边形的内角和—剪拼—分割成多个三角形—得出结论

由表4-8可知，人教版教材在四年级上册，首先安排了4道例题以展开"平行与垂直"的教学，然后再安排4道例题来认识"平行四边形和梯形"；在四年级下册，则安排了7道例题来认识"三角形"。由此可见，人教版教材将"平行与垂直"放在"平行四边形、梯形"中学习，对于学生而言，内容紧凑，易于学习迁移。

此外，认识"三角形"是安排在认识"平行四边形和梯形"之前还是之后，均有其合理之处。人教版教材选择先认识"平行四边形和梯形"，再认识"三角形"，一是与"平行与垂直"的联系比较直接，二是此顺序与之后学习"多边形的面积"的线索基本一致，因为如何求出梯形、三角形面积都是以分割平行四边形为基础的。

考虑到该主题是有关三角形和四边形的认识，因此，以下仅分析与三角形和四边形认识直接相关的例题。

在"平行四边形和梯形"单元中，例1是在直观认识平行四边形的基础上教学平行四边形的形状特点。从识别某些物体表面上的平行四边形开始，让学生在扶梯、挂衣架、瓷砖上找到平行四边形，由此得到不同形状的平行四边形图形，并研究"平行四边形边的特点"。虽然教材中指出"平行四边形的对边互相平行，对边也相等"，但是在教材中所给的平行四边形的定义仍是"两组对边分别平行的四边形叫作平行四边形"（其实，此处可以留给学生不同的定义描述）。此外，在认识平行四边形时，例题并未创设画图操作等活动以让学生体会平行四边形"高"的意义，而是直接给出了有关平行四边形"高"和"底"的说明，这势必造成学生可能会对平行四边形"高"的描述性定义没有直观感受。

例2是通过捏住长方形的两个对角朝相反方向拉，让学生观察图形的两组对边发生了什么变化，从而反映出平行四边形容易变形的特点。除了操作，教材中也通过生活中的实例以反映平行四边形这种特点的广泛应用。

例3是认识梯形，其教学安排过程与平行四边形差不多。通过在生活实物中分离出梯形的图形，让学生观察其共同点，以得到梯形"只有一组对边平行"的特点并定义梯形。需要明确提出的是，此处梯形的定义主要是基于生活中的梯形原型进行描述的，从而忽视了梯形在数学中的原始定义，梯形可指"一组对边平行的四边形"，关于此定义，其实应当在教材中及时地向学生进行说明，以避免学生在图形认识上有所局限或产生误区。与"平行四边形"的学习类似，认识梯形的各部分名称以及认识等腰梯形与直角梯形，同样是直接呈现给学生，学生对于画图、比较、分类的体验比较少。

例4是对所有学过的四边形进行分类，让学生继续强化长方形、正方形、平行四边形以及梯形之间的联系，这一部分的巩固是必要的。在此，四边形之间的关系以维恩图进行呈现，主要体现了并列或包含关系，但关于它们之间是如何联系的，这一过程的说明却不够清晰。如果能从转化线索上帮助学生顺向或逆向地理解图形间的联系，将有助于促进学生几何思维能力的提升。

在"三角形"单元中，例1是三角形的内涵认识，与平行四边形、梯形的认识过程基本一致，包括从现实生活中找到三角形——数一数边、角、顶点的数量（平行四边形和梯形关注边的特征）——三角形的内涵——认识高和底。在此，学生是通过画三角形的方式，体会"三角形是由三条线段围成"的过程，这对学生而言，能够将看到的用图画表示出来是比较直观的。在认识三角形的"高"时，教材中是直接给出了关于三角形"高"的描述，另外提出问题"一个三角形可以画几条高"，这对学生而言，是比较机械的，其只是获得"高"所在的位置，并不能对所有图形"高"的含义进行经验性的理解与概括。

例2是用同等长度的小棒摆出三角形和四边形，结合摆出图形的形状，判断三角形具有稳定性，并让学生在生活的实际应用中体会这一特点，随后教材中又以拉一拉的方式测试三角形的稳定性。先前发现平行四边形的不稳定性的方法在此得以继续使用。

例3利用路程最近问题，引导学生学习"两点间所有连线中线段最短"。

例4中，教材是让学生通过用每组纸条摆三角形，以发现三角形三边的关系。需注意的是，人教版教材提供了四组纸条，以每组纸条来摆三角形，有些可以摆出来，有些则不行，通过这样的设计以便得出三角形三边的关系似乎比较刻意。

例5是给三角形分类。活动先是让学生按角给三角形分类，学生首先是通过三角形中的三个角分别是什么角，进行初步的分类（3锐角、1直角2锐角、1钝角2锐角），再给出每一类三角形的名称（锐角三角形、直角三角形、钝角三角形）。除此之外，有设计量一量活动，让学生比较直角三角形中的直角边和斜边以突出长短关系。在按边分类时，学生也是先进行描述，发现有两类特殊的三角形（2条边相等、3条边相等），再给出这两类三角形的名称（等腰三角形、等边三角形），同样地，设计量一量活动，让学生发现这两种三角形的各个角的特点。在这一分类过程中，并不是只让学生参与一次分类活动，按角分类的三角形会再考虑边的特点，而按边分类的三角形也会再分析角的特点。

例6是求三角形的内角和为180°。教材中要求通过画不同类型的三角形，来归纳出这一发现。方法涉及两种，一是量和计算，二是剪下三角形的三个角，拼一拼，在此之前学生已经学过平角，因此，比较容易得出这一发现。

例7是求四边形的内角和。学生在"平行四边形和梯形"的单元练习中已通过量与计算对四边形的内角和有初步的感知。在此，先是从学生学过的特殊四边形出发得到四边形的内角和为360°，紧接着让学生通过一些方法，求出其他四边形的内角和，学生所采用的方法有受到求三角形内角和方法的影响，同样地，把四个角剪下来，拼在一起。另外，教材中还提及将四边形分成两个三角形的方法，来帮助计算四边形的内角和。这对之后学习多边形的内角和会有所帮助。

由此可见，人教版教材"认识三角形和四边形"的内容组织有这样几个特点：

（1）从每一例题所体现的知识点来看，主要学习内容包括两个部分：一是概念，二是性质。其中，对概念的理解，教材都采用生活实物——抽象出图形——分解图形（点、边、角），理解关系——给出图形定义——分析图形内部（高、底）的方式呈现；而对性质的探究与发现则都离不开对"角与角的关系""边与边的关系"以及"角与边的关系"等三个方面的关注。最后，在清楚认识图形之后，图形的分类与变化就都是对这些特征的实际综合应用了。

（2）从教材例题中体现的学生活动来看，人教版教材关于本单元的知识引导主要采取平铺直叙的方式，对于学生的启发性不够。一方面，在图形的整体认识中，以学生的观察为主，此前学生的几何学习中已经有许多的感性认识，因此，现在可能需要更多的实际操作，譬如量一量、数一数、拼一拼、折一折等操作性的活动，并在学生操作、探究之后，再给出准确的数量描述或文字描述，这样可以帮助学生体会到数学知识的形成过程，深化对数学知识的理解，形成初步的逻辑思维能力和空间几何观念。另一方面，四边形认识的前后知识的联系有所削弱，教材中给出的四边形之间的关系主要是图形与图形之间的包含关系，而且，就包含关系的解释也还未回归到对图形关键特征的呈现与比较上来。

（3）从教材例题中知识点所反映的数学能力上看，人教版教材在"认识三角形和四边形"的内容组织中，有关"平行四边形和梯形"的学习难度设置要比"三角形"略低，而且在"三角形"的学习过程中,学生除涉及对基础知识的记忆与理解外,对于操作技能的培养要比"平行四边形和梯形"更关注。

在小学阶段,有关四边形和三角形的学习在这两个单元已基本完成,因此,本主题的学习除关注学生几何直观数学思想的培养以获得对图形本身的认识外,也需要学生能够对图形之间的关系在头脑中进行想象与变化。此外,对三角形的三边关系、三角形和四边形内角和的探究,也可考虑结合操作活动,逐步引导学生采用逻辑推理的方式。

2. 情境创设

例题中,知识点的传授往往要借助于情境的创设,而好的情境创设应该立足于学生已有知识经验。不管是学习经验还是生活经验,都有利于学生展开学习方式或学习观点的迁移。因此,对例题的情境创设进行分析,就可以了解例题在传授知识点时的合理性与有效性。在此,我们可将情境(创设)分为三种类型:①真实情境;②虚设情境;③纯数学情境(见表4-9)。

表4-9 人教版教材中"认识三角形和四边形"例题的情境创设

例题		情境创设(类型)		
		真实情境	虚设情境	纯数学情境
平行四边形和梯形	例1	1		1
	例2	1	1	
	例3	1		
	例4			1
三角形	例1	1*		1
	例2	1	1	
	例3		1	
	例4		1	
	例5	1		1
	例6			1
	例7			1

由表4-9可知,人教版教材中的11道例题共设计了16个情境,其中,6个真实情境、4个虚设情境、6个纯数学情境,而且其中有5道例题设计安排了两种情境类型,此两种情境类型均是真实情境与另一种情境的组合。

从数量分布来看,人教版教材在认识三角形和四边形中,相对重视真实情境和纯数学情境的创设。图形的认识一般都经历形象感知、抽象分析、想象构造的过程。因而,真实情境的创设可帮助学生在图形的形象感知上从生活情境中找到联系，这种联系一般体现为在实际事物上产生对某种图形的联想。譬如，有 4 道例题在分别认识平行四边形、梯形和三角形时，由扶梯、挂衣架、瓷砖抽象出了平行四边形，由梯子、堤坝、鞍马抽象出了梯形，由金字塔、大桥吊索、红领巾、交通标识等抽象出了一般三角形及特殊三角形。此外，教材中有 2 道例题是通过生活中对三角形稳定性和四边形不稳定性的实际应用，借以进一步体会三角形和四边形的整体特征。由此可见，教材中以生活情境的创设居多。其实也可适当增加数学史或人文作品情节等相关内容。

此外，需要特别注意的是，在已有的 6 个真实情境中，有 5 个真实情境是与其他情境相结合出现在例题中的，这表明，真实情境在几何图形的认识中有一定的局限性。一方面，生活实物并不是严格意义上的数学图形，其可作为图形的联想，但不能以实物去抽象分析图形的要素特征；另一方面，学生认识图形重在培养学生的空间观念，其关注学生在抽象出客观的图形之后，能于手脑并用的过程中获得图形操作与想象的经验。关于这一经验，在虚设情境和纯数学情境中就可以得到体现。

虚设情境中，教材所设置的情境会考虑其教学知识点的目的以进行数据或情节的虚拟，因此，在向学生传达知识点的过程上是直接有效的，为学生避免了某些可能存在的认知冲突。但从得出结论的合理性来看，虚设情境在情境内容的选择上有所筛选，因此，可能缩短了学生探究发现的过程，同时，一些必要的合理冲突也有可能在教学中被忽视。具体来看，教材中的虚设情境体现在 4 道例题中。

首先，虚设情境出现在认识平行四边形的不稳定性中，例题选择用四根吸管串成一个长方形，并捏住对角向相反方向拉。在此，教材隐含了一个知识，即"长方形是特殊的平行四边形"，对于学生而言，直接从长方形出发，通过拉动图形所产生的对边关系的变化以反映特征是比较直观的。与此类似，在认识三角形的不稳定性时也出现了虚设情境，其选择的是用同等长度的小棒摆三角形和四边形，但在此处，其实是通过等边三角形和菱形分别反映了三角形的稳定性与四边形的不稳定性。由以上两个情境可以看出，特例的选择可以作为学生已有学习经验的连接点，有助于学生较快地接受新的知识点，但对知识点的说明仍不够充分，其是由特例得到了一般性的结论。

其次，为了获得"两点之间线段最短"的结论，教材设计了找上学路线最短的问题，虽然这一问题在路线设计上相对比较刻意地突出了三角形的形状，不太符合生活实际，但是其基本反映了学生的生活体验，学生也是比较容易理解该知识点的。

最后，在探究三角形的三边关系时，教材分别给出了四组纸条，而且每组纸条标明了长度（6-7-8，4-5-9，3-6-10，8-11-11）。从这四组纸条可以发现，第 1 组和第 4 组可以围成三角形，而且第 1 组是一般的三角形，第 4 组是等腰三角形；另外的第 2 组和第 3 组不能围成三角形，其中第 2 组有两条边的和等于第三边，第 3 组有两条边的和小于第三边。除了等边三角形，这四组纸条基本都包含了可能出现的情况。虽然这样的实验设置可以达到教师教学的预期效果，但却违背了归纳推理的合理性。归纳推理应该是基于大量的实例以得出猜想，并进行验证而无反例，可此处的每种情况却仅有 1 组纸条来纯数学情境主要分布在 6 道例题中，其分别反映了三种情况。其一，纯数学情境是通过视觉观察、绘图操作、语言描述以发现平行四边形和三角形的特征，在这一过程中，学生是从图形的构成要素出发以获得对图形特征的抽象分析，此时要素之间的关系是关注的重点。其二，纯数学情境是基于已有的数学知识内容，重构已有的认知结构，这点体现在分析四边形之间的关系以及对三角形进行分类的活动中。在这两个学习活动里，一个是辨析不同四边形之间的异同，以获得图形间的包含关系；另一个是从边或角出发分析不同三角形的特征并进行分类。其三，纯数学情境亦体现在不同数学策略的综合运用中。在探究三角形和四边形的内角和时，均体会了量一量、算一算及拼一拼的活动，这是从操作直观上解决几何问题，而且这些操作经验在先前几何学习中已有体会。此外，在四边形的内角和的探究中，涉及将四边形分成两个三角形以求出内角和，此种方式体现了化归的数学思想，学生能够从图形分割上将四边形和三角形联系起来，这对于之后继续探究多边形的内角和提供了一定的思想启发。综上可知，纯数学情境的创设，相比真实情境和虚设情境而言，更加强调引导学生思维水平的提升，其表现在学生几何语言的逐步成熟和几何技能的灵活运用上。

3. 学习进程

正如在例题的内容组织分析中所呈现的那样，小学阶段"认识三角形和四边形"既有概念的学习，也有命题的认识，因而可将学生的学习进程分为两个方面：一是概念的学习进程，二是命题的学习进程。前者包括引入、描述和应用三个环节，后者则包括发现、证明和应用三个环节（见表 4-10 和表 4-11）。

表 4-10　人教版教材中"认识三角形和四边形"概念的学习进程

	例题	概念	学习进程		
			引入	描述	应用
平行四边形和梯形	例 1	平行四边形（高、底）	生活实物	文字（图形特征叙述、图形定义、要素定义）；图形呈现	—
	例 2	—	—	—	—
	例 3	梯形（上底、下底、高、腰）	生活实物	文字（图形特征提问、图形定义）；图形呈现	—
		等腰梯形、直角梯形	—	文字（图形定义）；图形呈现	—
	例 4	—	—	—	—

续表

例题		概念	学习进程		
			引入	描述	应用
三角形	例1	三角形（三角形的顶点、边、角；底和高）	画三角形，观察	文字（图形特征叙述、图形定义、要素定义）；图形呈现	—
	例2	—	—	—	—
	例3	—	—	—	—
	例4	—	—	—	—
	例5	锐角△、直角△（直角边、斜边）、钝角△	三角形分类	—	—
		等腰△、等边△			生活实物
	例6	—	—	—	—
	例7	—	—	—	—

由表4-10可知，人教版教材11道例题中共有6处涉及概念的呈现，其中有5处反映了概念的引入，4处反映了概念的描述，1处反映了概念的应用。

从数量分布来看，在"认识三角形和四边形"的概念学习中，比较注重概念的引入和描述，在概念的应用上关注不多。数学概念是学生理解、掌握图形知识的敲门砖。对于小学生而言，由于语言表达的薄弱和理解能力的欠缺，其对概念的理解往往会产生一些阻碍，因此，教师在图形概念的引入上需要引起重视。

概念的引入旨在让学生顺其自然地理解概念，引入旧的概念知识或是从生活实例中来，或是采用学生比较易于接受概念的引入方式。学生对概念的理解，并非一蹴而就，在引入图形概念后，概念的描述能够加深学生对概念的印象，并给学生提供规范的语言表达，这在小学生空间观念的发展中是十分必要的。此外，概念的应用是对已知概念的巩固，除能够依据概念对图形再作识别与判断外，由已知概念引入下一概念的学习也是一种应用的方式，体现了学生在认识图形间的联系。

就每一例题的概念学习进程来看，以上6处概念的呈现，均未经历完整的学习进程。首先，在平行四边形、一般梯形和一般三角形的概念学习中，主要经历了概念引入和概念描述这两个过程。其概念引入的素材均选取了小学生较为熟悉的生活素材，从而帮助学生实现生活素材与抽象图形之间的"数学化"过渡。与平行四边形和一般梯形仅以生活素材来引入概念不同，认识三角形的概念引入还加入了画图观察的方式，这主要是为了让学生在画图过程中以体会"任意三角形都是由3条线段首尾相连围成"的特点。在概念引入的素材与方式上，基本符合学生的认知特点与教学的需求。从其概念描述的方式来看，均要求对图形的特征进行分解式的阐述，此外还有图形的直观呈现与图形定义相互呼应，而在平行四边形和三角形中，还给出了图形的高和底的定义。由此可见，在平行四边形、一般梯形和一般三角形的图形概念认识上，概念引入和概念描述基本可以完成图形的认识，而且这对于初步理解图形概念而言，体现了由形象到抽象过渡的特点，学生无须再回到实物中认识图形的特征。但是，在初步理解图形的高和底的定义时，教材的呈现主要是概念描述，这对于学生而言，高和底的理解是相对静态和片面的。高和底实际上是源于生活的体验，而非数学的概念。因此，从生活中引入高和底的认识，有利于学生明确不同图形的高是指什么，高与底是相互联系的。

其次，认识三角形和四边形的过程中，还有关于等腰梯形、直角梯形，锐角三角形、直角三角形、钝角三角形、等腰三角形、等边三角形的概念认识。等腰梯形和直角梯形的概念学习只有概念描述，其呈现了图形的定义和图形直观认识。相比等腰梯形和直角梯形概念呈现的突然，三角形则选择了分类活动以引入概念的学习，通过从角分或从边分以观察角的特点或边的特点，初步感受不同类别的三角形，虽然没有关于这些三角形的概念描述，但在分类过程中对分类依据和结果进行说明，客观体现了这些三角形的特征；而在概念应用上，主要是寻找体现等腰三角形和等边三角形的生活实物。

综上，在"认识三角形和四边形"中，一般图形概念的引入、描述、应用过程虽不完整，但基本符合每一知识点的教学需求。与此同时，在高和底的概念学习以及特殊图形的概念学习中，亦能注意克服其概念引入缺失和概念呈现生硬的不足。

表4-11 人教版教材中"认识三角形和四边形"命题的学习进程

	例题	命题	学习进程		
			发现	证明	应用
平行四边形和梯形	例1	平行四边形的对边互相平行，对边相等	观察	—	—
	例2	平行四边形容易变形	两手捏住长方形的两个对角，向相反方向拉（实物操作）；生活实例（伸缩门、升降机）	—	—
	例3	—	—	—	—
	例4	四边形之间的关系（长方形和正方形是特殊的平行四边形）	维恩图呈现	—	—
三角形	例1	—	—	—	—
	例2	三角形具有稳定性	同等长度小棒摆三角形、四边形（实物操作）；生活实例（三轮车车架、篮球架、电线杆）；拉扯（实验）	—	—
	例3	两点间所有连线中线段最短（两点间的距离）	上学最近路线	—	—

续表

例题		命题	学习进程		
			发现	证明	应用
三角形	例4	三角形任意两边之和大于第三边	四组纸条分别摆三角形	—	—
	例5	三角形之间的关系（把所有三角形作为一个整体，按角的特征可以将其分为三个部分，锐角△、直角△、钝角△）	维恩图呈现	—	—
		在任意直角三角形中，斜边一定比直角边长	图形呈现（量一量、比一比）	—	—
		等腰三角形有两条边相等；等边三角形有三条边相等	观察	—	—
		等边三角形是等腰三角形	观察	—	—
		等腰三角形的两个底角相等；等边三角形的三个角相等	量一量	—	—
	例6	三角形的内角和是180°	画不同形状的三角形，量一量，算一算；剪拼（验证）	—	—
	例7	四边形的内角和是360°	计算特殊四边形的内角和；剪拼；分割成多个三角形	—	—

由表4-11可知，人教版11道例题中共有13处涉及命题的呈现，其中13处均只反映了命题的发现，而缺少有关命题的证明与应用。

从数量分布来看，在"认识三角形和四边形"的命题学习中，以命题的发现为主，在命题的证明与应用上没有关注，因此，此阶段学生在命题学习上的层次变化明显不足。对于小学生而言，命题的发现是一般命题学习的主要方式，这一过程中主要体现的是学生的归纳概括能力，学生需要从大量实例出发，观察比较以得出发现，进而继续选取实例以验证猜想、解释说明。在命题的证明中，主要体现的是演绎推理的过程，在小学阶段虽然以合情推理为主，但仍可引导学生以说理的方式开展一些简单的演绎推理。命题的应用在例题中出现较少，可能与例题本身传授新知的特点有关，有关命题的应用多出现在习题中，学生依据所学过的命题以解决新的几何问题。

就每一例题的命题学习进程来看，在13处命题呈现中，其命题发现的方式有四种，其中7处体现了动作直观，3处体现了视觉直观，3处则是生活经验引入，2处是关系图描述。整体而言，命题的发现方式主要是动作直观（观察与操作），小学生的空间观念能力可以在这样的直观活动中得到积极的发展。

在动作直观中，三角形的稳定性和平行四边形的不稳定性分别通过摆小棒和拉动对角得以发现和验证；三角形的三边关系是通过比较围纸条的结果得出结论；在认识特殊三角形的特征时，则要求学生通过量一量、比一比的方式，观察直角三角形中直角边与斜边的关系，观察等腰三角形与等边三角形的各个角的特点；在三角形和四边形的内角和探究中，学生都参与了量一量、算一算、拼一拼的活动，四边形的内角和计算还涉及对图形进行分割。以上过程说明，这些操作活动在先前的几何学习中学生已有大量的积累，那么学生在对图形特征进行分析时仍然可以通过这些手段，以获得图形想象的有力支撑。

在视觉直观中，平行四边形的对边的特征是直接由对图形的观察而进行说明的，比较遗憾的是，在这里学生未能联系前一部分所学的"平行与垂直"，若能通过画一画、量一量、比一比等，或许对于了解平行四边形边的特征更加直观和准确。另外，"等边三角形也是等腰三角形"这一命题的出现，似乎是基于教材中图形的直观呈现而得到，此处有必要让学生以说理的方式阐释清楚。而且，等边三角形和等腰三角形有关边的特点、角的特点，在教材中有引导学生通过观察发现，基于此，学生也能顺其自然地说明它们之间的关系。

在生活经验引入中，主要是用生活实例或生活体验以说明三角形的稳定性、平行四边形的不稳定性，以及两点之间线段最短，这些说明对于图形某些特征的验证是客观实在的。但在"两点之间线段最短"的例题呈现中仍可发现，其路线图表现为三角形的图形形状，间接地涉及对"三角形任意两边的和大于第三边"的理解，第三边的长度其实就是两点间的线段的长度，因此可通过简单的演绎推理以发现三角形的三边关系。

在关系图描述中，呈现的主要是四边形之间的关系以及三角形之间的关系，但其忽视了学生进行说理的过程，应及时对不同图形特征进行比较，以分辨图形间的交叉、包含或互斥关系。

综上，在"认识三角形和四边形"中，有关图形的命题学习进程虽不完整，但基本符合小学阶段学生的思维阶段特点，小学数学学习中合情推理是要多于演绎推理的。与此同时，仍需注意的是，过于强调小学生合情推理能力的发展，会不利于其抽象逻辑思维的培养，而且可能影响小学生顺利进入初中阶段的几何证明学习。因此，在小学阶段，我们要善于发现有待使用演绎推理的内容，并引导学生自觉对合情推理与演绎推理的综合使用。

4. 思维水平

分析例题所体现的思维水平，既可以了解"认识三角形和四边形"主题中学生所可能达到的思维水平在哪里，也可以分析每一知识点背后所指向的思维水平对于现阶段小学生而言是否合理。我们采用VH理论几何思维五水平分类法，但考虑小学生的几何思维水平和教材内容尚未达到第五水平，因此，这里仅对前四个水平进行分析（见表4-12）。

表4-12 人教版教材中"认识三角形和四边形"例题的思维水平

例题		教学内容	思维水平			
			视觉水平	分析水平	非形式化演绎水平	形式化演绎水平
平行四边形和梯形	例1	认识平行四边形	1.1	2.2	3.1	
	例2	平行四边形不稳定	1.4	2.2 2.5		
	例3	认识梯形	1.1	2.2		
	例4	四边形之间的关系			3.4	4.5
三角形	例1	认识三角形	1.1 1.2 1.3 1.4	2.2		
	例2	三角形稳定性	1.4	2.2 2.5		
	例3	两点间的距离		2.2		
	例4	三角形三边关系	1.4	2.2		
	例5	三角形分类	1.1	2.2 2.3	3.2 3.4	4.5
	例6	三角形内角和	1.4	2.2		
	例7	四边形内角和	1.4	2.2 2.4	3.2	4.4

就例题中不同思维水平的数量分布而言，人教版教材在"认识三角形和四边形"中以视觉水平和分析水平为主，其次是非形式化演绎水平和形式化演绎水平。具体而言，11道例题中有9道例题涉及视觉水平，其中在整体认识图形时，主要是根据图形的整体轮廓辨认各种三角形和四边形，并说出图形中各部分的名称；在探究三角形和四边形特征时，就涉及学生需要拉一拉、摆一摆、量一量以及图形拼接等操作以直观体会图形要素间的关系。体现分析水平的例题有10道，其本身涉及对图形的整体认识，以及图形要素间关系的认识，此外，三角形的分类，图形特征在生活中的实际体现也包含在这一水平。体现非形式化演绎水平的例题有5道，包括观察图形描述直观特征，或者根据已知的图形特征尝试给出另一结论，而且在认识三角形和四边形之后，需要进一步探求三角形、四边形的内在属性或归属关系。最后，体现形式化演绎水平的有3道例题，包括在分析图形间关系时能够给出关系图直观呈现，以及利用三角形的内角和推导出四边形的内角和。

就例题的具体教学内容而言，有关图形的概念认识主要对应视觉水平和分析水平，而有关图形的命题学习可能只达到了视觉水平和分析水平，或者四个水平都有要求。

"平行四边形和梯形"单元中的例1和例3，"三角形"单元中的例1，是有关平行四边形、梯形及三角形的概念学习以及要素的分析，因此，在这3个例题中需要学生链接已有的感知经验，先从实际物体中抽象认识图形，再由抽象图形以分析要素的特征给出图形定义，而且在认识三角形和四边形时，另需要学生认识每一图形的高和底。由于它们都是关于图形整体的认识或单一要素的认识，因此，基本未达到非形式化演绎水平和形式化演绎水平。

"平行四边形和梯形"单元中的例2有关平行四边形的不稳定性，"三角形"单元中的例2、例3、例4、例6分别有关三角形的稳定性、两点间的距离、三角形的三边关系和内角和，在这些特征的探究过程中，例题基本都涉及操作或生活经验的引入，因此，关于图形特征的认识和图形间要素关系的认识仍属于视觉水平和分析水平。由于学生对要素间关系的分析可能往往习惯于直观分析，因此，在非形式化演绎水平上的体现不够，譬如，三角形的三边关系就可以直接由"两点之间线段最短"推导得来。"平行四边形和梯形"单元中的例4是有关四边形之间关系的分析，因为在本单元学习之后，学生有关长方形、正方形、平行四边形和梯形的认识已基本完成，所以，这些图形间关系的分析不再回到视觉水平和分析水平，而是针对某两个图形间的归属关系和所有四边形的关系进行描述，属于非形式化演绎水平和形式化演绎化水平。

"三角形"单元的例5有关三角形的分类，三角形从角分包括锐角三角形、直角三角形和钝角三角形，并给出了韦恩图呈现三者的互斥关系，此处属于形式化演绎水平，但却是简单的关系呈现。教材还进一步选取了直角三角形（30°、60°）以量一量的方式探究直角边和斜边的关系，仍属于非形式化演绎水平。三角形从边分提及两种特殊的三角形（等腰三角形和等边三角形），教材中要求学生发现"等边三角形是等腰三角形"，也属于非形式化演绎水平。三角形的分类相比四边形之间关系的分析，在思维水平上呈现相对完整。

"三角形"单元的例7有关四边形的内角和，属于分析图形中角的关系，其解题过程的呈现基本反映了四个思维水平的递进发展。首先，从特殊四边形（长方形和正方形）出发，通过四个直角的特征以计算内角和，反映了利用图形特征以解决几何问题；其次，四边形也使用拼角的方式以形成周角，得到四边形内角和为360°，这里体现了视觉水平和分析水平；最后，在求四边形内角和时，选取的却是化归的方式，联系"两个三角形可以拼成四边形"，以实现三角形内角和与四边形内角和的联系，体现了非形式化演绎和形式化演绎的水平。

综上所述，人教版教材例题在不同思维水平的设置上体现了一定的基础性和层次性，有关三角形和四边形的认识，是在视觉水平和分析水平的基础上，也对学生思维上非形式化演绎水平和形式化演绎水平的提升提出了要求。虽然教材在非形式化演绎与形式化演绎中，最终呈现的多是导出结论，但仍以提出问题的方式向学生抛出疑问，体现其自觉的反思意识。但是，人教版教材仍需注意说理方式的启发，以培养小学生良好的说理习惯。

(二) 习题分析

习题分析主要包括对习题的内容组织、问题形式、问题结构和思维水平等四个方面的具体分析。

1. 内容组织

关于人教版教材中"认识三角形和四边形"习题的内容组织,其一般情况,具体可见表4-13。

表4-13 人教版教材中"认识三角形和四边形"习题的内容组织

知识点		数量	教材位置	备注
三角形的内角和		6	三角形的内和,练习十六	例6做一做(p68)1、2;练习十六-1、2、3、6
三角形三边关系		3	练习十五,练习十六	练习十五-7、8;练习十六-6
两点间的距离		1	练习十五	练习十五-6
各类三角形的认识		5	三角形的特性,三角形的分类,练习十五	例1做一做(p61);例5做一做(p65);练习十五-1、4、9
图形分割/拼接		9	练习十一,练习十五,练习十六	练习十一-2、6、8、11、12、13;练习十五-10;练习十六-4、7
各类四边形的认识		10	平行四边形和梯形,练习十一	例1做一做(p64);例2做一做(p65)2;例3做一做(p66);练习十一-1、3、4、5、7、9、14
三角形稳定性		3	三角形的特性,练习十五	例2做一做(p62);练习十五-2、3
图形分类	几何图形分类	0	—	—
	三角形分类	3	练习十五,练习十六	练习十五-5、8;练习十六-5
	平面图形分类	0	—	—
四边形(多边形)的内角和		3	练习十一,四边形的内角和,练习十六	练习十一-10;例7做一做(p69);练习十六-4
平行四边形的不稳定性		2	平行四边形和梯形,练习十五	例2做一做(p65)1;练习十五-3

就习题数量而言,人教版教材中"认识三角形和四边形"的习题共有45道,其数量总体较多。

其中，关于"三角形的认识"的习题共有 20 道。涉及"三角形内角和"的有 6 道，2 道分布在对应的练习中，4 道分布在小节练习中；涉及"三角形三边关系"的有 3 道，均分布在小节练习中；涉及"各类三角形的认识"的有 5 道，2 道分布在对应的练习中，3 道分布在小节练习中；涉及"三角形具有稳定性"的有 3 道，1 道分布在对应的练习中，2 道分布在小节练习中；涉及"三角形分类"的有 3 道，均分布在小节练习中。

由此可见，"三角形内角和""三角形三边关系""各类三角形的认识""三角形具有稳定性"和"三角形分类"是"三角形的认识"中最重要、最核心的知识。如果学生能将这些知识充分理解、内化，并加以整合，就可能会形成对三角形的比较系统的全面认识。

关于"平行四边形和梯形的认识"的习题共有 15 道。涉及概念认识的有 10 道，3 道分布在这对应的练习中，7 道分布在单元练习中；涉及"四边形（多边形）的内角和"的有 3 道，1 道分布在的对应的练习中，2 道分布在单元练习中；涉及"平行四边形的不稳定性"的有 2 道，1 道分布在对应的练习中，1 道分布在单元练习中。

此外，关于"图形分割/拼接"的有 9 道均分布在单元练习中。主要是通过让学生在不规则、比较复杂的复合图形中分割出已经学过的、比较熟悉的、简单的图形（三角形、梯形和平行四边形），或者是让学生使用七巧板拼接出各种图形，其目的在于让学生通过分割/拼接图形的过程，体会图形的基本特征，实现知识的初步迁移与运用。

关于"两点间的距离"，有 1 道习题。

就习题所考查的知识而言，对同一知识点的考察体现出一定的层级性和递进性。譬如，在"三角形的内角和"习题中，首先是在一个一般三角形中，已知两内角求未知角的度数，能力要求较低；其次是在某种特殊的三角形中（比如，等边三角形，直角三角形、已知一个锐角的度数，等腰三角形中，已知顶角的度数），求三角形角的度数等，能力要求稍微高；最后，让学生在图形操作，譬如，在画一画、折一折、剪一剪等活动中，认识"三角形的内角和"是确定的，并且可以将这一结论运用到探索多边形的内角和情境中，能力要求更高。

再譬如，在"各类四边形的认识"习题中，首先是让学生能够在众多相似的图形中，辨识出哪些图形是平行四边形、哪些图形是梯形，以及这些图形的构成要素，比如梯形的上底、下底和腰，并能够画出平行四边形、梯形的高，这类题型比较简单，只需要学生基本认识即可；其次是让学生能够在比较复杂的不规则组合图形中能够抽离出学过的平行四边形和梯形，并且让学生判断这种图形各有几个，能力要求稍高；最后是让学生通过动手操作，比如让学生自己画出某种图形，让学生在其他图形中剪出平行四边形、梯形等图形，或者是让学生用七巧板拼出梯形、平行四边形、等腰梯形等，难度更大。一是它要求学生能够在头脑中想象出平行四边形、梯形的基本形状和基本特征，二是它要求学生要具备动手操作实践的能力，这也是针对目前小学生在学习中对于概念性、事实性的知识理解、掌握比较好，但是对于程序性、操作性知识理解得还不够透彻的问题而做出的一些改进，有利于加深学生对各种图形的认识，促进学生几何直观思维和动手操作能力的发展。

综合上述分析，我们认为人教版教材中"认识三角形和四边形"习题具有以下三个方面的主要特点：

一是"关于三角形的认识"习题较多，而"关于四边形的认识"习题较少。不过，这一点倒是与例题中对三角形认识的例题数量较多，四边形认识的数量较少是一致的，则反映出教材编写中内部所存在的一致性，对于三角形的认识和理解是重点需要掌握的内容，而对于四边形的认识和理解则可能次之。

二是反映同一知识的习题之间具有一定的层次性，体现出不同的难度梯度。从一般的对图形的基本认识、判断、辨识到动手实践操作，包括摆一摆、画一画、折一折、剪一剪等活动，体现出习题的层次从认识与理解到运用的过程，习题的难度不断加大，同时对学生的能力要求也逐渐提高。

三是对图形之间关系的整体认识比较浅显，未能涉及四边形之间关系和特征的本质理解。三角形的练习涉及三角形的内角和、三角形的三边关系、各类三角形的认识、三角形的分类等，这都是对于三角形的构成要素、特点和关系的认识，能帮助学生建构起对于三角形的全面认识；四边形的练习主要涉及各类四边形的认识、四边形（多边形）的内角和和平行四边形的不稳定性，这都是对四边形的构成要素、定义和特点的认识，对于四边形之间关系的认识未设计相关的习题加以考查和运用。此外，在图形分类中，也仅有关于三角形的分类，而几何图形分类和平面图形分类这些知识却没有体现。

2. 问题形式

问题形式是指一个问题呈现的方式，它是一个问题的外在表现形式。习题的问题形式主要包括符号形式、口头形式、视觉形式及其组合形式。为便于统计分析，现将符号形式、口头形式、视觉形式依次编码为 A、B、C，而其组合形式则为其中至少两个的组合。表 4-14 则是人教版中"认识三角形和四边形"习题的问题形式的总体情况。

表 4-14　人教版教材中"认识三角形和四边形"习题的问题形式

分布	问题形式						
	A	B	C	组合形式			
				A+B	A+C	B+C	A+B+C
平行四边形和梯形	5	—	9	—	4	—	—
三角形的特性（特点、稳定性、两点间的距离、三边关系）；三角形的分类	4	1	5	—	1	2	—
三角形的内角和	2	1	5	—	2	—	—
总计	11	2	19	—	7	2	—

就数量分布而言，单独以符号形式表示的有 11 道，单独以口头形式表示的只有 2

道，单独以视觉形式表示的多达 19 道。以符号和视觉形式联合表示的有 7 道，以口头和视觉形式联合表示的有 2 道。由此可见，以视觉形式或视觉形式组合其他形式的习题数量是最多的，同时也是这一单元中最基本的问题表示形式，而仅以口头形式或口头形式组合其他形式的习题数量是最少的。这说明，问题的呈现一般都以视觉形式或视觉形式组合其他形式来呈现。这不仅是因为在几何单元中，以视觉形式来表示习题可以帮助学生构造抽象的几何概念，帮助学生理解抽象的几何知识，有利于学生对几何物体的可视化，也可以让学生更加能准确、清晰地理解题意，也可以在这些具体的图形、图片、图表、表格中降低习题理解上的难度，减少学生因为不理解题未能正确解题的可能性。

就每一问题形式而言，以视觉形式来表示的习题数量最多，以口头形式来表示的习题数量最少。因为一个习题要么以符号形式（应该是数学语言）来表示，要么以口头形式（应该是生活化语言）来表示，较难既以符号形式又以口头形式来表示，所以，某种程度上符号形式与口头形式是相对对立的文体形式。

"平行四边形和梯形"运用符号形式表示的习题有 5 道，运用视觉形式表示的习题有 9 道，运用符号形式组合视觉形式的习题有 4 道。这主要是因为平行四边形和梯形本身就是数学术语，是数学学习中才会用到的语言，所以无需用口头形式来表示。而且这些习题主要是让学生判断、识别、裁剪出平行四边形和梯形，或者是画出、说出平行四边形和梯形的构成要素，譬如，指出不同梯形中的上底、下底、高和腰，平行四边形的高等，而这些都需要学生在特定的四边形和梯形中才能完成，离不开具体的图形呈现，所以需要用视觉形式来表示。

"三角形的特性、三角形的分类"运用符号形式表示的习题有 4 道，运用口头形式表示的习题有 1 道，运用视觉形式表示的习题有 5 道，运用口头形式组合视觉形式表示的习题有 2 道，运用符号形式组合视觉形式的习题有 1 道。其中，让学生画三角形的高的习题较多，而在特定三角形中作高，必然离不开具体的三角形图形，所以以视觉形式表示的习题较多。而让学生围三角形、剪三角形这种不需要具体几何图形呈现的习题则多以符号语言的形式来表示，"举出生活中三角形具有稳定性的例子"这一问题则用口头形式也就是生活化的语言来表示，体现了数学知识与生活的联系，同时也能让学生回忆起之前的生活经验，并建立与数学知识之间的联系。"三角形的内角和"运用符号形式表示的习题有 2 道，运用口头形式表示的习题有 1 道，运用视觉形式表示的习题有 5 道，运用符号形式组合视觉形式的习题有 2 道。这些习题主要是让学生在各直观呈现的三角形中求出未知角的度数，而且，多数习题中的已知条件也就是两个角的度数都是在图中直接标示出来的，所以，视觉形式呈现的习题数量最多。

综上可知，人教版教材中"认识三角形和四边形"问题形式较单一，主要是以视觉形式或视觉形式组合其他形式为主，几乎没有运用口头形式或口头形式组合其他形式，这一方面与几何单元概念较抽象，需要借助具体的图像呈现来帮助学生理解题意、解决问题有关，具有一定的合理性；与此同时，这也反映出，人教版教材中"认识三角形和四边形"的习题更多偏向是数学语言的表达而不是生活语言或在生活情境中的运用。所以，一方面，还需要采用更加多样化的问题形式来加深学生对于数学概念性知识的理解。另一方面，还应该增加实际问题，以及在数学活动中的应用来使问题形式多样化，通过这些实际问题和数学活动可创造出一个帮助学生的学习环境，以此达到培养学生高层次的思维和理解能力的教学目的。

3. 问题结构

运用本章第一节所论述的问题结构的分析框架，可以得到人教版教材中"认识三角形和四边形"习题的问题结构的总体情况（见表4-15）。

表4-15 人教版教材中"认识三角形和四边形"习题的问题结构

分布	问题结构						
	封闭问题	半开放问题					开放问题
		X	Y	Z	X+Y	X+Z	Y+Z	
平行四边形和梯形	5	—	2	6	2	1	1	
三角形的特性（特点、稳定性、两点间的距离、三边关系）；三角形的分类	5	—	—	4	2	—	1	1
三角形的内角和	6	—	—	3	—	—	1	—
总计	16	0	2	13	4	1	3	1

就数量分布而言，封闭问题有16道，半开放问题有23道，开放问题只有1道。这表明，人教版教材中"认识三角形与四边形"习题以封闭问题和半开放问题为主。

在半开放问题中，又以策略开放的习题数量最多，有13道，这说明在这一单元中虽然题目给定的条件和结论是确定的，但是学生可以运用多种方法来解决问题，这有利于促进学生发散思维的发展和解决问题能力的提升。以条件开放的习题数量最少，仅有0道，这说明在这一单元的所有习题中，给定的条件都是确定的，让学生能够根据已知条件得出结论，解决问题。这与小学阶段学生思维水平和能力有限，无法从不确定的条件中得出解决问题的策略有关，在一定程度上体现了对学生认知发展水平的适应和尊重。以结论开放的习题较少，只有2道，这主要是因为在小学阶段传授的知识往往都是事实性知识和概念性知识，结论往往是确定的，只需要学生加以验证和理解即可。条件、结论开放，策略唯一的习题有4道，这主要是学生通过某种方式，比如说画、围、量、算的方法来解决不同类型的习题，从而提升学生将这种解决问题的策略灵活运用的能力。条件和策略开放，结论不开放的习题有1道，这主要是让学生剪出某种特定图形，而对问题的条件和策略未作要求，这可以让学生通过有效分析，选择最有利于问题解决的条件和方法，这类问题对于学生来说，难度较大，有利于学生分析、比较能力的提升。结论和策略开放，条件不开放的习题有3道，主要是让学生在给定的条件中通过多种方法得出不同的结论，这需要学生从多角度出发思考问题，有利于学生发散性思维的发展。

条件、结论确定，策略唯一的封闭问题有16道。在这些习题中给定的条件和结论都是确定的，解决问题的策略是唯一的。这些习题主要起到的是巩固和促进理解的作用，让学生在特定的习题中加深对数学概念、数学定理的理解，这部分习题对学生的能力要求最低，难度最小。开放问题只有1道，即条件、结论不确定，策略不唯一，这一类问题对于学生的要求最高，要求学生不仅能有效分析和提取所需条件，还要能根据不同的条件和解决策略得出不确定的结论，这种习题对学生来说，难度最大，所以这种问题形式的习题数量最少。通过以上分析可以发现，在人教版教材中"认识三角形和四边形"这一单元的习题总体来说难度适中，比较贴近学生的实际发展水平。

就每一问题类型对应的教学内容和涉及的知识而言，每一问题类型都分布在不同的教学内容和知识点中，不同的教学内容在问题结构的呈现上具有一定的差异。其中，数量最多的封闭问题在每一教学内容中都有分布，并且较为平均。在"平行四边形和梯形"中，封闭问题有5道，主要是让学生用四根小棒围出四边形、量出平行四边形的各内角度数以及判断关于平行四边形和梯形的说法是否正确，这些习题所考查的都是学生对于平行四边形和梯形的基本认识，包括性质、特征和要素等。在"三角形的特性、三角形的分类"中，封闭问题有5道，主要是画出已知底的三角形的高、识别不同类型的三角形，以及三根小棒是否能围成三角形等。在"三角形的内角和"中，封闭问题有6道，主要是量出三角形的各内角度数、已知两内角求第三角等。这些封闭问题较为简单，是对图形基本定义、特征、要素等的理解与运用。在半开放问题中，条件、结论确定，策略不唯一的问题形式最多。这种问题形式较为均匀地分布在每一教学内容中，主要是让学生可以通过多种方法和策略来拼出、剪出不同的平行四边形、梯形（包括等腰梯形）、三角形（包括等腰三角形），这是培养学生多种数学思想方法的过程。结论开放的问题分布在"平行四边形和梯形"中，主要是让学生画出不同平行四边形、不同梯形的多条高。条件和结论开放，策略唯一的问题主要分布在"平行四边形和梯形""三角形的特性、三角形的分类"中，主要是让学生用特定的方法即画出、围出平行四边性、梯形和三角形等，这些习题让学生通过特定的方法来体会和感受不同图形的特征和性质，可以帮助学生理解不同的图形。条件、策略开放，结论封闭的1道习题分布在"平行四边形和梯形"中，是让学生用任意的七巧板拼出不同的图形，比如梯形、平行四边形和等腰梯形等。条件确定、结论和策略开放的习题各有1道分布在不同的教学内容中，主要是在各种情境中判断所学过的图形，比如说用不同的方法动手描出、观察出、数出不同图形的个数，也就是说具体的操作方法是开放的。条件、结论开放，策略不唯一的开放问题分布在"三角形的特性、三角形的分类"中，该题考查的是让学生在6根小棒中任意摆出不同种类的三角形，是对三角形三边关系的推理判断和运用。

综上可知，人教版教材中"认识三角形和四边形"习题的问题结构以封闭问题和半开放问题为主，这与学生的思维发展水平和数学学习能力相适应，难度比较适中。但与此同时，开放问题不足。因此，在习题中还应该多设计与相应学段学生心理发展水平和已有知识经验基础相匹配的开放式、半开放式问题,进一步寻求问题类型的多样化,让学生能够在生活化的情境中感受数学的生活性与数学学习的魅力。

4. 思维水平

运用本章第一节所论述的思维水平的分析框架,可以得到人教版教材中"认识三角形和四边形"习题的思维水平的总体情况(见表4-16)。

表4-16 人教版教材中"认识三角形和四边形"习题的思维水平

教学内容	习题	问题结构			
		视觉水平	分析水平	非形式化演绎水平	形式化演绎水平
平行四边形和梯形	例1:做一做(p64)	1.1	2.2		
	例2:做一做(p65)1	1.4	2.2		
	例2:做一做(p65)2	1.4	2.2		
	例3:做一做(p66)	1.1	2.2		
	练习十一—1	1.4		3.1	
	练习十一—2			3.2	
	练习十一—3	1.4	2.2		
	练习十一—4	1.4	2.2		
	练习十一—5			3.1	
	练习十一—6			3.2	
	练习十一—7			3.1	
	练习十一—8			3.2 3.4	
	练习十一—9			3.2	
	练习十一—10	1.4	2.2		
	练习十一—11			3.2	
	练习十一—12	1.1		3.2	
	练习十一—13			3.2	
	练习十一—14			3.1	
三角形的特性 三角形的分类	例1:做一做(p61)		2.2		
	例2:做一做(p62)		2.5		
	例5:做一做(p65)	1.4			

续表

教学内容	习题	问题结构			
		视觉水平	分析水平	非形式化演绎水平	形式化演绎水平
三角形的特性 三角形的分类	练习十五 1		2.2		
	练习十五 2		2.5		
	练习十五 3		2.5		
	练习十五 4	1.4		3.4	
	练习十五 5	1.1		3.4	
	练习十五 6		2.4		
	练习十五 7		2.4		
	练习十五 8		2.4		
	练习十五 9		2.4		
	练习十五 10			3.2	
三角形的内角和	例6：做一做（p68）1		2.4		
	例6：做一做（p68）2		2.4	3.2	
	例7：做一做（p69）			3.2	4.4
	练习十六 1		2.4		
	练习十六 2		2.4		
	练习十六 3		2.4		
	练习十六 4			3.2	4.4
	练习十六 5			3.1 3.4	
	练习十六 6		2.4		
	练习十六 7			3.2	

由表4-16可知，人教版教材中"认识三角形与四边形"习题主要处于分析水平和非形式化演绎水平，而视觉水平的习题相对较少，形式化演绎水平的习题最少。具体而言，处于视觉水平的习题有12道，处于分析水平的习题有22道，处于非形式化演绎水平的习题有19道，处于形式化演绎水平的习题仅有2道。

由表4-16还可知，人教版教材中"认识三角形与四边形"习题的设置对于学生思维水平的要求较高，通过视觉水平的习题可起到加深理解的作用，而通过分析水平和非形式化演绎水平的习题则可促进学生对于各种几何图形之间关系和要素的理解，譬如，视觉水平的难度略有提高，有利于培养学生分析信息和抽象思维水平的发展。虽然形式化演绎水平的习题最少，仅有2道，但这与小学阶段学生的思维水平主要是具体形象思维为主，抽象逻辑思维处于初步发展阶段有关，所以，习题中对学生形式化演绎水平的要求不高。

就习题思维水平的具体类目来看，每一思维水平都包含着较多的具体类目。视觉水平的习题主要包含两个类目（1.1和1.4），主要是让学生根据平行四边形和梯形的基本特征辨识出每一个图形是否是平行四边形和梯形，以及这些图形中的构成要素，包括梯形的上底、下底、高和平行四边形的高，以及通过量一量、画一画、围一围等各种动手操作的方法画出不同形状的平行四边形、梯形和三角形。或者是让学生量出、算出三角形、四边形中各个内角的度数。这些视觉水平的习题都是让学生在具体呈现的几何图形中，进一步深化、理解各种图形以及这些图形的基本构成要素（边、角），起到的是巩固基础的作用。

分析水平的习题主要包含三个类目（2.2、2.4和2.5），主要是让学生分析图形的组成要素及所具有的数学特征，画三角形、平行四边形和梯形的高，或者是让学生通过观察和分析图形所具有的特征，并利用这些特征解决几何问题，如根据三边长度判断是否可以围成三角形，根据三角形两内角判断第三角，根据三角形一个角判断三角形类型，以及对于三角形和平行四边形所具有的特性在生活中的实际应用。比如怎样加固椅子使其更牢固？怎样挂画又快又好？这些习题都是让学生在分析所学图形的构成要素、特征、特性基础上，结合不同的习题要求，并将这些知识点运用到解决问题的过程中去。这些分析水平的习题都是让学生拓展延伸所学知识点，并将这些知识运用到不同的问题情境中来解决问题，对于学生思维水平的要求较高，要求学生能够在头脑中分析和提取关键信息，有利于培养学生分析信息的能力和发散思维能力。

非形式化演绎水平的习题主要包含是三个类目（3.1、3.2和3.4），主要是让学生能够在比较复杂的复合图形中辨识出平行四边形、梯形的数量，或是根据要求画出具有特定特征的图形（平行四边形、梯形等），或是进一步探求图形内部所具有的内在属性和包含关系。这些习题让学生进一步明确图形及图形性质之间的关系，但是还不能根据图形之间的内在关系及包含关系建立关系网络图。

形式化演绎水平的习题仅有2道，包含1个类目（4.4）。主要是通过三角形的内角和推导出四边形、多边形的内角和，这一过程是学生运用已知定理推导新定理的过程，表现出学生的思维水平向演绎推理的高度逐步发展。

就教学内容来看，每一教学内容几乎都涵盖前三种思维水平，但是较少涉及形式化演绎水平。在"平行四边形和梯形"中，视觉水平的习题9道，分析水平的习题7道，非形式化演绎水平的习题11道，形式化演绎水平的习题0道。主要是辨识出直观呈现的图形中所出现的平行四边形、梯形及其构成要素，画出平行四边形、梯形的高，在复合的几何图形中抽离出平行四边形、梯形等，这些都是对于平行四边形和梯形的基本认识，包括特征、要素、性质等方面，但是还未能涉及根据图形的本质特征建立起几何图形之间的关系网络这一难点内容,还停留在图形本身形象的、具体的认识上。

在"三角形的特性、三角形的分类"中,视觉水平的习题3道,分析水平的习题9道,非形式化演绎水平的习题3道,形式化演绎水平的习题0道。这一内容以分析水平的习题为主,主要是三角形的分类,认识不同三角形的特征和性质。在"三角形的内角和"中,视觉水平的习题0道,分析水平的习题6道,非形式化演绎水平的习题6道,形式化演绎水平的习题2道。这一内容以分析水平和非形式化演绎水平的习题为主,主要是认识三角形的基本特征、性质、特性,并运用这些特征、性质、特性解决几何问题,对学生的学习难度相对较大。

另外,在这一内容中,还涉及让学生通过"三角形内角和是180°"这一已知定理去推导四边形、多边形的内角和,进而发现"多边形的内角和与边 n 的关系为 $180°\times(n-2)$"这一新定理,对于学生的思维水平要求较高,同时这也是数学学习中化归思想的体现。

综上可知,人教版教材中"认识平行四边形和梯形"习题的设置较为符合学生的思维发展水平,以几何直观呈现的习题居多,这有利于学生具体形象思维的发展。但是较少涉及推理的过程,这体现出学生逻辑推理能力不足,不利于学生几何推理能力的形成和发展。

总体而言,人教版教材中"认识三角形和四边形"习题总体难度适中,重视基础性和巩固性练习。就习题的内容组织而言,以对三角形和四边形基本的认识理解为主,图形之间关系的本质认识即整体性体现不够;就习题的问题形式而言,问题形式较单一,主要是以视觉形式或视觉组合其他形式表示为主,直观呈现与抽象逻辑相结合;就习题的问题结构而言,主要以封闭和半开放问题为主,开放问题不足,问题难度具有适切性;就习题的思维水平来看,以分析水平和非形式化演绎水平为主,对学生发散思维和逻辑推理能力具有一定要求。

三、分析结论

基于上述分析,我们将就教材的编排理念、编排特点和对教学实践可能产生的影响等三个方面来总结、概括人教版教材中"认识三角形和四边形"内容编排的一般情况。

(一)编排理念:联系生活与数学,沟通直观与抽象

在小学阶段,对于学生来说生活与数学联系的产生是相互的,而且是重要的。在"图形与几何"领域中,空间观念和几何直观的形成则体现了此联系。从人教版教材设计安排"图形的认识"的内容来看,其比较注重学生从生活积累的视觉感知和实际体验出发积累空间观念。在"认识三角形和四边形"中,例题都会选择一些学生熟悉的生活实物以勾勒图形形状,直观呈现图形,意在借助学生对这些生活实物的视觉感知,为学生从整体轮廓识别图形提供支持。再有,在分别认识三角形的稳定性和平行四边形的不稳定性时,教材不仅通过简单的拉动对角或摆小棒的活动发现了这一特点,还从生活实用的角度解释了三角形和平行四边形这一特性的生活意义。另外,教材中安排了最近路

线选择的问题,让学生分析验证了"两点之间的所有连线中线段最短"这一命题。以上可见,人教版教材这样的安排,对于刚接触图形概念的学生而言比较形象直观,可以减少对新授知识的陌生感。

人教版教材在处理图形认识的内容时,除了关注学生的生活经验寻求图形的来源,也比较注重活动经验的启发。一方面是因为几何图形本身体现了结构性,而小学生的关注焦点是零散的,关注过程是单向出发的,因此,他们在对点、线、角、面、体的关系的处理上仍比较抽象;另一方面,考虑到小学生此阶段的视觉、触觉和运动觉相对敏感,空间想象和逻辑推理的能力相对较弱,因此,通过操作活动,沟通直观呈现和几何抽象。在"认识三角形和四边形"的内容设计中,可以发现例题中有关图形特征、性质的发现以活动化的方式呈现,比如,相反方向拉动对角以体会三角形和平行四边形是否稳定,画三角形以体会三角形的形成性定义,量一量以发现角的大小特征和边的长短特征,围纸条以探究三角形的三边关系,量一量、拼一拼、分一分以寻求三角形和四边形内角和的求解方法;习题中还设计了大量图形的拼接与分割练习,通过图形的拼接与分割,学生可以动态地改变图形某个特征以得到另一图形,并锻炼了学生空间想象的能力。

(二)编排特点:教材内容的基础性、适切性较好,整体性和逻辑性不足

教材亦是学材,在向学生传达知识的过程中起到了一定的方向指示作用,因此,教材在知识内容的组织上需要关照基础性、适切性、整体性和逻辑性的体现。其中,基础性主要从知识点内容和难易度上分析其是否基本达到图形认识的目标要求;适切性关注学习内容和学习方式的选择是否适应学生的能力需求;整体性涉及"认识三角形和四边形"知识教学的前后联系是否紧密,学生能否完成对三角形和四边形有结构的整体认识;逻辑性体现其教材知识的逻辑是否符合学科知识的逻辑。综合"认识三角形和四边形"主题的例、习题分析,人教版在图形认识上基础性和适切性较好,整体性和逻辑性不足。

具体来看,"图形的认识"作为学生深入几何学习的基础知识,其外观特征、要素特征与关系特征的递进分析,是对图形由外到内、由独立到联系的认识过程。在"认识三角形和四边形"中,例题所反馈的知识点以视觉水平和分析水平为主,完成了对图形上位概念的理解和对图形要素下位概念的分析。"平行四边形和梯形"在例题中通过实物抽象出来的图形完成了某些图形特征的基本描述,其中选取了本质特征以作为图形定义,在图形呈现上主要标识了每一部分的名称,此外,在操作图形的实验活动中平行四边形的不稳定性得到解释。"三角形的认识"在例题中通过画图活动既给出了要素特征也完成了图形定义,而且有关三角形的稳定性、三角形的分类、三角形的三边关系和内角和在探究活动中得到解释。习题与例题的知识点相对应,其主要的问题设置是依据所学概念识别图形(判断、作图、解释),依据命题由已知推导出未知,结合所学图形的特征认识拼接图形与在复合图形中识别不同图形等,整体的封闭问题与半开放问题数量基本一致,体现了图形理解方式的基础性与灵活性。另外,"做一做"的练习以视

觉水平和分析水平为主，小节练习以分析水平和非形式化演绎水平为主，在例题与练习的安排上体现了基础性与层次性的特点。"认识三角形和四边形"主题的适切性在例题中体现为概念学习和命题学习的适切性，如编写理念分析所述，在认识三角形和四边形时，丰富的素材感知使概念学习的引入上增加了直观和形象，多元的操作活动则使命题学习的发现上实现动手、观察、思考的沟通。虽然习题的问题形式中仍以视觉形式和符号形式的单一呈现或组合呈现居多，缺少了带有生活化情境的几何问题解决，但从习题的巩固提升作用来看，视觉形式中以图形来标示条件，符号形式中以几何语言来表达条件，有助于促进学生空间观念的深化与思维过程的条理性。

"认识三角形和四边形"在整体性上的不足主要体现在图形间关系呈现的不完整。首先，人教版教材在编排图形的认识时，对于长方形、正方形、平行四边形和梯形的特征描述过于独立和单一，比如在认识长方形和正方形时例题中仅是各自说明其边的长短特征与角的大小特征，长方形和正方形之间的区别与联系未再做进一步说明；紧接着在认识平行四边形时则主要突出其边的长短特征与位置特征；再到梯形则是突出其边的位置特征。以上几种四边形的特征说明方式，在探索四边形之间的关系时则放大了区别忽视了联系，长方形和正方形的边的位置特征与平行四边形的角的大小特征未有提及，难以联想长方形和正方形是特殊的平行四边形，梯形的定义有所限制，平行四边形与等腰梯形的关系、长方形和正方形与直角梯形的关系也得不到说明。因此，探究图形间关系时，对每一图形特征进行整体性的描述十分重要，不同图形之间特征的多少与异同可作为推演图形关系的重要依据，依此也可帮助学生突破直观认识图形关系的局限。其次，人教版在以维恩图呈现四边形关系时，仅纳入了长方形、正方形、平行四边形和梯形以建立关系，对于菱形、鸢形、等腰梯形、直角梯形等特殊四边形未有涉及，这仍是学生可做了解的部分，等腰梯形和直角梯形是本单元学习过的内容，而菱形和鸢形在纵向分析中可知已经直观呈现过，虽未能对图形特征做进一步探究，但在四边形关系中再次呈现这两个图形可以留给学生思考的余地，作为课后完善图形关系网络的一个思考练习。综上，理解图形间的关系，在小学阶段的"图形认识"中常常是教学的重点亦是难点。对于小学生而言，图形间关系的理清容易囿于直观形象的困境，习惯于以"看起来像不像"来识别判断图形间的关系，此前已经说明，教材例题是通过维恩图和集合图分别呈现四边形和三角形的关系，但它们在图形关系的说明上还未能凸显其逻辑的发生线索，在"谁包含谁""为什么是包含关系"上的分析仍不够充分，而习题中有关图形剪切拼接的练习数量最多，说明图形间关系在图形认识中的重要程度，也反映了图形间关系的说明和解释在习题里仍未得到重视，因此反映出人教版教材在逻辑性的关注上尚有不足。

（三）对教学实践可能产生的影响

教材作为教师教与学生学的载体，其内容组织在一定程度上也影响着教师教的方式与学生学的方式。

从教师的教来看，主要是促进教师对三角形和四边形展开区分认识和理解。其一，人教版教材在编排"认识三角形和四边形"主题时，选择在四年级上册认识"平行四边形和梯形"，并将其与"平行与垂直"放在同一单元中，在四年级下册再认识"三角形"，有利于教师在处理四边形和三角形教学内容上有所区分和把握教学重点。其二，人教版教材中，"三角形"的例题设置要比"平行四边形和梯形"的例题设置数量多，"平行四边形和梯形"中对四边形关系的分析所花笔墨不多，但由习题分析可知，认识各类四边形的习题数量还是要多于认识三角形的习题数量，且涉及认识四边形和图形分割拼接的题目数量均是最多的。因此，在图形概念的认识上，教师除了理清不同四边形的概念，还为后续四边形关系的思考提供扎实的概念理解基础。其三，因为三角形的概念是形成性概念而非特征概念，人教版教材多是提供特例，再以探究活动的方式分析三角形的特征，因此，在三角形的认识中，教师也多会采取直观操作与小组合作交流的教学方式。但需注意的是，在由特例得出发现的过程中，教师有时会忽视命题发现与证明的规范性。比如，在归纳三角形的三边关系时，所选取的三角形三边长数量少且特殊，不完全归纳推理的猜想应该基于大量的实例证明且无法举出反例。再如，教学中可能常把操作验证当作证明，而忽视了演绎推理在证明中的严谨性，实际上操作活动的对象仍是特殊的，它仅能证明当前对象的特征而不具有一般性。

从学生的学来看。首先，由教材编排理念可知，人教版教材为学生认识图形提供了许多自主学习活动，感性的体会有助于其直观认识图形外观和理解图形特征，而且这样的视觉和动觉活动能够增强学生的联想能力，将操作与思考结合起来。但是，学生在大量的感官活动中也会使其拘泥于从动手操作中得出发现，还应学会在头脑中展开想象操作以得出结论。其次，人教版教材中，不同图形认识的内容基本保持一致，对于每一图形的认识，包括直观认识概念、描述定义、呈现构成要素、分析特征、沟通关系五个方面，由此，学生能在认识三角形和四边形的过程中掌握基本的认识图形的策略与方法，这为今后认识圆、认识立体图形提供直接的学习经验。最后，人教版在例题与习题的层次衔接上不太自然，其认识三角形和四边形的练习难度要远比例题大，学生接受起来可能比较困难和缓慢。"平行四边形和梯形"体现在需要拓展认识平行四边形的角的特征，而且需要从描述的数学性质出发对图形进行判定与说明，像"在复合图形中识别平行四边形和梯形有几个"的习题中，学生还面临如何去数的难题；"三角形"体现在经历了三角形的分类之后，对某个三角形的判断要随时结合角与边的特征综合考虑，另外加入了在图形分割特点中探索规律的题型。整体而言，以上习题中知识点的拓展、解题方法的灵活对学生思维水平的提升提出了难度和挑战。

四、问题讨论

人教版教材在"认识三角形和四边形"主题的整体设计中，知识点清晰、层次性明显，在图形认识的内容和过程方面提供了较好的借鉴价值，但在某些细节之处仍可做出一些改进，以发挥教材良好的教学作用。

（一）注重语言提示与表达，让思维过程可视化

"图形与几何"在数学上是抽象化的呈现，人可以在头脑中形成对图像的印象，却不能在生活中直接肉眼可见图形。而且，平面图形和立体图形的认识是从整体直观形象出发，还涉及对零维点、一维线、二维角、面等基本构成要素的认识，这需要学生拥有更加细致和抽象的数学眼光。从这一特点看，认识图形需要帮助学生找到可视化的教学方法，以帮助其顺利地理解图形与结构要素。

在人教版教材"认识三角形和四边形"的例题呈现中，最直接的感受就是，教材提供了生活实例以引入概念，也设计了动手操作活动以发现命题，但在问题情境的提出与结论总结间总是缺少一些语言的提示以引导学生的思考。这对小学生而言，知识的学习过程呈现过于简洁，学习步骤的不清晰导致理解难度有所加大。因此，图形的认识需要程序化的问题指示，从而帮助学生从思考的每一步骤中了解学习目标。基于此，学生对于图形的认识，不是对教材上的知识点进行简单识记，而是参与了关于某一图形认识知识的建构过程，学生的学习积极性可得到激发，思考的条理性也可得到培养。当然，程序化的问题指示并不意味着学生思考的封闭和静止，学生在每一问题引导下，对每一问题的回答可以是质疑的、开放的、跳跃的。具体来说，在认识平行四边形和三角形的概念时，学生在图形观察中一般会说出许多直观可见的图形特征，而无法及时描述出图形的一般性定义。因此，首先需要引导学生对其经验性回答进行聚类分析，将所描述的特征按照角的大小特征、边的长短特征、边的位置特征、角和边的数量特征加以整合，然后充分地提出图形概念的种种假设，并可由学生之间提出质疑以确认图形的本质属性，确定图形定义。学生经过充分讨论可以明白，确认是不是某个图形，对其概述的特征既要是充分合理的，也要是特殊必要的。上述是概念的学习过程，那么在命题的学习过程中，需要经历观察（操作）、猜想、验证、总结几个环节，以三角形的三边关系的探究活动为例，例题要求学生在四组纸条中分别选择一组纸条摆三角形，教材中给出了"我摆成了一个三角形""我怎么摆不成"的旁白提示，最后呈现了"三角形任意两边的和大于第三边"，以上是直接由形的观察得出数的结论，它其实省略了计算任意两边之和的步骤进行验证，思维方式上有"形到数"的割裂，思维的可视化也就流于形式，在这里教材实则需要补充数据呈现的内容。

（二）深入数学概念本质，关注数学理解需求

数学研究的主要内容是数量关系和空间形式这两个部分，因此，数学概念的形成也是人类对现实世界中数量关系和空间形式在语言和思维上的概括反映。由此可见，数学概念作为数学研究的基石，其体现了数学科学的抽象性，但它的产生仍与现实世界有着密切的联系。但是，人教版教材在"认识三角形和四边形"主题中，对有些数学概念的理解暂时未能实现生活与数学的整合，在进行界定时有忽视其中之一的嫌疑。

首先，数学概念来自一定的生活背景，生活经验可以对数学的某些对象进行合理的

解释。在"认识三角形和四边形"中,"高"的认识是一处教学难点,人教版在引入高的认识上有所局限。教材中认为,三角形的高是指"从三角形的一个顶点到它的对边作一条垂线,顶点和垂足之间的线段",平行四边形的高是指"从平行四边形一条边上的一点向对边引一条垂线,这点和垂足之间的线段",这两种定义表现为数学上的操作性定义,而且画高的操作活动需要联系到对"点到直线的距离"以及"平行线之间的距离"的理解,这对学生而言从抽象到抽象的认识是有困难的,于是,所产生的学习结果是,学生在理解"高"时极有可能会死记硬背"高"是怎样画的。因此,我们需要知道数学意义上图形的"高"与生活意义的"高"是基本一致的,生活中我们往往使用"身高""高度"这样的词汇,其突出的是"距离"概念而非单一的"线段"这一概念,以画出的线段来理解图形的"高"显得比较单薄,这对之后学习求解多边形的面积也会产生认知上的阻碍。

其次,生活经验也会带来一些认知的冲突,因此需要加强数学眼光上的提升。比如,在认识教材中所给的梯形定义时,教材所呈现的是其生活概念的表述,而未提供科学概念上的界定,因此我们习惯性地认为梯形只有一组对边平行,而忽略了"平行四边形也是梯形",在科学概念的界定上梯形有一组对边平行即可。再如,在认识图形时,生活实物所带来的物质特征常常会影响学生理解图形的数学特征。教材从某一生活实物抽离出图形后,学生常常会放大该图形的单一要素的大小、长短特征等,并以"看起来像"来比对图形。像这样的认知冲突体现在,学生认识长方形时关注两长边两短边,而不把正方形看作是特殊的长方形;学生认识平行四边形时,则关注有两边是"斜斜的",而不把长方形、正方形看作是特殊的平行四边形。图形的数学特征强调不同要素或同一要素之间的关系,强调从整体的思维来全面性地认识图形。综上,教材在理解概念时,要处理好现实世界与抽象数学的关系,既要看到现实世界积极的作用,也要注意避免其对数学抽象本质产生的弊端。

(三)合理选择使用合情推理与演绎推理

《义务教育数学课程标准(2011年版)》认为:"推理是数学的基本思维方式,一般包括合情推理和演绎推理,在解决问题过程中,此两种推理的功能有所不同,相辅相成。合情推理用于探索思路,发现结论;演绎推理用于证明结论。"依此解释来分析人教版教材中"认识三角形和四边形"的相关学习内容,可见,平行四边形边或角的特征、三角形的分类、三角形的三边关系、三角形的内角和、四边形的内角和是针对二维平面图形的基本构成要素的特征分析,其符合从图形整体直观中探索要素关系特征的思路,因此,教材可利用合情推理的过程,以安排观察、操作、比较等活动归纳得出结论。人教版教材在这些内容中也确是做了如此的设计与安排,体现了归纳推理的思维活动意向。但是,需要进一步明确的是,归纳推理因为前提所考察的对象范围的大小影响其结论的真假程度,因此,在展开归纳推理时,一般会选择尽可能多地给出特例以推导出一般性结论。那么,在考察的对象范围上,"认识三角形和四边形"是如何设计的呢?平行四边形边的特征是从三个摆放位置不同的平行四边形观察得出；三角形的分类呈现了较多数量的三角形；三角形的三边关系给出了四组纸条，分别代表不同的摆出三角形和摆不出三角形的情况；三角形的内角和考虑了不同类型的三角形；四边形的内角和既有特殊的四边形（长方形、正方形），也有一般四边形。整体而言，对考察对象的类型的选择基本完整，但在数量上还不够充分。因此，教材还可考虑以分析原因进行说理的方式以补充其结果的真实性和可靠性，这样的方式起到了演绎推理的作用。比如，在三角形的三边关系中，可通过"两点间所有连线中线段最短"推导"三角形任意两边之和大于第三边"，因为这一条边长的距离就是两点间的距离；再如，四边形的内角和中，教材不再单独分析角，而是将四边形分成两个三角形，以"三角形的内角和为180°"为依据推导而来。在习题中也有多边形内角和的求解，该习题同样的先将多边形分成多个三角形，然后再以多边形的边数与分出的三角形数量对应着看，找到计算多边形内角和的规律。以上说明了图形要素间关系的探讨适合合情推理，并可辅之说理以起到证明的作用，演绎推理的使用则要看图形间关系的推导，由图形间的包含关系可知，包含图形的外延要比被包含图形的外延大，因此包含图形的特征命题相当于逻辑推理的大前提，而被包含图形的特征命题是逻辑推理的小前提，学生在分析关系时，是类似于三段论的形式，基于此，小前提的说明对象包含于大前提的说明对象中。

教材分析是帮助教师从多维度理解把握教学的知识内容，从而为教师教学实践的开展提供扎实的备课基础。因此，教材分析对于教师而言，既是整体把握知识线索的机会，也是联系学生学习情况进行教材内容重组的机会。在教材分析过程中，教师需要兼顾学习者与教学者的身份，在自己的数学教育价值观之下，完成对数学知识内容的逻辑分析。用活教材，激发思考，仍是教师教材分析的出发点和归宿，从而突破教材标准化的知识格局，为学生的差异化发展助力。

第三节 北师大版教材中"认识三角形和四边形"内容编排的分析

本节所选择的教材是2013年教育部审定的北京师范大学出版社的小学数学教材，以下简称"'北师大版'教材"，分析主题是"认识三角形和四边形"，其对应内容在北师大版教材中四年级下册的第二单元"认识三角形和四边形"。

依据本章第一节所确立的分析框架，首先，合作分析者各自对北师大版小学数学教材进行分析，收集纵向和横向分析各维度所需要的量化数据。纵向上，在对十二册教材"图形与几何"领域中"三角形和四边形"的直观呈现数量分别进行统计，并对"图形的认识"在十二册教材中的知识点分布进行统计；横向上，对"认识三角形和四边形"内容编排，通过阅读教材文本，理解教材编排特点及理念，依据分析框架对各维度进行整理并适当表述，展开具体分析。其次，无论是纵向还是横向上的分析，都对存在争议的独立分析充分展开沟通、商讨，并达成一致。最后，在合作分析者独立阅读分析、采集、编码数据的基础上，再次对各自的分析结果进行沟通交流、研讨分析、整合概括，以得出北师大版教材中"认识三角形和四边形"内容编排的总体情况和具体情况。

一、纵向分析

几何以图形为研究对象，图形包括零维的点，一维的线，二维的角、面，三维的体，点动成线，线动成面，面动成体，图形之间相互关联，低维的图形构成高维图形的要素，对图形的探究离不开对这些要素的探究。小学阶段"图形与几何"领域涉及线、角、面、体等基本图形的认识、测量、运动、位置等内容，分布在不同的单元。教材安排较为分散，但其中的逻辑关联性却不应被教材编排所掩盖，而对小学数学十二册教材做纵向分析，不仅有利于把握几何学习内容的内在逻辑，而且也有利于从整体上掌控几何教学。

（一）量的分析

几何直观是《义务教育数学课程标准（2011年版）》提出的一个数学核心概念，对某一图形的认识，往往是从直观图形出发，在获得图形的直观认识基础上，再对其要素、性质、特点展开学习，学会利用图形描述和分析问题。在"认识三角形和四边形的认识"之前，北师大版教材中已呈现了较多三角形和四边形的直观图形，这将有利于本单元的学习。

图4-5是北师大版教材中"图形与几何"领域三角形直观呈现的数量分布。其中，将三角形按角分为锐角三角形、直角三角形、钝角三角形，按边分为等腰锐角三角形、等腰直角三角形、等腰钝角三角形、等边三角形。在统计过程中，如出现近似直角、近似等边等无法直接通过观察确定的三角形类型，则需要通过直尺测量的方式进行确认。同时为避免重复统计，在标记图形类型时，将出现的图形只标记为最特殊的图形，如等边三角形不标记为锐角三角形，也不标记为等腰三角形；等腰直角三角形不标记为直角三角形、等腰三角形。

由图4-5可知，三角形直观呈现的数量总体适中。其中，呈现最多的是直角三角形，有76处；其次是等腰直角三角形，有67处；再次是等边三角形，有38处；呈现数量较少的是锐角三角形（31处）、等腰锐角三角形（28处）、等腰钝角三角形（26处）；呈现数量最少的是钝角三角形（20处）。这表明，学生对三角形的认识以特殊三角形居多，关于一般的三角形（包括非等腰直角、非等边、非直角）的直观经验较少。一方面，教师要关注学生已有知识经验，以特殊三角形为出发点开展相应的教学活动；另一方面，这可能与学生学习三角形的方式（借助三角板）有关。等边三角形在教材中的呈现数量相对直角三角形和等腰直角三角形较少，这个现象值得思考。这也许与小学阶段倾向于从角出发去认识三角形有关，也可能与小学阶段有很多直角四边形图形拼接问题有关。

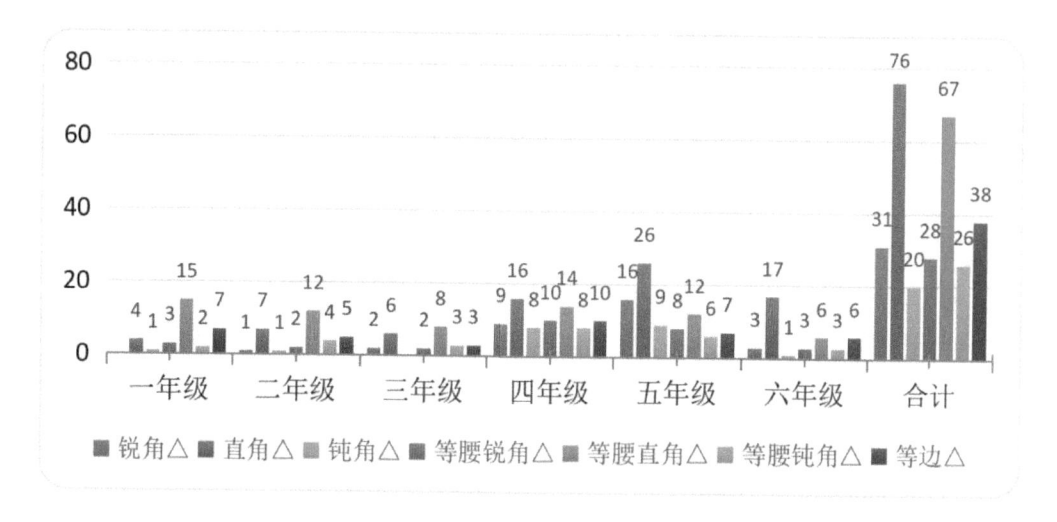

图 4-5 北师大版教材中"图形与几何"领域"三角形"直观呈现的数量分布

就年级的数量分布来看，三角形主要分布在高年级，低年级较少。具体而言，主要集中在四、五年级，六年级相对较少（这是由于在立体图形的学习中，三角形涉及更复杂的三棱柱、棱锥等的学习，因而较少直观呈现）。从三角形的第一学段数量分布来看，各种类型的三角形都有呈现，这表明，学生在小学阶段接触图形时，就已经获得了各种三角形的感官经验，有利于后续对三角形的总体认识。但相对来看，第一学段三角形直观呈现的数量较少，其中三年级明显少于一、二年级，所以，学生在四年级学习三角形时，可能不利于学生几何内容的跨段学习。而且，教材在低年级呈现的是特殊的等腰直角三角形，且与其他三角形的呈现在数量分布上有较大的差异，特殊三角形的过多呈现可能在一定程度上不利于学生对三角形的认知。第二学段三角形呈现数量较多，学生开始系统地学习三角形和三角形的测量、运动等。这表明，对于三角形及其要素的认识和特点的应用都离不开对三角形的直观呈现。从整个小学阶段来看，低年级学生更多接触的是特殊的三角形，获得的是对特殊三角形的认识，四年级开始系统认识各种三角形，五、六年级又主要运用对特殊三角形的认识去解决问题。由此可见，三角形的认识遵循了从特殊到一般再到特殊的认知过程。

就每一三角形的具体分布来看，同一三角形在不同年级的数量分布有较大差异，这可能与每一年级的学习内容有关。锐角三角形和直角三角形主要分布在五年级"多边形的面积"单元，关于求三角形的面积部分，教材主要呈现的是锐角三角形，又通过画高将锐角三角形分割成直角三角形。钝角三角形和等腰锐角三角形、等腰钝角三角形主要分布在四、五年级"认识三角形和四边形"和"多边形的面积"单元，涉及多种类型的三角形。等腰直角三角形和等边三角形在六个年级的分布较为平均，在图形的拼接、轴对称、图形的平移与旋转中都有所涉及。特殊三角形有更多的特殊性质，其认识主要就是认识这些性质及其关系，因此，对特殊三角形的特点及其相互关系的把握就显得十分重要。

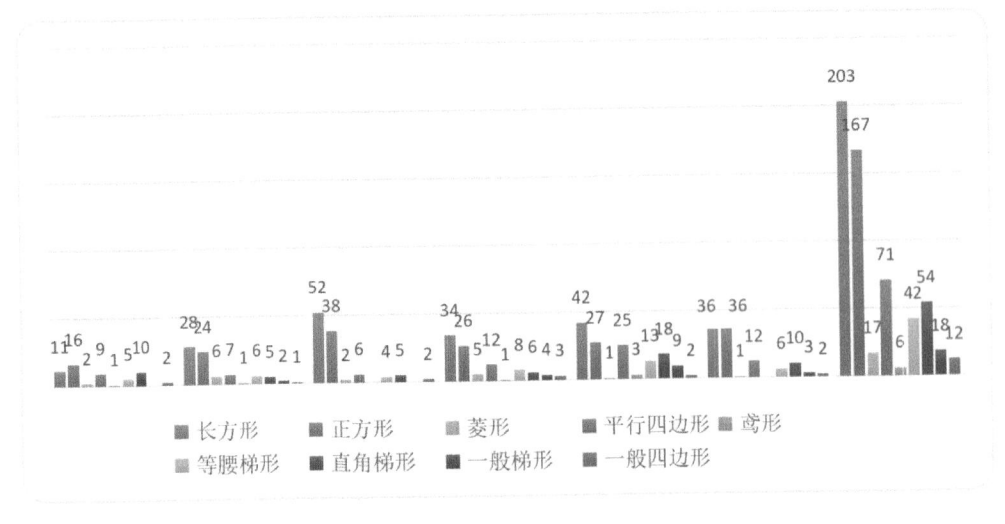

图4-6 北师大版教材中"图形与几何"领域四边形直观呈现的数量分布

图4-6是北师大版教材中"图形与几何"领域四边形直观呈现的数量分布。由于四边形的类属关系较为复杂，这里将所有的特殊四边形单独进行统计，其他的四边形在统计时则不包括特殊图形在内。如这里统计的长方形、菱形就不包括正方形，鸢形不包括菱形，平行四边形不包含长方形、正方形、菱形，一般梯形不包括等腰梯形和直角梯形，一般四边形不包括以上所有特殊四边形。

由图4-6可知，北师大版教材中"图形与几何"领域四边形直观呈现数量总体差异较大。其中，长方形（203处）和正方形（167处）呈现的数量远远多于其他四边形；出现较多的是平行四边形、直角梯形、等腰梯形，分别有71处、54处、42处；其他四边形出现次数较少，一般梯形出现18次，菱形出现17次，一般四边形出现12次，鸢形出现6次。这表明，北师大版教材中四边形图形的直观呈现以特殊四边形为主（正方形是特殊的长方形，正方形和长方形是特殊的平行四边形，等腰梯形和直角梯形是特殊的梯形）。学生认识图形时往往要从特殊图形开始，这符合学生的认知。

但是，教学中却要注意处理图形间特殊与一般的关系，特殊图形的呈现暗中强调了其特殊性，但容易出现忽略其一般性的问题，很多学生在判断一个图形时往往把这一图形归到特殊图形中而不会归到一般图形中。一般图形由于其蕴含的性质较少，往往不是图形探究的对象，但在教材中对于一般图形有一定数量的呈现是有必要的，将能够帮助学生形成对图形的整体认识，并自主建构图形间关系。因而，在教材的内容编排中，一般几何图形呈现的数量和位置仍然是一个有待思考的问题。与此同时，菱形也是一种较为特殊的四边形，它可以与正方形、平行四边形建立起关系网络，正方形是特殊的菱形，正方形和菱形都是特殊的平行四边形，但教材的内容编排却忽略了这一线索。但从菱形的分布来看，每一年级都有个别数量的呈现，主要分布在等边三角形拼接、轴对称图形、平行四边形的初步认识、四边形的认识中。菱形分布数量较少，在一定程度上反映了图形认识的一般思路是从角出发，对边的认识是不充足的。四边形边的性质要复杂于角的性质，四边形边的性质涉及邻边、对边长度、位置关系，角的性质往往是从边的性质得出的，由对边位置关系得到对角、邻角关系，由邻边位置关系得到两边夹角大小。因而，从边的性质出发认识图形也会涉及一些演绎的逻辑推理，这对于学生在认知上可能是有难度的，但却更能帮助我们清晰地建立图形间的关系，因而在小学阶段如何处理这部分内容是有待进一步思考的问题。

就年级的数量分布来看，数量分布差异不是十分显著，主要分布在高年级，低年级相对较少。具体而言，五年级分布数量最多，其次是三年级和六年级，再次是四年级，一、二年级数量分布最少。这一数量分布的差异在很大程度上可能是由于正方形和长方形的数量分布造成的。为更加客观地进行分析，将长方形和正方形不计入年级数量的分析，重新统计后发现，五年级数量分布依然最多，有71处，其次是四年级和六年级，分别有39处和34处，一年级和二年级次之，分别有29处和28处，三年级数量最少，有19处。这表明，在第一学段四边形的直观呈现数量较少，其中三年级低于一、二年级，学生在学习四边形之前获得的关于平行四边形、梯形等其他四边形的直观经验较少，可能会造成后续四边形学习上的困难。四年级数量分布主要集中在"三角形和四边形的认识"单元，但从数量上来看，并不是很多。五年级数量最多，主要分布在"多边形的面积"单元，计算平行四边形和梯形的面积是该单元的重要内容，这表明对于四边形面积的计算离不开对四边形的直观呈现。六年级主要是运用四边形去探讨图形的运动及体现在总复习中通过呈现几何图形解决几何问题。

与"三角形的认识"相比，北师大版教材中在"四边形的认识"内容编排上较为简短。仅就四边形的直观呈现数量而言，可能不利于学生形成对四边形的整体认识。譬如，除长方形和正方形以外的四边形的先前渗透不足，后续学习中运用却较多。

就每一四边形的具体分布来看，除鸢形、一般梯形，其他四边形在六个年级都有分布。其中，鸢形在三年级和六年级没有分布，一般梯形在一年级和三年级没有分布。具体而言，长方形主要分布在三年级和五年级，一、二年级分布较少；正方形主要分布在三、五、六年级，一、二、四年级分布较少；菱形主要分布在二、四年级，其他年级数量较少；平行四边形主要分布在五年级，二、三年级分布较少；等腰梯形主要分布在四、五年级，其他年级数量较少；直角梯形主要分布在五年级，二、三、四年级数量较少。

长方形和正方形是小学阶段接触最多的特殊四边形，这与小学阶段的学习内容有关，从一年级最开始认识立体图形，学生最多见到的就是长方体和正方体，而长方形和正方形作为立体图形的面这一组成要素被认识到，再到学习各种平面图形以及探讨图形的性质、测量图形的周长与面积、研究图形的运动，长方形和正方形都有较多的直观呈现。但其他特殊四边形的直观呈现主要分布在高年级，低年级虽有一定数量的四边形直观图形呈现，但总体来说数量较少，除长方形和正方形外基本呈个位数字出现，学生可能不会留意教材中有这部分四边形，这种图形直观的间接渗透可能对学生的影响较小。在学习这些四边形时，学生可能会与长方形与正方形区别开来，不能很好地辨析这些四边形之间的关系。

综上可知，学生在学习"三角形和四边形的认识"之前，已经接触过各种类型的三角形和四边形。学生在学习"认识三角形和四边形"之前已经积累了关于各种形式的三角形和四边形的感官经验，特别是关于特殊三角形和四边形的感性认识，这为学生学习三角形和四边形建立了基础，北师大版教材中从三角形和四边形分类来展开对"三角形和四边形的认识"的学习较为合理。在三角形和四边形学习之后，教材也设计有各种形式的三角形和四边形的直观图形来帮助学生解决几何问题，有利于巩固对三角形和四边形整体、三角形和四边形内部图形间及与其他图形之间关系的理解。

（二）质的分析

几何图形的认识是一个整体，包括点、线、角、面、体等多种维度的图形，这些图形相互关联，不能孤立地看待。而对"认识三角形和四边形"在十二册教材中的质的分析，从图形认识的整体出发，可发现图形间的内在联系，并纵向把握教材内容编排的内在逻辑（见表4-17）。

"图形的认识"属于"图形与几何"领域重要且基础的部分。通过对十二册教材的分析，发现"图形的认识"在每一年级教材中都有一定数量的分布。从教材中"图形的认识"几何概念的分布可以看出，小学阶段"图形的认识"遵循从立体到平面，再从平面到立体的认识过程，在这个过程中，图形认识的抽象化程度逐渐加深。

从每一年级几何图形具体的认识对象来看，一年级主要注重学生对图形整体轮廓的直观感知。一年级上册学生认识了包括长方体、正方体、圆柱、球在内的立体图形，一年级下册又认识了包括长方形、正方形、三角形、平行四边形、梯形、圆、正六边形在内的平面图形。在对图形的整体轮廓有一定感知之后，学生二年级开始认识基本的一维图形和二维图形，主要是长方形和正方形。到了三、四年级，学生开始认识更为复杂和抽象的二维图形，包括涉及线与线位置关系的相交线与平行线，以及更抽象的三角形和四边形。五年级则开始学习抽象的立体图形，主要是指长方体和正方体。六年级学习更为复杂的曲线图形，包括圆、圆柱、圆锥。

由此可见，北师大版教材中"图形的认识"十分强调图形之间的逻辑，按照逐级抽象有层次地展开学习。总体来看，小学阶段图形认识的对象以平面图形为主，遵循由立体到平面再到立体，由直线型图形到曲线型图形的学习顺序。

在"认识三角形和四边形"之前，学生已经获得了关于三角形和四边形整体轮廓的直观经验，学习了构成图形的角、线等要素，并将角、线作为图形对象探究其特点；认识了锐角、直角、钝角、平角、周角五种类型的角及其大小关系；认识了线段的长短关系以及线与线平行或相交（垂直是相交的一种特殊形式）的位置关系，这为学生认识不同种类的三角形和探究三角形和四边形的边角关系奠定了一定的基础。并且在构成图形的要素的认识中穿插初认识了长方形、正方形和平行四边形，这些图形是四边形的几种特殊形式，也是后续四边形学习中要重点认识的对象，学生关于特殊四边形的整体和

表 4-17 "图形的认识"在北师大版教材中十二册教材中的知识点分析

分布			概念关系		数量	内容旨向					知识点概述
年级/册	单元	单元名称	几何维度	几何概念		直观认识概念	定义	构成要素	特点	关系	
一上	单元6	认识图形	三维图形	正方体、长方体、圆柱、球	例/2	2	0	0	1	1	图形认识、分类、大小；方体和柱体的滚动；立体图形的组合
					习/4	2	0	0	2	2	
	总复习				例/1	0	0	0	1	0	图形分类
					习/0	0	0	0	0	0	
一下	单元4	有趣的图形	二维图形	长方形、正方形、三角形、平行四边形、梯形、圆、正六边形	例/4	2	0	0	3	3	图形认识、图形的构成要素、图形间关系和图形对称轴（图形的折、剪、拼）
					习/12	5	0	3	9	10	
	整理与复习		二维图形		例/3	1	0	0	2	3	图形间关系（图形拼接、七巧板）
					习/1	0	0	0	1	1	
	总复习				例/2	1	0	1	1	1	图形的构成要素（绘图）、图形间关系（拼接、折叠）
					习/2	0	0	0	2	2	
二上	单元4	变化的图形	二维图形	长方形、正方形、三角形、圆	例/2	0	0	0	2	1	图形间关系（折叠、分割），圆的旋转受力
					习/5	0	0	0	5	5	
	总复习				例/0	0	0	0	0	0	轴对称均匀
					习/1	0	0	0	0	1	轴对称（图形折叠）
二下	单元6	认识图形	二维图形	角、长方形、正方形、平行四边形、三角形、梯形、菱形、鸢形、正六边形	例/5	5	0	3	4	1	角的认识、要素、分类、大小、识别；长方形、正方形的边角关系；（分割、拼接、七巧板）；平行四边形的边；角的关系；说明边与边；角的关系；识别三种角
					习/33	23	0	19	26	13	
	总复习				例/1	1	0	1	1	1	识别图形；图形间关系；图形拼接（图形间关系；识别三种角）
					习/3	3	0	1	1	1	

续表

分布			概念关系		数量	内容旨向					知识点概述
年级/册	单元	单元名称	几何维度	几何概念		直观认识概念	定义	构成要素	特点	关系	
三/下		总复习	三维和二维图形	正方体、长方体、圆柱、球、长方形、正方形、三角形、平行四边形、角	例/3	4	0	1	2	0	立体图形和平面图形图形的识别并说明边角关系；三种角的大小
					习/3	1	0	1	2	0	
四/上	单元2	线与角	一维和二维图形	直线、射线、线段、相交线、垂线和平行线、角（5种）、长方形、平行四边形、三角形	例/4	4	0	4	3	0	直线、射线、线段的认识和识别；相交线的认识和识别；点到直线的距离最短；5种角的大小比较；垂线和平行线段的距离；多边形的距离内角和
					习/29	16	0	11	15	1	
		总复习			例/1	0	0	0	1	0	识别并说明相交或垂直；画角并识别角
					习/3	3	0	2	0	0	
四/下	单元2	认识三角形和四边形	二维图形	三角形和四边形	例/5	3	1	0	4	2	三角形的分类、内角和、三边关系、稳定性；图形间的关系（分割），多边形内角和；四边形的分类，拼接；平行四边形和梯形的概念、识别；长方形、正方形与平行四边形关系
					习/32	9	0	5	28	8	
	单元4	观察物体	三维图形	正方体	例/3	0	0	0	3	3	观察由小正方体摆成的物体由三视图；或由三视图拼出物体
					习/14	0	0	0	14	14	
		总复习	二维图形	三角形和四边形	例/1	0	0	1	1	0	三角形的分类、内角和、三边关系；三角形的稳定性
					习/4	2	0	0	2	0	

续表

分布			概念关系		内容旨向						知识点概述
年级/册	单元	单元名称	几何维度	几何概念	数量	直观认识概念	定义	构成要素	特点	关系	
五/上	单元2	轴对称和平移	二维图形	长方形、正方形、等腰三角形、等腰梯形、菱形、等腰形	例/1	0	0	1	1	0	轴对称图形、对称轴条数
					习/0	0	0	0	0	0	
	单元4	多边形的面积	二维图形	三角形、长方形、平行四边形、梯形	例/2	0	1	1	2	1	底和高的认识、概念；高的条数；比较不同△高的长短；图形间关系（图形剪拼）
					习/4	1	0	3	1	0	
五/下	单元2	长方体（一）	三维图形	长方体、正方体	例/2	1	0	2	2	1	长方体和正方体的认识，长方体六个面的关系，12条棱的长短，正方体是特殊的长方体
					习/10	1	0	5	5	1	
	整理与复习				例/1	0	0	1	0	0	
					习/0	0	0	0	0	0	
六/上	单元1	圆	二维图形	圆、正三角形、正方形、正五边形、正六边形、椭圆	例/2	0	0	2	2	0	圆的认识、半径与直径的关系、圆和正多边形的关系、轴对称图形、圆中心对称图形、圆的滚动、圆定力均匀对称图形
					习/9	1	0	2	7	0	
	单元3	观察物体	三维图形	正方体	例/1	0	0	0	1	1	观察由小正方体摆成的物体的三视图；由三视图拼出物体
					习/3	0	0	0	3	3	
	整理与复习		二维图形	圆、长方形	例/1	0	0	1	1	0	圆的要素、半径与直径的关系、轴对称图形
					习/2	0	0	0	1	1	
	总复习			圆	例/1	0	0	0	1	0	半径与直径的关系
					习/2	1	0	1	1	0	

续表

分布			概念关系		数量	内容旨向					知识点概述
年级/册	单元	单元名称	几何维度	几何概念		直观认识概念	定义	构成要素	特点	关系	
六/下	单元1	圆柱与圆锥	三维图形	圆柱、圆锥、球、圆台、长方体	例/1	1	0	1	1	1	平面图形旋转得到立体图形、立体图形的要素、截面图形形状
					习/6	2	0	3	2	2	
	整理与复习		三维图形	圆柱、圆锥	例/0	0	0	0	0	0	平面图形旋转得到立体图形
					习/1	0	0	0	0	1	
	总复习		三维和二维图形	长方体、正方体、圆柱、圆锥、球、圆台、三角形、长方形、平行四边形、梯形	例/6	2	0	2	6	2	图形分类、图形间关系、立体图形的面和截面图形、识别或说明平行或垂直、轴对称图形、三角形内角和、长方体的展开图、平面图形旋转得到立体图形
					习/6	2	0	1	3	0	
总计		—	—	—	例/53	27	2	21	45	22	—
					习/191	72	0	58	130	66	

要素间特点的认识构成了学生学习三角形和四边形的先验知识,将特殊图形纳入对三角形和四边形的系统学习中,能够帮助学生建立图形之间的关系网络,获得对图形的整体认识。

在"三角形和四边形的认识"过后,后续学习中仍然要运用到这一知识,通过直观呈现图形或根据图形性质去解决新的几何问题。五年级上册关于"图形的认识"渗透在图形的运动和图形的测量单元,主要体现在第二单元"轴对称和平移"、第四单元"多边形的面积",这里将轴对称图形看作是对图形整体特点的认识,轴对称图形都具有至少一条对称轴,学生先前学习的一些特殊的三角形和四边形是轴对称图形,通过对称轴可以将图形分割成完全相同的两个部分,被分割成的图形通常也是特殊的三角形或四边形。在"多边形的面积"中与"图形的认识"相关的是底和高的认识,高是相对于底来说的,同一底边上有无数条高,三角形高的含义较为特别,是从顶点到对边作垂线,所以三角形的高只有三条。北师大版教材中没有将高的认识放在三角形和四边形的认识中进行,而是放在多边形的面积的测量单元,这体现了北师大版教材中倾向于从高的生活意义或者数学史出发,高的产生在历史上是由于测量土地的需要,因而放在图形的测量单元较为合理。但高属于图形的认识,能不能放在图形认识的单元呢?任何一个三角形和四边形都具有高,高是图形所具有的点和线复合的构成要素。从高的定义来看,任何平面图形都存在高,但由于平面图形是数学抽象的,在生活中是不存在的,高也是不存在的。高的生活意义存在于立体图形中,当平面图形被画出时,它实际上已经不是平面的了,我们这时将这一图形立起来,它就产生了生活中的高度意义。因而,高实际上是沟通了平面和立体、二维和三维图形的要素,是应该作为图形的要素去认识的。但在学习平面图形时,如何理解高的意义,却有待进一步思考。在立体图形的学习中,也离不开关于平面图形认识的知识,五年级下册主要是正方体和长方体,正方体的每一个面都是正方形,长方体的每一个面都是长方形,正方体和长方体的展开图都是由正方形和长方形拼成的。六年级学习圆和圆柱、圆锥,也需要运用到三角形和四边形的相关知识。在推导圆的面积时,通过将圆等分,拼成一个近似的长方形去求解。圆柱的侧面展开图是一个长方形,圆柱和圆锥的截面图形是长方形和三角形,等等。总的来说,"三角形和四边形"的认识与前后知识的联系十分密切,是小学阶段几何学习中十分重要的图形认识对象。

从"图形的认识"内容旨向的五个维度例、习题在数量上的总体分布看,北师大版教材中"图形与几何"领域涉及"图形的认识"的例题共有53道,习题有191道。

首先,例题和习题分布数量最多的均是关于图形特点的认识,例题有45处,习题有130处。其中,对平面图形特点的认识较多,包括角的大小比较、线的位置关系和长度大小(两点之间线段最短、两点确定一条直线、垂线段最短、平行线间的距离处处相等)、三角形和四边形边角关系、三角形和四边形图形本身的特点(三角形的稳定性、三角形的内角和、三角形的三边关系、平行四边形的不稳定性、轴对称)、圆的要素间关系和特点(半径相等、半径是直径的一半、圆的大小由半径决定、圆的平稳滚动)、平面图形的剪切、拼接、折叠等;对立体图形的特点的认识相对较少,主要包括图形的滚动、长方体棱与棱、面与面间关系、平面图形旋转得到立体图形、截面图形形状、由小正方体摆成的立体图形等。由此可见，图形特点的认识总体上是从要素间关系的认识再到图形整体的认识，图形整体的特点是构成要素综合作用的结果，这一安排顺序是符合学生的认知思维发展的逻辑性的。

其次，例、习题中出现较多的是直观认识图形概念、构成要素、图形关系，例题对应次数分别为27、21、22，习题对应次数分别为70、58、66，都是小学阶段图形认识的重要部分内容。其中，直观认识概念在例题中主要表现在呈现某一图形后，在图形下面标注名称；在习题中出现的情况主要是识别给出的图形是某一图形，或是将直观图形与对应名称进行连线。这表明，北师大版教材中注重学生对图形的整体感知的能力，从学生的视觉经验上建立对某一图形的认知，这符合小学生的思维习惯，也是学习图形的认识和解决几何问题的一种重要方式。学生对图形概念的认识需要借助直观，但不能仅仅停留在直观上，需要进一步推动学生思维向纵深发展。图形的构成要素是认识图形的基础，北师大版教材中十分注重学生对构成图形的边、角的认识，要求学生在呈现的图形中分析边、角要素，或通过画图的操作性活动把握图形的构成要素及要素内部间的关联。图形与图形间相互关联，这也是图形认识的一个重要学习内容，北师大版教材中十分注重图形间联系的建立，在例、习题中，设置多种类型的剪切、拼接、折叠等活动，这类活动主要分布在平面图形学习的单元，其中出现最多的图形是长方形、正方形以及三角形，其他四边形也有涉及，在学生学习"三角形和四边形"之前也有一定数量的分布，这对于学生后续学习和认识图形间关系有重要的意义。

但纵观教材可发现，对于特殊图形与一般图形之间的包含关系很少涉及，仅有3处。四年级下册第2单元"认识三角形和四边形"有2处，分别提及等边三角形是特殊的等腰三角形，正方形是特殊的长方形，正方形、长方形是特殊的平行四边形。五年级下册"长方体"有1处，提及正方体是特殊的长方体。

与以上4个维度数量分布差异显著的是关于图形定义，北师大版教材中仅仅在例题中呈现2处，习题中完全没有涉及。这两处表现在通过文字的形式给出平行四边形、梯形和图形底和高的概念。小学生是具有一定程度的抽象思维的，教材应当在一定程度上呈现抽象的概念。图形定义的给出往往是从图形中关键要素之间的关系给出的，而且特殊图形的定义通常是建立在一般图形之上的。比如，特殊四边形的定义往往以四边形为属概念，在此基础上，平行四边形被定义为两组对边分别平行的四边形，长方形被定义为两组对边分别平行、有一个角是直角的四边形等。但最特殊的四边形可以有多个属概念。比如，正方形可以定义为邻边相等的长方形；有一个角是直角的菱形；邻边相等，有一个角是直角的平行四边形，邻边相等，有一个角是直角，两组对边分别平行的四边形。这种基于图形性质的定义，在小学阶段基本不会呈现，但从学生思维的角度来考虑，学生是能够在一定程度上理解这种定义的，而且由性质出发，更能帮助学生理解图形之间的包含关系，培养学生的逻辑推理能力，促进学生更深层次的几何思维的发展。

综上可知，北师大版教材中对于"图形的认识"内容编排是基于一定的学生认识几何图形的思维逻辑和图形认识本身的逻辑的基础上展开的，但对于图形内部和图形之间的关系相关内容的设置和处理上可能需要进一步加强。

二、横向分析

横向分析是以"认识三角形和四边形"为主题，对北师大版教材中四年级下册第2单元例、习题进行的量和质的分析，其中以质的分析为主。例、习题的量的分析主要是对例、习题的数量进行统计，而质的分析则是从不同维度对例、习题展开具体分析（数量统计主要渗透在质的分析之内容组织维度）。

（一）例题分析

例题是数学教材的一个重要组成部分，集中反映了教材编排的整体思路。对例题进行分析，把握教材内容的整体编排，主要从内容组织、情境创设、学习进程和思维水平等四个方面展开。

1. 内容组织

表4-18是北师大版教材中"认识三角形和四边形"例题的内容组织，共有5道例题，涉及8个知识点。

表4-18　北师大版教材中"认识三角形和四边形"例题的内容组织

例题	知识点	描述
例1	图形分类	对包括平面和立体图形在内的认识的图形进行分类
	三角形的稳定性	拉动三角形和四边形框架
例2	三角形分类	对包括所有类别的三角形按角或边进行分类
例3	三角形内角和	观察、测量（内角）、拼接和折叠验证
例4	三角形边的关系	摆小棒，通过特例归纳发现
例5	四边形分类	按照对边是否平行对呈现的四边形进行分类
	平行四边形和梯形	给出描述性概念，并运用概念识别平行四边形和梯形
	正方形、长方形、平行四边形的关系	通过维恩图显示并运用语言描述图形间关系

例1"图形分类"包含图形分类和三角形的稳定性两个知识点。"图形分类"按照呈现认识的图形将其分为平面图形和立体图形，并将平面图形分为直线图形和曲线图形，并让学生思考分类标准——学生自主思考直线平面图形如何分类的顺序展开。这样的展开顺序既让学生对以前学过的图形有进一步的深入了解和清晰认知，能够将学过

的图形更好的分类纳入认知结构中去，也可成功引出后续的学习：三角形和四边形的分类。"图形分类"让学生明晰了分类要依据一定的标准。教材中的第一个分类给出了标准和分类结果，第二个分类教材只提供了分类结果，让学生思考分类标准；而第三个分类既没有提供分类标准，也没有给出分类结果，层层引导学生逐渐自主掌握图形分类的方法，为三角形和四边形分类的学习奠定基础。"三角形的稳定性"以活动来展开：用小棒做三角形和四边形框架，引导学生拉一拉图形框架——学生动手操作活动，自主发现三角形的稳定性，然后呈现三角形具有稳定性，最后让学生说一说三角形和四边形的不同之处。这样的活动安排既可让学生认识三角形所具有的特点，感受三角形和四边形的不同，也帮助学生从整体上建立起关于三角形和四边形的认知，在后续学习中再具体感知不同的三角形和四边形所具有的具体特点。

例2 "三角形分类"包含两种分类方法：三角形按角分为锐角三角形、直角三角形、钝角三角形，按边的关系分类分为等腰三角形和等边三角形。首先，呈现所有类别的三角形，并让学生自主分类，和同伴交流分类标准；其次，呈现三角形按角分类的结果，让学生说出分类依据，并适时引出直角三角形、锐角三角形、钝角三角形，呈现其图形表示及对应文字；最后，呈现两个特殊三角形：等边三角形和等腰三角形，并解释等腰三角形和等边三角形的特征及二者关系。由此可见，教材在这部分内容中呈现的图形直观概念的认识较多，没有对不同种类的三角形展开具体的认识，学生在学习分类之前没有经历从边、角探究三角形基本要素及其相互关系的过程。而在认识等腰三角形和等边三角形时，呈现二者逻辑上的包含关系，表明北师大版教材中对于图形间关系是较为重视的，这也启发教师在教学几何图形的认识时，要注重图形间的关系。譬如，在教学三角形的认识时，不仅要关注按边分类的三角形之间的关系，而且也要关注按角分类的三角形和按边分类的三角形之间的关系。

例3 "三角形内角和"采用探究学习的思路，让学生经历提出猜想、动手操作、小组交流、验证、得出结论的思维过程。首先是观察两个不同大小的三角形，猜想哪一个内角和大，接着要求学生每人准备一个三角形，量一量内角，将量的结果填写在表格中，并在小组内交流发现，再接着用拼接和折叠的方式来验证，最后得出三角形内角和是180°。

例4 "三角形边的关系"同样采用探究学习的思路，让学生经历动手操作、提出猜想、小组交流发现、实例分析、得出结论的思维过程。首先让学生用小棒摆一摆，看哪三根小棒能摆成三角形，想想说说什么样的三根小棒能摆成三角形，算算比比能摆成三角形的三根小棒长度有什么关系，最后得出三角形任意两边之和大于第三边。

学生在探究"三角形内角和"和"三角形边的关系"时，都经历合情推理的思维过程，体会数学学习特别是几何学习，由特例出发进行猜想从而得出结论的思维方法。

例5 "四边形分类"包含四边形分类，平行四边形和梯形、正方形、长方形和平行四边形的关系三个知识点。首先，让学生自主对教材呈现的四边形进行分类，只列了一般的平行四边形、梯形（有1个直角梯形）和一般四边形，而没有列出特殊的平行四边形（正方形、长方形）、等腰梯形。这样做的目的是方便直接导入平行四边形和梯形的概念，但是可能会窄化了学生对概念外延的认识。接着，让学生讨论交流分类方法——教材呈现分类结果，让学生说明分类依据——给出平行四边形和梯形的概念——识别平行四边形和梯形——说明长方形、正方形、平行四边形之间的关系。比较注重不同四边形之间的逻辑包含关系，而且这种关系的探索可基于教材进一步拓展，并将其他特殊四边形纳入四边形的关系网络中。

综上，北师大版教材中"认识三角形和四边形"例题的内容组织有这样几个特点。其一，注重学生先前知识经验与后续学习内容之间的关系，采用类比、迁移等方式组织内容。"图形分类"共设有三部分内容，从"图形分类"到"三角形分类"再到"四边形分类"。图形分类涉及分类的标准或依据，而前面的图形分类思想为后续三角形和四边形的分类奠定了数学思想、方法的基础，也让学生在前后知识的学习中学会运用类比、迁移，培养了学生分类比较、依据图形特征识别图形的能力，更加深刻地理解与运用图形分类思想。

其二，内容组织结构上，运用总分的组织结构，也就是下位学习的结构。先学习图形分类，让学生在图形分类中整体上初步认识三角形和四边形，接下来是三角形和四边形的具体内容学习。图形分类作为总领本单元的内容，不仅为后面内容的学习奠定了内容基础，也奠定了学习的思想、方法基础。以分类贯穿图形的认识，从平面和立体图形到平面图形再到三角形和四边形，逻辑结构较为严谨、系统，有助于学生将所学图形形成整体的关系网络，并纳入已有图形认知结构中。

其三，内容组织编排上，重点放在三角形的认识上，而四边形内容只停留在对图形的初步认识上，仅仅呈现平行四边形和梯形的直观图形，没有进一步的关于图形要素、特点的描述，可能会造成学生对四边形的认识不够，在理解三角形与四边形的关系上也会存在困难。对于三角形的认识，学生可能会更多地获得关于图形整体的认识而缺乏对构成要素的认识。在三角形和四边形的认识中没有给出三角形、平行四边形、梯形底和高的认识，而是将其安排在"多边形的面积"单元进行学习。这种设计有一定的合理性，图形的底和高在小学阶段可能更多地应用于图形面积的计算。但是底和高也属于图形的要素，安排在四年级下册学习，学生在认知上是能够接受的，也能够帮助学生对图形形成较为全面的认识。

2. 情境创设

表4-19是北师大版"认识三角形和四边形"例题的情境创设（情境类型），包括真实情境、虚设情境和纯数学情境。

表 4-19 北师大版教材中"认识三角形和四边形"例题的情境类型

例题	情境类型（情景创设）		
	真实情境	虚设情境	纯数学情境
例 1	1		1
例 2			1
例 3		1	
例 4		1	
例 5			1

由表 4-19 可知，5 道例题共有 6 个情境，其中包括 1 个真实情境、2 个虚设情境、3 个纯数学情境。仅就数量而言，北师大版教材中十分注重纯数学情境的创设。

几何图形本身是抽象的，是从我们的生活空间中抽象出来的认知对象，几何学习的对象就是这些抽象图形的要素、特点与关系。纯数学的情境能够沟通前后知识的联系，更好构建起知识结构，在一定程度上能培养学生的抽象逻辑思维能力，也符合数学学科的特点。在注重合情推理、关注学生形象思维的小学阶段的几何教学实践中，增加纯数学情境一定程度上是必要的。

真实情境来自学生生活，容易唤醒学生的生活经验，能够较好地促进学生思考几何与生活空间的联系。教材只有 1 处呈现了真实情境，数量较少，可适当增加学生生活空间中的几何物体，体会空间物体抽象成几何图形的过程，也可适当增加数学史相关的内容，体会几何图形的认识过程。

与真实情境相对的是虚设情境，由于虚设情境虚构了数据、情节等，在教材中呈现的角的大小、边的长短是确定的，那么所构成的几何图形也是确定的，因而只能成为研究图形特点的特例。但教材能够呈现的特例是有限的，而图形特点的猜想是需要建立在大量实例的基础之上的。虚设情境方便计算，便于发现，易于达成教材所要的目的。但特例单一，不利于培养学生的归纳推理，且情境脱离学生真实生活，也不利于与学生的生活经验建立联系。

就情境创设的具体内容来看，纯数学情境主要设置在"图形分类"部分。从对包括立体和平面在内认识的图形进行分类引出三角形和四边形的学习，再到从三角形和四边形的分类认识各种三角形和平行四边形、梯形，都是通过呈现几何图形的情境，引出学生在情境中的分类活动，让学生对所学图形有更清晰的认知，帮助学生由上位概念出发，有层次地建立起图形间的关系网络。但在图形分类中，应当呈现包含所有类型的图形，四边形的分类图形呈现中缺少了正方形、长方形、菱形、筝形、等腰梯形等特殊图形。在关于三角形内角和和三边关系的探究中，教材使用的是虚设情境，教材通过呈现两个不同大小的三角形，用拟人化的对话方式比较内角和的大小，人为构造了一个问题情境来导入三角形内角和的探究；通过呈现四组小棒，构造了边长的数据（3，5，6；3，

4, 6；3, 3, 6；3, 2, 6），来探究三条边构成三角形需要满足的条件，教材为了方便数据计算和让学生发现结论，虚设的四组三角形，其中两组是两条边相加大于第三边能构成三角形，一组是两条边相加等于第三边不能构成三角形，一组是两条边相加小于第三边也不能构成三角形，并让学生在此情景下展开探讨、交流，从而发现结论。虚设数据更容易让学生发现三角形两边之和大于第三边的关系。但虚设基于特例，探究性不强。教材在探究三角形的稳定性时使用的却是真实情境，通过做三角形和四边形框架这样一个实验活动来感受三角形具有稳定性，学生在动手操作中发现三角形的稳定性以及四边形的不稳定性，不仅有利于学生知识学习，更利于学生积累现实经验。

由此可见，北师大版教材中"认识三角形和四边形"例题涉及多种类型的情境，以虚设情境和纯数学情境为主。纯数学情境可帮助学生认识图形的抽象本质，而虚设情境（特例为主）则可便于发现结论，但目的性过强。真实情境呈现数量较少，可适当增加，以体现三角形和四边形的认识与生活的紧密联系，帮助学生感受生活空间中的几何，提高几何学习的兴趣。

3. 学习进程

学习进程上，我们将概念的学习进程描述为引入、描述和应用三个阶段，而将命题的学习进程描述为发现、证明和应用三个阶段。将其运用于北师大版教材中"认识三角形和四边形"例题，我们可以得到表4-20和表4-21。

表4-20 北师大版教材中"认识三角形和四边形"概念的学习进程

例题	概念	学习进程		
		引入	描述	应用
例1	立体和平面图形	—	—	图形分类
	直线和曲线图形			
	三角形和四边形			
例2	锐角△、直角△、钝角△	三角形分类	—	—
	等腰△、等边△			
例5	平行四边形和梯形	四边形分类	文字（定义）	识别图形

由表4-20可知，5道例题中有3道例题涉及相关的几何概念，其中，既有已有几何概念，也有新的几何概念。

例1中涉及一些学生已学过的几何概念，包括立体和平面图形、直线和曲线图形，主要是通过应用已有几何概念的认识进行图形分类来引入新的几何概念（三角形和四边形）的认识。这表明，北师大版教材中较为注重几何概念前后之间的关联，在新概念学习进程中较为注重概念的引入，强调学生对概念的直观认识。所涉及的新的图形概念主要是关于各类三角形和平行四边形、梯形。

例题中概念的学习并不总是要经历完整的引入、描述、应用的学习进程，概念的认识也并非总是需要经历完整的学习进程。一般而言，对于新概念的学习，学生需要在概念的引入、描述、应用中逐渐加深对概念的理解，但对于已有概念，一般只需要经历概念的应用阶段，从而过渡到新概念的学习。

例1中，北师大版教材中将"立体和平面图形""直线和曲线图形""三角形和四边形"作为学生已经认识的几何概念，通过图形的分类，从立体到平面图形，再到曲线和直线图形，最后引入三角形和四边形，通过分类建立起图形关系网络。通过应用已有概念沟通前后知识，对学生学习新概念有较大的帮助。

值得注意的是，北师大版教材中将"三角形和四边形"也作为已有概念，学生在先前学习中已获得关于三角形和四边形的直观认识，但没有获得其描述的定义，这与其他版本的教材在处理上也有所不同，人教版和苏教版教材都是将三角形作为新的概念来认识的。这在一定程度上反映了北师大版教材中在学习图形的认识时倾向于对图形的整体认识，而非从图形构成要素出发去认识图形。

例2中，通过三角形分类引入了锐角三角形、直角三角形、钝角三角形、等腰三角形、等边三角形等图形的直观认识，并对应给出图形名称，但没有进一步呈现图形的描述概念和图形的应用。通过例题呈现的内容，学生可能对各类三角形的认识仍然停留在直观上。

例5中，通过四边形分类引入平行四边形和梯形的认识，并给出其各自的描述性定义，进而通过识别平行四边形和梯形的若干问题对所学概念进行应用，学生经历了完整的概念学习进程。

表4-21 北师大版教材中"认识三角形和四边形"命题的学习进程

例题	命题	学习进程		
		发现	证明	应用
例1	三角形具有稳定性	小木棒框架实物操作	—	—
	平行四边形具有不稳定性			
例2	等腰△有两条边相等；等边△三条边相等	观察	—	—
	等边△是特殊的等腰△	观察	说理	—
例3	三角形内角和是180°	测量不同形状的三角形内角并填表；剪拼、翻折（验证）	—	—
例4	三角形任意两边之和大于第三边	摆小棒探究；三角形任两边相加与第三边比较	—	—

续表

例题	命题	学习进程		
		发现	证明	应用
例5	正方形、长方形是特殊的平行四边形，正方形是特殊的长方形	维恩图呈现	—	—

由表4-21可知，北师大版教材中"认识三角形和四边形"每一道例题中都涉及相关命题的学习，而且注重命题的发现。5道例题中分布有8个命题，主要涉及三种类型的命题：图形要素间关系的命题、图形整体特点的命题、图形间包含关系的命题。它们分别对应的数量有3个、2个、3个。在每一命题的学习中，学生通过观察、操作、测量等方式发现命题，但几乎没有经历命题的演绎证明和应用过程，仅仅在例2中隐含有通过说理运用例2的命题1来说明命题2，也即等边三角形是特殊的等腰三角形命题成立。在所有例题中，都没有命题的应用过程，命题的运用主要体现在习题中，这也在一定程度上表明在学习一个命题时，最重要的是命题的发现，而且在命题发现的过程中要给予学生充分的猜想、探究的空间。命题学习的这一特点与小学阶段学生的思维发展相适应，小学几何教学在设计教学内容时普遍会考虑到小学生的抽象逻辑推理能力尚不完善，在教学中着重培养学生猜想、发现、验证的合情推理能力。

就每一道例题来看，命题发现的方式却有所差别。例1中，学生学习三角形和四边形图形整体具有的稳定性和不稳定性两个命题，在命题学习中主要经历命题的发现，通过构造小木棒框架进行实物操作发现命题。教材对这一命题的学习仅要求学生有直观的认识，而不要求逻辑的证明，这是基于小学生认知水平的考虑。

例2中，有2道命题，分别涉及等腰三角形和等边三角形边的关系以及二者之间的包含关系，主要是通过观察图形的方式发现，基于对直观图形的观察发现图形要素间的关系是认识图形的一个重要方法。在等边三角形是特殊的等腰三角形这一命题的学习没有直接呈现证明，但例2中的两个命题之间存在逻辑上的推演关系，可以通过等腰三角形和等边三角形边的关系进行说理推导出二者之间的包含关系。说理是一种重要的推理方式，在小学阶段主要通过说理培养学生的几何推理能力。

例3和例4中，学生经历较为完整的发现过程，首先通过不同的操作活动进行探究，并进一步猜想、发现，最后验证发现。在学习三角形内角和是180°这一命题时，通过测量不同形状的三角形内角并填表，猜想发现命题，再通过剪拼、翻折进行验证。在探究三角形三边关系时，首先通过摆小棒发现可以围成三角形的情况并进行猜想，最后呈现两组三角形，并将其任两边相加与第三边比较。在例5中，仅仅通过呈现维恩图说明正方形、长方形和平行四边形之间的包含关系，而没有从图形具有的性质来解释说理其关系，学生对这三种图形是较为熟悉的，通过性质说理并没有超出学生的认知水平，也可以在一定程度上培养学生的几何逻辑推理能力。

由此可见，北师大版教材中"认识三角形和四边形"概念和命题的学习都没有经历完整的学习进程，都较为注重学习进程的第一个阶段。注重概念的引入表现在通过直观图形的呈现认识图形，通过图形分类理解图形间的关系。注重命题的发现表现在通过不同的操作活动探究，通过呈现一定数量的图形特例，并进行观察、测量、拼接、运算发现或验证命题。这表明，北师大版教材中"认识三角形和四边形"较为注重几何直观和合情推理能力的培养。学习进程的第二个阶段和第三个阶段在教材中很少呈现。对于第二个阶段的概念和命题学习，教材几乎没有图形的描述定义和命题的逻辑证明的内容，几乎将逻辑的几何语言排除在小学阶段几何教学之外。但几何教学不能仅仅停留在直观上，几何图形认识最重要的是认识图形要素和图形间的关系，通过描述定义体会图形构成的关键要素，通过说理体会几何命题的逻辑推导过程，有利于学生建立几何图形网络，达到更深度的学习。对于第三个阶段概念和命题的应用，北师大版教材中在例题特别是命题学习相关例题中较少呈现，概念和命题的运用主要体现在习题中，这种安排在一定程度上是合理的，但在例题中也能够给予学生探究和发现的空间。

4. 思维水平

北师大版教材中"认识三角形和四边形"例题的思维水平，主要处于视觉和分析水平，较少涉及演绎水平。（见表4-22）

表4-22 北师大版教材中"认识三角形和四边形"例题的思维水平

例题	教学内容	思维水平			
		视觉水平	分析水平	非形式化演绎水平	形式化演绎水平
例1	图形分类	1.1	2.3		
	三角形的稳定性	1.4	2.2		
例2	三角形分类		2.3	3.4	
例3	三角形内角和	1.4	2.2	3.2	
例4	三角形三边关系	1.4	2.2		
例5	四边形分类	1.1	2.1/2.3		4.5

仅就数量分布来看，每一道例题对学生几何思维都有分析水平上的要求，包括运用图形简单结构的定义、分析三角形和四边形的基本元素的特征及所具有的数学特征、基于图形的数学特征对图形进行分类；4道例题对学生提出视觉水平上的要求，主要是根据图形的整体轮廓辨认各种三角形和四边形、通过操作图形的几何构图元素画出或摆出三角形和四边形；2道例题对学生提出非形式化演绎水平的要求，主要是通过图形及其性质（之间的关系）给出非形式化演绎的推论、通过建构图形的要素，进一步探求图形所具有的内在属性和其包含关系；仅有1道例题对学生提出形式化演绎水平的要求，要

求学生建立并解释定理之间的网络关系图。这表明，北师大版教材中"认识三角形和四边形"例题注重学生对图形基本元素特征的认识与分析，也注重学生对图形整体轮廓的直观认识，但较少关注图形性质间的关系及图形整体间的非形式化的演绎推导关系，更很少基于图形基本元素特征和整体特征进行形式化演绎的推导。

仅就例题的具体内容来看，每一教学内容对应不同的思维水平。例1涉及图形分类和三角形稳定性，都对学生提出了视觉水平和分析水平上的要求。"图形分类"教学中，要求学生识别某一几何图形，并依据图形的数学特征进行分类，在分类中，学生对图形的数学特征有了进一步的认识。图形分类是对图形整体的认识，在这里作为引入三角形和四边形的认识的先验知识，对学生的演绎水平不做要求。"三角形的稳定性"教学中，要求学生通过操作图形边的要素构造出三角形和四边形，并通过操作活动分析三角形和平行四边形具有的稳定性和不稳定性的特征。通过操作直观感受图形特征是小学阶段认识图形的一种重要的方法，其演绎推导涉及要素之间复杂的关系，因而不做要求。

例2主要通过三角形分类认识各种三角形，例题对学生提出分析水平和非形式化演绎水平的要求。首先要求学生基于三角形的数学特征对三角形按角和按边进行分类，再根据建构图形的要素，探求等边三角形和等腰三角形所具有的内在属性和其包含关系。图形间的关系对学生提出了更高的演绎水平的要求，在小学阶段通常不要求学生通过形式化的语言推导，而根据图形的性质的区别与联系说理推导。

例3教学三角形内角和，例题提出了三种水平的要求，不仅有视觉上测量三角形角的大小，还有分析三角形要素所构成的图形基本特征，并通过剪拼的方法进行非形式化演绎水平的推导得出三角形内角和是180°，从视觉水平到分析水平再到非形式化演绎水平，教学内容过程的层次性清晰，逐步引导学生推导出几何命题，有利于启发学生思考。

例4教学三角形三边关系，主要通过视觉水平操作图形的几何构图元素摆出三角形，并进一步分析三角形三边所具有的数学特征。三角形三边关系在小学阶段是一个重要的命题，通过视觉水平和分析水平的学习，学生通常是记忆这一命题并运用去解决几何问题，缺少图形间的演绎推导证明，结合学生已学知识，可以通过两点之间线段这一命题进行证明，演绎的推导更符合逻辑，也更清晰，容易纳入学生的认知中且较难遗忘，在小学阶段，分析前后知识之间的关联，适当地形式化推导是必要的。

例5四边形分类教学中，要求学生识别各种三角形和四边形，基于四边形的数学特征对其进行分类，并给出关于平行四边形和梯形的简单结构的定义，学生获得对四边形的直观和基本特征的认识。在这部分对学生思维有了最高水平，形式化演绎的要求，通过呈现维恩图建立正方形、长方形和平行四边形之间的网络关系图。这一内容编排启示我们小学阶段是可以通过一定的形式训练和提高学生的形式化演绎思维的。

由此可见，北师大版教材中较为注重知识的基础性和层次性。例题对学生思维水平的要求是达到基础的认识几何直观图形和分析几何图形具有的特征，对图形性质和整体间关系虽有一定要求，但不作为主要的学习内容。例题在提出高层次思维水平要求的同时也提出了低层次思维水平的要求，这在一定程度上降低了学生学习的难度，体现了几何教学中例题的一个重要作用是通过设计有层级性的问题逐步引导学生获得新的概念和命题。

（二）习题分析

将主要从习题的内容组织、问题形式、问题结构和思维水平等方面来展开具体分析。

1. 内容组织

习题的内容组织应该基于例题，并在例题的基础上有适当拓展。习题的重要作用就是巩固基础和拓展练习，加深学生对所学知识的理解与运用（见表4-23）。

表4-23 北师大版教材中"认识三角形和四边形"习题的内容组织

知识点		数量	教材位置
三角形的内角和		7	三角形的内角和（6）；单元练习（1）
三角形三边关系		7	三角形三边关系（4）；单元练习（3）
各类三角形的认识		5	三角形分类（3）；四边形分类（1）；单元练习（1）
图形关系（分割/拼接）		5	图形分类（1）；三角形分类（1）；四边形分类（2）；单元练习（1）
平行四边形、梯形的认识		3	四边形分类（1）；单元练习（2）
三角形稳定性		3	图形分类
图形分类	几何图形分类	1	图形分类
	三角形分类	1	三角形分类
	平面图形分类	1	四边形分类
四边形内角和		1	三角形的内角和
平行四边形的不稳定性		1	单元练习

就习题数量来看，北师大版教材中"认识三角形和四边形"习题数量总体偏少，共有34道习题。其中，单元练习有8道，其他教学内容对应的练习一般有4—5道，练习数量相对不足。这些习题涉及的知识点主要有9个，基本涵盖了"认识三角形和四边形"的重要知识点，也有一些拓展性的知识点练习，如图形关系和图形分类的练习，这部分习题的主要目的是帮助学生建立图形间的关系网络。但对于知识点深度的拓展练习数量相对较少，如仅在三角形内角和的练习中探究了四边形的内角和，而没有进一步探究多边形的内角和。

就知识点的分布来看，首先，数量最多的是三角形内角和和三角形三边关系的应用，都有 7 道；其次，关于各类三角形的认识和图形分割/拼接的应用，都有 5 道；再次，关于平行四边形、梯形的认识、三角形稳定性的应用和图形分类，都有 3 道；最后，图形分类包括几何图形分类、平面图形分类、三角形分类各 1 道练习，关于四边形内角和和平行四边形不稳定性的应用较少，各只有 1 道。每一知识点在教材中的位置都主要对照相关的教学内容，但也有知识点出现在其他教学内容的练习中，如三角形的认识在四边形分类认识中也有设置。图形关系没有对应的教学内容，这部分内容是对图形认识的综合理解，在图形分类、三角形分类认识、四边形分类认识中都有分布，在习题设置中均受到重视。在单元练习中，主要是关于三角形三边关系的练习，还有涉及四边形内角和和平行四边形不稳定性的练习，这表明，这些内容是单元学习的难点，因而安排在学习完单元教学内容后继续加强练习。

就每一知识点的具体运用来看，同一知识点对应设计的问题之间有一定的层次。在三角形内角和的应用中，较为简单的问题是已知两内角求另一内角，深层次一些的问题是判断三角形两锐角之和大小存在的情况，更深层的问题是通过剪拼三角形让学生认识到三角形的内角和是确定的。三角形三边关系的练习在形式上主要是围小棒的问题，问题难度上也有一定的层级，从给出 3 根小棒判断能否围成三角形到从 3 根以上的小棒中选择 3 根判断围成不同的三角形的情况再到用小棒连续拼三角形探索三角形个数与小棒数之间的关系。三角形、平行四边形、梯形的认识，题目较为基础，主要体现在识别图形和画图相关的题目中。图形关系的问题是对三角形和四边形的综合认识，有一定的难度。这类问题主要是通过剪切图形，从三角形或四边形中剪出一个或两个三角形或四边形或将两个图形拼成一个图形，所呈现的图形和剪切或拼接得到的图形都是学生学过的特殊的三角形或四边形，它们之间有相同和不同的性质，在解决这类问题时，要求学生各类图形以及图形间关系有较为清晰的认识。

图形分类题目的设置是北师大版教材中习题设计的特别之处，不仅包括几何图形分类，也包括平面图形分类和三角形分类的问题。图形分类类型的问题能够让学生清晰地看出图形间的关系网络，北师大版教材中三类图形分类的题目，将学生学习过的所有图形纳入图形关系网中，有利于学生系统认识几何图形。

习题也有设计一定的拓展练习，包括三角形的稳定性和平行四边形的不稳定性在生活中的应用、探索四边形内角和，对学生思维纵深方向的发展有一定的要求。

由此可见，北师大版教材中"认识三角形和四边形"习题的内容编排有以下几个特点。其一，在习题知识点应用的选择上，三角形的认识相关的练习较多，四边形的认识相关练习较少。这与例题的教学内容相一致，单元教学的重点是对三角形的认识和对三角形基本特征的理解，通过 4 道例题呈现，内容较为丰富；四边形的学习停留在对图形的初步认识上，在教材中仅通过一页篇幅、1 个例题呈现，内容不够充实，相关练习数量较少。

其二，在习题题型设计上，兼顾基础概念认识和命题理解的练习，以命题理解练习为主。在三角形认识的练习中，习题在呈现一定的基础题型，包括识别三角形和画三角形的题目的同时将习题练习的重点放在对三角形特点的应用上，注重学生对三角形稳定性、三角形内角和、三角形三边关系的理解。在四边形认识的练习中，设置基础绘制图形的题目和拓展探究四边形内角和的题目，探索四边形内角和的练习安排在三角形内角和学习内容后，是对三角形内角和进一步的理解和应用。

其三，在习题知识点结构上，遵循螺旋上升的原则。每一知识点设置的题型之间有一定的层次性，主要体现在命题的应用中。在三角形内角和和三角形三边关系的应用中，习题设计从简单的应用命题结论到思考条件与命题结论之间的逻辑关系再到对忽略外部条件，对命题确定性有更深的理解。

其四，在习题知识点设计理念上，注重学生对图形整体间逻辑关系的理解。在单元习题设计中，图形分类和图形关系的理解类型的题目占据一定的比重。图形分类关注到了从几何图形到平面图形再到三角形和四边形图形间种属关系的建构，图形关系的理解通过剪切、拼接的手段让学生感受到三角形、四边形之间分解与组成的关系。这种关系的理解，有利于学生对图形整体的认识。

2. 问题形式

习题的问题形式主要包括三种基本形式（符号形式、口头形式、视觉形式）及其组合。其中，符号形式编码为 A，口头形式编码为 B，视觉形式编码为 C，组合形式则为这三种基本形式的两两组合或三个的组合（见表 4-24）。

表 4-24 北师大版教材中"认识三角形和四边形"习题的问题形式

数量分布	问题形式			组合形式			
	A	B	C	A+B	A+C	B+C	A+B+C
图形分类	—	—	2	—	1	2	—
三角形分类	1	—	3	—	—	—	—
三角形内角和	1	—	5	—	2	—	—
三角形边的关系	1	—	1	—	2	—	—
四边形分类	2	—	2	—	—	—	—
单元练习	1	—	3	—	4	—	—
总计	6	0	16	0	9	2	0

就问题形式分布的数量来看，北师大版教材中"认识三角形和四边形"习题中出现数量较多的是单一形式的问题，其中视觉形式的问题有 16 处，符号形式的问题有 6 处；

组合形式的问题相对较少，其中符号和视觉组合形式的问题有9处，口头加视觉组合形式的问题有1道。单一形式问题的难度在一定程度上大于组合形式的问题，通过一种问题形式获得条件需要学生会对某一问题形式呈现的信息进行分析和深入挖掘信息背后隐含的条件，而组合形式的问题，不同形式呈现的信息是关联的，学生可以通过一种形式获得的信息帮助理解另一形式的信息，在一定程度上降低了习题难度。

由此可见，北师大版教材中"认识三角形和四边形"习题中单一形式的问题明显多于组合形式的问题，这表明教材在解决问题的难度上对学生有较高的要求。一方面，几何学习中，问题的呈现往往与直观图形结合在一起，这有利于培养学生对图形的直观感知和分析能力；另一方面，直观图形的呈现在一定程度上减小了学生在认知上的困难，几何语言是抽象的，小学阶段学生对几何语言的理解能力尚不完善。

本单元所学习的几何概念和命题一般都较为抽象，在题目中通过直观图形呈现条件能够帮助学生更快地解决问题。视觉形式的问题在习题中主要表现在通过呈现直观图形，将解决问题需要的所有条件标注在图形中，学生通过对图形的观察、分析，直观地建立条件与结论之间的关联。

符号形式的问题相对来说数量较少，但在教学内容的分布上较为平均（图形分类除外）。这表明，符号形式的问题是几何问题呈现的一种重要的问题形式，大部分几何问题都可以通过符号的形式来表达。符号形式的问题在习题中主要是通过文字的形式呈现，通过几何语言叙述条件，在解决这类问题时，学生需要对几何语言中所表述的条件有抽象的理解，这对学生来说是较困难的。但符号形式问题的呈现对训练学生的几何思维具有较大的意义，在解决问题时，学生常常采取的一个策略就是根据几何语言在大脑中建构出几何直观图形，并进行分析，或将图形画出来并标注条件进而转化为直观图形的分析。在这个过程中，将几何语言转化为图形语言是一种重要的几何能力。

口头形式的问题一般含有生活情境，从单元习题的整体编排来看，北师大版教材中的一个特点就是脱离生活情境，将几何学习看作是纯粹的数学学习。数学可能从形式上是脱离生活的，几何更是如此，但在实质上，数学与人们生活空间的各种事物息息相关。因此，口头形式的问题在习题中有一定数量的呈现是有必要的，它在一定程度上能够帮助学生理解几何与自身生活空间的关联和图形的特征在生活中有广泛的应用。

符号加视觉组合形式的问题将解决问题需要的条件分布在文字语言和直观图形中，这两种条件互为补充，降低了学生解决问题的难度。口头形式与其他形式的组合几乎没有，教材中仅有2处，分布在图形分类的教学内容中，主要是对三角形稳定性的应用，这是由于三角形这一特征与生活应用联系紧密。口头形式是生活化的语言表达，符号形式是数学化的语言表达，这两种形式的组合在同一问题中较难实现，所以，没有这种组合形式。

就教学内容来看，问题形式呈现的类型差异不大。每一教学内容呈现的问题形式基本包括符号形式、视觉形式、符号加视觉组合形式。"三角形内角和""三角形三边关系"和单元练习中同时呈现了这三种形式的问题，这表明，北师大版教材中本单元学习中较为注重几何文字的表达和直观图形的呈现。但其他教学内容中习题问题形式呈现有较小的差异，在"图形分类"练习中，呈现了 2 道口头和视觉组合形式的问题而没有呈现符号形式的问题。这可能是因为，口头和视觉组合形式的呈现是由于"三角形稳定性"在现实中有较多应用，通过口语化的表达可帮助学生体会其与生活的联系。图形分类主要是对图形整体的认识，因而借助直观图形呈现更为清晰，符号形式可能会给学生进行图形分类造成困难。

综上可知，北师大版教材中"认识三角形和四边形"习题的问题形式较为单一，主要表现在符号形式、视觉形式、符号加视觉的组合形式较多，口头形式、口头与其他形式的组合形式缺乏。这也进一步表明，北师大版教材中"认识三角形和四边形"习题较为注重理解纯粹数学知识，解决几何问题，但同时可能又忽略了数学知识在生活情境中的应用。

3. 问题结构

把本章第一节所建构的"认识三角形和四边形"习题的问题结构运用于北师大版教材中"认识三角形和四边形"习题分析，便可得到表 4-25。

表 4-25　北师大版教材中"认识三角形和四边形"习题的问题结构

分布	封闭问题	半开放问题						开放问题
		X	Y	Z	X+Y	X+Z	Y+Z	
图形分类	1	—	—	3	—	1	—	—
三角形分类	2		1	1	—		1	
三角形内角和	4			1		1	1	
三角形边的关系	2			1				1
四边形分类	—		2	2				
单元练习	5		1	2			1	
总计	14	0	4	10	0	2	3	1

仅就习题的问题结构数量来看，半开放和封闭问题数量较多，开放问题数量极少。这表明，北师大版教材中"认识三角形和四边形"习题设置注重一定程度的开放，而非完全的开放。习题中半开放问题数量最多，其中只有 1 个要素开放的问题有 14 道，包括策略不唯一的习题 10 道，结论不确定的习题 4 道；有 2 个要素开放的问题有 5 道，包括结论不确定加策略不唯一的习题 3 道、条件不确定加策略不唯一的习题 2 道，条件、结论都不确定的问题 0 道。问题开放的要素越多，对学生思维提出的要求越高。

在半开放问题中，单一要素开放的问题明显多于 2 个要素开放的问题，这表明教材在设计半开放问题时，一定程度上为了降低学生的认知难度，只将单一要素进行开放。与此同时，在半开放问题中，开放最多的要素是策略，这表明，习题强调解决问题方法的多样性，策略的开放有助于启发学生的思维。结论开放的问题也有一定的数量，结论不确定是指无法判定问题结果，结论的开放需要学生想到问题可能出现的多种结果，并学会分析每一结果可能对应的前提条件，有利于培养学生的发散思维和分析思维。条件开放的问题数量较少，只有2道。条件开放意味着习题中没有直接呈现问题解决的条件，学生需要自主分析确定条件，这对学生认知思维要求的程度较高。

小学阶段，解决问题通常是从条件出发，推导条件与结论之间的关系，条件对于学生来说相当于是解决问题的桥梁。封闭问题在单元习题中也占据较大的比重，有14道。封闭问题的条件和结论是确定的、策略是唯一的，这类问题多是关于基础的概念知识和操作活动，主要起到巩固练习的作用，是教材习题设置中占重要部分的知识。习题在起到巩固练习作用的同时，也有着拓展提升的作用，这主要体现在半开放问题和开放问题的设计中，开放问题是对学生思维要求最高的一类问题，教材习题中一般很少出现，北师大版教材中"认识三角形和四边形"习题仅有1道条件和结论都不确定、策略也不唯一的开放问题。这表明，北师大版教材中在习题开放程度的设计上对学生思维有较高的要求。

仅就问题结构与教学内容的关系来看，不同问题结构类型的习题对应的教学内容有一定的差异。数量最多的半开放问题，其中策略不唯一的问题在每一教学内容中都有出现，对应的题目有多种解决问题的方法，如画图、验证三角形稳定性的多种方法、折叠剪切图形的多种方法、通过测量或计算的方法求三角形内角和等。这表明，在解决几何问题特别是解决关于命题的证明的问题时通常有多种策略，如画图、观察、测量、计算、推理等。结论不确定的半开放问题出现在"三角形分类""四边形分类"和单元练习中，对应的题目是无法根据条件确定三角形形状、按要求画图中可画出多种图形，这类问题有多种结果。结论不确定、策略不唯一的题目分布在"三角形分类""三角形内角和"和单元练习中，在题目设置上是将策略不唯一和结论不确定的题型结合起来，两种要素同时开放，其开放程度更高。条件不确定、策略不唯一的题目分布在"图形分类"和"三角形内角和"练习中，这里的条件不确定主要形式是对于如何操作条件未知，如"图形分类"习题中应用三角形稳定性通过牙签搭桥，但牙签如何搭桥，具体操作未知，另一种形式是条件是一类图形，有多种形式，如"三角形内角和"练习中要求通过任意四边形求四边形的内角和，这里的四边形可以是一般的四边形，也可以是特殊的四边形。

封闭问题对应的题目类型已有图形分类、识别图形、画出图形、根据图形特征判断的题目（如判断三角形内角和、判断三边是否可以围成三角形）。这类题目要求学生对图形整体轮廓、构成要素以及图形特征有一定的认识，在解决几何问题时能够快速提取基础知识解决问题，是一种较为简单的应用题型。

开放问题分布在"三角形三边关系"中。其中，条件不确定，表现在从5根小棒中选择3根，有多种情况；结论不确定，表现在选择的3根小棒可能围成三角形也可能围不成三角形；策略不唯一，表现在可以通过摆一摆或根据三边关系推理判断。

综上可知，北师大版教材中"认识三角形和四边形"习题的设置较为注重一定程度上的开放，并以简单应用教学内容的封闭问题和单一要素开放的半开放问题为主，开放程度适中。

4. 思维水平

运用本章第一节对（几何）思维水平的划分，我们可以得到北师大版教材中"认识三角形和四边形"习题的思维水平（见表4-26）。

表4-26 北师大版教材中"认识三角形和四边形"习题的思维水平

教学内容	习题	思维水平			
		视觉水平	分析水平	非形式化演绎水平	形式化演绎水平
图形分类	练一练1		2.3		
	练一练2		2.5		
	练一练3			3.2	
	练一练4		2.5		
	你知道吗	1.1	2.5		
三角形分类	练一练1	1.1			
	练一练2		2.4		
	练一练3	1.4			
	练一练4	1.1		3.2	
三角形的内角和	试一试		2.4		
	练一练1		2.2		
	练一练2	1.4	2.4	3.2	4.4
	练一练3	1.1	2.2	3.2	
	练一练4		2.4		
	练一练5		2.4		
	练一练6		2.4		
	练一练7		2.2	3.2	
三角形三边关系	练一练1		2.4		
	练一练2		2.4		
	练一练3		2.4		
	练一练4		2.4		

续表

教学内容	习题	思维水平			
		视觉水平	分析水平	非形式化演绎水平	形式化演绎水平
四边形分类	练一练1	1.1	2.3		
	练一练2	1.4			
	练一练3			3.2	
	练一练4			3.2	
单元练习	练习1	1.1		3.1/3.4	
	练习2		2.5		
单元练习	练习3	1.4			
	练习4			3.2	
	练习5		2.4		
	练习6		2.4		
	练习7		2.4		
	练习8			3.1	

由表4-26可知，北师大版教材中"认识三角形和四边形"习题主要处于分析水平，视觉水平和非形式化演绎水平的习题相对较少，形式化演绎水平的习题几乎没有。其中，处于分析水平的习题有22道，处于视觉水平和非形式化演绎水平的习题各有10道，处于形式化演绎水平的习题仅有1道。

小学阶段，学生对图形的认知基本处于视觉水平或分析水平，在一定程度上能够达到非形式化演绎水平，而几乎没有达到形式化演绎水平。习题思维水平数量上的分布表明北师大版教材中"认识三角形和四边形"习题的内容编排基本上与学生思维水平相一致，且基于学生几何思维最近发展区设计有一定数量的略高于学生思维水平的题目。尽管也安排了一定数量的非形式化演绎思维训练的题目（对学生几何逻辑推理思维的发展起到促进作用），但习题仍以分析思维训练为主，而不仅仅停留在直观认知上。

仅就习题的思维具体类目来看，每一思维水平都有一定数量的类目表现，但都没有包含所有类目。视觉水平的习题包含2种类目（1.1和1.4），主要表现在根据图形的整体轮廓辨认各种三角形和四边形，通过操作图形的几何构图元素画出或摆出三角形和四边形，而没有关于三角形和四边形各部分要素的名称和图形所具有的物理特征的描述。这表明，北师大版教材中"认识三角形和四边形"习题在视觉水平上主要关注的是对几何图形的整体感知而不是图形的要素组成，关注图形的几何名称概念而不是物理特征不标准的名称描述。

分析水平的习题涉及具体类目较多，有4种（2.2、2.3、2.4、2.5）。主要表现在分析三角形和四边形的组成要素及所具有的数学特征；基于图形的数学特征对图形进行分类、解决几何问题或解释其在生活中的实际运用，其中数量最多的是2.4利用图形特征解决几何问题，但没有对图形定义的分析。这表明，北师大版教材中"认识三角形和四边形"习题在分析水平上注重学生对图形特征的理解与运用，但对图形的描述定义不十分关注。

非形式化演绎水平包含3种类目（3.1、3.2、3.4），其中数量最多的是3.2，即通过图形及其性质（之间的关系）给出非形式化演绎的推论，理解图形定义是充分性和必要性的集合完全没有涉及。北师大版教材中"认识三角形和四边形"系统在非形式化演绎水平上注重的是学生对图形特征的整体把握，是在分析水平的基础上对图形及其性质之间关系的理解，这种关系是逻辑的。几何图形定义是抽象的，对充分性和必要性的理解是困难的，但结合直观图形对图形定义进行逻辑上逆否命题的推导在一定程度上是能够实现的，小学阶段不应完全忽视图形定义。

形式化演绎水平仅有1道习题，包含1种类目（4.4），即利用所学的定理、定义等去推出新的定理，在教材中的体现是通过三角形内角和推出四边形内角和。形式化演绎水平的其他类目在教材中是否可以有一定程度的应用，需要结合教学内容进一步思考。

仅就教学内容来看，每一教学内容的习题基本涵盖了前三种思维水平，且习题在呈现高思维水平要求的同时也会提出低思维水平上的要求。具体而言，"图形分类"以分析思维水平的习题为主，主要是解释三角形的稳定性在生活中的实际运用，有3道习题；有1道是"图形分类"，这表明这一教学内容的重点是理解三角形的稳定性。"三角形分类"有3道习题体现了视觉思维水平的要求，分析思维和非形式化演绎思维仅有1道。这部分内容是初步认识各类三角形，习题考察重点是学生对图形的直观认识。其中，有1道习题跨越了分析水平，对学生提出了视觉水平和非形式化演绎水平的要求，习题难度跨越较大，对学生提出了更高的要求。"三角形的内角和"部分习题数量较多，体现了4种思维水平。其中，视觉水平仍然是识别图形和画图，有2道；8道习题都体现了分析水平的要求，主要是图形分类和解决几何问题。2道习题体现了非形式化演绎的要求（3.2），1道习题体现了形式化演绎的要求（4.4）。同时，分别有1道习题体现了三种和四种思维水平，都是由低思维向高思维，题目显示出思维的层次，降低了学生学习的难度。"三角形三边关系"4道习题都只体现了一种分析思维（2.4），对学生思维的训练较为单一。"四边形分类"视觉水平和非形式化演绎水平的题目各2道，分析思维水平的习题有1道，在四边形初步认识的学习中对学生思维训练的关注较为全面。

由此可见，人教版教材"认识三角形和四边形"习题设计在思维水平的分布上，与学生的认知基本符合，在一定程度上关注到了学生较高思维的发展。

综合上述"认识三角形和四边形"习题的内容组织、问题形式、问题结构和思维水平的分析，北师大版教材中"认识三角形和四边形"习题的总体难度适中，同时对学生提出了一定的发展性要求。内容组织上，以三角形和四边形特征的理解运用为主，同时关注到图形间关系的理解；问题形式上，以视觉形式和符号形式的问题为主，直观与抽象相结合；问题结构上，以半开放问题和封闭问题为主，半开放问题中又以单一要素的开放为主，学生需要有较好的发散思维；思维水平上，以分析思维训练为主，同时有较多非形式化演绎水平的习题，对学生思维在难度上有所要求。

三、分析结论

通过以上对北师大版教材中"认识三角形和四边形"所做的十二册教材纵向分析（质的和量的分析）和横向分析（例、习题分析），仅就其编排理念、编排特点和对教学实践可能产生的影响三方面，我们可以得出以下基本分析结论。

（一）编排理念：注重图形整体的认识，强调把握图形间的关系，但却忽略构成要素

十分强调图形间的关系，将图形的认识看作是图形整体的认识。在"认识三角形和四边形"例题内容编排中，以"图形分类""三角形分类""四边形分类"引入三角形和四边形的认识，并将三角形和四边形纳入整个小学阶段所认识的图形网络中，与其他图形构成上、下位概念关系，形成了"三角形和四边形—直线平面图形—平面图形—几何图形"上位概念关系网，三角形又包含锐角三角形、直角三角形、钝角三角形、等腰三角形、等边三角形等下位概念，四边形也包含平行四边形、梯形等下位概念。从上位几何概念到下位几何概念来构建图形概念网络，较为系统、严谨。在例、习题设置中，也十分注重学生对图形关系的理解，设置有多种类型的关于图形剪切、拼接、折叠问题，有利于学生理解图形整体间的关系。

但在注重图形整体认识的同时，"认识三角形和四边形"也存在忽略图形构成要素的认识。点和线段是构成图形的基本要素，角是构成图形的复合要素。对图形整体认识时也对图形的构成要素有直观的感知。譬如，三角形由3个点（顶点）、3条线段（边）、3个角构成，在呈现三角形整体图形时，学生很容易直观观察到。所以，对图形要素有一定的呈现是必要的。由要素引出三角形按角、按边分类，其逻辑也较为清晰。几何命题也是由要素间的相互关系形成的。因此，图形整体认识的同时，也要重视对图形要素及其关系的认识。

在把握图形间关系时，对特殊图形与一般图形的包含关系，教材通过图文的形式做了一定的叙述，表现在呈现图形、观察等腰三角形和等边三角形边的特点，得出二者之间的包含关系；通过呈现维恩图，说明长方形、正方形和平行四边形的包含关系。但三角形和四边形还有其他的特殊图形没有被纳入图形关系网络中，三角形和四边形下位概念网络关系建构是不完善的。特别是关于四边形的认识，仅仅以一般的平行四边形和梯形为教学内容，而对于平行四边形和梯形没有再次进行分类认识，包括菱形、鸢形、等腰梯形、直角梯形等都没有呈现，这不利于学生对四边形这一类图形的系统认识，也在一定程度上忽略了各类四边形之间的包含关系，可能会使学生割裂特殊四边形与一般四边形的关系。

（二）编排特点：教材呈现内容具有基础性和层次性，但全面性和逻辑性相对不足

"图形认识"的学习是图形测量、图形运动、图形与位置学习的基础。三角形和四边形的认识是小学阶段平面图形认识的主要对象，是"图形与几何"领域内容学习的基础。北师大版教材中在呈现本单元内容时，关注到了知识的基础性，并在一定程度上构建了知识的层次性，但在内容呈现的全面性和逻辑性上相对不足。

教材呈现内容的基础性主要表现在例、习题的设置上。例题呈现了三角形和四边形的图形整体认识的内容，学生能够在直观认识图形的基础上，通过观察图形或操作图形构成要素去探究图形的特征，主要是关于三角形内角和、三边关系及其稳定性的探究。习题也基于例题内容，设置的问题主要是关于基础概念的认识和命题的理解及其应用于解决几何问题，对学生思维水平的要求也主要是分析水平和视觉水平，知识拓展的深度不大，缺乏具有一定难度的逻辑推理的练习。知识的层次性表现在例题的内部组织上，教材通过图形分类引入三角形稳定性和平行四边形不稳定性的探究，通过三角形的分类引入各类三角形的认识到三角形内角和三角形三边关系的探究，通过四边形分类引入平行四边形和梯形的认识再到长方形、正方形和平行四边形包含关系的描述，内容在难度和深度上是螺旋上升的，表现出较为明显的层次性。习题在兼顾基础性的同时，在问题形式、问题结构、思维水平上也体现出一定的层次，对学生提出了一定的发展性要求，表现在符号形式和组合形式、开放问题和半开放问题、非形式化演绎水平和形式化演绎水平问题的设计上，对学生提出了更高的要求。

但教材内容呈现的全面性和逻辑性相对不足。首先表现在几何图形认识的对象上的不全面，对于一个图形对象的认识不仅包括图形直观轮廓和直观概念名称的记忆，还包括图形定义的理解、图形构成要素的认识、图形特征的理解、图形关系的把握。北师大版教材中在注重图形直观认识、图形特征理解、图形关系把握的同时，忽略了对图形定义的理解和图形构成要素的认识。北师大版教材中在"认识三角形和四边形"中，没有给出三角形的定义，给出平行四边形和梯形定义后，没有关注到对图形的理解。而对于要素的认识，在三角形和四边形的认识中都完全没有呈现，因而学生对图形的认识一定程度上是不全面的。

图形认识一般遵循从直观到定义，再到图形要素、图形特征、图形间关系的逻辑顺序。而教材从直观直接过渡到图形特征和图形间关系的认识，打破了图形认识的逻辑，给学生学习造成了一定的困难。教材内容的全面性和逻辑性不足还表现在习题设计上。在习题呈现的问题形式中缺乏有生活情境的口头形式及其与其他形式的组合形式的问题；在问题结构上，缺乏开放问题和条件、结论不确定的半开放问题；在思维水平上，缺乏较高思维水平的问题，习题一定程度上生活化不足，对学生思维的开放训练和深度训练较弱。每一教学内容对应呈现的习题在问题形式、问题结构、思维水平的分布上一般并不遵循由易到难的原则，前一习题在问题形式的抽象程度上、在问题结构的开放程

度上、在思维水平的高低层次上可能大于后一习题。这表明习题的呈现是乱序的，这对学生解决问题造成了一定的难度。

（三）对教学实践可能产生的影响

几何教学内容的组织反映了教材对"图形认识"重要知识点内容的把握，反映了教材编排的思维逻辑，对教师教学和学生学习都会产生较大的影响。

就"三角形和四边形的认识"的内容编排来看，北师大版教材中可能对教师教学产生以下影响。一是影响教师对图形认识整体的理解。"认识三角形和四边形"虽然是教材中一个单元的内容，但其与前后知识联系密切，应该被放到小学阶段整个"图形的认识"中来把握。"从图形分类引入三角形和四边形的认识，并将其纳入整个图形网络"的教材设计，可能会启发教师思考将三角形和四边形放到整个图形网络中去认识。二是影响教师对教学重难点内容的把握。北师大版教材中将教学重难点放在图形直观认识、图形特征理解和图形关系掌握上，教师受教材影响在教学中可能对这些方面有所侧重，从而忽略对图形定义和要素的认识和理解。三是影响教师教学的设计思路。北师大版教材中在三角形特征的认识中，采用的是探究教学的思路，探究从特例出发，从一定数量的特例中归纳得出结论，学生能够经历较为完整的归纳推理过程。小学阶段，教师在教学中受教材影响通常采用探究教学的思路进行教学。但几何命题在形式上是逻辑的，它是由图形要素间所具有的确定关系推导出来的，由特例进行的归纳推理可能不利于学生演绎推导能力的发展，不利于学生深刻理解命题的确定性。

同样对学生学习可能也会产生一些影响。一是影响学生预习的效果。例题呈现内容具有基础性和层次性，学生在对教材基础内容有一定理解的同时，对较高思维层次的题目产生一定的困惑，促发学习的动机，能够达到较好的预习效果。二是影响学生的学习方式。认识图形概念时，从图形分类出发，能够帮助学生形成分类认识图形的方法。几何命题学习时，教材采用探究的思路，这也启发学生从特例出发，研究几何图形具有的特征。三是影响学生对单元学习内容的把握。通过阅读教材，学生能够领会本单元知识学习的主要内容，并根据教学内容，对知识产生难易程度上的大致判断，进而影响学生进入不同知识学习的准备状态。

四、问题讨论

针对上述北师大版教材中"认识三角形和四边形"的分析结论，以下问题值得我们深入讨论。

（一）整体把握图形对象认识内容旨向的五个维度

几何教学中最基础的是关于"图形的认识"，图形的认识一般包含五个维度：直观认识概念、定义、构成要素、特点、关系。教材的内容编排要整体把握图形认识这些维度。

小学阶段几何概念的认识往往借助于直观图形,是对图形整体轮廓的认识。例、习题的设置应适当呈现直观图形,将条件蕴藏在图形中,以加深学生对图形直观的认识和边角性质的直观感知。

定义是对几何概念的描述,定义的语言是几何语言,相比直观图形的抽象程度较高,小学教材很少呈现。但图形的概念认识不能仅仅停留在直观,抽象定义的呈现是必要的。四年级学生的抽象思维有了一定的发展,他们是能够在一定程度上借助或不借助几何图形来理解定义的。此外,抽象定义能够弥补直观认识图形的模糊性。

不同几何图形的构成要素不同,要素是图形的主要组成部分,是理解图形定义和图形特征的基础,教材对三角形和四边形有一定的呈现和介绍是必要的。对几何图形构图要素的认识需要了解不同的维度图形有不同的构成要素,并能够建立图形的多维度要素与图形间的关系。几何图形可以分为零维、一维、二维和三维图形,高维图形一般以低维图形为构成要素。三角形和四边形是二维的,它们的构成要素包括零维的点、一维的线段、二维的角等构成要素。这些构成要素在特殊的三角形和四边形中通常有不同的名称,但教材在对图形要素进行一般描述中,要使学生能够理解三角形、四边形甚至更多的平面封闭图形都是由点、线、角构成的,启发学生在思考图形问题时学会从边角要素出发。对图形要素的认识不能仅仅停留在图形要素名称上,要设计一定的内容使学生理解图形要素间的特殊关系,如构成三角形和四边形的三个或四个点不共线,构成图形的边在位置上平行、相交或垂直,构成图形的角相等或互补等。

对于图形特征的认识,要引导学生从图形要素间的关系出发去进行探究,基于不同三角形和四边形图形特征的认识,理解三角形和三角形、四边形和四边形、三角形和四边形之间的关系。这种关系不仅包括不同图形要素间的关系也包括图形整体间的关系。

总之,图形认识的五个维度是一个系统的整体,且其间具有一定的逻辑关联,图形的认识往往从直观出发,经历逐级的抽象,从而建构起关于图形的整体结构。教材应从图形认识的整体出发,按照层级逻辑地呈现几何教学内容,帮助学生建立清晰的图形结构。

(二)处理好几何内容的数学特性与生活应用的关系

几何图形在数学上是纯粹抽象的,对于抽象图形的认识所得到的概念、要素、特点、关系等则是更高层次的抽象,这种抽象似乎使得几何内容脱离生活。但几何图形本质上是从人们生活空间中的物体抽象得到的,生活中的物体虽然不是数学上的图形认识对象,但通常可以被看作近似的几何图形,几何图形的特征在生活中也有较多的应用。

北师大版教材中十分注重纯数学情境的创设,在内容呈现上以抽象几何图形为主,很少有来自生活空间的几何实物图。纯数学情境虽然能够帮助学生更好地认识图形的抽象本质,但不能够帮助学生看到几何图形与生活的关联,体会几何学习的必要性和趣味性。因此,可适当增加学生生活空间中的几何物体,让学生体会从生活空间物体抽象出三角形和四边形的过程。帮助学生体会几何内容在生活中的应用也可适当呈现数学史相关的内容，体会几何图形的认识过程，感受到数学来源于生活，也应用于生活。

处理好几何内容的数学特性和生活应用之间的关系，需要理解二者不是二元对立的。"认识三角形和四边形"图形的数学特性在生活中有很多的应用。譬如，"三角形的稳定性"在自行车的车架、双层爬梯、桌椅固定支架甚至更日常的手机支架等方面的体现；"三角形内角和和三边关系"在生活中的应用似乎不十分显著，教材也完全没有相应的设计，但其应用也较为广泛，主要体现在物品修复中；图形间关系，也在各种拼接艺术中有所体现。因而教材内容设计上，不应只关注图形的数学特性，也应当关注图形特性在生活中有哪些实际的运用，可以通过呈现相关的实物图片显示，让学生感受到几何内容数学特性的生活意义。甚至，在教材内容的组织上，也可以从图形特性在生活中的应用作为教学的引入，围绕其生活应用展开探究，进而得出图形的数学特性。譬如，对"三角形内角和"的探究可以从修复玻璃的情境导入，不断探究玻璃被摔成一定的块数，取一种某一块判断是否能够还原，能够修复的情况是已知两角。[①]

（三）注重学生几何直观与逻辑推理能力的培养

几何教学中曾经完全形式化演绎的推理使得几何成为数学学习中学生望而生畏的内容，现行小学数学教材在很大程度上摒弃了几何演绎推理，而强调几何直观和合情推理。几何逻辑推理不仅包括合情推理，还包括演绎推理，从合情推理到演绎推理是一个完整的推理过程，在这个过程中往往需要借助几何直观。在教材几何内容的编排中要注重学生几何直观和逻辑推理能力的培养。在"认识三角形和四边形"中，通过呈现直观图形培养学生观察、操作、测量、拼接图形分析几何问题的几何直观素养。在图形呈现中需要注意的问题是：一是对于各类三角形和四边形的认识，教材要将所有的特殊图形和一般图形共同呈现，再引导学生从边角出发对图形进行分类，从边角性质的区别与联系出发分析图形间的包含关系。与纵向分析图形的直观呈现相反的是，本单元对于特殊图形的呈现较少，这不利于学生在直观上认识图形间的关系。二是在三角形和四边形相关命题的学习中，所呈现的直观图形特例不仅要在数量上尽可能多，在图形类型上也要尽可能多。命题结论的确定性而言，特殊三角形和四边形的证明是不充分的，但正由于其特殊性，学生更容易得出猜想、发现命题结论。正如代数中的特殊值带入求解一样，通过特殊图形得出结论也是解决几何问题的一种重要策略。

培养学生的逻辑推理能力，在小学教材几何内容编排中要处理好合情推理和演绎推理的关系，小学教材中应该舍弃的是通过几何语言进行的严密的演绎推理而非通过说理、画图等方式进行的非形式化演绎推理。就"认识三角形和四边形"而言，逻辑推理主要体现在命题的发现中。本单元涉及的命题主要有三类：图形要素间关系的命题、图形整体特点的命题、图形间包含关系的命题，这三类命题主要是基于对图形要素及其关

---

① 张齐华. "图形中的秘密"课堂教学实录[J]. 小学教学（数学版），2020（03）：32-37.

系的理解得出的，这里三角形和四边形的要素主要是指图形的边与角。因此，在命题的发现中，要让学生经历从边、角出发，通过观察、操作、测量等方式并经历猜想、发现、验证、说理证明的推理过程，探究得出命题。教材重点呈现的命题"三角形内角和"和"三边关系"都是对图形单一要素间关系的探究，合情推理的意味更强。图形整体特点和图形间关系的命题则涉及多个要素间的关系，会涉及较多演绎的逻辑推理。教材内容编排中通常很少安排这部分内容，但其对于学生深度认识图形及其关系是必要的。教材可适当增加这一部分内容，并采取从边出发进行探究的思路，这更符合演绎逻辑的推理。边的性质主要涉及图形邻边和对边的长度关系（相等或不等）、位置关系（平行、相交、垂直），角的性质往往是从边的性质得出的，由对边位置关系得到对角、邻角关系，由邻边位置关系得到两边夹角大小。

教材是知识的载体，通过教材分析把握教学内容，能够启发教师思考知识教学的组织和知识本身的逻辑。但知识内容是广泛的、有层次的，教材所呈现的知识必然只是部分的，因而教材分析不能仅仅立足于教材，而需要在对教学内容整体把握的基础上，客观地看待教材的优劣。教师教学以教材为内容基础，对教材编排进行分析，在立足于学生发展和数学知识逻辑的基础上，对教学内容进行适当加工、重组。与此同时，教师也应不断学习数学学科知识和教育知识，从而能够对数学学科的知识内涵和教育内涵有更深层次的理解。

第四节　苏教版教材中"认识三角形和四边形"内容编排的分析

本节所选择的教材是 2013 年教育部审定的江苏教育出版社的小学数学教材，以下简称苏教版教材，分析主题是"认识三角形和四边形"，其在苏教版教材中是四年级下册的第七单元"三角形、平行四边形和梯形"。

依据"认识三角形和四边形"教材内容编排分析框架，首先，合作分析者对苏教版教材十二册教材"图形与几何"领域中三角形和四边形直观呈现的数量进行统计，并对"图形的认识"部分内容在十二册教材中的知识点分布进行统计。其次，合作分析者分别阅读教材文本，各自独立理解教材编排理念与特点，并依据分析框架进行整理并适当表述，对"三角形、平行四边形和梯形"内容编排进行具体分析。再次，对存在争议的地方经充分交流、协商达成一致。最后，在合作分析者独立阅读分析、采集、编码数据的基础上，再次对各自的分析结果进行沟通交流、研讨分析、整合概括，以得出苏教版教材中"认识三角形和四边形"内容编排的总体情况和具体情况。

一、纵向分析

（一）量的分析

在量的分析上，先对三角形数量进行分析。将三角形按角分为锐角三角形、直角三角形、钝角三角形，按边分为等腰锐角三角形、等腰直角三角形、等腰钝角三角形、等边三角形。为避免重复统计，将出现的图形标记为最特殊的图形，如锐角三角形在统计时不将等腰锐角三角形、等边三角形包含在内。图4-7是对苏教版小学数学"图形与几何"领域三角形直观呈现数量进行统计。

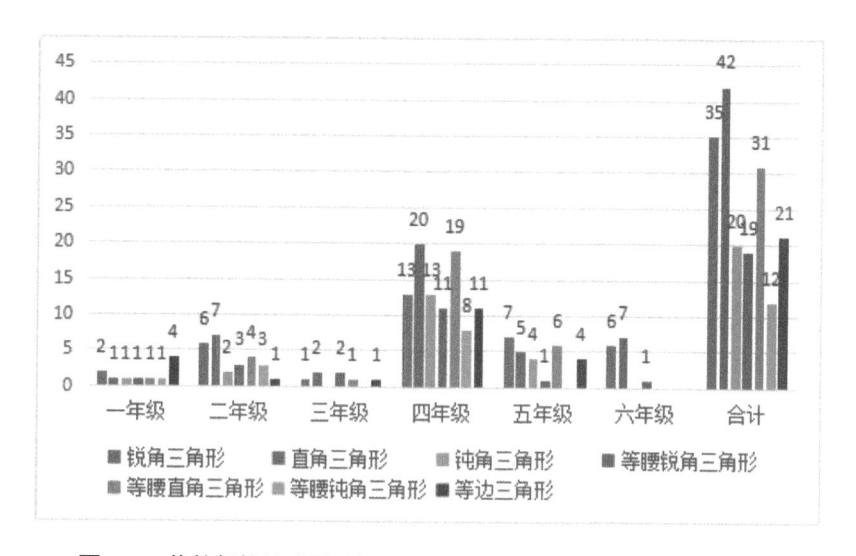

图 4-7 苏教版教材"图形与几何"领域三角形直观呈现的数量分布

通过图4-7可以发现，苏教版小学"图形与几何"领域三角形直观呈现数量差异较大，其中，呈现最多的是直角三角形，其次是锐角三角形，再次是等腰直角三角形，呈现数量较少的是等边三角形、钝角三角形和等腰锐角三角形，呈现数量最少的是等腰钝角三角形。这表明，苏教版较注重学生对直角三角形的认识，包括一般直角三角形和等腰直角三角形，特殊三角形（等边三角形、等腰锐角三角形、等腰钝角三角形）编排较少。仔细想来，这或许也与学生学习三角形的方式有关，教材中学生在学习角、认识三角形时通常会借助三角尺来学习。三角尺的形状则主要分为两种：一般直角三角形和等腰直角三角形，这或许就是直角三角形数量最多的原因之一。等腰钝角三角形在教材中的呈现数量最少，这或许是由于教材呈现的学习等腰三角形的例题几乎都是与等腰锐角三角形有关，为了配合学生对等腰三角形的几何直观认识，而倾向于呈现等腰锐角三角形、等腰直角三角形，久而久之或许会养成学生的思维定式，这或许是一点不足。

从每一三角形的具体分布来看，小学阶段的学习中，直角三角形的呈现数量最多，达40次以上，除一年级只有1次直观呈现外，其他几个年级都有不同程度的呈现，因为直角三角形属于平面图形，一年级学生初学图形是立体图形；其次是钝角三角形、锐角三角形和等腰直角三角形，呈现数量介于20至40之间；等腰锐角、等腰钝角三角形和等边三角形的呈现数量都少于20次。五年级上册第二单元安排了"多边形的面积"这一内容，其中涉及三角形的面积，由此除四年级本单元的学习外，五年级是三角形直观呈现最多的一个年级。

从年级数量分布来看，第一学段呈现数量较少，二年级明显多于一、三年级；第二学段三角形呈现数量较多，其中四、五年级多于六年级。这表明苏教版几何领域教材对三角形呈现主要分布在高年级，低年级涉及的较少。值得关注的一个地方是，从各年级三角形呈现数量上来看，三年级作为第一学段到第二学段的过渡年级，三角形直观呈现数量是六个年级中最少的，而四年级则是最多的，这样的数量跨度或许也在一定程度上体现了苏教版教材的一个问题：三角形直观认识年级安排均衡性、衔接度不足。从三角形的具体年级分布来看，每一年级都有呈现各种形式的三角形。这表明，学生在小学阶段接触到图形时，就已经获得了各种三角形的感官经验，这有利于后续对三角形的总体认识的学习。其中，一、二年级直角三角形、锐角三角形呈现数量最多，其他三角形的呈现在数量分布上无明显的差异；三年级三角形呈现数量较为平均，四年级呈现较多的是直角三角形和等腰直角三角形；除呈现最少的等腰锐角三角形以外，五、六年级三角形呈现数量分布较为平均，五、六年级以锐角三角形和直角三角形居多。这表明苏教版教材中低年级学生更多接触到的是一般三角形，四年级开始认识、学习各种三角形，并且注重对特殊三角形的探索，五、六年级又回归利用一般三角形运用解决问题。通过上述分析总结出苏教版教材中"认识三角形和四边形"内容编排的缺点：抽象逻辑思维快速发展、培养需求旺盛的五、六年级却较少学习运用特殊三角形解决问题。建议高年级适当增加特殊三角形的呈现。

总的来说，苏教版的编排体系中，不同三角形的直观呈现数量差异较大，其中直角三角形最多，最少的是等腰锐角三角形，三角形在小学阶段的各年级分布差异较大，集中体现在四年级，其他年级涉及三角形的数量较少或种类较少。

图4-8是对苏教版小学"图形与几何"领域四边形直观呈现数量进行统计，由于四边形的类属关系较为复杂，这里将所有的特殊四边形单独进行统计，其他的四边形在统计时则不包括特殊图形在内。如这里统计的长方形、菱形不包括正方形，鸢形不包括菱形，平行四边形不包含长方形、正方形、菱形，一般梯形不包括等腰梯形和直角梯形，一般四边形不包括以上所有的四边形。

从图4-8来看，苏教版小学"图形与几何"领域四边形直观呈现数量差异较大，其中长方形和正方形呈现的数量远远多于其他四边形，长方形出现次数达136，正方形出现次数达104。其次出现较多的是平行四边形、直角梯形、等腰梯形，分别有55处、28处、30处；其他四边形出现次数较少，菱形出现4次、一般梯形出现14次、一般四边形出现10次、鸢形出现3次。这表明，苏教版小学四边形图形的直观呈现以特殊图形为主，正方形是特殊的长方形，正方形和长方形是特殊的平行四边形，等腰梯形和直角梯形是特殊的梯形。学生认识图形往往是从特殊到一般，特殊图形的呈现和学习有利于

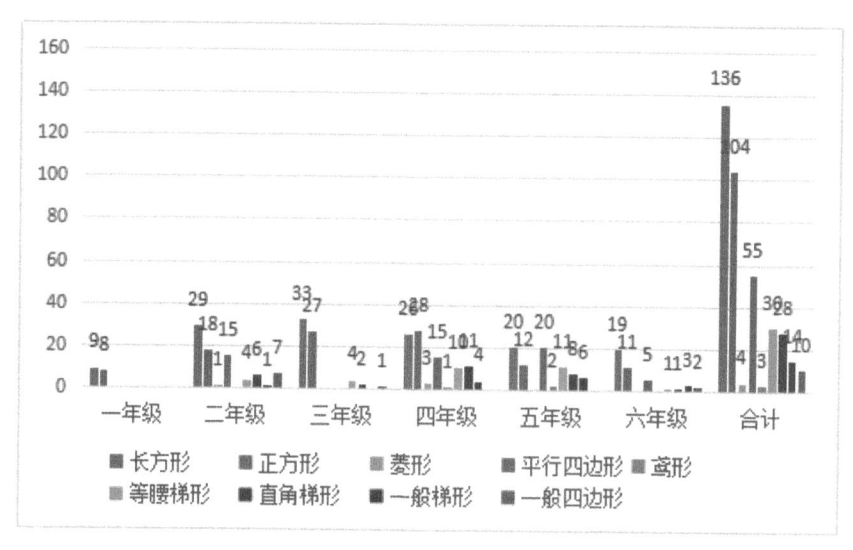

图 4-8 苏教版教材"图形与几何"领域四边形直观呈现的数量分布

学生对图形本质的把握，同时也要注意处理图形间特殊与一般的关系，特殊图形的呈现强调了其特殊性，但容易出现忽略其一般性的问题。一般图形由于其蕴含的性质较少，往往不是图形探究的对象，但在教材中对于一般图形有一定数量的呈现是有必要的，能够帮助学生形成对图形的整体认识，并能够自主建构图形间的关系。因而，在教材编排中，一般几何图形呈现的数量和位置仍然是一个有待思考的问题。

从四边形的具体年级分布来看，"三角形、平行四边形和梯形"是苏教版四年级下册的内容，一至三年级中，除鸢形外，其他图形都有过基本的认识，这表明学生在学习四边形之前已经积累了关于四边形的感官经验，特别是关于长方形、正方形和平行四边形的感性认识。特别是教材在一年级下册第二单元安排了"认识图形"，这一单元已初步认识了长方形和正方形，二年级上册初步认识了平行四边形，三年级上册系统地认识了长方形和正方形。学生已经积累了对图形学习的基本的经验，对四年级认识平行四边形和梯形打下了基础。在本单元学习后，对于平面图形的周长、计算，立体图形的表面积和体积计算也涉及了图形的应用。

从四边形的分布来看，正方形是最特殊的四边形，正方形的认识贯穿小学一至六年级，与此相同的是长方形，同样贯穿于一至六年级的学习中；其他特殊图形则在四、五年级出现较多。这表明特殊四边形的直观呈现主要分布在中高年级，低年级虽有一定数量的四边形直观图形呈现，但总体来说数量较少，学生可能不会注意到这些图形的特征，对学生认识图形的影响较小。儿童对于图形的认识是从立体图形到平面图形，再到立体图形的过程，因此一年级和六年级主要是对立体图形的认识、计算等，平面图形在一年级的直观呈现格外少，在六年级的学习中，是综合整个小学阶段的内容，因此有平面图形的回顾和提升，也有圆柱和圆锥等例题图形的学习。

总的来说，在苏教版的编排体系中，不同四边形的直观呈现数量差异较大，长方形的呈现数量最多，鸢形的呈现数量最少。同一类图形在各年级的分布差异不大，一年级呈现的四边形种类最少，只有 2 种，三年级呈现 5 种四边形，其余年级都呈现 7 种或 8 种四边形，由此可以看出，四边形的呈现集中于第二学段。

（二）质的分析

本单元内容属于"图形的认识"，是对基本平面图形的认识。图形的认识是一个整体，包括点、线、角、面、体等多种维度的图形，这些图形相互关联，不能孤立地看待。因而，对于"三角形和四边形"在十二册教材质的分析，需要从图形认识的整体出发，发现图形之间的内在联系，纵向把握教材编写的逻辑。

为了对苏教版十二册教材图形认识做一个整体的分析，思考教材对图形认识的整体呈现是否符合几何图形学习的逻辑，思考十二册中"图形的认识"知识之间的关联，以及教材内容安排对于"三角形和四边形"认识的学习是否能够达到积极的效果，从而根据分析结果，思考教材编写者的意图和出发点。

本次质的分析主要是从四个方面展开：①分布。整理苏教版十二册教材中关于"图形的认识"的单元。②概念关系。这个方面包括两个维度：几何维度和几何概念，根据几何维度确定几何概念，几何维度是几何概念的图形维度。具体来说，几何维度主要可以分为零维图形、一维图形、二维图形和三维图形，每一种几何维度下又有相应的几何概念，每个几何维度下又有几何概念分布。零维图形：点；一维图形：线（主要包括直线、射线、线段）；二维图形：面（平面不封闭图形、平面封闭图形）。其中平面不封闭图形有角（锐角、直角、钝角、平角、周角）、平行线与相交线（包括垂线），平面封闭图形有三角形（包括锐角△、直角△、钝角△、等腰△、等边△）、四边形（包括平行四边形（正方形、长方形、菱形和一般平行四边形）、梯形（等腰梯形、直角梯形、一般梯形）、鸢形、一般四边形）、五边形（包括正五边形）、六边形（包括正六边形）、圆等；三维图形：体（包括方体、球体、柱体、锥体、台体），方体主要是长方体、正方体，球体是球，柱体是圆柱，锥体是圆锥，台体是圆台。③数量。统计各单元中有关"图形的认识"的例、习题数量。④内容旨向。内容旨向有五个维度：包括直观认识概念、定义、构成要素、特点、关系。直观认识概念指没有给出图形的描述定义，只是将直观图形与对应的概念名称对照呈现，使学生形成对某一几何概念的直观认识。定义指通过描述性的语言呈现图形概念。构成要素包括基本的构成要素和复合的构成要素，这里将其都统计在构成要素这一维度。图形的基本构成要素即点、线、面，图形的复合构成要素有角、高、对称轴。特点包括图形本身构成要素之间的关系和对图形整体的认识。关系即一个图形与其他图形的关系。（见表 4-27）。

从苏教版教材中"图形的认识"在各年级的分布和概念关系来看，四年级学习"三角形、平行四边形和梯形"内容之前，"图形的认识"内容的安排情况如下：

一年级上册，开始初步认识三维立体图形（长方体、正方体、圆柱、球），并通过"滚一滚""堆一堆""摸一摸""搭一搭""数一数"的活动加深认识。一年级下册，开始

表 4-27　"图形的认识"内容在苏教版教材十二册教材中的知识点分布

分布			概念关系		数量	内容旨向					知识点概述
年级/册	单元	单元名称	几何维度	几何概念		直观认识概念	定义	构成要素	特点	关系	
一/上	单元6	认识图形（一）	三维图形	长方体、正方体、圆柱、球	例题/1	1	0	0	0	0	图形认识、识别，图形分类
					习题/2	1	0	0	1	0	
	有趣的拼搭				例题/5	2	0	0	3	2	（滚一滚）图形滚动；（摸一摸）判断图形；（数一数）图形识别；（推一堆）图形堆称；（搭一搭）图形拼搭
	单元11	期末复习			习题/2	1	0	0	1	1	图形识别，图形折叠
一/下	单元2	认识图形（二）	二维图形	长方形、正方形、三角形、圆	例题/1	1	0	0	0	0	图形识别；图形分类、特点、图形间的关系（围、摆、画图形；图形的折叠）
					习题/11	8	0	6	4	3	
	单元7	期末复习			习题/1	1	0	0	0	0	图形识别（依据图形特点找规律、连线判断下一个图形）
	单元2	平行四边形的初步认识	二维图形	三角形、四边形、五边形、六边形、平行四边形、梯形	例题/2	2	0	1	1	1	图形识别；在方格纸上围指定图形；长方形的不稳定性；平行四边形的拼接（其他图形拼成平行四边形或在其他图形中构造平行四边形）
					习题/16	11	0	7	9	9	
二/上	有趣的七巧板		二维图形	等腰直角三角形、正方形、平行四边形、等腰梯形、长方形、一般五边形	例题/1	1	0	0	1	1	认识七巧板，拼图

续表

分布			概念关系		数量	内容旨向					知识点概述
年级/册	单元	单元名称	几何维度	几何概念		直观认识概念	定义	构成要素	特点	关系	
二/上	单元5	厘米和米	一维、二维图形	线段、正方形、等边三角形、长方形、正五边形	例题/1	1	0	0	0	0	识别线段；折、画线段；知道两点形成一条线段
					习题/5	2	0	2	3	0	
	单元7	观察物体	三维图形	长方体	习题/1	0	0	0	1	1	图形的正视图、左视图
	单元8	期末复习	二维图形	四边形、五边形、六边形	习题/1	1	0	0	0	0	识别多边形
二/下	单元7	角的初步认识	二维图形	角、顶点、边、直角、锐角、钝角、四边形、五边形、六边形、长方形、正方形	例题/3	3	0	1	2	0	识别角；角的大小及比较；数角、画角、拼角
					习题/19	15	0	5	8	2	
	单元9	期末复习	二维图形	锐角、直角、钝角	习题/1	1	0	0	0	0	在识别角并数数
三/上	单元3	长方形和正方形	二维图形	长方形、正方形、三角形	例题/1	0	0	1	1	0	长、宽、边长的定义，长方形、正方形边和角的特点
					习题/5	0	0	0	4	4	直角三角形与长方形、正方形的关系；由长方形怎么得到正方形；用两个相同的长方形拼长方形或正方形；用小正方形拼不同的图形
	周长是多少		二维图形	长方形、三角形	例题/2	1	0	1	0	1	用多个正方形拼不同的图形；画图
三/下	单元6	长方形和正方形的面积	一维、二维图形	线段、正方形	习题/1	0	0	0	0	1	辨别1厘米的线段和1平方厘米的正方形

续表

年级/册	分布		概念关系		数量	内容旨向					知识点概述
	单元	单元名称	几何维度	几何概念		直观认识概念	定义	构成要素	特点	关系	
四/上	单元3	观察物体	三维图形	长方体、正方体	例题/3	0	0	0	3	3	认识、识别立体图形的三视图（前面、右面、上面）；判断三个立体图形的三视图异同；按视图呈现要求搭立体图形
					习题/18	0	0	0	18	18	
	单元8	垂线和平行线	一维图形、二维图形	线段、射线、直线、锐角、钝角、直角、周角、相交、垂直、平行	例题/8	7	5	4	6	0	线的认识（呈现及名称）、分类、特点，三者关系（线段、射线、直线）；角的认识（根据角的大小）、定义、构成要素，角的分类、折角，画角，角与角之间的关系（比较角的大小）、画角；线与线的关系：直线互相垂直/平行的认识（两条直线互相垂直/平行的呈现）、定义、识别；画一条直线的平行线、平行线/垂直线
					习题/34	18	0	15	14	2	
	单元9	整理与复习	一维图形、二维图形	线段、射线、直线、锐角、钝角、直角、周角、垂直、平行	习题/4	3	0	1	3	0	平面图形：立体图形三视图的识别；线：线段、射线、直线三者的特点，画角；角：角的识别、特点；线与线的关系：画一条直线的垂线、平行线

续表

年级/册	单元	单元名称	几何维度	几何概念	数量	直观认识概念	定义	构成要素	特点	关系	知识点概述
四/下	单元7	三角形、平行四边形和梯形	二维图形	三角形（锐角三角形、直角三角形、钝角三角形、等腰三角形、等腰锐角三角形、等腰直角三角形、等腰钝角三角形）；平行四边形、梯形、长方形、正方形、菱形	例题/9	7	7	6	9	1	三角形：各类三角形的认识（呈现及名称）、定义、组成要素、特点、识别、等边/等腰三角形特点、内角和特点、画三角形上的高、画三角形；图形的拆分；图形间的关系、三边的关系、等腰三角形、直角三角形、等边三角形的对称轴；平行四边形、梯形：平行四边形的认识（图形呈现及名称）、组成要素、特点；（对角相等、对边平行）。平行四边形和梯形：（等腰三角形、等腰梯形、菱形）对称轴；三种图形（图形的拼、折、拆分）
					习题/57	15	0	16	39	15	
	多边形的内角和			直角梯形、五边形、六边形等	例题/1	0	0	0	1	1	三角形的性质：内角和为180°
	单元9	整理与复习		等腰直角三角形、平行四边形、梯形（含直角梯形）	习题/4	2	0	3	3	1	图形的特点（等腰三角形内角特点）、性质（两平行线间垂直线段等长、三角形内角和和边的性质）
五上											

续表

分布			概念关系		数量	内容旨向					知识点概述
年级/册	单元	单元名称	几何维度	几何概念		直观认识概念	定义	构成要素	特点	关系	
五/下	单元6	圆	二维图形	圆形、扇形、正方形、等边三角形、正六边形	例题/3 习题/15	2 8	0 0	3 6	2 9	1 2	圆规画圆；识别半径与直径及它们的数量、关系；圆心角的类型；识别扇形；比较圆、扇形的大小与圆的关系；画对称轴，扇形
	期末复习			圆形、正方形、长方形、等边三角形	习题/4	1	0	2	3	0	画圆、对称轴
六/上	单元6	长方体和正方体	三维图形	长方体、正方体	例题/3 习题/11	0 1	0 0	2 5	3 8	1 1	长方体的棱、顶点的定义；长方体和正方体顶点、棱、面的特点；正方体展开图 长方体和正方体的顶点、棱、面的特点；判断长方体、正方体展开图
	单元7	表面涂色的正方体	三维图形	正方体	例题/1	0	0	0	1	0	小正方体与正方体的关系
	整理与复习		三维图形	长方体、正方体	习题/2	0	0	1	1	0	根据长、宽、高判断长方体或正方体；找出正方体展开图相对的面
六/下	单元2	圆柱和圆锥	三维图形	圆柱、圆锥	例题/3 习题/4	1 1	0 0	1 0	3 3	1 2	圆柱的底面、侧面、高的定义；圆柱的顶点和面的特点；圆柱侧面展开图；将圆柱平均分后拼成长方体，等高圆锥的顶点和面的特点；圆柱和圆锥判断圆柱或成圆锥；根据图形判断三视图；三角形绕直角边旋转后形成圆锥

续表

分布		概念关系		数量	内容旨向				知识点概述
单元	单元名称	几何维度	几何概念		直观认识概念	定义	构成要素	特点	关系	
单元7	总复习	一维图形	直线、射线和线段	习题/1	0	0	0	2	1	直线、射线和线段各有什么特征？他们之间有什么关系？什么是垂直和平行？
		二维图形	锐角、直角、钝角、平角、周角、角的大小；一般四边形、平行四边形、梯形、长方形、正方形、三角形	习题/5	2	0	1	5	0	角的大小与什么有关？图形的名称及特征；图形的名称及特征；三角形边与边的关系，角与角的关系，画图形的高；三角形的分类；根据长和宽画长方形
		三维图形	名称、特征、分类	习题/3	1	0	2	3	0	名称、特征、类分；长方体、正方体展开图
六/下				例题/45	29	12	19	33	12	
总计				习题/227	93	0	71	140	62	

初步认识二维平面图形（长方形、正方形、三角形、圆），感受其整体形状并学会初步识别、分类。二年级上册时开始初步认识新的二维平面图形——平行四边形，并借助七巧板，进一步体会图形整体形状间的关系。在此年级还初步认识了一维图形——线段，为后面学习角、三角形、四边形的边奠定了一定的基础。还学习了观察物体，初步观察长方体，认识正视图和左视图。二年级下册时开始初步认识二维图形——角（识别角、角的大小及比较、数角、画角、拼角），角是三角形、四边形的构成元素之一，学会初步识别各类角，掌握角的特点对后期的学习十分必要。

从三年级开始，对二维图形的学习就从初步认识转变为逐步探索，三年级上册开始对二维图形——长方形、正方形的定义、特点、直角三角形与长方形、正方形的关系展开探索学习，并利用图形拼组探究二者异同。四年级是学习"图形的认识"的关键年级。在四年级上册，学生开始观察由正方体拼搭成的立体图形，逐步探索一维图形（线）和二维图形（角、线与线的关系），对"线、角、线与线的关系"的学习也更为深入，学习其定义、分类、特点、各种线/角之间关系，这对于四年级下册探索"三角形、平行四边形和梯形"做了良好的铺垫。

在前面三个年级的学习基础之上，四年级下册教材安排了"三角形、平行四边形和梯形"的进一步学习，三角形、梯形、平行四边形的定义、构成要素、分类、性质、特点等都是这部分的知识点，并且这部分对于一些特殊图形的学习也更为注重，图形间关系的探索也是这部分的拓展知识。

四年级学习"三角形、平行四边形和梯形"内容之后，"图形的认识"内容的安排情况如下：

五年级下册初学并探索了一种新的二维图形——圆，这是一种新的平面图形，或许由于这不是一种由线段围成的封闭图形，而是由曲线围成的封闭图形，故而教材放在五年级单独学习。六年级开始"图形的认识"，从先前对三维图形的初步认识、观察转而详细探索三维图形的构成要素、特点、要素间的关系。其中，六年级上册深入探索长方体和正方体，六年级下册初学并深入探索圆锥、圆柱，并进行一维、二维、三维图形的巩固和复习。

可以看出，其一，前后知识与"三角形、平行四边形和梯形"单元的关联主要是先前所学知识为本单元巩固之基础，之后所学知识是本单元的拓展应用。从上文的分析中可以看出，在四年级下册正式学习"三角形、平行四边形和梯形"前，初步认识了长方形、正方形、三角形、平行四边形、线段、角，逐步探索了长方形、正方形、线、角、线与线的关系，这些都为正式学习本单元内容奠定了良好的知识基础。在四年级下册学习了"三角形、平行四边形和梯形"后，再开始进行"圆"的学习，将圆切割成无数个三角形，这就是本单元知识的应用，包括六年级学习三维图形，都是基于本单元对二维图形的学习基础之上，因而可以看出苏教版前后知识之间的关联还是密切的。教材内容安排对于"三角形和四边形"认识的学习能够达到积极的效果。

其二，尽管从"图形的初步认识"整体年级分布来看，该内容在苏教版教材中基本上按照三维图形、二维图形、一维图形这样的呈现先后顺序编排，但教材对二维图形的关注度似乎比三维图形、一维图形要高，出现的单元和年级也相对较多。一、二年级主要是图形的初步认识（三维、二维、一维），三、四、五年级主要是对二维、一维图形的逐步探索，而真正意义上对于三维图形展开探索是在六年级，这或许和学生的几何思维、抽象逻辑思维发展水平和空间想象能力有一定的关系。低年级的孩子主要处在具体形式运算阶段，对图形的学习主要以直观识别、认识、感受为主，不太能够深入探究其内在构成要素和它们之间的关系，中年级的孩子处在具体形式运算到抽象逻辑思维过渡发展的关键时期，对图形内部特点的操作、探索有助于其更高层次思维的培养、发展。高年级的孩子已经开始具备一定的抽象逻辑思维，空间想象能力和几何思维也发展到了一个相对较高的层次，在这个年级展开对立体图形的内部要素探索，并结合一些面积、体积计算，可以进一步提升其思维水平，锻炼一定的演绎推理能力。

另外，从"图形的认识"内容旨向各维度（直观认识概念、定义、构成要素、特点、关系）在1—6年级中的分布情况及知识点来看。其一是分布情况：苏教版十二册教材中"图形的认识"内容共有45道例题、227道习题，合作者3人在对上表中各维度在1—6年级中的分布情况做了进一步统计后发现，特点是"图形的认识"例、习题在1—6年级中涉及最多的一个维度，在例题、习题中分别出现了33、140处，其次是直观认识概念，在例题、习题中分别出现了29、93处，接着是构成要素和关系，例题、习题分别有19、71处和12、62处，最少的是定义，仅在例题中出现12处。为了深入了解其原因，仔细分析上表后注意到这样一个情况，四年级是"图形的认识"例、习题占比最多的一个年级，其次是二年级，"三角形、平行四边形和梯形"的学习内容正式安排在四年级下册，该单元的知识点绝大多数涉及对直观认识概念、图形特点、构成要素、图形间关系的认识与理解，对于图形定义的学习则是安排在每个例题对图形的认识时加以呈现。二年级在认识图形时则主要从直观认识概念、特点、构成要素这三个维度展开。由此可见，苏教版教材对图形的定义重视程度不是非常高，对图形的特点、直观认识概念的关注度则相对较高，仔细观察表格会发现，定义这个维度只在四年级的例题中出现，四年级上册在学习"线、角、线与线的关系"、四年级下册在学习"三角形、平行四边形和梯形"时教材会结合图形呈现定义，除此之外各年级例、习题几乎没有出现"图形的定义"，这样的编排设计合理性不足。

其二是各维度对应的知识点：经研究发现直观认识概念几乎在所有图形的认识单元都会涉及，这一点可想而知，学习几何的单元呈现图形，进行识别、认识是最基本的。特点主要涉及图形分类，长方形的性质（不稳定性），角的大小，长方形、正方形边和角的特点，线、角、线与线的关系，三角形、平行四边形和梯形的特点，三角形内角和性质，边的性质，圆、长方体、正方体的特点、图形的剪、折、拼、堆积、组合等。构成要素主要涉及围、摆、画图形（一维、二维图形）、图形本身构成要素的学习与判断。关系主要涉及图形的剪、折、堆积，图形拼组（用两个相同的长方形拼长方形或正方形；用小正方形拼不同的图形等)、图形间的关系判断。定义集中在四年级下册,涉及线、角、线与线的关系定义,三角形、平行四边形和梯形的定义。除此之外,需要注意到的一个地方是四年级上册第三单元观察物体,涉及认识、识别立体图形的三视图(前面、右面、上面)、判断三个立体图形的三视图异同、按视图呈现要求摆立体图形的知识点,涵盖的内容旨向是特点和关系,主要考察立体图形与平面图形间的关系以及图形本身的边、面之间的特点,并且在例、习题中均出现21处。

根据以上分析结果,苏教版教材"图形的认识"单元内容编排设计较为合理,前后知识之间的关联度较高,内容旨向各维度的安排较合理,但还是存在一点不足,即对图形的定义太少。苏教版教材或许可以在低年级初步认识平面图形、立体图形时就呈现一些儿童易懂的词汇(方方的、圆圆的、尖尖的等)来对图形进行初步的定义,让学生可以初步理解图形的概念,在高年级时可以在探索立体图形时适当增加一些初中对几何图形的描述性定义,这不仅可以衔接初中知识,让学生对初中几何图形有一个初步感受与心理准备,还可以提升其文字理解水平。

二、横向分析

"三角形、平行四边形和梯形"是苏教版四年级下册第七单元的内容,本单元共有10道例题(其中"多边形的内角和"算作1道例题),58道练习题(包括"试一试"2道、"练一练"14道、练习十二11道、练习十三13道、练习十四10道以及"整理与练习"8道)。下面作者三人将分别对例题的内容组织、情境创设、学习进程、思维水平以及习题的内容组织、问题形式、问题结构、思维水平展开分析。

(一) 例题分析

本单元的10道例题将从内容组织、情境创设、学习进程和思维水平四个维度进行分析。

1. 内容组织

教材的编排体现了教学内容呈现的组织顺序,对例题的内容组织进行分析可以发现教材的设计思路与内在逻辑。以下是苏教版"三角形平行四边形和梯形"这一单元各例题教学内容的整理表格。(见表4-28)。

表4-28 苏教版教材中"认识三角形和四边形"例题的内容组织

例题	教学内容	具体描述
例1	△定义及要素	识别生活中三角形并会画一个三角形,从顶点、边和角来说明三角形的特点
例2	△的高与底	由测量人字梁高度引入和学习三角形高与底的概念

续表

例题	教学内容	具体描述
例3	△三边的关系	通过小棒围三角形，探索任意两根小棒长度和与第三根小棒的关系，提出猜想并通过画三角形测量、计算来验证猜想，得出结论
例4	△内角和	提出每块三角尺三个内角和是多少度的问题，计算结果。用量角器测量和拼接教材中剪下的三个三角形的内角、拼接自己画的三角形内角的方法来验证，得出"三角形内角和等于180度"结论
例5	△按角分类（锐角△、直角△和钝角△）	给出打乱顺序的6个三角形（直角三角形、锐角三角形和钝角三角形各2个），要求按角来分类，根据分类结果得出结论，并给出三者与三角形的关系图
例6	等腰△定义、特点及其要素	测量给出的三个等腰三角形的三边长，说说共同点，给出定义和标注好的各要素（顶角、底角、腰和底），用长方形的纸折剪出等腰三角形，思考等腰三角形特征（特点）
例7	等边△定义、特点	测量给出的一个等边三角形的三边长，给出定义，用正方形的纸折剪出等边三角形，发现等边三角形特征（特点），提问等边三角形是否一定是锐角三角形
例8	平行四边形定义、特点及其要素	识别生活中的平行四边形，在方格纸上画一个平行四边形，说出其特点，给出定义，给出平行四边形高与底的概念，要求会画高，测量高与底长度
例9	梯形定义、特点及其要素	直接从实物图中抽象出梯形（等腰梯形和直角梯形），直观认识概念，在方格纸上画梯形并说出其特点，给出梯形定义、上/下底、腰、高的概念，要求会画给出一般梯形的高，测量出上、下底和高的长度。最后给出等腰梯形，测量其腰的长度，说特点给出等腰梯形的定义
多边形内角和	多边形内角和	已知三角形内角和等于180度前提下，采用化归思想得出四/五/六边形内角和，进一步归纳多边形内角和一般公式

由苏教版例题知识点的编排来看，本单元共设计10道例题，包含10个知识点。每一道例题的具体编排形式如下：

例1包含知识点为三角形的定义和要素。出示真实情境图，让学生从图片中识别出三角形，进而提问学生生活中还有哪些地方能够见到三角形，体会三角形在生活中的广泛应用。接着让学生动手画一个三角形，说一说三角形的特点，而课本也在提问之后直接给出了三角形特点以及文字定义和注明三角形各要素的图形，让学生根据给出图形说一说三角形有几个顶点，并分别指出三角形的3个顶点、3条边和3个角。可以说，例1让学生经历了从具体到抽象，从动眼、动嘴到动手，调动了学生各处感官来理解三角形。

例2"三角形高和底"由测量人字梁高度引入和学习三角形高与底的概念，也是从生活实物引入，来探讨三角形这一数学概念的高如何测量，这其中包含着什么是人字梁的高度—测量线段与人字梁底边的关系—测量的步骤,实际上将三角形高的定义、做法和特点都包含在内了,这样的设计思路使学生可以较好地把握这一知识点,最后在学生已经理解的基础上给出三角形高的文字定义。

例3"三角形三边的关系"通过已经给出的8厘米、5厘米、4厘米和2厘米的4根中任选3根是否能围成一个三角形从而探索任意两根小棒长度和与第三根小棒的关系,教材要求同学们先围一围再与同学交流,经历了自主探究与合作交流的过程,根据不能围成三角形的特殊情况提出能围成三角形条件,提出猜想最后通过画三角形测量、计算来验证猜想,得出"三角形任意两边长度的和大于第三边"的结论。整个知识点采用探究教学的设计思路,让学生经历动手操作、提出猜想、小组交流发现、实例分析、得出结论的过程。

例4"三角形内角和"这一知识点的学习,是由卡通人物直接提问"你知道每块三角尺3个内角和是多少度吗?"而引出的。通过对已知度数的三角尺的三个内角加和得出结果、用量角器测量、拼接教材中剪下的三个三角形的内角发现是平角、拼接自己画的三角形内角等方法来验证,最终得出"三角形内角和等于180度"的结论。

例5"三角形的分类"这一知识点,教材是直接给出了打乱顺序的6个三角形(直角三角形、锐角三角形和钝角三角形各2个),要求按角的特点来分类,学生在此之前已经认识锐角、直角和钝角,通过观察、分类,得出锐角三角形、直角三角形和钝角三角形的直观认识,并给出文字定义。此后教材还紧接提问"一个三角形中可能有2个直角或2个钝角吗?为什么?"这样的设计巩固了例4三角形内角和为180度这一知识。最后教材用维恩图给出了这三种三角形之间的关系。这一例题的设计中三角形按角分类的标准是直接告知的,学生是被要求的,让学生体验自由探索三角形分类标准、自主发现三角不同类型的经历似乎不足。事实上,三角形除了按角分类,也可以按照边分类,这样会发现,有三条边都不相等的三角形(一般三角形)、两条边相等的三角形(等腰三角形)和三条边都相等的三角形(等边三角形)。虽然这是编排在之后的知识点,但教材这样有意忽略这种思考问题的方式,可能对学生思维的发展产生不利影响,而由角分类的三种三角形之间的关系也是直接给出,并未让学生体验探究的过程。

例6"等腰三角形定义、特点及其要素"的学习,让学生经历:测量给出的三个三角形每条边的长度—说说这些三角形的共同特点—给出等腰三角形的定义、给出一个标注好各要素(顶角、底角、腰和底)的等腰三角形、指一指顶点和底边这一过程。在学习完等腰三角形定义后,让学生用长方形的纸折剪出等腰三角形,思考等腰三角形特征(特点)。

例7"等边三角形定义、特点"的学习,教材直接给出的一个等边三角形,让学生通过测量说明其三边是否相等,而后教材给出等边三角形的文字定义,最后让学生用正方形的纸折剪出等边三角形,发现等边三角形的特点,提问等边三角形是否一定是锐角三角形。

例8 "平行四边形定义、特点及其要素"的学习是通过教材出示生活实物图，识别生活中的平行四边形来引入平行四边形的概念，体会平行四边形在生活中的广泛应用。要求学生在方格纸上画一个平行四边形，说出其特点，教材下方直接给出平行四边形三个特点和文字定义，并设置问题：是否能在上面平行四边形一条边上任意取一点，画出这一点到它对边的垂线来引出平行四边形高的概念，并且教材同样给出了平行四边形已标注好高和底的图形，在旁边给出了高与底的文字概念，要求学生作出其高并测量高与底长度。

例9 "梯形定义、特点及其要素"直接从实物图中抽象出梯形（等腰梯形和直角梯形），直观认识梯形这一概念，让学生在方格纸上画梯形并说出其特点，然后给出了特点和梯形及梯形相关要素的文字定义，出示标注好的梯形各要素的图片，给出了画一般梯形的高的方法。测量出已作的上、下底和高的长度。最后给出一个等腰梯形，要求测量其腰的长度，说特点最后给出等腰梯形的文字定义。

而"多边形内角和"是在本单元整理与练习的习题结束之后组织学生让学生合作交流探究内容，是在学生掌握本单元三角形内角和为180度的前提下，采用化归思想得出四、五、六边形内角和，进一步归纳多边形内角和一般公式。这一知识点的学习让学生经历了将四边形、五边形和六边形分成三角形探究内角和——提出多边形内角和计算的一般方法——用列表法探讨不同多边形边数、分成三角形个数以及内角和之间的关系——发现规律——用数学符号表示规律的思维过程，体会探索和发现规律的过程中自己的收获。

由苏教版"三角形、平行四边形和梯形"例题呈现，发现其内容的组织具有以下特点：

其一，注重已学知识对新知识的奠基和支点作用。例8、例9在学习平行四边形和梯形的高时就是以例2三角形的高的做法举一反三"从一条边任意取一点画这一点到对面边的垂线"来做的。多边形的内角和学习是借助已经学习过的三角形这一图形及其内角和这部分知识点来探究。

其二，三角形、平行四边形和梯形的学习完全独立开来。学习新图形时共性都是按照直观认识图形、画一画图形说特点、给出特点及文字定义、给出其各要素的定义顺序来学习。但其中认识三角形用了7道例题，涉及例题知识点顺序是一般三角形的认识——高和底、三边关系、内角和、分类，等腰三角形的认识，等边三角形的认识。但在学习平行四边形和梯形时均为一道例题，例题包含知识量较大。虽然在学习三角形时为四边形的学习奠定了一定的基础，但四边形的学习稍显仓促。

其三，"图形的认识"知识结构不明。虽然单元是按三角形、平行四边形、梯形的逻辑顺序展开教学，但单元例题数量的设置上使学生对三角形认识较深，掌握地较为全面，可能导致对三角形和四边形的联系认识不足。三角形内容例题编排的逻辑性较差，脉络模糊。教材例题在教授完三角形三边关系、内角和之后，在学习平行四边形之前，按锐角三角形、直角三角形、钝角三角形、等腰三角形、等边三角形的顺序认识了这几个三角形。在学习前三个图形时引入了三角形按角分类的内容。在三角形分类时，编制一个例题且直接要求按角来分。接下来两个例题虽未点明，实是按边分类，分别学习等腰三角形和等边三角形。学习梯形时在例题最后要求学生测量两腰的长度，随后直接给出等腰梯形概念。不知编写者是否想让学生学习梯形分类。若不是，这样的安排有些突兀；若是，意图却不明显，而且分类标准同样是按边，未提及其他标准。教材未有例题单独涉及不同图形之间的关系，只在三角形按角分类后简单的阐述出了三者之间的关系，并给出了维恩图。可能适当设置几道关于图形之间联系的例题会让图形的知识结构更加清晰。

2. 情境创设

在情境创设上，将情境分为三种类型：①真实情境；②虚设情境；③纯数学情境。对"认识三角形和四边形"单元例题的情景创设进行分析，结果如表4-29所示。

表4-29　苏教版教材中"认识三角形和四边形"例题的情境创设

例题	情境创设（类型）		
	真实情境	虚设情境	纯数学情境
例1	1		
例2		1	
例3		1	
例4	1		
例5			1
例6			1
例7			1
例8	1		
例9	1		
多边形内角和			1

从例题设置情境数量上看，真实情境、虚设情景以及纯数学情境出现的次数分别是4、2、4。虚设情境的数量最少，而真实情境和纯数学情境出现的数量一样多。

下面具体来看每一情境所承载的知识点。

真实情境出现在学生学习三角形定义要素、三角形内角度数和、平行四边形以及梯形概念的4道例题中，为让学生在生活场景中找到这些图形，体会其应用的广泛性或例题中需要使用实物操作而设置。例如认识和学习一个新图形时，例题首先会出现有关这个图形的生活情境图，让学生从具体事物中抽象出图形，产生对图形最直观的认识。例4采用三角尺这种几何实物图增加了学生动手操作与思考的机会。

虚设情景主要存在于测量人字梁的高度、探究三角形三边关系用到的小棒的2道例题中。例如例3通过直接给出已设计好的4根不同长度的小棒，让学生任选3根是否能围成一个三角形从而探索任意两根小棒长度和与第三根小棒的关系。学生可以经历自主探究与合作交流的过程，提出猜想并通过测量、计算等不同方法验证，最终得出"三角形任意两边长度的和大于第三边"的结论就得益于虚设情景的设置。

纯数学情境出现在三角形按角分类学习锐角三角形、直角三角形和钝角三角形，认识等腰三角形，认识等边三角形和探究多边形内角和4道例题中。数学中图形的学习最终要回归到纯数学情境，这对学生思维的提升、数学素养的提高有很大帮助。在本单元纯数学情境出现的例题内容都是学生有一定知识基础、易于掌握的知识。

总体来看，苏教版"三角形、平行四边形和梯形"单元涉及三种类型的情境，重视真实情境再现和纯数学情境的建构。原因可能在于本单元教授具体图形的知识，编者想呈现含有这些图形的真实情境，让学生抽象出数学几何图形，体会到不同图形的广泛的应用性。在探究三角形内角和为180度时，引导学生采用手中的三角板来验证，让学生体会到真实性。但是值得注意的是，真实情境过多使用可能会让学生产生较为牢固的视觉印象，形成一些思维定式，而且情境呈现并不能穷尽所有可能性。当学生思维水平达到一定高度或是已有知识经验充足情况下，不妨多设置一些纯数学情境，用以激活学生这些知识经验，提升思维水平。虚设情景有两处，出现的数量尚可。

3. 学习进程

在学习进程上，将教材中概念的学习分为引入、描述和应用三个过程；命题的学习分为发现、证明和应用三个过程。因此本单元学生学习进程从概念学习进程和命题学习进程两个方面展开。

表4-30 苏教版教材中"认识三角形和四边形"概念的学习进程

例题	概念	学习进程		
		引入	描述	应用
例1	三角形	找一找生活中的三角形	要求画并说说三角形的特点；图形、文字给出三角形的定义	
例2	三角形高和低	测量人字梁高度	图形、文字给出三角形高和底的定义	
例5	锐角三角形、直角三角形、钝角三角形	图形呈现	图形、文字给出不同三角形的定义	
例6	等腰三角形	图形呈现	图形、文字给出等腰三角形的定义	长方形的纸折等腰三角形

续表

例题	概念	学习进程		
		引入	描述	应用
例7	等边三角形	图形呈现	图形、文字给出等边三角形的定义	正方形的纸折等边三角形
例8	平行四边形及其高和底	找一找生活中的平行四边形	要求画并说说平行四边形的特点；图形、文字给出平行四边形及其底和高的定义	作平行四边形的高，并测量底和高的长度
例9	梯形及其上下底、高和腰	直接给出从实物抽象出的梯形图	要求画并说说梯形的特点；图形、文字给出一般梯形、等腰梯形及其上/下底、高和腰的定义	作梯形的高，并测量上/下底和高的长度

由表4-30可见，本单元有关概念学习的引入、描述和应用这三个学习进程的例题数量分别有7、7、4。教材注重概念学习过程中的引入和描述过程，这两个过程例题数量最多。这可能与图形的认识单元本身特点有关，在本单元需要接受大量的几何图形及其相关要素的概念，而对概念的认识和理解需要准确的语言文字定义。在概念的学习这一点上，苏教版的安排较为合理。

其一，单独分析每一学习进程。概念的引入出现在新图形的学习中。例如认识三角形、三角形的高和底，认识锐角三角形、直角三角形、钝角三角形、等腰三角形、等边三角形、平行四边形和梯形时都引入了含有这些图形的生活实物或是直观呈现图形。概念的描述过程出现在本单元所有的概念需要定义和图形特征需要描述时，例如三角形（含一般三角形和分类后的特殊三角形）、平行四边形、梯形的特点、定义及其相关要素的认识。概念的应用环节体现在对概念的更深层次的理解和运用中，如在学习等腰三角形后要求学生用长方形的纸按要求折一折剪出等腰三角形，学习等边三角形后同样要求学生用正方形的纸折一折之后剪出一个等边三角形来发现它们的特点，学习完平行四边形后要求作平行四边形的高，并测量底和高的长度、学习梯形后作梯形的高，并测量上/下底和高的长度。

其二，分析概念学习进程的完整性。7道例题中，3道例题呈现了引入和描述两个概念的学习进程，4道例题呈现了完整的引入、描述和运用三个概念学习进程。一个例题让学生经历完整的概念学习过程是否是必需的呢？在教师想系统教授一个对学生来说完全崭新的概念时可能这样做比较好，可以让学生全面而准确地掌握这一概念，但对于已经初步认识和学习过的概念再次学习或许可以让学生只经历后两个过程。对于一个比较难的或是内容比较多的新概念的时候，教师可以让学生先经历概念引入和描述，根据实际情况，考虑后面学习中是否让学生体会运用概念。

总而言之，教师应根据教授内容的特点和具体情况来把握概念学习的进程。

表 4-31 苏教版教材中"认识三角形和四边形"命题的学习进程

例题	命题	学习进程		
		发现	证明	应用
例1	三角形有3条边、3个角	通过观察图形		
	三角形的3条边都是线段			
	三角形的3条线段是首尾相接围起来的			
例2	三角形的高与底边互相垂直	通过观察和测量图形		
例3	△任意两边之和大于第三边	从能围成三角形的三根小棒中任意选出两根,将它们的长度和与第三根比较		
例4	△内角和是180°	通过三角尺、量角器求和及将三个角拼在一起成平角		
例5	一个三角形中最多有一个直角和一个钝角	提问形式		
	以角大小为分类标准,三角形可以分为锐角三角形、直角三角形和钝角三角形	维恩图呈现		
例6	等腰三角形的底角相等	通过观察对折后的图形		
	等腰三角形是轴对称三角形			
	等腰三角形底边上的高在它的对称轴上			
例7	等边三角形的3个角相等	通过观察对折后的图形		
	等边三角形是轴对称图形			
	等边三角形有3条对称轴			
	等边三角形是锐角三角形			
例8	平行四边形有4条边、4个角	通过观察已画的图形		
	平行四边形两组对边分别平行			
	两组对边分别相等			
例9	梯形也是四边形,有4条边、4个角	通过观察已画的图形		
	一组对边平行、另一组对边不平行			
	互相平行的一组对边长度不相等			
多边形内角和	多边形内角和 = $180° \times (n-2)$	化归思想,将多边形分成若干个三角形来计算内角和来发现规律		

小学阶段命题的学习一般是通过发现得到,即观察给出的例子发现规律,再通过几

个例子来验证所得规律,从而得到一个结论。通过证明来学习命题几乎是不存在的,而运用命题来学习和巩固命题的例题更是难以见到。这与证明与运用命题本身的难度和小学阶段儿童思维水平发展特点有关。在本单元"三角形、平行四边形和梯形"中也是如此。

本单元的所有例题都涉及命题的学习(参见表4-31),一道例题最多含有4道命题(如例7),最少含有1道命题,命题数量共计为22处。这些命题在学习时无一例外均通过命题三种学习进程中的发现得到,而发现的途径多是学生自己通过观察、测量或折叠图形,找一找图形的特点、图形边的关系和内角和等,归纳探究的程度不够,命题的得出过于轻松简单。

例1中是关于三角形边角特点的特点的3个命题,分别是"三角形有3条边,3个角""三角形的3条边都是线段""三角形的3条线段是首尾相接围起来的",是让学生画三角形,说说特点后直接给出得出的。例2命题是"三角形的高与底边互相垂直",教材中是在探究人字梁高度时直接给出的。例3、例4是探究三角形三边关系和三角形内角和,所以出现的命题是"任意两边之和大于第三边"和"三角形内角和为180度",命题的得出是让学生动手操作小棒寻找能拼成三角形的条件和动手测量、拼剪三角形三个角验证内角和是否为180度。作为三角形边和角的重要命题,例题中呈现的命题的发现过程似乎不符合严格意义上的合情推理一般环节,其命题的得出不够严谨。例5探究三角形分类,教材中引导学生以角作为分类标准,出现了"一个三角形中最多有一个直角和一个钝角"和"以角大小为分类标准,三角形可以分为锐角三角形、直角三角形和钝角三角形"两个命题。前一个命题以问句"一个三角形中可能有2个直角或2个钝角吗?为什么?"让学生思考,后一个命题则是直接语言阐述以及用维恩图直接呈现。例6和例7教授等腰三角形和等边三角形概念及特点,都是通过观察对折后的图形来得出命题。关于等腰三角形有"等腰三角形的底角相等""等腰三角形是轴对称三角形""等腰三角形底边上的高在它的对称轴上"3个命题。关于等边三角形有"等边三角形的3个角相等""等边三角形是轴对称图形""等边三角形有3条对称轴""等边三角形是锐角三角形"4个命题。例8和例9则是通过观察已画的图形来学习平行四边形和梯形各3个命题。这些命题分别是有关平行四边形的"平行四边形有4条边、4个角""两组对边分别平行""两组对边分别相等"以及梯形的"梯形也是四边形、有4条边、4个角""一组对边平行、另一组对边不平行"和"互相平行的一组对边长度不相等"。最后探究多边形内角和时,是将多边形分成若干个三角形,这样就采用化规思想,将未知的多边形内角和问题转化为已知的三角形内角和问题,关键点就在于找到分成的三角形个数。所以教材通过表格,让学生填完整三角形至八边形图形边数、分成三角形的个数和内角和的空格。以此类推,运用三角形内角和为180度归纳n边形内角和计算公式。

综合以上分析,可以看概念和命题的三个学习进程不一定需要学生完整经历。在小学阶段,概念学习相比命题的学习可能让学生经历更完整的学习进程会巩固概念的学习效果。命题的学习如果过于追求证明和应用,或许对小学阶段的学生有较大的困难,因而在命题的发现上,要让学生充分经历和掌握合情推理的方法,体验数学的严谨性。数学要能启发和提高学生思维水平，一些简单的命题如果通过学生观察等就能发现，那么也不必要求现阶段一定要通过证明来验证，而一些有助于提升学生逻辑推理能力的命题，如果适合这个年龄段学生，或许也可以让学生适当经历一下命题证明的过程。

4. 思维水平

在思维水平上，采用范希尔理论几何思维五水平分类法，考虑小学生几何思维水平和教材内容未达到第五水平，这里对前四个水平进行分析。（见表4-32）。

表4-32 苏教版教材中"认识三角形和四边形"例题的思维水平

例题	内容	思维水平			
		视觉水平	分析水平	非形式化演绎水平	形式化演绎水平
例1	三角形的定义；三角形边和角的特点		1	—	—
例2	三角形高和底的定义，量高		1	—	—
例3	三角形任意两边的和大于第三边		1		
例4	三角形内角和等于180°		1	—	—
例5	三角形按角分类		1	—	—
例6	等腰三角形定义、特征			1	—
例7	等边三角形定义、特征			1	—
例8	平行四边形的定义、特征；高/底的定义		1		
例9	梯形的定义、元素、特征；等腰三角形的定义		1		
多边形的内角和	由三角形的内角和推导多边形的内角和				1

"三角形、平行四边形和梯形"这一单元共9个例题，分别统计每个例题的最高思维水平，若涉及较低层次的思维水平，则不做标记。10道例题中，有7道例题最高达到分析水平，2题最高达到非形式化演绎水平，1题最高达到非形式化演绎水平。通过统计结果可发现，例题中体现的思维水平集中于分析水平和视觉水平，少量处于非形式化演绎水平，在本单元后的综合实践活动——"多边形的内角和"中探究多边形的内角和到达形式化演绎水平。

本单元的内容侧重于三角形、平行四边形和梯形的定义、特点，三角形的分类。内容安排与具体运算阶段的儿童的认知特点相符，故在思维水平上，图形的认识与定义往往是看图辨别图形，处于视觉水平；图形的边、角、点的特点的识别往往是在识别图形的基础上进行要素分析，处于分析水平；等腰三角形和等边三角形是轴对称图形，高在对称轴上，这样通过图形解释其所具有的数学性质，处于非形式化演绎水平；探究多边形的内角和，基于三角形的内角和推导出四边形、五边形、六边形的内角和，进一步总结出多边形的内角和，处于形式化演绎水平。

四年级的孩子大约 11 岁，正处于皮亚杰提出的认知发展阶段的具体运算阶段，表现为逻辑的适当使用。此阶段的儿童可以多方面看问题以解决问题；思维具有可逆性；懂得条目的数量或长度与物体或条目的排列或外观无关；有根据大小、形状或其他特征排列物体的能力；命名并根据外观、大小或其他特征给一批物体进行分类的能力，包括一类物体可以包括另一类的观念。

例 1 涉及视觉水平和分析水平，三角形的定义建立在大量观察三角形的基础上，此处对应视觉水平；确定了什么样的图形是三角形后，观察三角形的边和角，通过分析得出三角形的边角特征，属于分析水平。儿童在此前已经学习过长方形和正方形的定义及其特征，对学习三角形会有所影响，能够想到从边和角等元素观察三角形。

例 2 涉及视觉水平和分析水平，例题中只说明了三角形的高和底的定义，并未强调高和底是一一对应的关系，学生在解题时往往形成思维定式，高只是顶点垂直于底边的线段，不能灵活判断当底变化时，高也跟着变化。教材在编排时，应有意让学生识别，同一三角形中，不同的底对应不同的高。

例 3 涉及视觉水平和分析水平，通过小棒的选取导致结果不同，并进行归因分析。此处结论的得出只是经过了三个三角形的三边关系的检验，若是通过归纳推理得到结论应该由大量的例子来验证，此结论的得出未免显得单薄。

例 4 涉及视觉水平和分析水平，用拼一拼和量一量的方式让学生从不同的角度来得到三角形的内角和是固定的值。符合"此阶段的儿童可以多方面看问题以解决问题"的认知水平，并有意发展学生解决问题的策略的多样性。

例 5 涉及视觉水平和分析水平，此阶段的儿童具有"命名并根据外观、大小或其他特征给一批物体进行分类"的能力，所以例题根据三角形的角进行分类，学生是可接受的。且儿童在二年级的时候已经学过角，根据角的大小区分直角、锐角和钝角，结合对于角的认识来进行三角形的分类，不会给儿童带来特别大的挑战。

例 6 和例 7 都涉及视觉水平、分析水平和非形式化演绎水平，两道例题都是通过量一量的方式来给出等腰三角形和等边三角形的定义，在给出定义后来剪一剪，接着观察分析等腰/等边三角形的特点。此时的儿童已经有了一类物体可以包括另一类的观念，例 7 特别提出了等边三角形与锐角三角形有什么关系的问题，达到了非形式化演绎水平。例 6 和例 7 的学习内容已经加深，思维水平也较前几个例题有了提升。既然已经提出了等边三角形和锐角三角形的关系，不妨也可让学生探究一下等腰三角形与锐角/直角/钝角三角形存在什么样的关系。这有利于提升学生的探究意识和发散思维，而不仅仅是停例 8 和例 9 涉及视觉水平和分析水平，与三角形的学习不同，教材各安排了 1 个例题学习平行四边形和梯形的定义、特点及元素。相比较于三角形的学习，这样的安排看起来显得很少，很单薄，安排较紧密。实则，此时的儿童可以适当使用逻辑，思维具有可逆性，前面已经有了三角形的学习经验，再学习平行四边形和梯形会很容易，学习方法和经验可以套用。

整体上来看，例题的编排并无思维水平的跳跃，本单元是初次系统的学习三角形、平行四边形和梯形，例题中所体现的思维水平较符合本单元的学习内容，符合儿童的认知发展水平。基于学生的基础，又提供了学生需要跳一跳才能够到的情境，有利于学生的发展。

（二）习题分析

对于例题的分析将从内容组织、问题形式、问题结构和思维水平四个方面进行分析。

1. 内容组织

习题的内容组织基于例题，并在例题的基础上适当地拓展。习题的重要作用就是巩固基础和拓展练习，加深学生对所学知识的理解。通过对习题内容组织的分析，考察苏教版习题设置是否达到了巩固和练习的要求。同例题内容组织的分析，基于安德森教育目标分类进行统计分析。（见表 4-33）。

从习题数量来看，苏教版教材习题数量偏多，除去"图形与几何"领域之外的 5 道习题，苏教版在本单元共涉及 58 道练习题（包括"试一试"2 道、"练一练"14 道、练习十二 11 道、练习十三 13 道、练习十四 10 道以及"整理与练习"8 道）。

对苏教版的习题进行归类整理，习题可分为图形及图形元素的认识，即画图形（含围三角形）、画图形的高、图形识别、图形的组成部分，图形分类，图形的特点，图形间的关系（剪、拼、折、拆分、对称轴；比较）四个部分。在具体内容中，"图形及图形元素的认识"部分共有 18 道习题，其中，画图形（含围三角形）有 5 题，画图形的高有 6 题，图形识别有 6 题，图形的组成部分有 1 题；图形分类 2 题；图形的特点有 20 题；图形间的关系（剪、拼、折、拆分、对称轴；比较）有 18 题。可看出习题的内容编排注重图形的内涵、特点及图形间的关系，图形的分类不是考察的重点，重点是根据不同的三角形分析出题目中隐含的条件，进而解决问题。

本单元中练习题的设计起到了巩固和拓展延伸的作用。除例 6 外，每个例题后均配有"试一试""练一练"，练习十二对应例 1 至例 4 所学的"什么是三角形及三角形边和角的特点"，练习十三对应例 5 至例 7 所学的"三角形按边/角分类"，练习十四对应例 8 和例 9 所学的"平行四边形和梯形"，最后安排了总的整理与练习对应整个单元的教学。每个练习题的编排都是难易结合，基于学生的基础，又提供具有挑战性的题目。

表 4-33 苏教版教材中"认识三角形和四边形"习题的内容组织

教学内容	知识点	习题	数量
画图形	画顶点不确定的三角形；画底、高确定的三角形；在钉子板上分别围出直角、锐角、钝角三角形；画底、高确定的平行四边形/梯形	试一试（P75） 练习十二 2（P80） 练一练 3（P83） 练习十四 2.5（P91）	5题
画图形的高	画三角形底边上的高；画平行四边形底边上的高；画梯形底边上的高；画三种图形的高	试一试（P76） 练习十三 7（P86） 练习十二 1（P80） 练一练（P89） 练一练 2（P90） 整理与练习 1（P93）	6题
图形识别	识别三角形；给出三角形的顶点，画三角形，量度数，识别三角形；识别等边、等腰、直角三角形；将正方形纸沿对角线剪开，判断是否为直角三角形、等腰三角形；已知三角形一个角，猜形状；识别梯形，指出组成成分（上底、下底、腰）	练一练 1.（P76） 练一练 1（P83） 练一练 1.2（P85） 练一练 1（P90） 练习十三 8（P87）	6题
图形的组成部分	量三角形的底、高	练一练 2.（P76）	1题
图形分类	直角、锐角、钝角三角形的分类；根据三角形特点分类	练一练 2（P83） 整理与练习 2（P93）	2题
图形的特点	三角形边的性质（两边之和大于第三边）；三角形的内角和性质（三角形的内角和等于180°）；等边三角形的特点（判断为什么底比边短）；三角形边的性质（已知两边，判断第三边长度；已知周长，剪出三边长）；等腰三角形内角度数关系（顶角＝180°−底角×2）；根据三角形内角和是180°去求未知角、识别三角形；等腰三角形边的特点，腰等长，两边之和大于第三边；根据三角形边的性质和等边三角形、等腰三角形边的特点去用小棒摆等边、等腰三角形；直角三角形内角间的度数关系（锐角度数和＝直角度数）；等边三角形三边关系（相等）；量出平行四边形角的度数，说出特点；利用三角形内角和性质，等腰、直角三角形内角度数关系去求未知角的度数；三边性质，等边、等腰三角形边的特点；等边三角形三边特点	练一练 1.2（P78） 练一练（P79） 练习十二 4（P80） 练习十二 6.7（P80-81） 练习十二 8（P81） 练习十二 10.12.13（P81） 练习十三 14（P87） 练习十三 3.4.10. 12.13（P86-87） 练习十四 10（P92） 整理与练习 3（P94） 整理与练习 4（P94） 整理与练习 5（P94）	20题

教学内容	知识点	习题	数量
图形间的关系	用七巧板拼三角形；判断用两个一样的三角尺拼成的三角形的内角和；用两个一样的三角尺拼等腰、等边三角形；把平行四边形分成两个一样的锐角、钝角三角形；画等腰三角形的对称轴；在两个三角形（一个直角三角形、一个锐角三角形）中画一条线段，将其分为两个三角形；图形的拆分：已知一个直角三角形，在其中画一条线段，分成两个三角形；用两个一样的三角尺拼内角和180°/360°的图形；用两/四块完全一样的三角尺拼平行四边形；在七巧板拼成的图形中找梯形；说说平行四边形和梯形的异同点（从边去说、角去说等）；长方形对折剪等腰梯形，判断等腰梯形有无对称轴；平移图形使平行四边形变成长方形；在梯形中画高，将其分成两个图形；以长方形折痕与边交点为顶点，画平行四边形、梯形；图形的拆分、平移拼成新的图形；图形的拼组	练习十二 3（P80） 练习十二 11（P81） 练一练 3（P85） 练习十三 1.5（P86-87） 练习十三 2（P86） 练习十三 9（P87） 练习十三 11（P87） 练习十四 1.4.8（P91-92） 练习十四 6.（P91） 练习十四 9（P92） 练习十四 11.12（P92） 整理与练习 6（P94） 整理与练习 7（P94） 整理与练习 8（P94）	18题

练习十二中"对三角形的认识"涉及画三角形、拼三角形、摆三角形、用线穿一个三角形，学生学习感知方式多样，三角形的呈现方式也因此多样，以此加深学生对三角形的认识。此外还有3题与三角形的内角和有关，逆向考察已知两角求另外一个角的度数。一题考察三角形的三边关系。

练习十三中有7题涉及三角形的角，5题涉及三角形的边，1题综合角和等腰三角形进行出题。在三角形按角的分类中，锐角三角形和直角三角形出现的次数要多于钝角三角形的出现次数。在日常的生活中，在学生接触的三角板中，锐角三角形和直角三角形比较常用，三角板工具中没有钝角三角形。但是在习题的设置中也出现了这样的偏好，这不利于学生对三角形的整体感知，初次系统地学习三角形，不应减缩钝角三角形的呈现次数和出题数量。

练习十四中有4题考察平行四边形的相关知识，3题考察梯形的相关知识，还有3题综合考察平行四边形和梯形。对于平行四边形的认识安排了画一画、拼一拼，对梯形的认识安排了剪一剪、画一画。可以看出对平行四边形和梯形的方式没有三角形的学习方式多元。

三角形稳定性的来自三角形稳定性在现实生活中的应用，安排在了"你知道吗"中。平行四边形的不稳定性安排在了"动手做"中，学生根据拉吸管做成的平行四边形来体验它的不稳定性，继而通过对角线加一根吸管来加深探究三角形的稳定性。

整体来看，苏教版教材的习题编排顺序是根据例题分板块编排习题，且每一组习题的题目设置由易到难，既注重基本概念的考察，也注重题目的实际应用，将部分知识点放在习题中探索发现。在题型上注重对几何图形的操作活动，如画、剪、注重图形间关系的考察，如图形间的分割和拼接，注重题目的变式，既有图形考察，也有文字考察。

2. 问题形式

本文研究的习题问题形式主要指习题呈现问题条件的形式，对习题问题形式的整理与分析有利于我们理解苏教版教材本单元习题编排的呈现特点，发现其优点，或许还能找到一点不足。

本研究中的问题形式分别是符号形式、口头形式、视觉形式和组合形式。在充分认识理解各类问题形式后，对苏教版"三角形、平行四边形和梯形"单元习题按内容整理并统计了其对应的问题形式，力图更为直观地看出各问题形式在教材中的习题分布情况。为方便统计，进行编码，将符号形式、口头形式、视觉形式依次编码为 A、B、C，组合形式则为这三种形式的两两组合和三个组合，相应分为 A+B、A+C、B+C 和 A+B+C。（见表 4-34）。

表 4-34 苏教版教材中"认识三角形和四边形"习题的问题形式

内容	问题形式						
	A	B	C	组合形式			
				A+B	A+C	B+C	A+B+C
画图形	2	—	1	—	2	—	—
画图形的高	—	—	6	—	—	—	—
图形识别	—	—	6	—	—	—	—
图形的组成部分	—	—	1	—	—	—	—
图形分类	—	—	2	—	—	—	—
图形的特点	7	1	4	—	7	2	—
图形间的关系	5	—	10	—	2	—	—
总计	14	1	30	0	11	2	0

首先，从表中习题各形式问题的总体数量分布情况能够直观地看出，本单元习题主要以视觉形式、组合形式、符号形式呈现问题，最多的是视觉形式（30），接着是符号形式（14），再来是组合形式（13），最少的是口头形式（1），其中组合形式又以"符号形式+视觉形式"为主。可见，本单元作为"图形与几何"中"图形的认识"内容，呈现问题条件时，倾向于单纯采用视觉形式或纯数学表达的符号形式，或者用图形、图表等视觉形式呈现图形内容，并用纯数学的文字补充问题条件。或许在一定程度上表明了

苏教版教材编写人员注重学生对本单元数学符号化知识本身和图形本身的学习，结合生活情境的几何学习似乎是本单元的问题形式设计盲点。

其次，结合教材依次分析各问题形式涵盖的习题内容和相应的知识点，发现以符号形式呈现问题的习题内容是关于"画图形（含围三角形）""图形的特点""图形间的关系"，各个内容的知识点分别包括在钉子板上围三角形，在方格纸上画平行四边形；三角形的内角和性质——内角和等于180°（已知两角度数，求第三个角度数），等边三角形/等腰三角形三边的特点，直角三角形/等腰三角形内角间的度数关系；根据直角/等腰三角形内角和间的度数关系（锐角度数和＝直角度数，顶角度数＋底角度数×2=180°）求未知角；图形的剪、拼、折、拆分（用三角尺拼三角形/四边形、用长方形纸折、剪等腰梯形、平行四边形拆分为两个图形并平移组成新图形），判断平行四边形和梯形的异同点。

以口头形式呈现问题的习题内容是关于"图形的特点"，具体考察的知识点是等腰三角形三边的特点，以生活情境"围篱笆"来探究等腰三角形三边长的关系。

以视觉形式呈现问题的习题内容关于"画图形（含围图形）""画图形的高""图形识别""图形的组成部分""图形的分类""图形的特点""图形间的关系"等。各个内容的知识点分别包括画顶点不确定的三角形；画三角形、平行四边形和梯形底边上的高；给出三角形的顶点，画三角形，量度数，识别三角形、识别各类三角形、根据三角形一个角判断三角形类型、识别梯形，指出组成成分（上底、下底、腰）；量三角形的底和高；根据三角形特点分类；根据三角形内角和性质求未知角的度数、量平行四边形角的度数；图形的拼组（用七巧板拼三角形、用两个一样的三角尺拼等腰、等边三角形）、图形拆分（把平行四边形分成两个一样的三角形、把三角形拆分为两个三角形、用梯形的高将梯形分成两个图形）、图形折叠（画等腰三角形的对称轴、根据轴对称性质画出图形的另一半）。

以组合形式呈现问题的习题内容是关于"画图形（围图形）""图形的特点""图形间的关系"。具体看来，"符号＋口头"形式和"符号＋口头＋视觉"形式无。"符号＋视觉"形式涵盖画底高确定的三角形、平行四边形和梯形；等边三角形三边的特点、等腰三角形三边的特点、三角形边的性质——两边之和大于第三边（根据三角形的三边性质判断给定三边是否构成三角形；已知三角形周长，结合图示，按要求剪出三边长）、三角形内角和性质（在给定三角形内求未知角的度数，此时角的度数用符号表述更为简洁，如∠1=30°）；以长方形折痕与边交点为顶点，画平行四边形、梯形。"口头＋视觉"形式主要涵盖三角形边的性质（用生活情境表述题意）。

最后，苏教版教材"三角形、平行四边形和梯形"单元针对习题内容的问题形式总体上安排较为合理。

其一，从各问题形式涵盖的习题内容广度来看，视觉形式也是涵盖习题内容最广的一种问题形式，出现在有关"画图形（含围图形）""画图形的高""图形识别""图形的组成部分""图形的分类""图形的特点""图形间的关系"的习题中。接着是组合形式和符号形式，其涵盖的习题内容关于"画图形（围图形）""图形的特点""图形间的关系"。口头形式是涵盖习题内容最少的一种形式，仅在有关"图形的特点"习题中出现。同时，从表中还能看出 7 种问题形式几乎都在本单元的习题内容得以体现（除了"符号+口头"形式和"符号+口头+视觉"形式）。

本单元作为"图形与几何"的内容，认识图形、基于图形解决问题是本单元的重点知识，因而视觉形式作为本单元涵盖习题内容最广的问题形式，符合本单元学习要求。用纯数学的符号形式阐述问题条件，并适当结合图形以"符号+视觉"形式呈现问题，可以让学生回归数学本身去解决问题。不同的习题内容所要考察的知识点深度、广度未必相同，因此根据具体习题要求采用不同的问题形式也是本单元设计恰到好处的地方。

具体看来，对于使用符号呈现问题更为恰当的内容，采用符号形式。例如，在巩固三角形三边关系时，采用符号形式，将三边用线段、数字形式表示，使学生的判断过程更加顺畅（参见图 4-9）。

> 11.一块三角尺的内角和是 180°。用两块完全一样的三角尺拼成一个三角形，拼成的三角形内角和是多少度？

图 4-9 以符号形式呈现的习题

对于需要表述清楚操作要求的习题内容，则倾向于采用口头形式。例如，在加强学生对等腰三角形边与边之间关系时，采用口头形式，能够锻炼学生图形抽象、空间想象能力（参见图 4-10）。

> 13.李大伯家有一块等腰三角形的菜园，其中两条边的长分别是 10 米和 20 米。要在菜园的边上围篱笆，篱笆的长是多少米？

图 4-10 以口头形式呈现的习题

对于需结合图形操作解决问题的内容，主要采用视觉形式。例如，在图形识别、分类时，采用视觉形式，让学生将目光聚焦在图形本身，仔细观察，加深对直观图形的感知（参见图 4-11）。

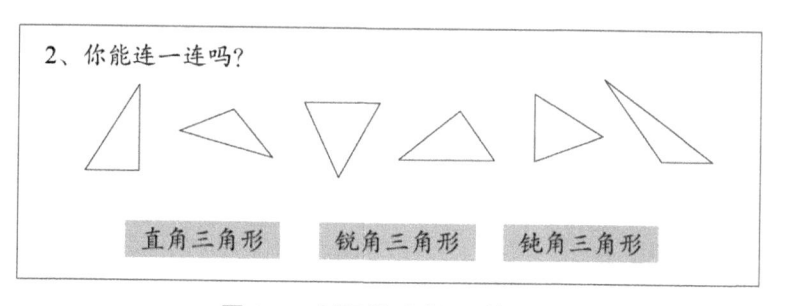

图 4-11 以视觉形式呈现的习题

对于需要符号形式、口头形式、视觉形式中两种或三种结合表述问题条件的习题内容，则采用组合形式。在组合形式中三种形式（符号形式、口头形式和视觉形式）分别体现为长度、角度采用纯数学形式（cm、°）加以表示，结合图形，运用口头阐述问题条件和要求。例如，当习题探索性、开放性较强时，较多采用组合形式，结合符号表示、图形直观和口头描述，让学生立足于图形自主探索、思考，提升几何思维水平（参见图4-12）。

用下面的9根小棒，摆成一个等边三角形和两个等腰三角形。

图4-12 以组合形式呈现的习题

其二，从各问题形式涵盖的习题内容特点来看，以口头形式、视觉形式呈现的习题绝大多数是本单元基础知识的巩固加强，而以符号形式、组合形式呈现的习题更多的是拓展知识的探索思考。前者涵盖的习题数量（27）与后者涵盖的习题数量（31）较为接近。

总的来说，苏教版"三角形、平行四边形和梯形"单元习题的问题形式较为丰富，使用恰当，涵盖内容多且广，可见教材编写人员的设计之精心。但仍然存在一些可以改进的地方：其一，从表4-13中可以看出，"画图形的高""图形的识别""图形组成部分""图形的分类"这四个习题内容仅涵盖一种问题形式，或许可以考虑能否多设计一些其他形式的问题，让学生从不同角度思考问题，从而提升几何思维水平的广度和深度。其二，本单元的习题较少出现口头形式或其他形式与口头形式加以组合的问题形式，这或许也体现了苏教版习题在设计问题时与实际生活情境衔接不够紧密，而是将目光聚焦于数学本身，也许多设计一些以口头形式呈现几何与实际生活情境相关联的问题，可以让学生提升学习兴趣，充分感受到几何内容和生活的关系。

3. 问题结构

对本单元习题的问题结构展开统计分析能够较为直观地发现习题的开放性强弱，从而初步判断习题的难度。本研究将条件（X）和结论（Y）是否确定、策略（Z）是否唯一作为评价开放的依据，将部分要素开放的问题归为半开放问题，将三个要素全部开放归为开放问题，将三个要素都不开放的问题归为封闭问题。

为了更直观清晰地了解本单元习题的问题结构编排情况，笔者对教材中的习题认真分析、判断、整理之后，制作了苏教版"三角形、平行四边形和梯形"单元习题问题结构的统计表（参见表4-35）。

首先，从表中各个问题结构的习题总体数量分布情况上，可以直观地看出本单元习题还是以封闭问题(36)为主，其次是半开放问题(22)，半开放问题中又以结论开放、策略开放的习题（8）为主，其次是结论和策略都开放的习题（4），最少的是条件和结论都开放的习题（2），开放问题无。这些统计数据结果表明了，苏教版本单元习题的开放性适中，教材仅编排近三分之一的半开放问题。由于开放问题的开放性较强，对学生创

第四章 "认识三角形和四边形"内容编排的分析与比较 249

造性思维和创新意识的要求较高,四年级的学生正处在思维发展的关键时期,适当呈现开放问题有助于其思维的发展和问题解决能力的培养。但本文定义的开放问题难度太大,或许不太适合四年级学生的思维水平,这也许是教材未设计开放问题的原因。

表 4-35 苏教版教材"认识三角形和四边形"习题的问题结构

习题教学内容	封闭问题	半开放问题						开放问题
		X	Y	Z	X+Y	X+Z	Y+Z	
画图形	—	—	3	—	2	—	—	—
画图形的高	6	—						
图形识别	5						1	
图形的组成部分	1						—	
图形分类	2							
图形的特点	16		3	2				
图形间的关系	6		2	6			3	
总计	36	0	8	8	2	0	4	0

注:每道习题仅统计一次问题结构,表中 X 表示条件开放,即条件不确定,Y 表示结论开放,即结论不确定,Z 表示策略开放,即策略不唯一。

其次,结合教材分别分析各个问题结构涵盖的习题内容和知识点,发现为封闭问题的习题内容主要是"画图形的高"(三角形、平行四边形和梯形)、"图形的识别"(各类三角形、梯形、平行四边形)、"图形的组成部分"(量三角形的底、高)、"图形的分类"(各类三角形)、"图形的特点"(三角形边的性质、内角和的性质、等腰/直角三角形内角度数关系、等腰/等边三角形边的特点、平行四边形角的特点)、"图形间的关系"。图形间的关系包括图形拼组(用两个一样的三角尺拼等腰/等边三角形、平移图形组成长方形)、图形分割(把平行四边形分成两个一样的锐角/钝角三角形)、图形折叠(画对称轴、轴对称)。

为半开放问题的习题内容主要是"画图形(围图形)"(画底和高确定的三角形、平行四边形和梯形、在钉子板上围三角形)、"图形识别"(已知三角形一个角,猜形状)、"图形的特点"(说说为什么等边三角形高比边短、三角形边的性质(根据三角形一个角判断三角形类型、已知周长,剪出三边长)、等腰/等边三角形边的特点(给定小棒,摆三角形))、"图形间的关系"(七巧板拼三角形、图形分割、图形拼组)。

最后,从各问题结构涵盖的习题内容广度和所考察知识来展开分析:

其一,结合以上分析可以发现,封闭问题涵盖的习题内容较广,包括"画图形的高""图形的识别""图形的组成部分""图形的分类""图形的特点""图形间的关系"这6个内容。而半开放问题涵盖的习题则较窄,包括"画图形(围图形)""图形识别""图形的特点""图形间的关系"这4个内容。其中,"画图形(围图形)""画图形的高""图形的组成部分""图形的分类"这4个习题内容仅体现1种问题结构。由此可见,本单元习题在设计时还是在一定程度上考虑到了问题的开放性,但大部分习题内容仍以封闭问题加以呈现并且没有开放问题,这一特点或许也体现了习题问题结构的均衡性还有提升空间。

其二,结合表格和以上分析内容,不难发现,当习题所考察的知识是基础知识或简单运用(包括画高、识别三角形、三角形边、角的性质、简单的图形拼组、切割)时,主要是封闭问题,这类问题主要为了考查学生对基础知识的掌握程度。当习题所考察的是图形特点的拓展提升运用和难度较高的图形间关系时,主要是半开放问题,这类问题所考察的知识常常没有明确结论或唯一的策略,并且这类问题所考察的知识点需要学生从多方面、多角度、多层次去思考、探索问题,从而解决问题,有所收获。这样的问题对于培养学生的问题解决能力、思维品质等十分有意义。

综上所述,苏教版"三角形、平行四边形和梯形"单元习题问题结构开放性较强,设计较为恰当,具体体现在针对所考察知识内容的不同选取相应、适合的问题结构。但不够全面,习题问题结构均衡性还可以进一步提升,主要表现为仍存在习题内容("画图形的高""图形的组成部分""图形的分类")在设计问题时仅采用一种问题结构,习题中半开放问题没有"结论确定,条件不确定,策略不唯一"和"结论确定,策略唯一,条件不确定"这两类问题,且无习题为开放问题,这或许是苏教版教材的不足。

4. 思维水平

小学儿童的思维由具体形象思维到抽象逻辑思维的过渡是思维发展过程中的飞跃。在这个过渡中,存在着一个转折时期,也就是小学儿童思维发展的关键期,一般认为,这个关键期在四年级(10—11岁)。[①] 苏联心理学家鲁宾斯坦认为,三、四年级的小学生开始能以抽象前提为基础进行推理,但是只有借助于直观形式或熟悉事例把抽象前提加以具体化的时候,推理才能顺利实现。

对本单元习题体现的思维水平进行分析有助于我们进一步理解学生在这个思维发展的关键时期是否得到了思维锻炼,习题思维水平的高低在一定程度上也能体现习题的难度高低。因此,为了进一步分析学生在解决本单元习题时的思维水平,研究在认真分析教材之后,将各习题的教学内容和所处在的思维水平进行了统计,并制作了表4-36。

首先,从表中各个思维水平涵盖的习题数量上可以直观地看出,本单元习题主要以分析水平为主(32题),其次是视觉水平(23题),接着是非形式化演绎水平(20题),没有习题处在形式化演绎水平。根据相关研究者对小学生思维水平发展的研究成果,形

[①] 朱智贤,林崇德. 思维发展心理学 [M]. 北京:北京师范大学出版社,1986:474.

式化演绎水平对于四年级的学生而言还是尚未能够达到的水平，而以具体形象思维和抽象逻辑思维为主的前三个水平则是符合四年级学生思维发展水平，习题可以涉及的。这或许是教材未出现形式化演绎水平的习题的原因。

表4-36 苏教版教材中"认识三角形和四边形"习题的思维水平

习题教学内容	思维水平			
	视觉水平	分析水平	非形式化演绎水平	形式化演绎水平
画图形	5	1	—	—
画图形的高	3	6	1	
图形识别	5	2	1	
图形的组成部分	1	—		
图形分类	1	2		
图形的特点	3	20	2	
图形间的关系	5	1	16	
合计	23	32	20	0

说明：当一道习题考察多个知识点时，每个知识点均统计其思维水平。

其次，结合教材分别分析各个思维水平涵盖的习题内容，发现体现视觉水平的习题内容主要是"画图形（含围三角形）"（画底和高确定的三角形、平行四边形和梯形、在钉子板上围图形）、"画图形的高"（画出高后要求测量高的长度）、"图形识别"（根据图形的整体轮廓辨认各种三角形和四边形）、"图形的组成部分"（量三角形的底和高）、"图形分类"、"图形的特点"以及"图形间的关系"（初步画图形）。体现分析水平的习题内容主要是："画图形"（画完图形后分析其特点）、"画图形的高"、"图形识别"（根据三角形一个角判断三角形类型）、"图形分类"、"图形特点"（据三边长度判断是否可以围成三角形、根据三角形两内角判断第三角）、"图形间的关系"（判断拼组后三角形的内角和）。体现非形式化演绎水平的习题内容主要是"画图形的高"、"图形识别"（将正方形纸沿对角线剪开，判断是否为直角三角形、等腰三角形）、"图形的特点"（通过等边三角形解释其所具有的性质——高比边短）、"图形间的关系"（图形拼接、图形割补、图形折叠）。

最后，从各思维水平涵盖的习题所考察知识来展开分析发现，视觉水平涵盖的习题所考察的知识主要是学习三角形和四边形的基本元素，学生在解决习题时，需要通过整体轮廓辨认图形，说出图形各部分要素的名称，要能画图形、测量图形的边的长度、角的大小、高。分析水平涵盖的习题所考察的知识主要是三角形基本元素的特征、四边形的基本特征，学生在解决习题时，需要分析图形的组成要素及特征，并依此建立图形的特性，利用这些特性解决几何问题，要能根据组成要素比较两个形体，利用某一性质做图形分类。非形式化演绎水平涵盖的习题所考察的知识主要是图形性质间的关系，三角形和四边形的拼接、折叠（轴对称，画对称轴）与割补，学生在解决习题时，需要建立图形及图形性质之间的关系，了解建构图形的要素，能进一步探求图形的内在属性和其包含关系。

通过以上分析，不难发现，当习题考察的内容不再是图形本身的构成元素、特征，而是图形间的关系时，则其思维需要到达非形式化演绎水平。本单元除了学习图形本身的构成要素、特征以外，还有一个重要内容就是图形间的关系，教材在编写习题时较为合理地考虑到了教学内容和思维水平之间的契合度，根据不同的教学内容编排了处在不同思维水平的习题，并且以分析水平为主的习题比较适合四年级学生的思维发展，非形式化演绎水平的习题呈现也在一定程度上锻炼了学生的抽象逻辑思维和演绎推理能力。但对于学生而言，解决非形式化演绎水平问题的难度或许还是有点大，挑战性强。

另外，在分析统计表格时，还发现直接体现分析水平的习题有22道，直接体现非形式化演绎水平的习题有13道，均超过了这两个思维水平习题总数的一半，这说明苏教版"三角形、平行四边形和梯形"单元习题考察的思维水平层次较高，具备一定的挑战性。

习题内容组织较合理，既注重基本概念的考察，也注重题目的实际应用；问题形式难度较低，以视觉形式为主的习题，利用直观呈现图形的方式便于学生理解题意，解决问题；问题结构难度适中，以封闭问题为主、半开放问题为辅的习题问题结构安排比较适合学生巩固基础知识、探索拓展知识。习题体现的思维水平难度较高，注重学生通过分析图形构成要素和特点、图形间关系去解决问题的习题，对于学生而言并不是轻而易举的容易题，而是有助于提升其思维水平的能力题，苏教版习题正是以分析水平、非形式化演绎水平的习题居多。总体上看，苏教版"认识三角形和四边形"单元习题的难度中等偏上。

三、分析结论

针对研究问题，以下将主要从编排理念、编排特点、对教学实践可能产生的影响三个方面总结相关研究结论。

（一）编排理念

编排理念契合课标要求，重视调动学生已有知识经验，注重在动手实践中获得对知识的理解。依据新课程改革和义务教育数学课程标准倡导的课程理念，认为苏教版本单元编排理念基本契合要求但也产生一点疑惑。

"教师教学应该以学生的认知发展水平和已有的经验为基础，面向全体学生，注重启发式和因材施教。"苏教版重视调动学生已有知识经验。这一点在本单元三角形、平行四边形和梯形的编排上得到了充分体现。三个图形例题中均以生活实物图呈现，使学生从具体中抽象出图形。三角形和平行四边形学生在本单元学习之前就已经有了初步认识,已有知识经验得到充分调动,为后续三角形深入学习奠定基础;而梯形是唯一一个学生新接触的图形,情景图的出现可以唤醒学生生活经验,帮助学生认识梯形。在学习三角形高的概念时,引入人字梁高度测量的问题,探究物体的高度和图形的高之间的联系。而三角形高的定义中从顶点出发向对边做垂线段恰恰是学习平行四边形高的做法依据所在,而梯形的高的做法又可以类比平行四边形得到。在学习三角形时依据角来分类,以学生之前学习锐角、直角和钝角为前提。在探究多边形内角和时充分运用本单元"三角形内角和为180度"的结论。

第二点,注重学生在动手实践中获得对知识的理解。可以看到,本单元例题和习题中设置大量让学生动手操作的题目。有些例题中动手操作的环节不止一处,例如探索三角形的内角和,既要学生用量角器先量三角尺的内角再计算,又要让学生动手折一折、拼一拼一般三角形来概括所有三角形内角和的度数。在动手操中学习和理解数学知识,这是一种重要而有效的学习方式和体验过程。这是苏教版本单元编排上突出体现的课程理念。但是,就图形的初步认识而言,教材呈现的某些内容的知识要点(图形的特征、性质等方面)可能较多,在时间有限的课堂上,就要考虑是否过于注重方法的多样而做了一些不必要的实践操作,有的环节可能需要再作适当调整,甚至删减。

(二) 编排特点

编排特点从教学性、适合性、逻辑性、整体性进行分析。教学性上,表征方式多样,启发方式多样;适合性上,例题难度不高,有可提升空间,习题多元、多样;逻辑性不足;整体性尚可。

(1)教学性上,表征方式多元,启发方式多样。例题均涉及两种或两种以上的启发方式:方法的启发、思考过程的启发和语言提示。教材是在呈现具体问题后,让学生探索解决问题的方法的过程中进行方法的启发、安排卡通小人物旁白启发等多种方法;教材在引导学生认识三角形、平行四边形和梯形,并在探究图形的特点时进行"思考过程的启发,在总结图形的特点时进行语言提示。呈现图形有生活中的三角形、平行四边形和梯形,小棒围成的三角形,三角板等。教材的编排中有意让学生经历多层级的学习活动过程认识图形,如画三角形,拼三角形,摆三角形,用线穿一个三角形,画一画、拼一拼平行四边形,剪一剪、画一画梯形等等。

(2)适合性关注的是教材内容的选择、组织和表达与学生学习准备之间的适合程度,其中,学习准备是指学生原有的知识水平或心理发展水平对新的学习的适应性。因此,教材与学生认知水平之间的符合程度可以体现教材的适合性。仅就教材内容而言,以下主要从例题的难易程度和习题的多样性两个方面来分析苏教版教材的适合性。而例题的难易程度将从例题内容的深度以及例题间的坡度予以分析。

就例题难易程度而言,苏教版例题难度不高,有进一步提升的空间。在本单元之前学生已经了解了直角、锐角和钝角,也接触过一些平面图形的定义及图形特点。所以在一些较低的识别和定义层面的例题上,相对而言学生比较容易掌握,但在一些对图形的特点和性质的灵活应用的问题上,如果学生对图形掌握的深度不够,那么学生在面对诸如此类问题时便会不知所措。具体来看例题的深度以及归纳推理都不够充分,仅通过三四个例子就得出了三角形的三边关系;仅关注特殊,不探究一般:教材中有意识地让学生探究等边三角形与锐角三角形的关系,而不探究等腰三角形和直角/锐角/钝角三角形的关系。从例题设计的坡度来看,前七个例题介绍与三角形有关的知识,后两个例题分别介绍平行四边形和梯形,跳跃较大。拓展性教学内容较少。

从习题多样性来看,苏教版练习题呈现出习题数目多且题型丰富多样的特点。具体来看,教材共安排了练习十二、练习十三及练习十四这样的三个练习(包含34道题目)和1个整理与练习(包含8道题目),而且除例6外,每个例题都配有相对应的"试一试""练一练"等形式的练习,用以巩固本知识点或进行拓展延伸、探索其他知识。题目以文字、图片和表格呈现,包含填空题、推理题、画图题、计算题、应用题、操作题、判断题和探究发现题,题目类型丰富。

(3)逻辑性是指知识间的内在结构。数学知识都有其启蒙脉络,并且会不断推广。这样就构成一定的知识逻辑体系。第一,本单元前七个例题介绍与三角形有关的知识,后两个例题分别介绍平行四边形和梯形,为什么将三角形与平行四边形和梯形一起学习,三角形、平行四边形和梯形有什么样的关系,教材都未说明,给学生一种断崖跳跃式的感觉。第二,重结果轻推理过程,教材中部分结论的得出是教材直接呈现的,没有经历充分的归纳、说理。

(4)从内容的整体性来说,苏教版教材的知识点内容和难度适中,重视数学文化的传播,重视数学思想方法的渗透,且在单元整理练习中安排了"回顾与整理、练习与应用、探索与实践、评价与反思"模块,帮助学生进行自我完善。

(三)对教学实践可能产生的影响

教学环节需恰当选择教材实践操作例子,设计动手操作活动,注重调动学生经验。教师教学重心或将倾向于三角形的知识学习,四边形的学习或被忽视。例、习题思维水平的跳跃性或将给学生的学习创造一定困难。

其一,教材中的例题重视学生已有知识经验,注重学生在动手实践中获得经验,但许多实践操作的例子需要教师结合课标、本节课的教学重难点去恰当选择、精心设计教学环节中的动手操作活动,只有这样,才能使整个学习过程被学生所热爱,学生能够充分发挥其主观能动性充分参与教学师生互动,使学生在学习中主动生成知识。其二,教材编排了七个例题给三角形的知识学习,而平行四边形和梯形均只安排一道例题,这或许会使教师重视三角形的知识学习,而分配较多时间和教学资源给三角形,而忽视平行四边形和梯形的学习。同时,例题对本单元各图形间联系的设计不够清晰也会给教师教学带来一些困惑。其三,从学生的学来看,面对思维水平一般的例题和思维水平较高的习题,学生的自主学习、巩固和拓展知识的过程变得颇具挑战性,学生需要充分调动其思维能力,并且可能需要花费一些时间思考、解决问题,这也是教师需要考虑的或将影响教学进度的因素。

四、问题讨论

（一）提升教学内容编排的均衡性，增加四边形例题数量

"认识三角形和四边形"单元的例题编排时，三角形的学习内容数量远多于四边形的学习内容数量，这不仅影响学生对本单元所学知识的认识，也影响教师对教学内容的安排和设计，可以适当结合相关习题和六年级将要学习的三维图形，增添平行四边形和梯形的例题数量和知识点呈现，让本单元的学习内容更均衡。

（二）加强教学内容编排的逻辑性，突出图形间的联系

在小学数学的平面图形的学习中，各平面图形有着一定的联系，每个图形都不是独立存在的。在教学时，不仅应让学生认识到图形本身的定义、元素和特点，还应该梳理清楚各个图形间的联系，构建图形框架，随着新的学习内容的出现，不断地完善图形框架。

（三）规范得出结论的过程，提升学生数学素养

本单元出现了大量的命题/结论，由于归纳推理对学生思维水平要求较低，教材中优先选用归纳推理的方法来得出结论，然而归纳推理需建立在大量的事实性案例之上，通过寻找共性，得出结论。教材在这一点的编排上，稍显不足，如在得出三角形的任意两边之和大于第三边的结论时，通过四五个例子便得到了结论，且例题具有较强的引导性，学生便轻易地得出了结论，不利于数学素养的形成，对归纳推理方法的使用形成误解。

（四）例题适度开放，重视学生思维水平提高

教材中本单元部分例题的导向性较强，牵引痕迹明显。比如本单元编排三角形分类时直接要求学生按角分类，没有让学生思考图形分类的其他标准。事实上在学习本单元知识前已经从边角关系认识过长方形正方形，之后认识等腰三角形和等边三角形便是按边分类的很好例子。等腰三角形和等边三角形分别由两个例题呈现，教法无一例外让学生测量教材直接给出的等腰三角形或等边三角形的边长发现特点。例如，教材84页为什么按照教材折出的图形一定是等边三角形？通过折纸发现等边三角形三个角是否相等？教材最后探究多边形内角和时，除测量各角大小之外，是否能将多边形从一个顶点出发分成若干个三角形吗？

第五节　三个版本教材中"认识三角形和四边形"内容编排的比较

本节基于第二节到第四节的研究结果，从人教版、苏教版和北师大版教材中出发，分析和比较三者在认识三角形和四边形编排上的特点，据此更好地为教学运算律提供参考。

一、纵向比较

纵向分析主要是分析教材中所出现的与"认识三角形和四边形"单元前后相关的内容，包括量的分析与质的分析两个方面。

（一）量的比较

小学数学三个版本的教材中，"认识三角形和四边形"都以不同的方式蕴含在不同年级中。量的分析主要对教材中出现的三角形和四边形进行分类统计，分别考察不同的三角形和四边形在六个年级的教材中图形直观呈现的现状，以期发现三角形和四边形在不同年级的潜伏与拓展。基于此，三个版本教材的三角形统计结果如图4-13、图4-14、图4-15所示。

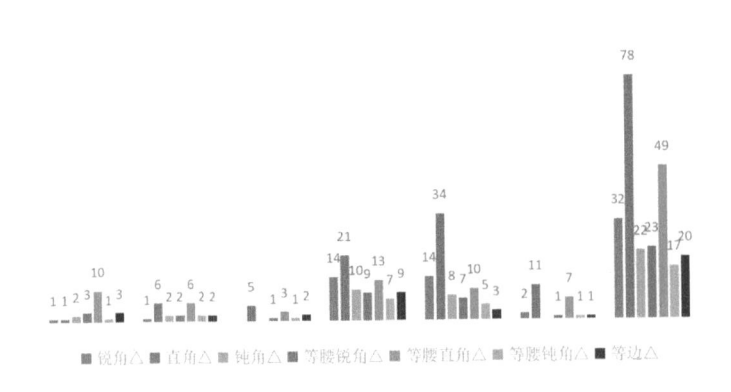

图4-13　人教版小学"图形与几何"领域中三角形直观呈现的数量分布图

由上述三图可知，三个版本的教材存在下述异同点。

就相同点而言，其一，在三角形直观呈现中，以直角三角形的图形呈现数量最多；其二，从不同年级的数量分布来看，在三角形直观呈现中，以四、五年级的数量居多。

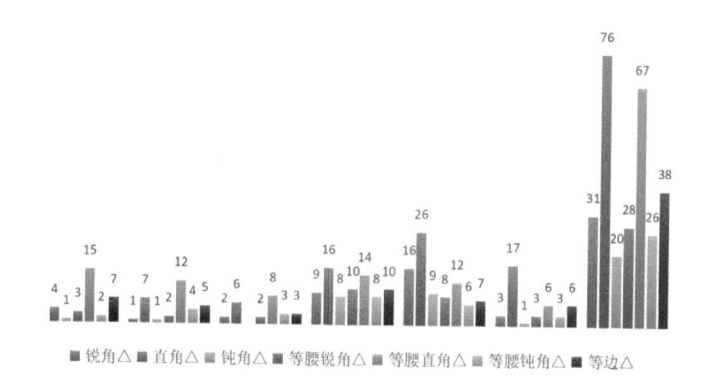

图 4-14　北师大版小学"图形与几何"领域中三角形直观呈现的数量分布图

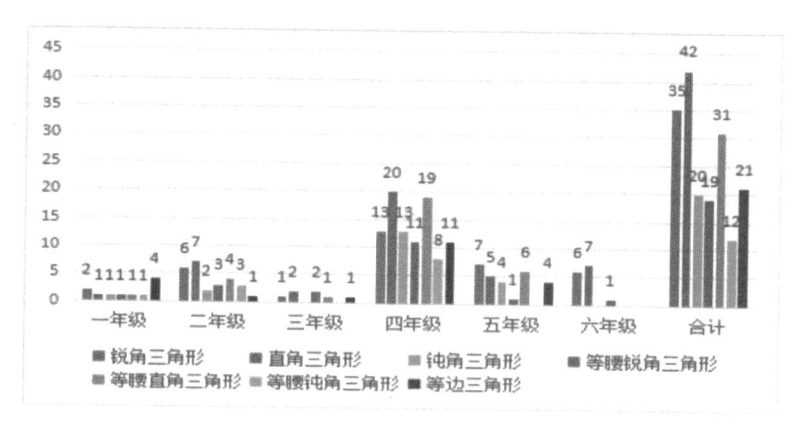

图 4-15　苏教版小学"图形与几何"领域中三角形直观呈现的数量分布图

就不同点而言，每一种三角形在不同年级的分布不同。在人教版中，锐角三角形和直角三角形在四、五年级直观呈现的数量较多，钝角三角形、等腰锐角三角形和等腰钝角三角形主要出现在四、五年级，等腰直角三角形在六个年级的数量分布差距不大，等边三角形主要分布在四年级中；在北师大版中，锐角、钝角、等腰锐角、等腰钝角三角形主要分布在四、五年级，直角和等边三角形主要分布在四、五、六年级，等腰直角三角形分布较为均匀；在苏教版中，锐角三角形主要分布在四、五年级，直角三角形、钝角三角形、等腰锐角三角形、等腰直角三角形和等腰钝角三角形主要分布在四年级，等边三角形在各个年级分布较少。

三个版本中四边形的统计结果如图 4-16、图 4-17、图 4-18 所示。

由上述三图可知，三个版本的教材存在下述异同点。

就相同点而言，其一，在四边形直观呈现中，对不同图形的侧重有较大差异，对长方形和正方形的感知往往成为小学阶段的重点；其二，在四边形直观呈现中，以四、五年级的数量居多，一、二、三、六年级的数量较少；其三，菱形、鸢形、一般梯形和一般四边形出现较少。

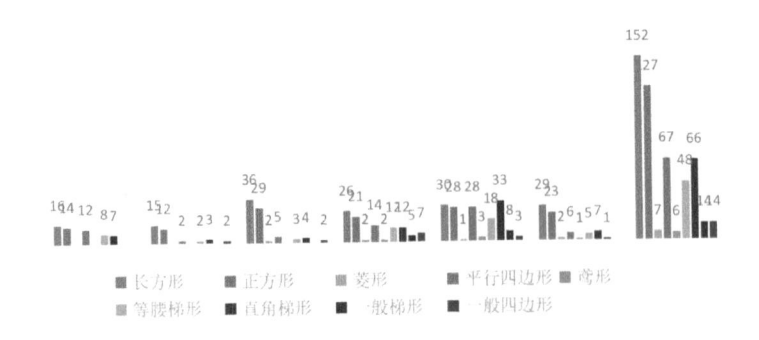

图 4-16　人教版小学"图形与几何"领域中四边形直观呈现的数量分布图

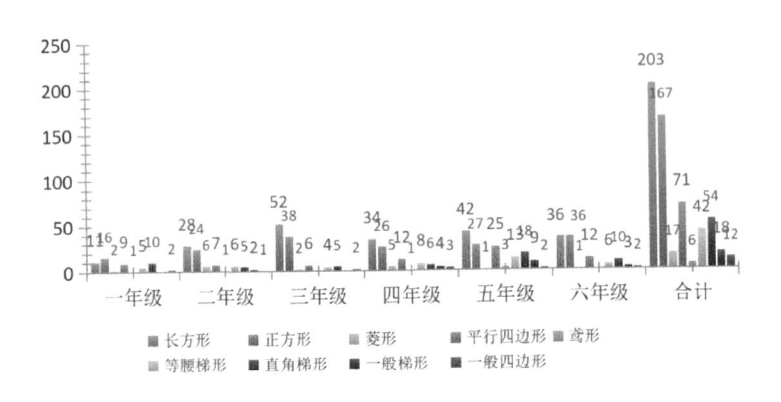

图 4-17　北师大版小学"图形与几何"领域中四边形直观呈现的数量分布图

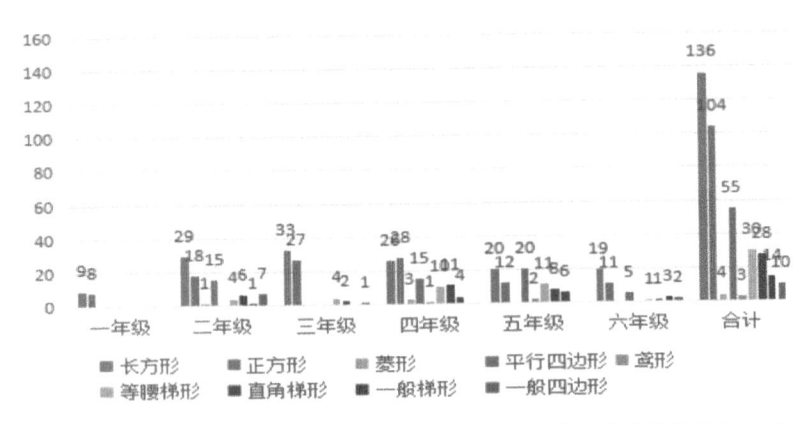

图 4-18　苏教版小学"图形与几何"领域中四边形直观呈现的数量分布图

就不同点而言，平行四边形、等腰梯形和直角梯形在不同年级的分布不同。在人教版中，平行四边形、等腰梯形和直角梯形主要出现在四、五年级；在北师大版中，平行四边形主要出现在四、五年级，等腰梯形和直角梯形主要分布在五年级；在苏教版中，平行四边形主要出现在二、四、五年级，等腰梯形和直角梯形主要分布在四、五年级。

（二）质的比较

图形的认识基于图形的点、线、面、体等基本特征。因此，在十二册教材中，对此进行质的分析，可以纵向地把握教材编写的逻辑，并从图形认识的整体出发，发现图形之间的内在联系。通过对三个版本教材中点、线、面、体等的分析，可以得到如下结果。

（1）就图形认识的内容分布而言，虽然三个版本教材"图形与几何"相对集中分布在四、五年级，但是在每一年级、每一册教材中基本都有涉及对图形的认识。

就图形认识的概念关系而言，在三个版本的教材中，第一学段认识图形的过程经历"三维、二维—二维（角）、一维—二维"，第二学段认识图形的过程是在对线的了解、对线与线之间关系的认识的基础上，交替学习平面图形与立体图形。由此，学生在第一学段时已整体把握了图形的外部特征，基本能够在看到图形时说出图形的名称。因此，"认识三角形和四边形"作为二维图形的再认识内容，其要求是进一步从图形的各部分结构及名称、关系来描述图形的特征，既是从点、线、角对图形进行分解的认识，也是从高和底构成对图形"面"的感知。

（2）就图形认识的内容指向而言，主要涉及直观认识概念、图形的构成要素、图形与图形之间的关系以及图形的定义等四个方面。其中，直观认识概念在例题中主要表现为呈现某一图形并有相应的图形名称以标识，在习题中主要表现为从实物或图形模型中识别图形，或者要求学生画出什么图形，以使图形的直观形象与名称相匹配。图形的构成要素只要在例题中图形的直观呈现也会对（面）、边、顶点、高或底进行标识；图形与图形之间的关系主要是在平面图形中，较多出现的是对图形进行剪切、拼接、折叠、重合等操作。图形的定义，分析教材中所给的图形定义可发现，小学阶段已有的定义方式包括两种：一种是从图形特征、性质出发定义图形，比如线段、射线、直线，平行线和垂线，平行四边形、梯形和三角形，以及长方体和正方体等；另一种是从操作过程出发定义图形，比如角（平角、周角）、高和底。

二、横向比较

横向分析是关于"平行四边形和梯形"以及"三角形"单元的例、习题分析。

（一）例题比较

例题分析主要包括内容组织、情境创设、学习进程和思维水平四个方面。

1. 内容组织

由表4-37可知，三个版本在这一内容的编排上有很大的区别。这种区别不是所学内容的差异，而是在于如何帮助学生构建这一内容体系存在不同。

表 4-37　三个版本小学数学教材中"认识三角形和四边形"例题的内容组织

版本		内容组织
人教版	四上	平行与垂直——平行四边形和梯形
	四下	三角形
苏教版		三角形—平行四边形—梯形—多边形内角和
北师大版		图形的分类—三角形的稳定性—三角形的分类—三角形内角和—三角形三边关系—四边形分类—平行四边形和梯形—正方形、长方形和平行四边形的关系

就人教版而言，在四年级上册，首先安排了4道例题以展开"平行与垂直"内容的教学，再来认识平行四边形和梯形；而"三角形"作为一个单元的教学内容，安排在四年级下册。教材选择先认识"平行四边形和梯形"，再认识"三角形"：一是与"平行与垂直"的联系比较直接；二是此顺序与之后学习"多边形的面积"的线索基本一致，如何求出梯形、三角形面积都是以分割平行四边形为基础。

就苏教版而言，一是注重已学知识对新知识的奠基和支点作用，譬如，平行四边形和梯形高的学习就以三角形的高的做法为基础；二是三角形、平行四边形和梯形的学习完全独立开来，且三角形的学习较之平行四边形和梯形的学习较为充分。

就北师大版而言，一是教材注重学生先前知识经验与后续学习之间的关系，采用类比、迁移的设计思路，譬如，从"图形分类"到"三角形分类"再到"四边形分类"较好地体现了这一点；二是教材采用下位学习的结构，先学习图形分类，让学生在图形分类中整体上初步认识三角形和四边形，接下来是三角形和四边形的具体内容学习；三是教材将重点放在三角形的认识和学习之上。

2. 情境创设

对"认识三角形和四边形"主题下的例题情境类型进行分析，其结果如表4-38所示。

表 4-38　三个版本小学数学教材中"认识三角形和四边形"例题的情境类型

版本	真实情境	虚设情境	纯数学情境
人教版	6	4	6
苏教版	3	2	3
北师大版	1	2	3

由表4-38可知，人教版和苏教版在"认识三角形和四边形"的情境类型上较为一致，而北师大版的真实情境相对较少。

真实情境能够帮助学生在图形的形象感知的基础上学习抽象的图形，这是图形认识一般的路径，譬如，在人教版教材中，由扶梯、挂衣架、瓷砖等抽象出了平行四边形，由梯子、堤坝、鞍马等抽象出了梯形，由金字塔、大桥吊索、红领巾、交通标识等抽象出了一般的三角形及特殊三角形。

纯数学情境需要学生通过视觉观察、绘图操作、语言描述以发现图形的特征，在这一过程中，学生是从图形的构成要素出发以获得对图形特征的抽象分析。因而，纯数学情境对学生思维水平要求很高，同时也有利于学生几何思维水平的提升。譬如，北师大版教材中"图形分类"的内容。

虚设情境主要通过认为虚构的情境帮助学生学习图形的特征，因而，虚设情境可能与现实不太相符，但却有利于学生发现情境中所蕴含的数学知识。譬如，苏教版教材中测量人字梁的高度和探究三角形三边关系所用到的小棒都可视作这一情境类型。

3. 学习进程

小学阶段"认识三角形和四边形"既有概念的学习，也有命题的认识，因而将学生的学习进程分为两个方面：一是概念的学习进程，二是命题的学习进程。

就三个版例题中概念学习进程而言，概念的学习并不总是经历完整的"引入—描述—应用"的学习进程，概念的认识也并非总是需要经历完整的学习进程。一般对于新概念的学习，学生需要在概念的引入、描述、应用中逐渐加深对概念的理解，但对于已有概念，一般只需要经历概念的应用阶段，从而过渡到新概念的学习。

就三个版本例题中命题学习进程而言，学生主要需要经历命题发现的进程。命题的发现是一般命题学习的主要方式，这一过程中主要体现的是学生的归纳概括能力，学生需要从大量实例出发，观察比较以得出发现，进而继续选取实例以验证猜想、解释说明。这与小学生的认知水平基本吻合。

4. 思维水平

对例题思维水平进行分析，主要目的是考察教学内容在思维层次上对学生的要求。这里采用范希尔理论几何思维五水平分类法，考虑到小学生几何思维水平和教材内容尚未达到第五水平，故仅对前四个水平进行分析（参见表 4-39）。

表 4-39 三个版本教材中"认识三角形和四边形"例题的思维水平

版本	视觉水平	分析水平	非形式化演绎水平	形式化演绎水平
人教版	9	10	4	3
苏教版	0	7	2	1
北师大版	5	6	2	1

由表 4-39 可知，三个版本的例题思维水平主要集中在视觉水平和分析水平上。这与小学生的认知水平较为符合。

此外，例题在不同思维水平的设置上体现了一定的基础性和层次性。譬如，在北师大版例题1所涉及的图形的分类和三角形的稳定性中，对学生提出视觉水平和分析水平上的要求。与此同时，在视觉水平和分析水平的基础上，教材也对学生思维上非形式化演绎水平和形式化水平的提升提出了要求。譬如，人教版中例4有关四边形之间关系的分析即对非形式化演绎水平和演绎化水平有一定的要求。

（二）习题分析

习题分析主要包括内容组织、问题形式、问题结构、思维水平四个方面。

1. 内容组织

对"认识三角形和四边形"主题的习题进行内容组织上的分析旨在发现习题的编排理念及其对学生的要求（见表4-40）。

表4-40　三个版本教材中"认识三角形和四边形"习题的内容组织

	人教版		苏教版		北师大版	
	数量	教材位置	数量	教材位置	数量	教材位置
三角形内角和	6	三角形的内角和 练习十六	9	练一练 练习十二 练习十三 整理与练习	7	三角形的内角和 单元练习
三角形三边关系	3	练习十五 练习十六	11	三角形三边关系 练习十二 练习十三 整理与练习	7	三角形三边关系 单元练习
各类三角形的认识	5	三角形的特性 三角形的分类 练习十五	5	三角形分类 练习十三	5	三角形分类 四边形分类 单元练习
三角形的稳定性	3	三角形的特性 练习十五	1	你知道吗？	3	图形分类
图形的关系	9	练习十一 练习十五 练习十六	18	图形间关系 练习十二 练习十三 练习十四 整理与练习	5	图形分类 三角形分类 四边形分类 单元练习
图形的分类	3	练习十五 练习十六	2	三角形分类 整理与练习	3	图形分类 三角形分类 四边形分类

续表

	人教版		苏教版		北师大版	
	数量	教材位置	数量	教材位置	数量	教材位置
各类四边形的认识	10	平行四边形和梯形 练习十一	1	识别梯形	3	四边形分类 单元练习
四边形的内角和	3	练习十一 四边形的内角和 练习十六	2	多边形的内角和 练习十四	1	三角形的内角和
平行四边形的不稳定性	2	平行四边形和梯形 练习十五	1	动手做	1	单元练习

由表4-40可知，就相同点而言，一方面从习题所反映的知识点来看，"关于三角形的认识"相关习题较多，"关于四边形的认识"相关习题较少。另一方面，反映同一知识点的习题之间具有一定的层次性，体现出不同的难度梯度。从一般的对图形的基本认识、判断、辨识到动手实践操作（包括摆一摆、画一画、折一折、剪一剪等活动），这体现出习题的层次从认识与理解知识到运用知识的过程，习题的难度不断加大，同时对学生的要求也逐渐提高。

就不同点而言，在图形之间关系的整体认识上，各版本教材习题的设计不太一样。其中，人教版和苏教版教材未能涉及四边形图形之间关系和特征的本质理解。无论是在三角形的习题还是在四边形的习题中，其要求主要针对的是图形的基本特征和要素，甚少关注图形之间的关系，仅有的图形的分类也主要关涉图形的特征，而对它们之间的演变关系则甚少涉及。而北师大版教材中则较为注重学生对图形整体间逻辑关系的理解，尤其是图形关系的理解类型的题目占据一定的比重，其通过剪切、拼接等手段让学生感受到三角形、四边形之间的分解与组成关系。对这种关系的理解，有利于学生对图形整体的认识。

2. 问题形式

问题形式是指一个问题呈现的方式，是一个问题的外在表现形式。为方便统计分析，试将符号形式、口头形式、视觉形式依次编码为A、B、C，组合形式则为这三种形式的两两组合或三个组合。

由表4-41可知，三个版本教材主要是以视觉形式或视觉形式组合其他形式表示为主，而几乎没有运用口头形式或口头形式组合其他形式来表示。这一方面与几何单元概念较抽象，需要借助具体的图像呈现来帮助学生理解题意、解决问题有关，具有一定的合理性；同时，这也反映出在三个版本教材中，"认识三角形和四边形"的习题更多偏向的是数学语言的表达而不是生活语言或在生活情境中的运用。

表 4-41　三个版本教材中"认识三角形和四边形"习题的问题形式

版本	问题形式						
	A	B	C	组合形式			
				A+B	A+C	B+C	A+B+C
人教版	11	2	19	0	7	2	0
苏教版	14	1	30	0	11	2	0
北师大版	6	0	16	0	9	2	0

3. 问题结构

为方便数据统计，在统计半开放问题时，对开放的三个要素进行编码，其中 X 表示条件开放，也即条件不确定；Y 表示结论开放，也即结论不确定；Z 表示策略开放，也即策略不唯一。

表 4-42　三版本教材中"认识三角形和四边形"习题的问题结构

版本	问题结构							
	封闭问题	半开放问题						开放问题
		X	Y	Z	X+Y	X+Z	Y+Z	
人教版	16	0	2	13	4	1	3	1
苏教版	36	0	8	8	2	0	4	0
北师大版	14	0	4	10	0	2	3	1

由表 4-42 可知，三个版本教材"认识三角形和四边形"主题中习题的问题结构主要以封闭问题和半开放问题为主，这与学生的思维发展水平和数学学习能力相适应，难度比较适中。且就半开放问题而言，策略开放式问题较多，这说明教材意图让学生掌握解决问题的方法。

4. 思维水平

对习题思维水平的分析，可以考查每一习题对于学生思维发展的要求到何种程度。同时，也能帮助我们判断这些习题所要求的思维水平是否适应小学阶段学生思维发展的水平，是否有利于促进学生的数学学习。我们将采用范希尔理论的几何思维水平分类法，根据具体类目化的描述，对问题提问体现的每一思维水平进行统计分析（见表 4-43）。

表 4-43　三个版本教材中"认识三角形和四边形"习题的思维水平

版本	视觉水平	分析水平	非形式化演绎水平	形式化演绎水平
人教版	12	22	19	2
苏教版	23	32	20	0
北师大版	10	22	10	1

由表 4-43 可知，三个版本教材的习题的思维水平主要集中在前三个层次，这与学生的认知水平较为吻合。尽管人教版和北师大版涉及"形式化演绎水平"的习题不多，但苏教版则完全没有。

三、比较结论

针对研究问题，以下将主要从编排理念、编排特点，及其对教学实践可能产生的影响三个方面总结相关比较结论。

（一）编排理念：既关注生活也关注图形整体关系的认识

一般而言，图形的认识较多从学生的生活或已有经验出发来帮助学生认识抽象的几何图形，这一点在人教版和苏教版教材中都有着充分的体现。譬如，人教版教材比较注重学生从生活积累的视觉感知和实际体验出发积累空间观念。在"认识三角形和四边形"中，例题都会选择一些学生熟悉的生活实物以勾勒图形形状，直观呈现图形，意在借助学生对这些生活实物的视觉感知，为学生从整体轮廓识别图形提供支持。再有，在分别认识三角形的稳定性和平行四边形的不稳定性时，教材不仅通过简单的拉动对角或摆小棒的活动发现了这一特点，还从生活实用的角度解释了三角形和平行四边形这一特性的生活意义。除此之外，北师大版教材中的编排给图形的认识提供了另一个导向，在其教材编写中，较为关注图形的整体认识和关系认识。譬如，在"认识三角形和四边形"单元例题内容编排中，以"图形分类""三角形分类""四边形分类"引入三角形和四边形的认识，并将三角形和四边形纳入整个小学阶段所认识的图形网络中，与其他图形构成上、下位概念关系。

（二）编排特点：教材呈现内容具有基础性、适切性，整体性、逻辑性相对不足

基础性主要从知识点内容和难易度上分析其是否基本达到"图形认识"的目标要求；适切性关注学习内容和学习方式的选择是否适应学生的能力需求；整体性涉及"认识三角形和四边形"知识教学的前后联系是否紧密，学生能否完成对三角形和四边形有结构的整体认识；逻辑性体现其教材知识的逻辑是否符合学科知识的逻辑。

综合该单元主题的例、习题分析，三个版本教材在图形认识上的基础性和适切性都

较好，整体性和逻辑性相对不足（但表现却有所不同）。就整体性而言，苏教版和人教版主要表现在图形关系认识上，北师大版教材中主要表现在图形要素的认识上；就逻辑性而言，人教版和苏教版教材在图形关系的认识上缺少逻辑的关联。换言之，教材在图形之间的变化关系上甚少涉及，北师大版教材中主要体现在图形认识的发生顺序上，即教材从直观直接过渡到图形特征和图形间关系的认识，可能会给学生学习造成一定的困难。

（三）对教学实践可能产生的影响

就教师教学而言，一是影响教师对"图形认识"整体的理解。教材的内容编排可以为教师重新认识这一内容提供参考，在"认识三角形和四边形"的内容编排中，教材关于三角形和四边形的呈现一定程度上影响着教师对这一内容的整体理解。譬如，在苏教版教材中，教师可能很难把握三角形和四边形的整体关系，进而影响教师对其内部关系的深入认识。

二是影响教师对教学重点内容的把握。内容整体理解可能会间接影响教师对教学重点的把握。譬如，在北师大版教材中注重图形关系的认识中，教师可能会将图形关系的认识作为教学的重点，进而让学生构建三角形和四边形的内部关系。

三是影响教师教学的设计思路。基于上述两个方面，教师的教学设计思路可能会有很大的不同。譬如，按照人教版的内容编排思路，教师可能会遵从"直观认识—抽象认识图形要素和特征—应用图形要素和特征"来进行教学设计。

总的来说，三个版本教材对教学实践的影响各有不同，就这一内容的学习而言，可能需要教师综合利用分析与比较的结果，如此才可能促发学生在这一内容学习中数学素养的提升。

四、问题研究

针对上述比较（包括纵向和横向）结果与比较结论，我们认为，要切实做到甚至做好"用教教材教，而不只是教教材"。

（一）整体把握图形认识的五个旨向

图形的认识一般包含五个维度：直观认识概念、定义、构成要素、特点、关系。这五个维度构成对一个几何图形整体的认识，而教材编排则应整体把握图形认识的五个维度。

小学阶段的图形认识主要集中于直观认识概念、构成要素、特点等方面，对其他几个方面的涉及较少。然而，就图形的认识而言，定义和关系可能在某些内容的编排上也需要适当呈现。在"认识三角形和四边形"这一单元的学习中，四年级学生可能对直观认识三角形和四边形及其它们的特点和构成要素可能难度不是太大，毕竟这一部分内容在以往的学习中都有所接触，如果教材的内容编排只是局限于这些方面的认识，可能对学生数学思维的提升和数学核心素养的培养就会有所局限。譬如，教材在对图形要素进行一般描述中，要使学生能够理解三角形、四边形甚至更多的平面封闭图形都是由点、线、角所构成时，启发学生从边、角等要素出发来思考图形问题，就可能会更有利于学生数学思维的提升和数学核心素养的培养。对图形要素的认识不能仅仅停留在图形要素名称上，要设计一定的内容促使学生理解图形要素间的特殊关系。如构成三角形和四边形的3个或4个点不共线；构成图形的边在位置上平行、相交或垂直；构成图形的角相等或互补；等等。对于图形特征的认识，要引导学生从图形要素间的关系出发去进行探究，基于不同三角形和四边形图形特征的认识，理解三角形和三角形、四边形和四边形、三角形和四边形之间的关系。这种关系不仅包括不同图形要素间的关系，也包括图形整体间的关系。

总的来说，图形认识的五个维度是一个系统的整体，且具有一定的逻辑关联，图形的认识往往从直观出发，经历逐级的抽象，从而建构起关于图形的整体结构。教材编排要从图形认识的整体出发，适应学生思维发展的阶段和水平，按照层级有逻辑地呈现几何教学内容，以帮助学生逐步建立起清晰的图形认识的思维结构。

（二）兼顾直观认识与数学内容的本质探寻

因小学生认知特点的缘由，"认识三角形和四边形"较为关注直观认识的层次，这由上述的分析结果可知，但就"三角形和四边形"这一内容而言，可能还需探寻这一内容更为重要的数学本质。

其一，数学概念来自一定的生活背景，生活经验可以对数学的某些对象进行合理解释。在"认识三角形和四边形"中，"高"的认识是一处教学难点，三个版本的教材都提到，三角形的高是指"从三角形的一个顶点到它的对边作一条垂线，顶点和垂足之间的线段"，平行四边形的高是指"从平行四边形一条边上的一点向对边引一条垂线，这点和垂足之间的线段"，这两种定义表现为数学上的操作性定义，而且画高的操作活动需要联系到对"点到直线的距离"以及"平行线之间的距离"的理解，这对学生而言，从抽象到抽象的认识是有困难的，于是，所产生的学习结果是，学生在理解"高"时极有可能会死记硬背"高"是怎样画的。因此，我们需要知道数学意义上图形的"高"与生活意义的"高"是基本一致的，生活中我们往往使用身高、高度这样的词汇，其突出的是"距离"概念而非单一的"线段"这一概念，以画出的线段来理解图形的"高"显得比较单薄，这对随后学习求解多边形的面积也会产生认知上的阻碍。

其二，生活经验也会带来一些认知的冲突，因此需要加强数学眼光的提升。比如，在认识教材中所给的梯形定义时，教材所呈现的是其生活概念的表述，而未提供科学概念上的界定，因此我们习惯性地认为梯形只能有一组对边平行，而忽略了"平行四边形也可以是梯形"，在科学概念的界定上，梯形也可以有一组对边平行即可。再如，在认识图形时，生活实物所带来的物质特征常常会影响学生理解图形的数学特征。教材从某一生活实物抽离出图形后，学生常常会放大该图形的单一要素的大小、长短特征等，并以"看起来像"来比对图形。比如，像这样的认知冲突体现在学生认识长方形时关注两长边两短边，而不把正方形看作是特殊的长方形；学生认识平行四边形时，则关注有两边是斜斜的，而不把长方形、正方形看作是特殊的平行四边形。图形的数学特征强调不同要素或同一要素之间的关系，强调从整体思维来全面性地认识图形。

（三）注重学生几何直观与逻辑推理能力的培养

《义务教育数学课程标准（2011年版）》认为："推理是数学的基本思维方式，一般包括合情推理和演绎推理，在解决问题过程中，此两种推理的功能有所不同，相辅相成。合情推理用于探索思路，发现结论；演绎推理用于证明结论。"由三个版本教材的例、习题的分析可知，教材内容编排较为关注学生几何直观能力的培养，而在逻辑推理上关注较少。仅就图形与几何内容的学习而言，几何直观和逻辑推理是同等重要的。基于此，在教材内容编排中需适当增加相应的习题，培养学生在图形认识的基础上进行初步的逻辑推理的训练。比如，在三角形的三边关系中，可通过"两点间所有连线中线段最短"推导"三角形任意两边之和大于第三边"，因为这一条边长的距离就是两点间的距离；再如，四边形的内角和中，教材不再单独分析角，而是将四边形分成两个三角形，以"三角形的内角和为180°"为依据推导而来。在习题中也有多边形内角和的求解，该习题同样的先将多边形分成多个三角形，然后再以多边形的边数与分出的三角形数量对应着看，找到计算多边形内角和的规律。

教材内容编排的分析与比较，其目的不在于判断某个版本教材的好坏或者优劣，重要的是通过分析，我们可以整体地把握某版本教材的编排理念、思路和内容展开的具体进程，及其所具有的特点或特色，甚至对教学设计或实践可能产生的影响（启发或建议）；通过基于分析基础上的比较，我们可以学习或借鉴不同版本教材的特色或特点，为我们开展教学设计或实践提供更为广阔的视野或启发。其实，教材的分析与比较是落实"用教材教，而不只是教教材"理念的必由之路，更是其必经之法。否则，缺乏分析与比较教材的"用教材教"只能是蜻蜓点水或隔岸观火，落不到实处，根本解决不了问题。

第五章 "统计与概率"内容编排的分析与比较

教师是学生和学科之间的重要中介，教师可以被视为教学三角形中的第三个顶点，学生和内容则作为另外两个顶点。[①] 教材分析能力是教师专业素养的重要组成部分，它是教师运用教材开展有效教学的前提。核心素养是对教育目标的一种新理解，[②] 它为教学研究提供了方向，而作为教学研究一部分的教材分析也需要从核心素养中得到启示。

第一节 小学数学教材中"统计与概率"内容编排分析框架的建构

一方面，该领域相对于其他领域受到的关注较少，可能和统计与概率本身的特点以及其在考试中分量较低有关。另一方面，现有"统计与概率"领域的教材分析更多从形式上的结构进行分析，而不涉及统计与概率内容本身。[③] 因此，如何从核心素养出发，建构聚焦于具体知识的教材分析框架，将是相应教材分析的重点。

一、教材分析框架的依据

我们将遵循"核心素养即学科思维""学科思维来源于本源性知识"来确立教材分析框架的依据，即"以本源性知识作为教材分析的依据"。

[①] GOODCHILD S, SRIRAMAN B. Revisiting the didactic triangle: from the particular to the general [J]. ZDM, 2012, 44（5）: 581-585.

[②] 钟柏昌，李艺. 核心素养如何落地：从横向分类到水平分层的转向[J]. 华东师范大学学报（教育科学版），2018（01）: 55-58.

[③] 钟鼎恒. 小学数学教材"统计与概率"比较研究[D]. 武汉：华中师范大学，2013；廖张艳. 小学数学教科书"统计与概率"领域的比较研究[D]. 南京：南京师范大学，2017；张维纳. 小学数学教科书中"统计与概率"内容比较研究[D]. 赣州：赣南师范大学，2017.

（一）核心素养即学科思维

教材分析框架的建构需要以一定的教育教学理论为依据和基础，而核心素养是我们生发这一依据的起点。作为一种教育目的，核心素养观照着人与社会的发展问题。从本体论角度来看，人是思考的动物，思应是人之本性。但现实生活中充斥着大量的无思者，他们既没有思考的习惯，也没有思考的方法。因此，海德格尔"什么召唤思"的问题直接关系人的发展问题，也关系着以培养人的核心素养为目的的教育的内涵问题。

从这一角度出发，核心素养必然包含着一种对思之需求的回应。思既是生活，首先要求思考就像呼吸一样伴随着人而存在。正如柏拉图所说，学习是一种回忆，即回忆自己是思考着生活的。其次要求从方方面面去思。思是一种认识活动，它让思者认识世界，认识自己。思的活动本身可以被揭示，被教育。思的各种方法是思的活动的关键，它是可塑造、可发展、可言说的。因此，教师的更高事务是召唤思，引导学生意欲思，有所思。真正的教育，就是让被教育者在学习中不断地塑造自我思维方式的过程。从学科教学的角度来说，学科思维就是思在学科中的凝聚与反映，这便是核心素养在学科中的一种体现。

（二）学科思维来源于本源性知识

知识是学习的载体，我们不能脱离知识谈学习，学科思维必须要在相应学科知识的学习中形成。学习怎样的知识，怎样学习知识就是学科思维能否良好发展的主要问题。因此，本源性知识可以作为发展学科思维的一个抓手。所谓本源性知识是基于一定学科的结构与特点，从对事物认识之起源及其发展过程来描述事物本质的知识类型。需要指出的是，本源性知识具有学科性、过程性和本质性三个特点。学科性是指本源性知识关于某个学科的知识，它包含一种通识的知识逻辑，但具体内容一定是学科的；过程性也可称为历史性，即它一定关涉学科发展之历史，以及学科研究对象之历史；本质性指它指向于对事物本质的认识，旨在揭示其内在逻辑与规律。由此可见，本源性知识的三个性质都与学科思维直接相关，毋宁说正是这三种性质之间的联结为培养学科思维提供了可能。

基于以上分析，我们需要对如何认识小学数学学科的本源性知识有一定的了解：首先需要对该学科的结构与特点有一定的认识。一方面，"数学的最大特征是其高度的抽象性、严密的逻辑性和广泛的应用性"；[①] 另一方面，基础教育阶段课程对数学的特点的展现应是基础的和较为朴素的，这意味着需要将该认识进行一定的转换。这是教学数学的前置性认识。其次，关注数学史是必要的。数学史就是数学知识史，数学知识史就是数学知识从无到有，不断增加其内涵的过程。正如弗莱登塔尔的再创造理论所认为的那样，学生学习数学的过程就是创造数学的过程。这种创造过程便是知识内化的过程。只

[①] 徐文彬. "三重联系"的数学课堂教学设计之意涵、作用与要求[J]. 江苏教育，2015（26）：21.

有联系数学教育的基本目标,特别是"帮助学生学会数学地思维"与"帮助学生养成一定的情感、态度与价值观"这样两个深层次的目标,才能更为深入地认识数学史向数学教学渗透的重要性。[①] 这强调了关注数学史的目的便是培养学生的数学思维和数学观。最后,深入触及数学知识的本质,是本源性知识的必然要求,即要求一种"高观点"视角,对看似简单的小学数学知识做深入的分析,并将其作为深厚知识的起点,而不是简单知识的终点。

不难看出,数学学科的本源性知识追求与《义务教育阶段数学课程标准(2011版)》中的三重联系是一致的。课标指出,数学课堂教学应让学生"体会数学知识之间、数学与其他学科之间、数学与生活之间的联系"。[②] 实际上,可以把本源性知识看成是从知识视角对三重联系的综合。它们从不同的角度为学科思维的发展提供了路径。当涉及本质的众多本源性知识联结成知识结构,知识结构再形成更大的知识网络,那么我们在对这些知识与知识间关系的不断认识之中,就自然地形成了一种思考知识的方式,这就是学科思维。爱因斯坦说过:"教育就是当一个人把在学校所学全部忘光之后剩下的东西。"这是一种隐喻,实际上他就是在强调在知识学习中沉淀下来的思维能力的重要性。学习必须要触及知识之本源,否则不能引发深刻的思维,只有在持续不断的深刻思维当中,才能形成一种学科的思维方式与习惯。

(三)以本源性知识作为教材分析之依据

核心素养—学科思维—本源性知识的关系链,要求教学的目的是培养学生的核心素养,要求教学之研究从本源性知识入手,培养学科思维。

教材分析研究类型上,在属于教材研究中的微观研究,更多关注教材在教学取向上的意义,这意味着研究更侧重于知识与科学性、认知与心理规律两个方面的分析。[③]

在研究方法上,内容分析法是该类研究的主要分析方法。内容分析法是一种对研究对象的内容进行深入分析,透过现象看本质的科学方法。美国传播学家伯纳德·贝雷尔森首先把它定义为一种客观地、系统地、定量地描述交流的明显内容的研究方法。[④] 进一步来说,作为教育研究的一部分,以内容分析的方式研究教科书内容之范围区分大致可分为三类:①以某一教育概念为主轴,对相关学科之教科书内容进行分析;②对单一学科教科书之内容进行分析;③对单一学科教科书之内容中某一重要主题之内容进行分析。[⑤] 这三个层次的研究范围间的关系与上述核心素养(教育理念)、学科思维(单一

[①] 郑玮,郑毓信. HPM与数学教学中的"再创造"[J]. 数学教育学报,2013(3):5-7.
[②] 中华人民共和国教育部. 全日制义务教育数学课程标准(2011年版)[M]. 北京:北京师范大学出版社,2012:8.
[③] 李祖祥. 教科书分析的三种取向[J]. 湖南师范大学教育科学学报,2007(05):10-13;高凌飚. 教材分析评估的模型和层次[J]. 课程·教材·教法,2001(03):1-5.
[④] 邱均平,邹菲. 关于内容分析法的研究[J]. 中国图书馆学报,2004(02):12-17.
[⑤] 陈月茹. 国际教科书研究要素综述[J]. 外国教育研究,2007(06):77-80.

学科）、本源性知识（学科之主题）的关系相似。因此，聚焦于本源性知识的教材分析，主要以类型三为主。

在教学主体与教材之关系上，研究中常见的三种教师对待教材的态度是教教材、用教材教和不用教材教；与之相似，一些研究者认为相对于教科书，教师角色包括传递者，按本办事；承认教师在应用教科书过程中有一定影响力；教师根据教育目的因时制宜地阐释和运用教材。[①] 是本研究所持的态度，即我们重视教材在教学中的价值，同时也注重教师对教材的二次开发，教材分析的目的是促进教师理解教材，超越教材。[②]

我们可以看到这三方面与本源性知识间的内在逻辑。以本源性知识为分析的依据，这意味着研究聚焦于微观层面的知识分析本身，这直接与教学相联系；知识是教材的内容，研究知识就是对教材内容的分析，这自然需要内容分析法；教材内容是知识的载体，基于本源性知识的教材分析是从教材内容出发，并最终在一定程度上超越教材内容本身的建构过程。

二、教材分析框架的建构

对小学数学学科中的统计与概率主题内容进行分析，属于内容分析法中的第三类。明确了内容主题之后，我们可以把核心素养—学科思维—本源性知识的关系链转化为数学核心素养—数学学科思维—统计本源性知识。因此，统计本源性知识成为我们建构框架的落脚点与起始点。

（一）选择"统计"主题的原因

随着人们对统计认识的不断深入，统计能力越来越受到人们的重视。正如《统计与真理》一书所指出的那样："统计思维总有一天会像读与写一样成为一个公民的必备能力。"[③] Moore 在他美国统计协会（ASA）的主席演讲中声称，很难想到没有统计成分的政策问题，并认为统计是一种普遍而基本的方法，因为数据，变异和机会在现代生活中无处不在。然而同时，Moore 指出在统计教育研究上，与数学科学中的其他主题相比，关于统计的主题总体上得到的课程注意力相对较少。[④] 这在国内的初等教育上也有体现，作为小学数学的一大领域，统计与概率常常因为考试内容简单而受到轻视。统计与概率在义务教育阶段的考察要求是比较低的，所以在教学的过程中较少关注统计与概率的本质意义。同时也没有注意引导学生形成适当的数据统计观念和关于世界的不确定性观点，这对学生后期的发展是不利的。[⑤]

[①] 陈月茹. 国际教科书研究要素综述[J]. 外国教育研究，2007（06）：77-80.
[②] 胡定荣. 教材分析：要素、关系和组织原理[J]. 课程·教材·教法，2013（02）：17-22.
[③] C. R. 劳. 统计与真理：怎样运用偶然性[M]. 北京：科学出版社，2004：85.
[④] MOORE D S. Statistics among the liberal arts[J]. Journal of the American Statistical Association, 1998, 93（444）: 1253-1259.
[⑤] 何耀焌. 统计与概率的教材研究[D]. 武汉：华中师范大学，2015：2.

由此可见，统计教育需要持续不断的改革。学校改革的核心环节是课程改革，课程改革的核心环节是课堂改革，课堂改革的核心环节是教师专业发展——这就是"内涵发展"的内涵。[①] 统计教育的改革要抓住统计与教育两个方面：在统计方面，关于统计的本源性知识是统计与概率领域教学的重要依据；在教育方面，培养学生的统计素养成了小数数学中统计与概率领域的主要教学目标。不难看出，这是从本源性知识向核心素养的一种回溯。我们将从统计的本源性知识出发建构一个统计教材分析框架，这个框架旨在分析教材是否有利于学生统计素养的发展。

（二）从统计的本源性知识出发

从关于统计的本源性知识出发，意味着对统计生活、统计学和统计教育的观照。基于此，我们认为统计学习需要经历两个认识论上的范式转变：①从把统计视为一种基于工具的计算程序到把统计视为一个包含丰富思维的活动过程；②从把概率视为一个独立的领域到把概率中的随机思想渗透在统计活动过程当中。

1. 统计与概率的关系

在当今数据丰富的世界中，所有受过教育的人都需要了解统计思想和知识，以丰富其职业和个人生活。统计方法几乎用于所有知识领域，并越来越多地被企业、政府、卫生从业人员，以及其他专业人士和个人用于做出更好的决策。

当我们指出统计素养在当今世界的重要性的同时，几乎可以用同样的理由来描述概率素养的重要性。因为概率学习对于帮助学生为生活做好准备至关重要，随机事件和机会现象时时渗透在我们的生活和环境中。

统计与概率是两个经常被同时提及的概念。在很多描述统计关键要素的过程中，都可以发现概率内容的出现。[②] 劳尔把统计学作为一门驾驭不确定性的学科，并给出了"不确定性知识＋所含不确定性量度的知识＝可用的知识"的公式。香农把统计作为"不确定性的分解活动"，数据本身不是问题的解答，但数据是基础的资料，由数据所提供的不确定性度量的知识是做出正确决策的关键。[③] 美国统计协会（ASA）定义，统计是从数据学习，测量、控制和传达不确定性的科学。[④] 因此，认识不确定性是统计活动中的重要组成部分。

不确定性的概念是一个广泛的概念，其中包括统计领域之外的现象，这些现象体现了随机变化引起的不确定性。在这个不确定性的子集中，有时可以测量现象的不确定

---

① 钟启泉. 基于核心素养的课程发展：挑战与课题[J]. 全球教育展望，2016（01）：3.

② STEEN, ARTHUR L, EDITOR. On The Shoulders of Giants New Approaches to Numeracy [J]. Current Opinion in Oncology, 1990, 25 (1): 95-137.

③ C. R. 劳. 统计与真理：怎样运用偶然性[M]. 北京：科学出版社，2004：1-29.

④ MAKAR D B-Z K. International Handbook of Research in Statistics Education [M]. Cham: Springer International Publishing, 2018: 23.

性，我们将这个术语称为"概率"，而概率论则为我们提供了表达、量化和建模不确定性的工具。

不确定性联结了统计与概率这两个概念，而这两者的结合共同建构了作为一个完整过程的统计活动。正如 Snee 将统计思维定义为一个思维过程，这一过程认识到变异在我们周围并存在于我们所做的每一件事当中，所有工作都是一系列相互关联的过程，为识别、表征、量化、控制和减少变异提供了改进的机会。①

与此同时，有研究者指出，小学和初中的学生通常学习描述性统计学，例如，平均数，以及如何在相当简单的水平上产生和解释有限范围的图形。此外，内容通常以零敲碎打的方式进行，统计和概率被视为单独的主题。这种对技能、程序和计算的关注并没有引导学生发展统计推理和思考，因为他们经常不使用这些工具来解决统计问题。②

这是在一个相当广泛的角度上来表达可能的教学现状问题。关于统计与概率的两种联系方式可能是这一问题的原因。虽然统计与概率合在一起被作为小学数学的一个知识领域，但基于以上分析，我们需要意识到它们作为一个认识对象，本身就具有密切的联系。前者从教学安排上规定了统计与概率的联系，后者从本源性知识角度让统计与概率的联系自我显现。如果教学者只是因为教学安排而把统计与概率放在一起，那么上述问题在所难免；而如果教学者从统计与概率的知识本身意识到一种强烈的本源性联系，那么上述问题则会自然消解。因此，落实在具体教学之中，我们需要将统计与概率的联系切实地转化为统计与概率的教学，这需要教师兼顾统计活动的应然要求和学生学习的应然要求。

2. 统计过程的多重理解

从本质上来说，统计是一个具有整体性的活动过程，这一整体过程背后具有丰富的内涵，可从众多视角对作为教学的统计活动进行新的审视。统计活动是人类有目的的行为活动，一个统计活动可以被看成一个关于人与目的的事件。可以从人和目的两个方面来揭示统计活动的内涵。

（1）问题解决：统计活动可看成是认识世界的一种方法。它基于一定的目的将生活中的一些事件作为经验的对象，并基于一定的统计步骤得到对事件的某种认识。一般来说，这个认识通常以问题形式出现，即在此情境下，人们提出了问题并想要解决它，于是他们选择通过统计活动来解决问题。这样，统计方法就成为解决问题的一种方法，统计过程便是一个解决问题的过程。

从问题解决视角来审视统计过程，我们需要考虑：①什么样的问题可以用统计方法来解决；②具体使用怎样的统计方法；③从问题条件到问题结果有怎样的过程。

---

① SNEE R D. Statistical Thinking and Its Contribution to Total Quality [J]. The American Statistician, 1990, 44 (2): 116-121.

② BAKKER A, DERRY J. Lessons from Inferentialism for Statistics Education [J]. Mathematical Thinking and Learning, 2011, 13 (1-2): 5-26.

（2）推理：统计活动也可以被看成是一种推理活动，是将数据作为证据，而得出某种新的认识的归纳推理。这是一种在不确定性背景下的推理活动。有学者认为，推理是统计学的核心，因为当只有部分数据可用的时候，它提供了一种在不确定性前提下提出基于证据的实质性主张的方法。

杜威指出，建议（决策）是推论的核心，它涉及跳跃，即从现有的东西到缺席的东西的过程，所以无论采取何种预防措施，其中的合理性不能被绝对保证。因此，推论或多或少具有投机性、冒险精神，同时，也因此包含了可能具有推测性的创造性洞察力。[1]

对初学者来说，非正式推理有助于从早期阶段开始提供统计基础，一种非正式推理是一种创造性的归纳过程，其中学习者通过观察数据中的模式来产生暂定假设。这一概念的提出为在小学进行统计推理提供了路径。

一些可能的推理关键点包括超出数据的推理、表达具有不确定性的推理、使用数据作为推理的证据、运用概率语言表达以及将统计推理与背景知识相结合。[2]

（3）思维发展：从本源性知识的角度来看，一个真实的统计过程便是一个最好的学习过程，因为我们在"做统计"的过程中自然就生发出关于统计的种种思维。因此，统计过程也可被看成是一种内在的思维发展过程。

统计过程是一个包含着多个复杂步骤的活动过程，当我们进入统计活动之中时，每一个步骤都需要我们不断审慎地分析与判断，每一个步骤也就成了我们某种思维的生长点。当对每个步骤都进行深刻思考以后，我们还需要将它们作为一个整体来进行思考，而这种对整体的思考又成为我们对各个步骤进行反思的一种依据。这些关于统计整体和部分的思维联结便是统计思维。所以，我们可以看到关于统计思维的丰富描述：统计观念、数据分析观念、统计地思考、分类思想、随机思想等。

从统计教育上来看，统计教学目标不仅是让孩子获得各种统计技能，更多的是通过统计活动，发展和培育各种与统计相关的思维。这一点在小学阶段应更加突出，基于知识逻辑和学生的认知水平，各种统计思维与统计方法之启蒙应是小学统计教育的重点。

对话：弗莱雷的被压迫者教育学中强调了对话的重要性。[3]这种对话意义可以泛化到统计活动之中。因为统计活动隐含着一种基于数据的对话结构（参见图5-1）。统计中的对话活动是建构者与评价者之间的对话，但这种对话是间接的，数据是对话的中介，建构者基于问题与目的建构数据及数据的意义，并通过各种数据形式将其传递给评价者；评价者通过对数据形式的经验而反思统计过程与数据意义，并表达自己对建构者的建构活动之态度。

---

[1] 杜威. 我们怎样思维：经验与教育[M]. 姜文闵, 译. 北京：人民教育出版社, 2005：84-85.
[2] MAKAR K, RUBIN A. A Framework for Thinking about Informal Statistical Inference[J]. Statistics Education Research Journal, 2009, 8（1）：82-105.
[3] 弗莱雷. 被压迫者教育学[M]. 上海：华东师范大学出版社, 2014：51-90.

```
       建构者  →  数据  →  评价者
              ←       ←
```

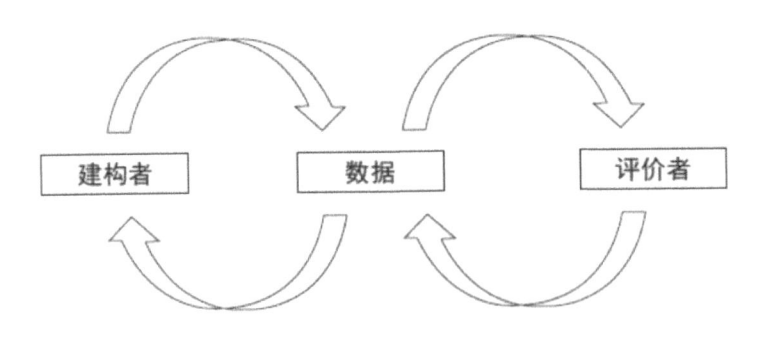

图 5-1　统计活动的对话理解示意图

对话活动强调公民的统计素养，统计素养是对统计数据的批判性思考。这种对话视角也将统计活动从个体活动扩展为社会文化视角。让其他人参与统计的生成性探究活动，寻求知识的协作建构和邀请批评。这也扩展了课堂对话的意义，统计活动要求不仅仅是简单地解释思维，而是集中于共享的知识实质，持续的对话，推理链和课堂研究文化。

问题解决和推理可以分别被看成事件的目的和达成目的的方法，它们指向目的；而思维发展和对话则可以被分别看成事件中人的发展和行动，它们指向人。我们认为，这种对统计活动的多重理解揭示了统计所蕴含的深层次思维。

从本源性知识出发，我们得到了"统计与概率的关系"和"统计过程的多重理解"这两个新的认识范式，其为我们分析统计教材提供了一个大方向：教材在多大程度上体现了一个包含概率在内的具有整体性的统计活动。

（三）框架构建

这里，我们将开始正式建构"统计与概率"教材分析框架，并将本源性知识运用到教材分析框架的建构之中，而《义务教育数学课程标准（2011 年版）》（以下简称"课标"）应是这一运用过程的起点。课程内容上，"统计与概率"领域的主要内容如表 5-1 所示。该领域内容的关键点有分类、数据收集、数据整理、数据分析、数据表示、数据解释、随机现象、可能性大小等。其主要特点是：①所学知识之间具有顺序性；②用 9 个点分别描述与统计活动相关的某个部分；③对统计与概率内容分开进行描述。我们把课标作为教材分析框架建构的重要依据是因为，它为我们提供了关于统计的丰富知识内容。但同时需要对其进行适当的超越，因为我们也可以看到其知识顺序与统计活动顺序并无关系，其所提供的内容之间也缺少联系，无法形成一个整体的统计活动。当然，从课标到教材再到教学其本身就是一个不断超越的过程，与其说这是课标之不足，不如说这是课标为教材编写和教学活动提供了更具开放性的发展空间。

表 5-1 课标"统计与概率"课程内容统计表

学段	统计部分	概率部分
第一学段	1. 能根据给定的标准或者自己选定的标准，对事物或数据进行分类，感受分类与分类标准的关系； 2. 经历简单的数据收集和整理过程，了解调查、测量等收集数据的简单方法，并能用自己的方式（文字、图画、表格等）呈现整理数据的结果； 3. 通过对数据的简单分析，体会运用数据进行表达与交流的作用，感受数据蕴含的信息	无
第二学段	1. 经历简单的收集、整理、描述和分析数据的过程（可使用计算器）； 2. 会根据实际问题设计简单的调查表，能选择适当的方法（如调查、试验、测量）收集数据； 3. 认识条形统计图、扇形统计图、折线统计图，能用条形统计图、折线统计图直观且有效地表示数据； 4. 体会平均数的作用，能计算平均数，能用自己的语言解释其实际意义； 5. 能从报纸杂志、电视等媒体中有意识地获得一些数据信息，并能读懂简单的统计图表； 6. 能解释统计结果，根据结果作出简单的判断和预测，并能进行交流	1. 在具体情境中，通过实例感受简单的随机现象；能列出简单的随机现象中所有可能发生的结果。 2. 通过试验、游戏等活动，感受随机现象结果发生的可能性是有大小的，能对一些简单的随机现象发生的可能性大小做出定性描述，并能进行交流

在对课标进行一定分析以后，我们结合对统计活动多种内涵及统计与概率的关联性认识，建构一个完整的统计活动过程及结构（见图 5-2）作为教材分析的基础。这一过程主要由五个统计环节和两个渗透在环节之中的思想构成。需要特别指出的是，区别于前两章的分析框架，本章将统计与概率整个领域作为分析对象。因其本身具有作为完整过程的整体性。因此，本章分析框架无纵横之分，但具有质、量之分，质、量之分穿插在各个分析环节之中。在分析类目上，契合于该领域的整体性，分析框架并无外在于本领域知识的类目，而是内在的统计过程类目。

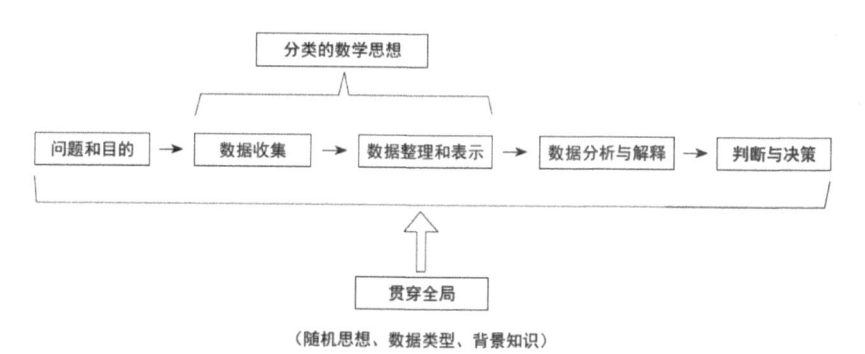

图 5-2 统计活动过程的结构示意图

1. 问题与目的

问题与目的是统计活动的第一个环节。在问题解决视角中，以一定的目的提出统计问题构成了任何调查的起点：数据是在询问的背景下产生的。[1] 在与统计实践相关的教育研究方面，提出统计问题，即询问和理解问题，很少受到关注。一方面，作为某种工具的统计知识并不需要关注统计问题，而是把重点放在处理各种统计图表和计算平均数等上（在此范式下的统计教育仍然大量存在）。另一方面，小学数学课程中，学生的初始问题通常都是非正式和广泛的，很难产生可以调查的问题。

这两方面提醒我们要将问题与目的纳入统计过程当中，并关注学生如何将非统计问题发展为统计问题。这可能涉及一个对问题不断改进的过程。引导学生对问题本身进行反思，并鼓励孩子"收集，分类和评估小组提出的问题"来支持调查，从而形成一个"好"的统计问题的标准，是一种理想的提出问题学习进程。[2] 基于此，我们可将提出问题分为三个水平：①没有问题；②有给定问题；③有给定问题，并有问题改进。

通过提问，我们得到了相应的统计问题，对统计问题本身的分析便构成了我们的第二个分析要点。对问题本身的考察可以从多个方面进行，但从教学的角度来看，我们希望从可以体现学生学习之发展的方面来考察问题。因此，结合教材，可以从问题是对单个对象的描述，还是对两个对象的比较这两方面进行分析。前者是后者的基础，后者是更广泛更具实际意义的问题类型。基于此，我们可将问题分为两类：①个体；②比较。

2. 数据收集

统计问题通过数据来解决，数据是整个统计活动中最主要的研究对象。数据收集是问题与目的的下一个环节，经历了该环节，我们才能够获得与问题相应的数据。数据收集的第一个方面便是数据来源。最为理想的数据来源是我们通过调查而获得的一手资料，然而，在学校课堂以外，我们大部分情况下不会对想要解决的问题进行统计活动，而更多的是借助于他人的统计数据。于是，数据来源可分为：①他人提供；②自己收集。在教学上，他人提供的数据可以作为自己收集数据的一个范例，关注数据以及数据背后的结构和方法是本研究的目的之一。

样本是该环节的第二个分析类目，这对于小学生来说是一个非正式的概念。统计活动经常被描述为一个关于样本的活动。统计实践通常涉及从一个或多个总体中收集样本数据，然后根据从样本中收集到的结果来推断出总体的情况。样本对统计

---

[1] STEEN, ARTHUR L, EDITOR. On The Shoulders of Giants New Approaches to Numeracy [J]. Current Opinion in Oncology, 1990, 25 (1): 95-137.

[2] MAKAR D B-Z K. International Handbook of Research in Statistics Education [M]. Cham: Springer International Publishing, 2018: 109-110.

推断具有重要影响，能够对总体进行推断的关键是样本的选择、样本大小和样本变异的确认。[1]

把数据作为样本，是一种理解的跨越。这种理解获得了一种推理视角：从样本到总体的推理，而关注样本就是关注推理的合理性。样本的代表性便是推理的合理性的重要保障，一般来说，可以从样本容量和抽样方法两个方面提升样本的代表性。因此，相应的类目包括：①样本容量；②抽样方法。

收集方法与记录方法也是数据收集环节应思考的方面。提出统计问题，将一般问题转化为数据可以解决的问题。与之对应，统计活动需要将一般生活中的经验材料转化为数据，收集方法与记录方法便是这一过程中所要考虑的方面。收集方法主要指通过何种方式获得数据，记录方法则指以怎样的方式把收集来的数据记录下来。收集方式有以下四种：①观察；②调查；③测量；④实验。观察一般指通过看就能获得的数据，例如看一看公园里的人；调查一般指需要通过询问才能获得数据，例如，同学们喜欢的运动；测量指该数据需要通过测量工具进行测量而得到，例如，看一看你一庹的长度；实验则指以实验的方法处理某个给定的问题，且通常会有关于问题的假设。我们可以近似地把这四种方法看作具有层次性，并把实验作为一种较高层次的收集方法。

记录方式包含三种类型：①图画表（Picture graph），②象形表（pictograph），③计数表（A tally chart）。其中，①②的示例如图 5-3 所示，而③的一个主要示例便是"正字表"。[2] 这三种类型具有明显的层次性，在最低层次上，图画表倾向于用不同的图像表示相应类目的个数；而象形表以同一种图形表示各种类目的个数，这提升了一定的抽象程度；而计数表则将图形进一步抽象为"正"字。结合教材，我们指出，上述类目①②从意义上来说具有类似的特点，为了避免存在过多相似的类目，我们将其合并为一个类目：象形表。此外，还有一种重要的记录方法需要注意，那就是无考虑分类的记录方法，这种方法不涉及建构带有类目的图或表，而直接进行记录，我们将其称为"无分类记录"。

让学生体验尽可能丰富的收集和记录方法是理解统计活动的重要措施。因此，记录方法可分为：①象形表；②计数表；③无分类记录。

3. 分类的数学思想和方法

分类的数学思想和方法是一个重要的学习内容。布鲁纳认为，学习过程是一个类目化活动，指人们根据原有的类目编码系统，把新的信息纳入原有结构，或形成新的类目编码系统（类似于皮亚杰的"同化"和"顺应"）。[3] 将统计作为一种学习活动，便可以

---

[1] PFANNKUCH M，ARNOLD P，WILD C J．What I see is not quite the way it really is：students' emergent reasoning about sampling variability [J]．Educational Studies in Mathematics，2015，88（3）：343-360.

[2] MARY BEHR ALTIERI，DON S. BALKA，ROGER DAY，et al．California Mathematics：Grade 2：Concepts，Skills，and Problem Solving [M]．McGraw-Hill，2007：109-142.

[3] 孙莉．试述布鲁纳的学习理论及其在教学中的应用 [J]．教育理论与实践，2004（14）：63.

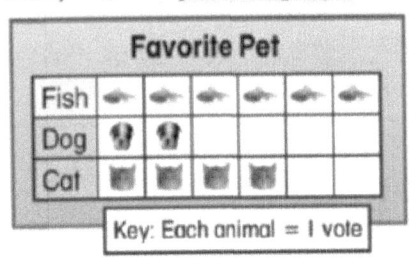

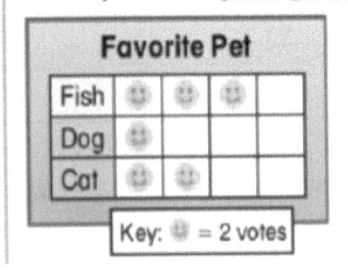

(a) 图画表 (b) 象形表

图 5-3 记录方式的示例

与此观点相联系。因为统计活动也包含一个类目化的过程，并且还注重对各种类目间关系的认识。

分类的数学思想和方法在两个环节上有所体现：数据收集和数据的整理和表示。在数据收集环节，数据收集的前提是将问题转化为可以用数据解决的问题，实际上这种转化就是把问题按照一定的标准类目化，以形成明晰的问题结构，再将所收集的数据纳入结构之中，从而获得信息。

在数据的整理和表示环节，其主要体现在数据整理上。对于已经收集而来的数据，可以根据新的标准再次进行分类整理，这样做的好处是一方面可以让数据变得有序、清晰和简洁，另一方面通过这样的整理常常也可以发现新的信息。

我们将从分类层次和分类类型两方面进行分析。分类层次上，根据教材在多大程度上提供学生进行分类活动的机会，我们将其分为三个层次：①直接给出类目；②提供标准、思考基于标准的类目；③自由分类、思考标准、基于标准思考类目。分类类型上，以分类标准为依据，基于量与质的二元关系，将其分为：①属性分类，即分类标准是质性的；②数量分类，即分类标准是量化的。

4. 数据的整理和表示

数据的整理和表示是第三个环节，数据的整理是基于分类的数学思想和方法对数据的再加工，因此，数据的表示是本部分的重点。数据的表示强调目的性与工具性两个方面：一方面，数据的表示是多样的，我们需要基于一定的目的来选择恰当的表示；另一方面，不同的目的需要有相应的表示工具与之匹配，也就是说，我们需要知道我们的目的是什么，同时也需要知道每一种表示方法的特点，然后再根据特点将表示方法与目的对应起来。一般来说，各种统计图与统计表是最主要的表示类型，结合课标和小学学段的知识水平，主要的表示类型有：①统计表；②条形图；③折线图；④扇形图。需要注意的是，表示类型的类目是开放的，这意味着在具体分析中可能出现的其他表示类型也可被纳入该类目之中。例如线图（见图 5-4）就是一种特殊的表示形式，并具有自己独有的特征，其在北师大版教材中便有出现。①

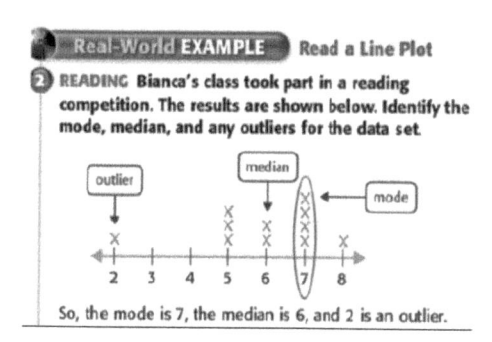

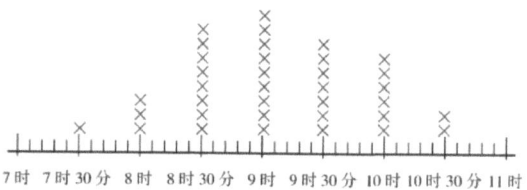

图 5-4　线图的示例

另外，数据表示的对象的个数也是一个重要的分析要素。这一点与上述的表示类型是对应的，表示对象的个数往往影响着数据表示的结构，对象个数越多，结构便越复杂，所呈现的信息也就越多。因此，根据数据表示的对象的个数，结合小学阶段的认知水平，可将表示对象分为：①单个/单式；②两个/复式。

根据我们的统计教学理念，数据的表示不仅仅是一种工具性知识，更是一种概念性知识。因此，我们需要去分析数据的表示在多大程度上体现了各种表示工具的概念性意义。这便构成了表示水平这一分析要点。

（1）工具水平：能看懂、制作各种表示方法。
（2）概念水平：知道各种表示方法的特点。
（3）联系水平：能对各种表示方法进行比较，能恰当运用。

需要特别指出的是，结合教材来看，在工具水平之前，还可能存在一个潜在的前水平，即以比较随意的方式记录各个类目的数量。但由于这一水平并不体现表示工具的概念性，因此不纳入我们的分析类目之中。

5. 数据的分析和解释

在数据的分析和解释环节，我们主要考察数据的分析。数据分析的对象是数据，通过对数据的数量特征的分析来寻找能够解决问题的主线，并以此解决问题是数据分析的主要目的。因此，我们主要考察的是如何对数据的数量特征进行分析。从统计学概念上说，这种分析便是寻找合适的统计量来表示数据，以得到关于问题的相应信息。

因此，我们可以从统计量类型这一角度来分析教材中的数据分析知识情况。统计量的目的是反映数据的数量特征，因此，在任何层次上具有这一性质的量我们都可以称为统计量。这既扩大了统计量概念的外延，又可以为我们理解教材中的数据分析提供路

---

①MARY BEHR ALTIERI, DON S. BALKA, ROGER DAY, et al. California Mathematics：Grade 4：Concepts，Skills，and Problem Solving [M]. McGraw-Hill, 2008：137.

径。具体来说，可以将该分析点分为：

（1）单数据（类目）：对数据整体中的单个数据，或单个类目数值的认识。例如极值、特殊意义值（我的身高在全班身高中的哪个数量段）。

（2）数据间比较：在对单数据的认识基础上，对多个数据进行比较。包括多个数据间的大小比较、多个类目间的大小比较，多个数据间的变化趋势分析。

（3）与标准值比较（范围）：设置一个标准值，或标准范围，并将数据与之比较。例如：我们班级的身高与小学生标准身高的比较。

（4）整体：将数据作为一个整体来进行分析，通过各种统计量来描述整体的数量特征。无论是何种统计量，只要其目的是反映数据整体，我们都将其纳入该类目之中。比较常见的分析整体的统计量包括各种集中趋势量和离中趋势量。集中趋势又称"数据的中心位置""集中量数"等，它是一组数据的代表值。最常见的几种集中趋势量包括算数平均数、中位数及众数等。离中趋势又称"差异量数""标志变动度"等，指在数列中各个数值之间的差距和离散程度。离中趋势可以看作是集中趋势的补充说明。测定离中趋势的主要指标有全距、四分位差、平均差和标准差等。

6. 判断和决策

判断与决策是统计活动的最后一个环节。这一环节是对问题和目的环节的回应。对判断和决策的区别也与问题相联系。判断是一种陈述，是对所提出的问题的一种描述，例如，问题是班级同学最喜欢的水果，判断便可能是"班级同学最喜欢的水果是香蕉"。决策是一种行动的筹划，它包含着判断，例如，上述的问题可改为班级组织春游想买水果作为食物，因此需要调查班级同学最喜欢的水果。由判断得知该水果是香蕉，而相应的决策则是在买水果时应多买一些香蕉。

因此，与决策对应的问题往往更复杂，需要一定的背景知识作为支撑。该环节的主要类目便是：①判断；②决策。

7. 贯穿全局

有一些类目，贯穿全局，并影响着整个统计过程，因此我们需要综合分析这些类目。随机思想便是最为主要的分析点。统计与概率的联系是教学的核心思想，而随机思想在统计活动中的渗透情况是这种联系性的具体体现，这构成了这一分析点的主要目的。

随机思想贯穿于整个统计活动，可以被看成是统计活动的另一方面。例如，当我们在进行数据收集时，便可以思考这样一个问题：每次收集的结果是否相同。这一类问题构成了最基础的随机思想，即意识到不确定性。在认识到这种不确定性的基础上，我们开始思考如何认识它，相应地，我们知道将现象进行分类，可分为必然发生、可能发生、不可能发生。而我们主要研究的是如何认识可能发生的现象，最直接的认识便是认识到事件的所有可能的结果，这构成了比不确定性高一层次的认识，即在知道事件具有不确定性的同时，尝试对这种不确定性进行把控，并意识到其可能发生的结果是什么。对这种把控的需求是不断发展的，概率便是这种认识的一个更高层次的发展。直观地说，概率便是对各种可能的结果的量化，这体现在教材中，便可转化为各种结果的可能性大小。这种从不确定性到可能性大小的发展便构成了三个层次的随机思想类目：①意识到不确定性；②样本空间；③可能性大小。

统计活动要求我们从数据中获得信息，那么对数据本身的认识是必不可少的，因此，对数据类型的分析也被纳入分析框架之中。

由于我们的关注点是数据的数量特征，因此，数据本身的测量水平，反映了统计视角下的数据本质。明确数据类型对统计活动具有重要意义，其中，最明显的在于通过数据类型的确定可以得到相应的分析数据的方法。让学生感受到将各种各样的事物转化为数据以后，它们可能存在数量特征上的差异，并且这种差异影响后续的数据分析，这是发展统计思想的应有之义。根据数据反映的测量水平，可把数据区分为称名数据、顺序数据、等距数据和比率数据四种类型。①

（1）称名变量/数据。称名变量只说明某一事物与其他事物在名称、类别或属性上的不同，并不说明事物与事物之间差异的大小、顺序的先后。

（2）顺序变量/数据。顺序变量是指可以就事物的某一属性的多少或大小按次序将各事物加以排列的变量，具有等级性和次序性的特点。

（3）等距变量/数据。也称"定距变量"，即有测量单位、相对零点的变量。

（4）比率变量/数据。也称等比变量，除具有量的大小、相等单位外，还有绝对零点。

背景知识在统计活动中具有重要价值。背景知识往往是潜在的，它要求我们运用其他方面的知识来影响统计活动。这一点显示了统计与数学的些许差异：数学要求尽可能地抽象，以排除背景的干扰；统计则把背景作为重要依据，并将对背景的考虑贯穿整个统计过程。问题往往取决于调查的背景，如果统计数据与任何实际问题无关，则统计数据不再具有意义。② 与不了解背景的人相比，具有背景知识的学生倾向于提供更深入的非正式推理。③

我们的问题是，教材中是否隐含着对统计背景知识的需要，这构成了这一类目的分析目的。对该类目的分析主要以"是否需要背景知识"的形式出现。

由此，我们建构了"统计与概率"小学数学教材的内容编排分析框架（见表5-2）。该分析框架为我们建构了统计活动的具体环节，并确定了相应的分析类目和对应的描述，为我们从量化角度认识各个类目的具体情况提供了分析路径。但是，在运用该分析框架时，还需要结合教材内容进行相应的质的分析。因为唯有结合这两方面的分析，才能更全面地认识相应教材中"统计与概率"内容的编排特点与可能的改进空间。

---

① 戴海崎，张锋，陈雪枫. 心理与教育测量（第三版）[M]. 广东：暨南大学出版社，2011：6-7.
② RAO, RADHAKRISHNA C. Teaching of statistics at the secondary level An interdisciplinary approach [J]. International Journal of Mathematical Education in Science and Technology，1975，6（2）：151-162.
③ LANGRALL C，NISBET S，MOONEY E，et al. The Role of Context Expertise When Comparing Data [J]. Mathematical Thinking & Learning，2011（13）：47-67.

表 5-2　小学数学教材中"统计与概率"领域的内容编排分析框架

统计活动环节	类目	描述
问题与目的	提问水平	（1）没有问题；（2）有给定问题；（3）有给定问题，并有问题改进
	问题类型	（1）个体；（2）比较
数据收集	数据来源	（1）他人提供；（2）自己收集
	样本	（1）样本容量；（2）抽样方法
	收集方法	（1）观察；（2）调查；（3）测量；（4）实验
	记录方法	（1）图画表；（2）象形表；（3）计数表；（4）线图；（5）未分类的记录方法
分类的数学思想与方法（包括数据收集环节与数据整理环节两个方面）	分类层次	（1）直接给出类目；（2）提供标准，思考基于标准的类目；（3）自由分类，思考标准，基于标准思考类目
	分类类型	（1）属性分类；（2）数量分类
数据整理和表示	表示类型	（1）统计表；（2）条形图；（3）折线图；（4）扇形图；（5）日常语言
	表示对象	（1）单个/单式；（2）两个/复式
	表示水平	（1）工具；（2）概念；（3）联系
数据分析和解释	分析	（1）单数据（类目）；（2）数据间比较；（3）与标准对比；（4）整体
判断和决策	判断和决策	（1）判断；（2）决策
贯穿全局	随机思想	（1）意识到不确定性；（2）样本空间；（3）可能性大小
	数据类型	（1）称名；（2）顺序；（3）等距；（4）等比
	背景知识	问题相关的背景情况

三、统计核心素养的落实

从本源性知识出发所建构的统计与概率领域的教材分析框架，体现了对统计生活的重视，教师需要运用该框架与教材对话，才能够"驱赶"学生进入这种统计生活之中。学生在统计生活中进行学习，形成一种真诚的知识关系，这是核心素养的落实路径。

（一）统计教育：进入统计生活

OECD 的核心素养不仅由个体和社会的需求决定，还应由个体和社会的目标性质决定，而且还应包括创新、自主和自我激励。而欧盟核心素养被定义为：在知识社会中每个人发展自我、融入社会及胜任工作所必需的一系列知识、技能和态度的集合。① 由此可见，核心素养指向人的内涵发展，而内涵发展又进一步指向人更好地创造生活。因此，统计生活成为发展核心素养的重要议题，作为公民生活一部分的统计，对生活本身具有重要意义。

生活中，我们每时每刻都在预测或选择未来。预测或选择未来不仅是对当事人自身存在方式的创作，也是对所在的生活世界的创作。面对未来的未知与不可控，我们不得不犹豫，但又不得不做出选择。② 统计学教育，就其本质而言，属于"未来"事物。统计教育的使命是提供概念框架（结构化思维方式）和实践技能，以便更好地装备我们的学生在快速变化的未来世界中的生活。

统计生活的视角为统计教育提出了要求，将统计生活与统计教育相联系是必然的。然而，我们要拒绝一种庸俗的联系观，这种观念下好像要将统计生活从外部植入统计教学之中。可以看到，将统计装扮成美丽的童话，显示为色彩丰富的故事等，这种装饰好像将统计变得有趣，但实际上却恰恰遮蔽了统计本身的有趣之处。统计生活是与我们休戚相关的生活，在进行统计教学时，我们只需要让它如其所是，让它真正成为一个生活中的统计问题，这种问题的未知性与不确定性使我们犹豫，使我们要在犹豫中做出判断与决策，又使我们在每次的选择中获得下一次选择的经验。这样的过程是统计本身的有趣之处，它"驱赶"我们进行统计生活，并沉浸其中。此时，教师应该成为一位"驱赶者"，在他引导学生进行统计生活的同时，也便是为学生召唤思。那么，教师如何成为这样的"驱赶者"呢？

（二）教师教学：塑造教师与教材间的关系

教师是教材分析的主体，教材分析是教师的专业能力。我们所建构的教材分析框架，是教师与教材沟通交流的一个中介，它为两者提供了一个新的对话平台。教材首先是教师的学材，教师以批判性态度学习教材，然后再学习用教材教学的具体方法。然而，我们需要指出批判的资格这一问题，如果教师对所教内容没有厚实的知识基础，那么他便没有资格对教材进行批判性分析。本源性知识为教师拥有这种批判资格提供了可能。

从本源性知识出发的对话，是一种直触内容的对话，是与教材中的知识对话，而不仅仅是教材的形式结构。这种对话是创造性、开放性的过程。教材分析框架应是本源性知识与教材知识的综合，它总是未完成的和有待发展的。现有的框架可用于分析本源性知识如何在教材中体现，而反过来教材知识又帮助我们从教学的角度丰富和完善现有框架。这种对话还包括一种想象，在分析教材时，教师需要想象自己使用教材进行教学，融入教师角色，想象与学生学习的联系。教材由于其自身特点必然会有知识上的留白，想象便是从这种留白中生发出意义的过程。这要求我们能够看见教材中潜在

---

① 李艺，钟柏昌. 谈"核心素养"[J]. 教育研究，2015（09）：17-18.
② 赵汀阳. 第一哲学的支点[M]. 北京：生活·读书·新知三联书店，2017：195-211.

的知识内涵，能够看见每一个例、习题潜在的可延伸方向，并将这些所见转化为可能的教学内容。

不难看出，教师想要成为"驱赶者"，要比传统的教学困难复杂得多，但同时它又是美的，正是这种美引导着学生的统计学习。

（三）学生学习：建立真诚的知识关系

学生学习的目的是学科思维之发展，而这需要我们和学生及学科之间有真诚的知识上的关系。[①] 本源性知识便是这种知识关系的体现。所建构的教材分析框架中的每一个环节与类目，都包含对学生知识理解程度的判断，以及知识理解与思维发展关系的预设。只有真正地去从知识层面与教材对话，才能真正地与学生进行旨在思维发展层面的对话。

在统计与概率领域内，对话的结果表现为在数学文化中形成统计素养。需要指出的是，虽然是数学学科的一个领域，但统计本身与数学有着些许差别。例如，数学具有抽象性，其远离生活；统计则要求问题的具体性，其与生活紧密联系。数学要求简单性，简单便是美；统计则要求考虑问题的复杂性，批判性地思考问题。我们需要考虑两者的区别，但更重要的是认识到它们的共性：从它们的内部生发出思维之美。数学文化指人们通过数学活动（包括数学学习）所不知不觉形成的东西，包括思维方式与行为方式等。[②] Gal 将统计素养描述为解释，批判性评估和传达统计信息和信息的能力，并构建了统计素养模型。该模型假设人们的统计素养涉及知识成分（由五个认知要素组成：识字技能、统计知识、数学知识、背景知识和批判性问题）和倾向性成分（由两个要素组成：批判立场、信仰和态度）。

我们认为，统计素养是统计学习的直接目的，而数学文化则是在学习过程中内在地潜移默化地形成的一种价值观，统计素养是数学文化在统计与概率领域的具体体现。在一种数学文化氛围中形成统计素养是在统计与概率领域发展学科思维的重要组成部分。

基于本源性知识的教材分析框架建构提供了一种建构教材分析框架的思路，该思路将知识贯穿整个建构过程。当然，研究只对小学数学学科的"统计与概率"领域进行了分析框架建构，其他更广泛的内容与学科有待进一步研究。不过，教师、学生、教材之间应具有真诚的知识上的关系，教材分析应深入到知识的本质，这样才能真正地培养学生的学科思维，从而促进核心素养的养成。

---

① 保罗·拉克哈特. 一个数学家的叹息 [M]. 高翠霜, 译. 上海：上海社会科学院出版社, 2019：57.

② 郑玮, 郑毓信. HPM 与数学教学中的"再创造" [J]. 数学教育学报, 2013（3）：5-7.

第二节 人教版教材中"统计与概率"内容编排的分析

在第二节至第四节中,研究将具体呈现各个版本教材内容编排的分析结果。在第二节,研究首先呈现人教版教材在"统计与概率"内容编排上的具体情况。

一、分析结果

在对教材结果进行阐述之前,需要先说明人教版"统计与概率"领域教材的分布情况(见表5-3)。为了呈现方便,我们按照单元顺序,将各个单元编码为相应的数字,以便在后续的分析中呈现。

表 5-3 人教版"统计与概率"领域教材分布表

编码	年级单元	单元名称
1	一下	分类与整理
2	二下	数据的收集整理
3	三下	复式统计表
4	四上	统计
5	四下	平均数与条形统计图
6	五上	可能性
7	五下	统计
8	六上	扇形统计图
9	六下	总复习

(一)问题与目的

从提问水平上(参见表5-4)最直观地结果是有三分之二的例、习题处在水平1,即这些题是没有统计问题的。水平2占总体的31%,其并未分布在每个单元之内,且在第六单元可能性中最多,有12次。该教材有4个例、习题处在水平3上,主要在高学段出现,并且多在附加练习之中。这一方面说明了高水平的提问一般与较开放的活动相匹配,另一方面也说明了教材在教学初期并不涉及该方面内容。综合来看,可以感受到该教材在统计问题的提出上重视度一般。

表 5-4 人教版教材"统计与概率"领域中的提问水平分布

单元	水平 1	水平 2	水平 3	合计
1	14			14
2	7	6		13
3	3	8		11
4	10	5		15
5	18	3	1	22
6	10	12		22
7	9	4	2	15
8	14		1	15
9	5	4		9
合计（百分比）	90（66）	42（31）	4（3）	136（100）

具体来看，由于第一单元"分类与整理"主要是带领学生进行各种各样分类和整理活动，所以并不涉及统计问题。而在第二单元内才涉及统计问题，该单元例 1 就是对如何选择一种合适的颜色作为校服的颜色的探讨。另外，在第六单元"可能性"中，虽然有较多的问题，但具体分析可发现该单元大部分问题都可以通过概率判断来解决，这意味着这些统计问题并不一定需要统计活动来解决。

最后，我们也对处在水平 3 的 4 个例、习题进行了一定的分析。这四个问题的提问过程如下：

（1）营养午餐：食堂菜谱-热量、脂肪和蛋白质-菜肴搭配。

（2）老龄化：老龄化现象-出生人口和死亡人口的影响-出生人口和死亡人口的变化情况。

（3）节约用水：水资源宝贵，缺水严重-调查是否有浪费水现象，寻找资料-水龙头的漏水量。

（4）自定主题：调查感兴趣的事。

从这几个例子中可以感受到，该版本在水平 3 上的问题都有较丰富的背景知识介绍（见图 5-5），在厚实的背景之下，自然地引出统计问题。教材在这几个问题中很好地把作为结果的问题、作为过程的提问和作为思维的问题意识结合起来。而这三方面的结合，才真正地体现了高水平提问的内涵。

在问题类型上，个体问题占了总体的 73%，是教材的主要问题类型。（见表 5-5）比较类型的问题与复式统计图表相联系，从数据中可以看出，比较类型的问题首次出现在复式统计图单元，并在随后的单元内与个体问题交替出现。可以发现，第六单元可能性这一概率内容中没有出现比较问题。除去这一单元，在第二单元以后的多个单元内，两

图 5-5　提问水平 3 示意图

种类型的问题数量差别不大。这表明了教材在教学完复式统计图以后，便将比较类问题当作和个体问题一样的常态问题融入教材中。这样的教材设置是积极的，为学生提供了更多的机会解决比较类问题。但同时，如何在可能性内容中渗透比较类问题可能是教材进一步发展的一个方向。

表 5-5　人教版教材"统计与概率"领域中的提问类型分布

单元	个体	比较	合计
1			
2	6		6
3	4	4	8
4	4	1	5
5	2	2	4
6	12		12
7	4	4	8
8		1	1
9	3	1	4
合计（百分比）	35（73）	13（27）	48（100）

具体来看，教材中的大部分比较类问题主要可分为两种：一种是男生和女生的比较。这类问题有男生和女生关于喜欢的运动、电视节目、体育成绩、近视人数、踢毽子成绩（平均数）、身高变化等的比较。另一种是社会中的统计问题。这类问题包括出生率死亡率、支出与食品支出、不同水龙头流量、汽车生产量和销售量等比较。可以发现，第一类问题主要的比较的对象就是男生和女生，但他们进行比较的主题是一致的；而

在第二类问题中，大部分问题的比较对象就是它们的主题（"不同水龙头流量"这一问题除外），如出生率和死亡率比较，这就区别于男生和女生的出生率比较。更进一步说，在第一类问题中，我们主要想知道男生和女生在某个主题的差异如何，而在第二类问题中，我们主要想知道两个主题之间是否存在某种联系。总的来说，这两类比较问题在表层和深层上都体现了不同的结构。

（二）数据收集

在数据来源上（见表5-6），他人与自己分别占了六成与四成。从分布上来看，他人提供类目的数量随着年级的增长而逐步上升并稳定，而自己收集这一类目则呈现出下降的趋势。教材在第一单元内几乎全都是自己收集数据的例、习题，到最后则几乎全是他人提供的数据。这反映出随着学习的深入，教材渐渐减少了学生自己收集数据的机会，而把教学重点放在了其他方面，教材这种安排体现了一定的层次性。另外，在概率内容中，自己收集数据的次数多于他人提供数据，但合起来只有6次（概率内容共有20个例、习题），说明教材中数据在概率内容中的出现并不频繁。但具体来看，数据在该内容中每次出现都是解决问题的重要要素，显示了统计活动对于概率内容的价值。并且，教材在该单元内也显示了一种从他人提供往自己收集数据的转化，这种转化与不断联结统计和概率的理念是一致的。

表 5-6　人教版版教材"统计与概率"领域中的数据来源分布

单元	他人	自己	合计
1	1	13	14
2	8	5	13
3	3	8	11
4	11	4	15
5	17	3	20
6	2	4	6
7	11	6	17
8	14	2	16
9	8	1	9
合计（百分比）	75（62）	46（38）	121（100）

在收集方法上，观察与调查是两种主要的方法，分别占据了总体的37%和39%。（见表5-7）值得注意的是，几乎所有观察方法都出现在第一单元内，而它也成了这一单元唯一的收集方法，这与该单元的主题相关，分类和整理主要就是通过观察方法进行。相应地，教材中的观察方法也只适合较为简单的情境。同样地，第五单元内唯一的观察方

法是通过观察几个花瓶的花朵数量来认识平均数,这也是一个较简单的情境。调查方法主要出现在低中学段,调查的内容包括兴趣爱好、家庭信息、日常生活习惯等。测量方法与实验方法都比较少,分别占总体的13%和11%。测量的对象包括身高、体重、面积、视力等,可见虽然测量出现的次数不多,但其收集的对象却比较丰富。实验主要在概率内容中出现,4次中有3次在可能性单元中,具体活动包括摸球、掷正方体、石头剪刀布等,这些实验主要目的是认识可能性大小。而剩下的一次出现在第八单元内,以综合活动的形式出现,主题是节约用水,实验的内容是记录不同类型水龙头的漏水量。总的来说,教材呈现的收集方法数量适中,其偏重于对观察和调查这些较基础的收集方法的呈现,而在测量和实验这一类高层次记录方法上涉及略少。这说明了教材在该部分上比较重视基础内容的呈现。

表5-7 人教版教材"统计与概率"领域中的数据收集方法分布

单元	观察	调查	测量	实验	合计
1	13				13
2		4			4
3		5	3		8
4		4			4
5	1	2			3
6				3	3
7			2		
8				1	1
9					
合计(百分比)	14(37)	15(39)	5(13)	4(11)	38(100)

记录方法上,教材只出现了31次数据的记录,这一数量是较少的。(见表5-8)具体看各个类目,其中象形图占35%,其主要出现在第一、第二单元内。其在第四和第五单元也有出现(见图5-6),第一个例子中象形图是我们常见的天气情况,第二个例子则是四位同学收集空塑料瓶的数量。可以发现,在高年级中的象形图都作为统计活动的一个起始点,需要对它们进行进一步的分析,此时是对象形图的运用,而在低年级中更多的是对象形图的认识。

表5-8 人教版教材"统计与概率"领域中的数据记录方法分布

单元	象形图	计数表	无分类记录	合计
1	6			6

续表

单元	象形图	计数表	无分类记录	合计
2	3	4		7
3			2	2
4	1		3	4
5	1		4	5
6		2	1	3
7			3	3
8				
9			1	1
合计（百分比）	11（35）	6（19）	14（46）	31（100）

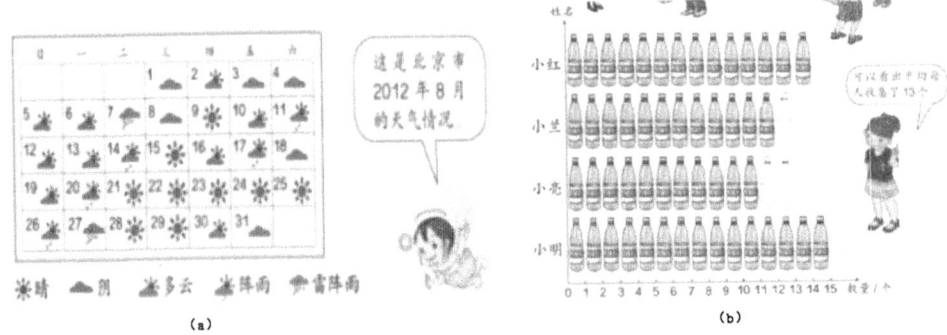

图 5-6　象形图示意图

计数表只有出现了 6 次，除第二单元的 4 次以外，其还在概率内容中出现了 2 次。它们基本上都是以"正"字形式出现（见图 5-7），并且同样地，第二单元以认识为主，第六单元以运用为主。

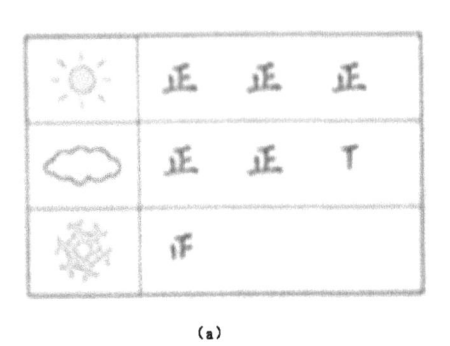

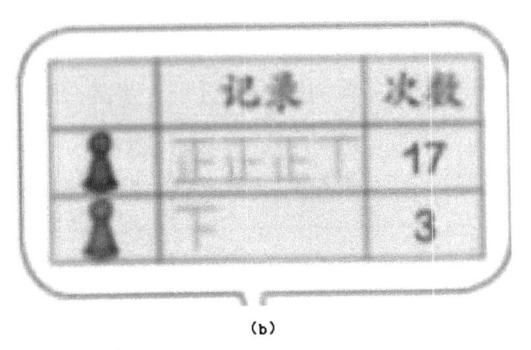

图 5-7　计数表示意图

教材中并没有太多的无分类记录，其占比还没有超过50%。作为一种最为普遍的记录方法，教材并没有在很多例、习题中渗透。综合来看，这在一定程度上体现了教材的编排顺序。在低年级上，主要以象形图和计数表为主，而在中高年级中，以无分类记录为主。但总体来说，记录方法的总量并不是很多。

教材在样本这一分析点上涉及很少（可参见表5-9），只有第六单元和第七单元出现了三次样本量类目。一般来说，统计活动需要规定样本的容量，这一方面是为数据收集考虑，一方面也与之后的判断与决策相联系。而教材众多的统计活动中只出现了三次活动关注了样本量，这从我们的理念视角上看是略显欠缺的。

表 5-9　人教版教材"统计与概率"领域中的样本分布

单元	样本量	抽样方法	合计
1			
2			
3			
4			
5			
6	2		2
7	1		1
8			
9			
合计（百分比）	3（100）		3（100）

值得注意的是，第六单元是可能性内容，样本量是对实验次数的限制；第七单元中涉及样本量的内容是全国人数和上海人数的关系，认为选用上海人数更具代表性。这虽然没有规定具体的样本数量，但是渗透的是用部分代表整体的思想，这便是对样本量的一种规定，但教材并没有说明从中国抽取上海运用了怎样的抽样方法，因此并没涉及抽样方法。

（三）分类的数学思想和方法

统计活动总是伴随着一定的分类活动，而培养学生的分类思想与方法也是教学的重要目标。在分类水平上（参见表5-10），教材90%的例、习题处在水平1上，这些问题并没有给予学生主动思考分类类目的机会。水平2上仅有4次，分别分布在四个单元内，它们的主题分别是交通工具类型、喜欢的水果、近视的因素、零用钱收支情况。这些问题明确了主题，但没有确定具体类目，需要学生根据主题自主建构类目，这是水平2的内涵体现。水平3共有9次，其中有8次出现在第一单元内，这与该单元的主题相关。实际上，第一单元的标题便是分类与整理，因此有较多的高水平分类活动也是容易理解的。具体来看，这类问题并没有确定的主题，需要学生自主确定主题并建构类目（见图 5-8），这反映了水平 3 的意义所在。第一单元大量的高水平例题也说明了教材中的分类水平并不存在顺序性，可以在一开始就进行高水平的学习。另一个水平 3 出现在第七单元的一个开放题中，该题要求学生调查自己感兴趣的事情，因此分类水平自然处在高层次。总的来说，因为第一单元的缘故，教材呈现了较多的高水平分类活动，但如何持续性的渗透在各个单元内，仍然是一个问题。

表 5-10　人教版教材"统计与概率"领域中的分类水平分布

单元	水平 1	水平 2	水平 3	合计
1	8	1	8	16
2	11	1		12
3	11			11
4	14			14
5	14			14
6	22			22
7	12	1	1	14
8	15			15
9	7	1		8
合计（百分比）	114（90）	4（3）	9（7）	127（100）

图 5-8　分类水平 3 例题示意图

需要注意的是，没有任何类目来自整理阶段，这表示该教材并没有在整理环节上渗透分类思想与方法，这一结论是初步的和模糊的。需要对教材做进一步地分析才可以得到确认。

在类目类型上，教材虽然有 128 个总类目数，但其中仅有 5% 是数量类目，有 122 个类目都是属性类目。（见表 5-11）从分布上看，属性类目在每个单元内都有较多的分布，其中可能性单元最多，该单元主要通过各种古典概型认识概率概念，而这一结构中的分类标准几乎都是基于某种属性来确定的。所以只要题目涉及概率，即涉及属性类目。另外数量类目的分布也比较分散，在中、高年级的多个单元内有所涉及。

表5-11 人教版教材"统计与概率"领域中的分类类型分布

单元	属性	数量	合计
1	14		14
2	12		12
3	10	1	11
4	13	1	14
5	14	2	16
6	22		22
7	14	1	15
8	15		15
9	8	1	9
合计（百分比）	122（95）	6（5）	128（100）

具体看数量分类的例子，虽然出现次数不多，但涉及的主题比较丰富，6次中除一个开放问题没有主题外，剩下的5个涉及了5个主题：视力、睡眠时间、立定跳远成绩、体重、年龄。但同样可以发现，这些分类都处在分类水平1上。实际上，数量分类与属性分类有不同类型的分类标准，如果让学生能够在高分类水平上对它们进行比较是培养分类思想的重要举措，这与整理活动一同构成了教材可能的发展方向。

（四）数据的整理与表示

数据整理主要在分类的数学思想和方法中渗透，因此，该环节我们主要关注数据的表示。在数据表示上，人教版的表示类型的总量是巨大的，这很大程度上归因于统计表，因为其占据了整体的49%，我们可以将其与记录方法中的无分类记录相联系。（见表5-12）因为统计表与这一记录方法有相似之处。这两者都具有一定的抽象性，并且无分类记录往往也会运用到表格，但无分类记录往往体现的是过程性，而统计表则侧重于统计的结果。所以，结合无分类记录的数量，可以看出，教材更侧重于运用统计表表示数据，而不是用无分类记录显示记录数据的过程。三种统计图的比例与教材的单元顺序相对，但总体上说条形图的数量比较多，可以发现，在第四、第五单元内都有超过10次的条形图出现，而折线图与扇形图都仅在其学习单元内超过了10次。结合教材内容来看，教材包含了大量的条形图变式，这说明对条形图的认识在该教材中得到较高的重视，并体现了一定的层次性。另外，在第五单元内还出了一次语言类型，该习题用语言说明了两组学生做俯卧撑的情况，要求比较这两组学生的俯卧撑成绩，而这一问题与平均数相联系。

表 5-12　北师大版教材"统计与概率"领域中的表示类型分布

单元	统计表	条形图	折线图	扇形图	语言	合计
1	12					12
2	12					12
3	11					11
4	11	15				26
5	9	11			1	21
6	2	1				3
7	3	2	13			18
8	3	5	3	12		25
9	3	1	2	3		9
合计（百分比）	66（49）	35（26）	18（13）	15（11）	1（1）	135（100）

注：以题为单位，一题中可能出现多个表示类型、表示同一个对象的情况

　　四种主要表示类型的分布情况需要关注。统计表，人教版主要集中在低中年段；条形图，人教版集中在条形图和复式图的单元内，在折线图单元只有两次出现条形图；折线图的分布与条形图类似，其少许出现在扇形图单元内；扇形图主要出现在学习该统计图单元和总复习中，在总复习中，各种图表数量差别不大。另外，概率部分涉及的数据表示只有 3 次，统计与概率的联结性在该部分中并没有很好地体现。

　　例题介绍表示类型的方式可以帮助我们理解教材的编排思路。统计表，教材没有对其正式的介绍，但教材首先在第三单元呈现了复式统计表，并展示了从两个表合成为一个表的过程。第四单元中，例 1 介绍了条形图，其出示了统计表和没有刻度的象形图，并与条形图进行比较。在例 2 中，教材出示了统计表和两个刻度不同的条形图，让学生比较两个条形图以理解刻度可以改变。例 3 仍然是对刻度的学习，以让学生理解在不同情况下选择恰当的刻度。第五单元中，教材在例 3 介绍了复式条形图，该例题出示了复式统计表和两个单式条形图，并将两个单式条形图合并为复式条形图，并且，该例题在最后还呈现了横式条形图。折线图在第七单元介绍，例 1 中，教材呈现了统计表、条形图和折线图。例 2 中，教材出示了两个单式折线图，并将其合并为复式折线图。扇形图出现在第八单元，例 1 中出示了统计表和扇形图，例 2 则进行了三种统计图的比较。

　　另外，我们具体分析条形图的各种变式。教材要求学生为条形图的数轴选择恰当的标度（scale）。标度是表示数据的一组数字，从以"0，1，2，3，4…"到以"0，2，4，

6，8…"作为标度，教材完成了一次思维的提升，即恰当地使用标度可以扩展数据表示的使用范围和直观程度。同时，教材还出现了堆积型条形图，该类型条形图同时显示每个条形整体和部分的情况，这样的显示增加了数据的直观意义。这给予了我们一定的启示，统计图的目的是直观显示数据意义，因此统计图的发展便是以更丰富的结构来显示数据意义。可以指出，这些知识并不是专属条形图的，而是关于数据表示的一种一般性的统计思维。

表示水平上，从第四单元开始才有相关数据出现（见表5-13）。其中，水平1占据了接近70%的总体数，水平2的数量最少，仅占总体的13%，水平3则占总体的18%。这种比例是较为合理的。

表5-13 人教版教材"统计与概率"领域中的表示水平分布

单元	水平1	水平2	水平3	合计
1				
2				
3				
4	15	4	1	20
5	11	1	3	15
6	1		1	2
7	13	4	4	21
8	15	2	4	21
9	4		2	6
合计（百分比）	59（69）	11（13）	15（18）	85（100）

通常来说，水平1是学习的主要内容，能够看懂，并自己进行表示是该水平的重点。教材中涉及把一些信息（如天气预报表）转化为较为抽象的统计图表的问题，也涉及让学生自己补充统计图表的问题。大量的此类问题可以帮助学生初步地掌握各种表示类型。

水平2出现在对统计图表的新授课之中，以体会该表示类型的特点。教材较清晰地给出了每种表示类型的特点。条形图，表示数量；折线图，表示数量的变化；扇形图，表示部分占总体百分比。

而此后，水平3上更多地比较和运用各种表示类型。在比较表示类型上，教材用条形图依次与折线图和扇形图进行比较，从而感受三者的联系与区别（见图5-9）。在图5-9中，（a）比较了条形图和折线图，并基于此得出了折线图可以更直观地表示出数量随着时间的变化趋势；（b）比较了条形图和扇形图，并基于此得出了扇形图可以更直观地看出部分间的关系；（c）则用条形图表示了数量，这意味着条形图更适合表示数量本身。可以发现，通过这种比较，教材把水平 3 作为了水平 2 的延伸，是对水平 2 上各表示类型特点的一种补充说明。

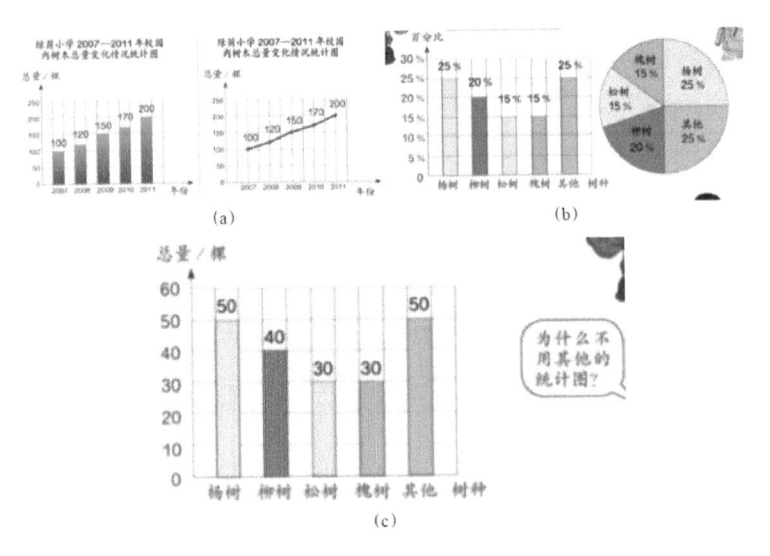

图 5-9　表示类型比较的示意图

在应用表示类型方面，一般都涉及对图表中数据的高层次分析。如图 5-10 所示，（a）是运用条形图进行预测，（b）是运用折线图进行出生人口与死亡人口的比较。

前者是对单式图表的运用，通常要与该图表本身的特征相联系；后者则是对复式图表的运用，教材要求把（b）中的两个表格转化为复式折线图。教材要求对两个对象进行比较和评价，这种比较便是高层次的数据分析。

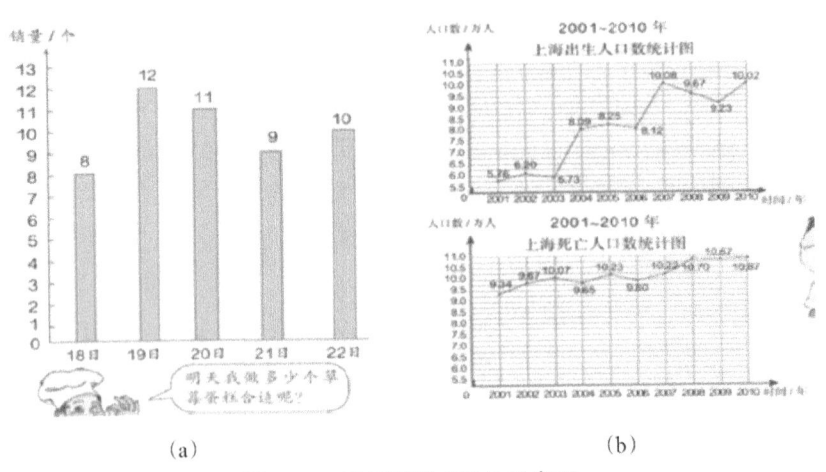

图 5-10　表示类型应用的示意图

教材在表示水平上展示了较好的连续性，即通过各种变式来促进学生从低表示水平向高表示水平发展。

在表示对象上，教材的类目总量超过了 100，其中单个对象占据了 65%，两个对象占据了35%（见表5-14）。从分布上看，第三、第五单元值得注意，因为这两个的单元中两个对象的数量都远大于单个对象，说明在这两个单元内都包含了较丰富的复式统计图表的学习。在其他单元内容，单个对象的数量偏多，可能性单元没有两个对象的例子。

表5-14 人教版教材"统计与概率"领域中的表示对象分布

单元	单个/单式	两个/复式	合计
1	12		12
2	11	1	12
3	2	10	12
4	14	1	15
5	4	10	14
6	3		3
7	8	6	14
8	11	4	15
9	2	4	1
合计（百分比）	67（65）	36（35）	103（100）

在学习复式统计图表之前，出现在第二单元复习内容中的例题（见图5-11），是对三个对象的表示。其运用的是复式统计表，此时学生并没有学习过复式表示类型，但实际上是能够解决该问题的。并且，这一问题蕴含了较多的变式，首先它目的是得出名次（顺序数据），其次它的判断标准是最好成绩（一种分析方式）。可以看出，这一问题本身并不复杂，但其背后却蕴含了丰富的问题结构。

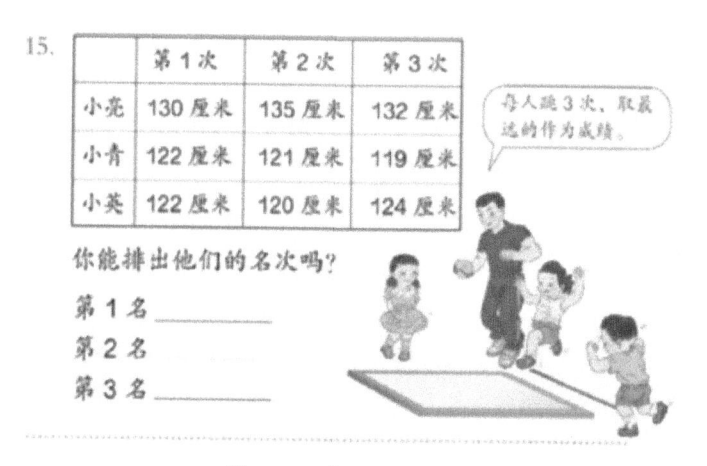

图5-11 表示对象示意图

在几个重点学习复式统计图表的单元中，第三单元用复式统计表表示对男、女生喜欢的活动的调查结果，在第五单元则是运用复式条形图表示城市和农村的人口数，以及在第七单元用复式折线图表示上海几年内的出生率和死亡率。可以发现，复式表示图表所对应的问题变得越来越复杂，同时解决问题对图表本身的需要也越来越强烈，这显示了表示对象与表示水平之间的联系性。

（五）数据的分析与解释

在数据分析上，单数据（类目）的分析占据了总体的50%，并且出现在除总复习以外的各个单元内，对数据整体的分析占据了总体的37%。（见表5-15）需要注意，第五单元出现了14次整体分析，说明该分析类型成了这一单元的一大重点，具体分析内容可以发现，该单元本身的篇幅较长，并且包含有平均数的教学，而平均数便是一个重要的整体分析的统计量。教材在数据间比较和与标准对比两个类目上涉及的次数都比较少，特别是作为联结单数据（类目）与整体的数据间比较分析，仅有7次。说明教材在数据分析上的跳跃度较大，并且无论是单数据（类目）的分析还是数据间比较，都可以被运用到描述整体的数量特征之上。因此，如果忽视了数据间比较的教学，那么在对整体的分析上也会失去一种重要方法。

表5-15 人教版教材"统计与概率"领域中的表示对象分布

单元	单数据（类目）	数据间比较	与标准对比	整体	合计
1	3	1			4
2	8	1			9
3	7	2	1	2	12
4	9	1	1	2	13
5	8		2	14	24
6	1			3	4
7	5	1	2	7	15
8	8	1		3	12
9				5	5
合计（百分比）	49（50）	7（7）	6（6）	36（37）	98（100）

单数据（类目）构成了分析的主要类型。第一单元中就有分析出现次数最多、出现次数同样多、出现次数最少的类目等问题。这些同时也构成了这类分析的主要内容。这一类分析与数据表示相关，表示水平1要求看懂统计图表，而对图表内各个类目出现次数的分析就是看懂统计图表的表现。

这一类分析也与数据类型有关。在图5-12中，（a）是根据得票数选择班委，（b）中的第二个问题是分析人一天中体温最高的时间点。这两个问题都属于单数据（类目）分析，但数据类型不同。第一个问题中是称名数据，因此要分析的是各个类目的次数，第二个问题中是等距数据，因此可以分析每个时间点的体温值。理解得票次数与体温值之间的联系和区别在该类数据分析之中是重要的。实际上，仔细看图5-12（b）第三个问题，我们可以发现一个新的分析对象，最大波动是最大值和最小值的差，我们通常把它称为全距。另外，除数量的分析外，百分比的分析也包含在该类目中，如每年人均食品支出占人均支出的几分之几。

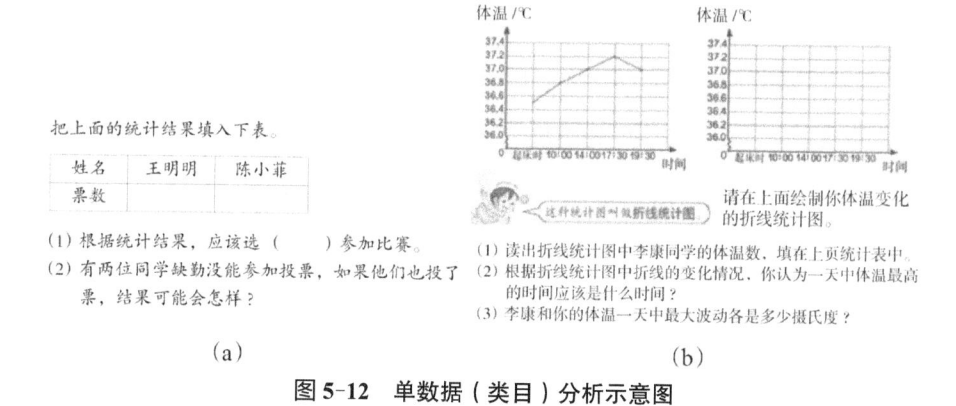

图 5-12 单数据（类目）分析示意图

数据间比较第一次出现在第一单元复习中，教材要求学生比较两种类型的餐具数量。这种两个类目之间的比较是该类比较的主要内容。后续的例子包括两种天气出现次数的比较、奥运会奖牌数比较、视力情况比较、男女生戴眼镜人数的比较、移动电话与固定电话用户比较等。其中，移动电话与固定电话用户比较为百分比比较。与标准对比的主题分别是视力正常值、科学的睡眠时间、立定跳远合格成绩、肥胖体重、树莓适合生长的温度、地区平均身高。可以发现，这些主题的数据类型主要是等距数据和等比数据，因为它们都是在各自的主题内确定一个恰当的数值。

整体分析上的第一个例子是三个国家奖牌数的比较，见图5-13（a），该例题中并没有涉及显的整体分析问题，但实际上它从多个方面比较了三个国家在这三届的奖牌数，经过一系列比较以后，便可以在整体上得出一个结论。这一例题表明了整体分析有时候是其他各种分析的综合。另一个例子是男、女生体育成绩的比较，见图5-13（b），可以发现，问题并没有明确指出如何比较，那么在分析时我们可以有多种可能的方法，如比较成绩为优的人数、比较不及格的人数、比较平均成绩等。选取其中一种方法或者综合多种方法都是整体分析可能的路径。

除上述例子外，平均数是整体分析中的一大重点。平均数教学中，教材直接用条形图直观地得到一组数据的平均数，在此之后进行了两组数据的比较，运用了总数和平均数这两个统计量。此外，教材对平均数的理解也并不停留于计算平均数。在一个问题中，教材引导学生思考如果按照旅客的平均身高来订购新床，这样做是否合理。这将背景知识融入了平均数的理解中，同时也引导学生反思对数据整体的认识，即当面对不同问题时，

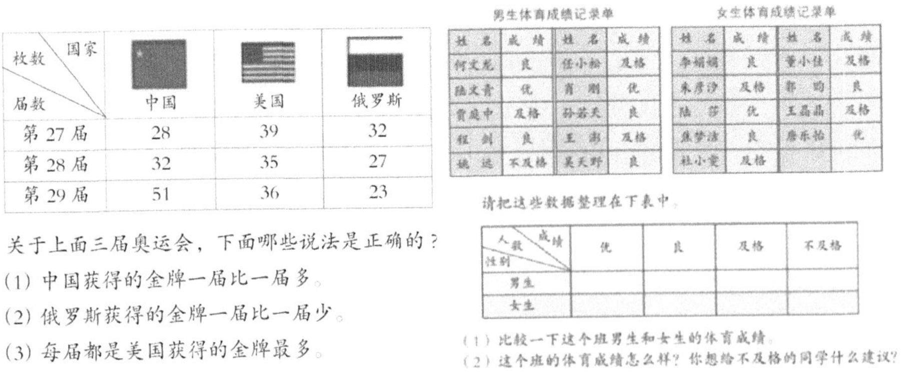

枚数 届数 国家	中国	美国	俄罗斯
第 27 届	28	39	32
第 28 届	32	35	27
第 29 届	51	36	23

关于上面三届奥运会，下面哪些说法是正确的？

(1) 中国获得的金牌一届比一届多。

(2) 俄罗斯获得的金牌一届比一届少。

(3) 每届都是美国获得的金牌最多。

(a)

男生体育成绩记录单

姓名	成绩	姓名	成绩
何文龙	良	任小松	及格
陆文青	优	肖刚	优
贾庭中	及格	孙若天	良
程剑	良	王澎	及格
姚远	不及格	吴天野	良

女生体育成绩记录单

姓名	成绩	姓名	成绩
李娟娟	良	董小佳	及格
朱彦莎	及格	郭昀	良
陆芬	优	王晶晶	及格
焦梦洁	良	唐乐怡	优
杜小雯	及格		

请把这些数据整理在下表中。

人数 成绩 性别	优	良	及格	不及格
男生				
女生				

(1) 比较一下这个班男生和女生的体育成绩。

(2) 这个班的体育成绩怎么样？你想给不及格的同学什么建议？

(b)

图 5-13　整体分析示例

我们要选择合适的统计量进行应对，显然，该问题中运用平均数作为统计量是不合适的。

在数据分析环节的一个重要的知识点是对数据本身的认识。教材通过一些例、习题引导学生反思数据本身。例如，教材引导学生思考在现有数据下如果再增加两个数据，结果可能会怎样。这一问题蕴含了丰富的思维含量，它包含了对平均数的认识，也渗透着样本的分布与变异等随机思想。对于该问题，学生有较为广泛的思维空间，这种开放性问题为学生进行更深入的思考提供了机会。

（六）判断与决策

教材中判断与决策的总量并不多，仅有 45 次。（见表 5-16）但值得注意的是，决策的占比为 51%，超过了判断的占比，因此我们认为教材在判断类目上渗透不足，这是导致它在该分析点上次数过少的主要原因。虽然总量不多，但两者在分布上都较为均匀，并且教材的决策活动有 23 次，因此，教材在决策内容的安排上比较合适，学生可以持续地发展其基于数据进行决策的能力。所以适当地增加判断内容，是教材改进的方向。

表 5-16　人教版教材“统计与概率”领域中的判断与决策分布

单元	判断	决策	合计
1			
2	4	5	9
3		3	3
4	1	3	4
5	3	6	9
6	4		4
7	4	3	7

单元	判断	决策	合计
8	2	2	4
9	4	1	5
合计（百分比）	22（49）	23（51）	45（100）

具体来看，第一单元没有判断与决策。第二单元中，要求学生基于数据选择校服颜色、选择班委等，这些属于判断，可以发现它们是分析结果的延续。其他类型的判断都与数据分析直接联系，如说一说8月份到9月份天气的变化，以及北京9月份天气的特点等，便是根据已有数据分析结果的一种判断。从这些问题中我们看到判断与决策与之前环节的联系，需要把它们当成一个整体。可以说，统计问题直接决定了分析的方向，分析的方向又影响了判断的方向，而判断则是对最初统计问题的回应。但同时，也需要分别审视它们在统计活动中的作用。在问题-分析-判断的连续统之中，每一部分都既是整体又是部分。判断是对统计问题的回应，判断又是对分析结果的意义解释。

决策是判断的延伸，判断是在数据本身中进行意义的解释，那么决策则直接指向未来，是基于数据对未来行动的筹划。决策的类型有很多，最常见的是要求学生提出建议（见图5-14（a）），而建议的起点便是基于数据的各种判断；也有行动计划（见图5-14（b）），相比建议，这种计划更具体，更有实践性。另外，得出决策的策略可能有多种，如图5-10（a）中的例题，运用平均值、变化趋势、分布情况都是可能的策略，而对这些因素的综合考虑也是一种决策方法。

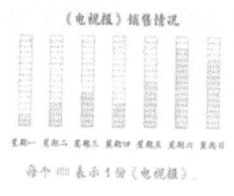

图5-14 决策示意图

在概率内容上，只有对各种结果的可能性大小的判断，但没有决策。而这种判断有时是基于数据的，有时则是基于概率本身进行判断。如教材中的摸球游戏中，当已知袋中球的分布时，判断可能性大小只需要基于概率；而当袋中球的分布未知时，则只可以根据摸球的结果来对可能性大小进行推测，后者属于统计推理。

(七) 贯穿全局

贯穿全局的分析点包括随机思想、背景知识和数据类型。随机思想直接与统计思维相关。正如 Moore 所说,统计思维是一种关于数据,变异和机会的一般的,基本的,独立的推理模式。[①] 在该分析点上,教材共出现 30 次,其中有 21 次来自第六单元可能性。(见表 5-17)也就是说,抛开总复习单元,在统计内容中仅出现了 6 次随机思想内容,这 6 次内容都是意识不确定性类目。从三个类目的比例上看,三者近似地分占总体的三分之一,值得注意的是样本空间类目数量较多,并且集中在可能性单元内,说明教材很重视从样本空间到可能性大小的思维发展。同时,这也意味着意识到不确定性这一类目数量较少,教材并没有给学生提供足够的机会思考在统计活动中的随机思想。总体上看,教材在随机思想上的渗透较为欠缺。

表 5-17　人教版教材"统计与概率"领域中的随机思想分布

单元	意识不确定性	样本空间	可能性大小	合计
1				
2	3			3
3	1			1
4				
5				
6	1	9	11	21
7				
8	2			2
9	1	1	1	3
合计(百分比)	8(27)	10(33)	12(40)	30(100)

具体看概率内容外的意识不确定性,有数据的推广(见图 5-15(a)),引导学生思考是否可以将一个班级的结果直接推广到全校中;有预测未来(见图 5-15(b)),根据已有数据预测未来可能发生的事情;有估计数量(见图 5-15(c)),估计具体事物的面积等。

在样本空间上,教材在概率内容中的第一例题就将其作为重点(见图 5-16)。从图中可以看出,教材引导学生思考所有可能的结果是什么,并伴随着事件的发展,不断地反思这一问题。显然,随着抽签进程的发展,可能的结果会越来越少,到最后就只有一种可能。后续教材中,像这样专门学习样本空间的例题还有很多,它们的主题有抽奖、

[①] MOORE D S. Statistics Among the Liberal Arts [J]. Journal of the American Statistical Association, 1998, 93 (444): 1253-1259.

第五章 "统计与概率"内容编排的分析与比较 305

(a)

(b)

(c)

图 5-15 意识不确定性示例

掷骰子、摸球等。

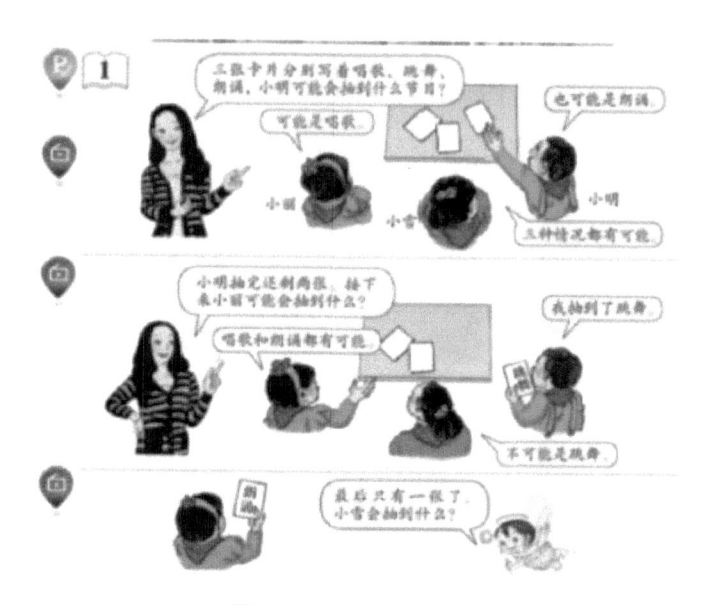

图 5-16 样本空间示例

在可能性大小中，样本空间是前置内容。确定了有哪些可能的结果，才可以思考每种结果的可能性大小。具体看教材中可能性大小的思维进程，其首先出现在例 2 中，在已知盒子内有哪些球的情况下，进行了 20 次摸球活动，并要求学生判断摸球的可能性大小。例 3 和例 2 的区别是盒内球未知，并进行了 8 组 20 次的摸球活动（共 160 次），根据摸球结果判断摸球的可能性大小。可以发现，教材中的两个例题都给出了数据，所有学生并不需要主动的进行摸球活动，而只需要根据数据结果进行判断即可。显然，缺少自己动手尝试的过程，无法完整地体会根据频率推测概率的过程，而这点对于学习可能性大小是至关重要的。

值得注意的是，教材中的一些例、习题蕴含着巨大的潜力，通过一定的延伸，可以生发出丰富的随机思想。在一个概率判断活动中，教材让学生思考从四个选择中猜出正确选项，猜对的人多，还是猜错的人多。从这一问题中我们可以获得多方面的认识。首先，由于没有关于选项概率的背景知识，所以四个选择具有同等可能性，也就是每个选择是正确选择的概率是相同的。但如果我们拥有关于选项概率的足够多的背景知识，那么可能就影响这一问题的结果。其次，该问题具有一种思维的转换，即它没有询问我们猜对的可能性大，还是猜错的可能性大，而是把这一问题转换为猜对或猜错的人数的多少。前者是一种比例认识，后者则是直接的频率认识，有研究认为，报告频率而不是比例使得基线风险的作用更加清晰。[①] 这一巧妙的问题设置既要求学生进行思维的转换，也帮助学生更直观地理解概率。最后，该问题需要学生从较抽象的角度思考可能性大小，那么顺着这一思考路径，我们可以进一步把问题主题发展为公平问题或风险问题，即如何使得问题变得公平或者认识选择背后存在怎样的风险。可见，在面对教材时，教师往往具有一定的创造力。

在背景知识上，教材共出现28次涉及背景知识的情况。（见表5-18）统计学习的一大重点是将数据与其背景相联系。在数据分析中，模式是否具有意义，以及它们是否具有任何价值，取决于这些模式如何与背景情节交织在一起。背景知识提供了意义，并且在模式和背景之间存在着持续的相互作用。背景知识在统计内容中分布比较均匀，但并没有在概率内容中出现。可能的原因是，教材更多是从抽象的问题情境中让学生进概率判断，而且并没有给学生机会主动的运用概率创造意义（例如设计游戏），因此也就不需要有背景知识。这种设置可能会孤立统计与概率内容，因为抽象的问题往往也并不需要一个完整的结构丰富的统计活动。

表5-18　人教版教材"统计与概率"领域中的背景知识分布

单元	1	2	3	4	5	6	7	8	9	合计
背景知识	3	1	3	4	6	0	5	2	4	28

尽管如此，教材还是在统计内容中在多个环节上体现了背景知识的重要性。有形式问题时的背景知识，如教材要求学生把感兴趣的事作为统计问题；有形成类目时的背景知识，这广泛出现在第一单元分类与整理中，把全班同学分成两组、把动物分成两组、把运动的同学分组等，如何分组就是对背景知识的运用；有提供建议的，这一类问题需要结合数据分析的结果和背景主题，如对父母工作的感受、家电销售情况、进货的选择等；判断标准也需要背景知识的支撑，如体育成绩的比较、北京9月天气特点、发现出生与死亡人口规律等，这些问题需要结合背景知识得到相应的判断；预测结果也需要基于对背景知识的分析，如掷一掷、足球队获胜的可能性等；平均数的意义也和背景相关，

[①] GIGERENZER G, GAISSMAIER W, KURZ-MILCKE E, et al. Helping Doctors and Patients Make Sense of Health Statistics [J]. Psychological Science in the Public Interest, 2007, 8 (2): 53-96.

上述提及的床的长度问题就是最好的例子。

在背景知识的视角下，教材中有值得思考的问题存在。例如教材让学生调查同学最喜欢去哪里春游，并限定了五个具体的地方。对于不同地区使用该教材的学生来说，是否熟悉这五个地点也是值得怀疑的。因此，如果教材没有在关于春游的背景知识上保持开放性（让学生自己建构地点类目），那么这种调查可能是虚假的调查。这也引出了我们对背景知识的反思。实际上，对于任何统计问题，我们总是可以根据背景知识对其有一定的假设，而数据可以对我们的假设进行检验，也可以自己显示出新的规律，在这些过程中，只要涉及现实意义时，背景知识就是必不可少的，因此，切实地把背景知识落实在统计活动之中是教材的发展方向。

数据类型已经在前面的分析中出现了多次，在分析一些其他环节时，我们不得不考虑例题中的数据类型，可见其重要性。从分析结果上看，称名数据占据了总体的69%，并且其分布贯穿了整个教材，其在低中年段的数量比较多，相比之下，其他几种类型在低年段几乎没有。（见表5-19）第二单元存在唯一的顺序数据，该习题以跳远为主题，要求学生根据成绩给选手排名，这实际上是将等比数据（跳远长度）转化为了顺序数据（排名）。（见图5-11）可以发现，这一例题反映了两种数据的不同意义。等距数据只出现了7次，具体例子有视力、气温、歌唱比赛得分、高考成绩等。其中歌唱比赛得分是一个反映等距数据典型特征的例子（见图5-17（a）和（b））。在两个例子中，问题的目的都是得到选手最终的得分，而过程是如何把评委打分转化为选手最终得分，这一过程需要一个标准，而这个标准是可变的。如例题所示，可以是直接计算平均分，也可以先去掉一个最高分和最低分再计算平均分，这一方面体现了平均分的意义，另一方面也体现了等距数据的特点，即没有绝对零点，因此数量的意义也是相对的。等比数据出现了32次，一般来说等比数据更为常见，在生活中的一些物理属性都是等比数据，例如长度、重量等。总的来说，教材偏重于称名数据的呈现，在等距和等比数据上的呈现略少。

表5-19　人教版教材"统计与概率"领域中的数据类型分布

单元	称名	顺序	等距	等比	合计
1	14				14
2	12	1		1	14
3	8		1	3	12
4	14			1	15
5	13		2	9	24
6	8			1	9
7	5		3	6	14
8	6			9	15

续表

单元	称名	顺序	等距	等比	合计
9	6		1	2	9
合计（百分比）	86（69）	1（1）	7（5）	32（26）	126（100）

图 5-17　等距数据示例

值得注意的是，数据类型为我们分析教材提供了一个新的视角。很多时候，我们可以从数据类型的角度去分析统计环节。如在分类类型上，属性分类以称名数据为主，数量分类则主要是等距和等比数据。在数据分析上，分析什么也与数据类型相关，如称名数据只可以分析每个类目的次数情况，但等距和等比数据就可以分析类似于最大值、最小值、全距等统计量。如何收集不同类型的数据也是数据收集需要考虑的问题，如喜欢的颜色和身高这两个对象就明显需要不同的收集方法。可以说，从统计问题开始，就暗含着数据类型的因素，并持续产生影响直到最后的判断与决策环节。正如上述几个例子所显示的那样，我们在思考与进行统计实践时，需要将数据类型纳入考量，才能够更深刻地理解统计活动，培养统计思维。

（八）其他

在其他环节上，提示语分组和汇总是两个主要的分析点。在提示语上，它贯穿于每个环节内，除概率内容外，在其他单元内分布比较均匀。（见表5-20）具体看提示语内容，可以发现，教材很注重问题意识的培养，在教材中多次出现要求学生提出数学问题的例、习题。（见图5-18）而到了高年级，教材更注重提示学生得到怎样的信息，这是在引导学生养成分析问题的习惯，以尽可能地占有问题中的信息。同时，表达与交流自己的想法贯穿整个教材，这类的问题很多，如说说你的发现、你有什么看法、你想告诉同学们什么等。这种表达是开放性的，它可以指向数据本身的任何方面，也可以指向数据所代表的现实意义，如一道例题引导学生在了解父母工作与做家务情况后有怎样的感受。显然，这种引导超出了数据本身。所以，提示语在教材中起到润滑剂的作用，它没有固定的结构，而是在需要的时候为学生提供适当的引导。

表 5-20　人教版教材"统计与概率"领域中的提示语分布

单元	1	2	3	4	5	6	7	8	9	合计
提示语	6	4	6	8	9	1	9	7	3	43

图 5-18　提示语示例

在分组和汇总上（见表 5-21），教材仅在第六单元概率内容中涉及一处分组和汇总（见图 5-19）。从图中可以看出，首先数据来源是由他人提供的，所以不需要学生自己进行相应的摸球活动；其次，在介绍中没有提及分组和汇总，而只是在结果上直接指出有八个小组，这说明分组和汇总在该题目中只是被动的存在；最后，分组和汇总在题目中没有起到相应作用，如使得统计变得简便，或是单个小组与整体比较等。可以说，教材并没有把分组和汇总作为一个知识点编排进教学单元内。

表 5-21　人教版教材"统计与概率"领域中的分组和汇总分布

单元	1	2	3	4	5	6	7	8	9	合计
分组和汇总	0	0	0	0	0	1	0	0	0	1

二、分析结论与改进建议

（一）分析结论

1. 工具性知识厚实，概念性知识有所欠缺

教材的例、习题总量为 140 题左右，从各个环节上分析这些例、习题，我们发现，教材在各类目数量比例的安排上较为基础的工具性知识较多，而概念性知识则较少。对于小学阶段来说，以基础知识为主是符合教材逻辑的。教材在基础知识的呈现上是厚实的，它的一大特点就是在一个新知识点后有足够丰富的习题作为巩固，这些习题往往都是该知识点的回顾，表现出一种同质性的特点，即只在情境上有所区别，但问题的内在知识结构是一致的，这种类型的习题旨在通过重复来巩固基础知识。相应地，教材在较为深层的概念性知识上往往涉及不多，这在多个分析点类目上可寻找证据。例如自己收

图 5-19 分组和汇总示例

集数据、样本、分组和汇总等，教材在这些类目上显示出明显的不足。这也再次体现了教材的基调，所教的内容并不是很多，但对所教的每个内容都有比较扎实的练习。当然，教材在部分教学内容也体现了较好的概念性，例如平均数、条形图等，特别是在判断与决策环节上，教材的决策甚至多于判断，可见其对高层次的决策活动的重视性。不过从总体上说，这样的例子在教材中相比于基础知识还是显得略微少了些。

2. 统计知识的联系性与整体性一般

知识的联系性主要体现在单个单元内是否有其他单元知识的渗透，在统计整体性视角下，即对某个环节的教学是否渗透了其他环节的知识。这种渗透很少出现在教材之中。大部分情况下，教材依次呈现某个知识环节中的某个知识点，并在习题中对该知识点做较多的练习巩固。所以教材中有很多知识内容扎堆出现在某一个单元内，如第一单元的观察活动仅在该单元有很丰富的涉及；同样地，分类活动也主要集中在第一单元，后续单元内几乎没有高层次的分类活动出现。另外，没有整理阶段的分类活动，各表示类型间的联系性不强等都显示了教材在知识联系性上的欠缺。

整体性则主要体现在教材是否把统计知识放置在作为整体的统计活动下进行教学。教材的整体性主要体现在少许的附加活动中：营养午餐与掷一掷。显然这样的活动数量过少，整个教材中仅有两个，并且其中的掷一掷活动更多的是概率判断的一种延伸活动，并没有很好地体现统计的整体性。而在其他方面，教材也缺乏对统计整体性的渗透，更多情况下，教材都将统计作为统计活动的某个部分来进行呈现，这缺乏一种整体性的引导。

因此，我们认为，教材中的统计知识的联系性与整体性一般，有待进一步提升。

3. 对教学的可能影响

教材的内在风格影响着教师的教学风格。该版本教材侧重于学生能够对基础知识有厚实的理解，并在此基础上有一定的概念性提升。教学相应的侧重点也会放在学习并巩固基础知识上。从知识难度和学生认知水平上来说，这种安排无可厚非，但从统计素养的角度上看，缺少概念性知识的丰富理解，以及对知识联系性、整体性的感受，教材并没有对统计素养的培养有足够的体现。因此，教师想要培养学生的统计素养，不仅需要挖掘教材中可能的潜在的侧重于思维与方法的例、习题，而且需要从已有的、显在的侧重于基础知识的例、习题中脱离出来，这从理念上和知识理解上对教师提出了要求。

在理念上，教材的逻辑是教师教学的基本逻辑，知识以何种顺序在教材中呈现，教师便以怎样的顺序进行教学，这是大部分教学的主线。因此，教师需要打破已有的线性逻辑，形成一种网状的结构逻辑，才能够在教学中渗透统计过程的整体性。这种认识统计知识的思维转变是指向素养教学的一大重点。同时，如何理解统计知识的结构逻辑，包含知识的联系性以及整体性，这种理解构成了教学的前提。缺乏对知识的深层次理解，那么对结构的教学也只能是表层的，并没有能触及其背后的思维价值。只有对统计过程形成多层次、多视角的厚实的理解，才能够形成一个由浅入深的教学思路，为学生素养发展提供路径。

可见，教材作为重要的教学工具，并没有为教学本身提供足够的支持。

（二）改进建议

1. 建立工具性知识与概念性知识的联结

统计活动是一个包含着多个步骤的整体，对于该整体的认识，需从整体与部分两个方面进行。其中，整体视角为我们提供一种认识的维度，让我们意识到所学习的知识是该整体的一部分；而部分视角，即对各个环节上基础知识的学习，这些知识构成了整体框架的血肉。因此，对基础知识的重视对于初学者来说是必要的，也是重要的。教材提供丰富的基础知识，这为统计学习打下了厚实的基础，其可以使后续的学习变得更加简单。

在此基础上，我们认为，教材也需要包含后续的学习，即一种概念性知识。但这种概念性知识不是无根的，而是生长在基础知识之上，是对基础知识的延伸与反思。教材需要改进的就是在对基础知识的学习之后，增加相应的延伸与反思。这样，就建立了两种知识之间的联系，使得基础知识真正地成为素养发展的一部分，而不是其对立面。

一个可能的方法是在教材中增加相应的引导语及总结活动，即在某个知识的学习中引导学生思考该知识的概念性方面，并在这种思考之后得到对这种知识多层次的总结。这样，学生可以比较明确地把两个方面的知识联系起来，以形成一个多层次的知识结构。

另外，促进统计与概率的联结也是教材发展的应有之义，可以说，这种联结属于一种较高层次的概念性知识，它需要为学生提供机会思考为何统计活动中随机思想必不可少，以及为何概率学习中必然要运用到统计活动，这些需要以工具箱知识与概念性知识的联结为基础。

2. 为对统计活动整体性的学习提供更丰富的空间

如上所述，教材并没有提供足够的学习空间让学生感受到统计是一种完整的多步骤的活动。更多的时候，通过教材反映的是统计是多个独立的活动，有收集活动、表示活动、判断活动等。这些活动间并没有太多的联系性，或只在需要时才体现一定的联系性。

当对某个环节的认识较为成熟时，一个新的开始是把它放在整体统计活动之中，作为一个部分来进行审视。教材需要为这种新的认识活动提供空间，即在各个单元的结束部分提供一个新的开始。作为单个环节的学习，其是结束部分。而作为整个统计活动的学习，其是一种开始，这种开始补充了我们对统计活动的认识，因为当把单个环节的知识纳入整体中时，学生对整体的认识便因为新知识的纳入而变得丰富，以提升这一整体的深度及广度。因此，处理好这种整体与部分的关系是教材的应有之义。

在教材中增加体现整体性的综合性活动也是一个发展方向。教材中只有营养午餐这一个附加活动较好地体现了统计活动的整体性，但这一活动可以作为一个范例，甚至可以说，在每个单元之后，都可以设置一个这样的附加活动，其应包含完整的统计活动步骤，但侧重点在于对本单元所学习的部分的应用。这样的综合性活动既能体现活动的整体性，又能在这种整体性下认识到每个环节的重要价值。这种认识可以真正有效地促进学生统计素养的发展。

培养拥有统计学意识的公民已经成为许多国家课程目标的重要部分。教材是教学的重要工具，关于统计的理念要落实在教材上，这意味着教材内容要跟随着相应的统计理念不断发展。当然，一定的滞后性是必然的，但教师需要尽可能地弥补教材与现有理念之间的差距，因此，统计教学是对教材的一种创造性使用。同时，一个可能的发展方向是融入更多的技术内容，技术对于统计教学、数学教学都是重要支撑，是否有与理念相匹配的技术对教学具有重要影响。无论如何，任何可能的发展方向都必须围绕对统计素养的发展，这是统计教学之本质，也是公民真正需要的生活素养。

第三节 北师大版教材中"统计与概率"内容编排的分析

第二节已经对人教版教材中"统计与概率"内容编排进行了分析。在第三节中，研究则主要呈现北师大版教材在"统计与概率"内容编排上的具体情况。

一、分析结果

在对分析结果进行阐述之前,需要先说明北师大版"统计与概率"领域教材的分布情况(见表 5-22)。为了呈现方便,我们按照单元顺序,将各个单元编码为相应的数字,以便在后续的分析中呈现。

表 5-22 北师大版教材"统计与概率"领域中的内容分布

编码	年级单元	单元名称
1	二下	调查与记录
2	三下	数据的整理和表示
3	四上	可能性
4	四下	数据的表示和分析
5	五上	可能性
6	五下	数据的表示和分析
7	六上	数据处理
8	六下	统计总复习
9	六下	概率总复习

(一)问题与目的

在提问水平上,教材有接近 60% 的例、习题处在水平 2,即没有问题,说明教材中的提问比例较少,只有四成。(见表 5-23)虽然如此,但一个优点是每个单元都包含了水平 2 及以上的例、习题,并且分布比较均匀,这说明尽管总量不多,但教材还是持续性地为学生提供统计问题的相应知识。水平 3 仅有 3 个例、习题,且概率部分没有涉及。总的来说该版本的提问水平总体上偏向于水平 1,在水平 2 与水平 3 上较不足,特别是处在水平 3 的例、习题,是远远不够的。

表 5-23 北师大版教材"统计与概率"领域中的提问水平分布

单元	水平 1	水平 2	水平 3	合计
1	5	5		10
2	5	4		9
3	8	5		13
4	19	9	1	29
5	7	8		15

续表

单元	水平1	水平2	水平3	合计
6	16	7		23
7	15	5	1	21
8	6	4	1	11
9		6		6
合计（百分比）	81（59）	53（39）	3（2）	137（100）

在问题类型上（见表5-24），个体问题和比较类问题分别占整体的74%和26%。从整体上看，比较类问题比重略低，并且在第3、5、9三个概率内容单元内，都不涉及比较类问题。如果仅从统计单元上看，我们发现，在高年级，比较类问题要多于个体类。另外，比较类问题在低年级也潜在地涉及，此时教材还没有教学复式统计图表，但仍然有少许比较类问题的出现，这种教材安排体现了一定的连贯性。

表5-24 北师大版教材"统计与概率"领域中的提问类型分布

单元	个体	比较	合计
1	5		5
2	4	1	5
3	6		6
4	9	2	11
5	8		8
6	3	5	8
7	1	5	6
8	3	3	6
9	6		6
合计（百分比）	45（74）	16（26）	61（100）

提问水平和问题类型从两个方面反映了问题与目的的情况。分析问题类型的前提是具有统计问题，因此只有在提问水平2或3的例、习题中才可以分析其问题类型。问题来源于生活的需要，这在教材中有比较好的体现。该版本教材中有很多问题（大部分在低年级）是主题式的，即从一个生活情境出发，产生一定的统计需求，形成相应的统计问题。例如，在第一单元的评选吉祥物例题中，问题背景是班级要在四种动物中选取一种作为班级的吉祥物，因此需要通过调查知道哪种动物是最受欢迎的。通过这样的问题，学生能够将数据与意义相联系，如选择熊猫的人数最多，这是数据，其意义便是熊

猫可以作为班级的吉祥物。这种有意地让学生体会统计问题背后的现实意义，让学生带着对现实意义的思考来认识统计问题，为其认识数据及统计活动的意义都提供了良好的机会。

个体类问题是比较类问题的基础，它主要是对某个对象的认识和描述。而比较类问题则涉及两个对象，是在分别认识两个对象的基础上，对两个对象进行比较，以获得更多的认识。我们可以举一些教材中的比较类问题的例子：两个班同学睡眠时间对比、两个班同学最喜欢的电视节目，生活污水、工业粉尘排放量趋势比较，单手投篮和双手投篮，两年的空气质量比较，生产总值与消费比较，一年级和六年级作息时间安排，男女生身高分布，甲乙两班身高分布，两班成绩比较，两班男生跑步成绩，男女生体重，跳远成绩，ab 组科学测验（说服），等等。

我们可以从多个方面分析这些示例。例如比较的目的是什么、比较的方法是什么、比较可能的结果是什么等。在本环节，我们主要是从比较的目的进行分析。可以发现，大部分问题是比较两个对象之间的差别，更关注对象间的差异性，有一些差异性涉及量的差异，如身高、时间、成绩等；有一些差异性不涉及量，如喜欢的节目。涉及量的差异性问题更多。也有一小部分问题关心的是对象间可能的联系性，如生产总值与消费比较，通过数据我们旨在观察两者的相关性程度如何。另外，需要简单提及的是，问题与目的的得出意味着我们对与之相关的领域有一定认识基础，问题是在一定认识基础上产生了新的疑惑而得出的。所以我们可以在提出问题的同时也就有对问题结果的一定假设，这也是我们为何可以在进行统计活动之前就分析比较目的的原因。

同样地，我们也对处在水平 3 的 3 个例、习题进行了一定的分析。

（1）自定主题：生活情境–选择主题–提出问题。
（2）了解同学：同学的情况–想调查的问题–选择调查问题。
（3）介绍班级：手拉手班级–介绍班级情况–想要调查的问题。

上述 3 个例、习题，第一个可以当成一个一般性的问题提出问题步骤。该问题要求学生自定主题，几乎没有其他方面的引导。而后两个问题有相应的主题，并且是基于第一个问题的步骤进行的。先是提出一个主题，然后对可能的问题与方法进行提示，要求学生在提示之下选择自己想要调查的问题。可以看出，该教材在水平 3 上的问题虽然较少，但具有开放性和一定的层次性。

（二）数据收集

在数据来源上（见表 5-25），接近八成的数据是他人提供的，教材只出现了 25 次需要自己收集数据的例、习题。显然，自己收集数据的比例较低，大部分情况下学生只能分析由别人提供的数据。自我收集数据的实践是重要的，如果学生没有足够机会形成一定的自我收集数据能力，那么其统计素养是不完整的。不过，在概率内容中我们发现，教材出现了 6 次自我收集数据的机会，超过了他人提供（5 次），说明在概率学习中，教材较重视运用统计活动来体现概率意义的学习进程。这有利于切实地联结统计与概率知识。但总体上来说，教材仍然需要增加这种自我收集数据的机会，只有让学生有足够的实践体验，才能够真正地发展出数据收集能力。

表 5-25　北师大版教材"统计与概率"领域中的数据来源分布

单元	他人	自己	合计
1	9	1	10
2	5	5	10
3		2	2
4	24	7	31
5	4	4	8
6	22	1	23
7	17	4	21
8	10	1	11
9	1		
合计（百分比）	92（79）	25（21）	117（100）

在收集方法上，由于自我收集的总数较低，因此在收集方法上每种类型出现的次数也比较低。（见表 5-26）调查（36%）与实验（40%）是两种主要方法。调查应是教材中最常出现的一种统计活动，但通过数据可以发现，大多数调查活动都由他人提供了数据，真正需要自己进行调查活动的次数仅有 9 次，这也体现了教材的选择性。由于调查活动一般没有什么难度，因此教材便更多地把侧重点放在实验活动上。但在调查学习的伊始，教材介绍了如何在班级里进行调查的方法与步骤，这可以增加初学者对收集方法的认识。测量活动仅有 5 次，该活动对应的数据类型本身比较少，从具体内容上看，该活动一般是测量学生的身高，具有一定的重复性。值得注意的是，实验作为一种高层次的收集方法出现的次数反而是最多的，而最低层次的观察只有一次，这一次观察是在第一单元对几种不同图形的观察。这种分布呈现出教材的一种趋势，即有选择性地提供自我收集的机会，特别是当需要实验时，这种机会会更多。教材中实验的主题包括掷正方体（统计）、摸球、蒜苗生长、掷瓶盖、抛围棋、摸球、单双手投球等。可以看出，实验可能包含测量和调查，但它首先是一种实验，即针对一个主题所做的一种实践活动，该活动往往有一定的假设，而实验目的便是验证假设的正确与否。收集方法在一定程度上体现了教材对自我收集活动的倾向性。

表 5-26　北师大版教材"统计与概率"领域中的数据收集方法分布

单元	观察	调查	测量	实验	合计
1	1				1
2		2	1	1	4
3				2	2
4		4	1	2	7
5				4	4
6				1	1
7		2	3		5
8		1			1
9					
合计（百分比）	1（4）	9（36）	5（20）	10（40）	25（100）

不同于收集方法，记录方法包含数据来源的两种类型，因此其数量要多一些。（见表 5-27）其中，无分类记录占据了总体的 64%，并较为均匀地分布在各个单元内。象形图和计数表两种类型主要集中在低中年级，但也有少量出现在高年级。需要指出，三个单元的概率内容只包含 2 次无分类记录，没有其他两种类型的记录方法。作为一种较为简单的学习内容，记录方法引导学生初步地认识统计活动，而随着认识的提升，其重要性也不断地减弱，于是，一个重要的问题是如何在较高层次上运用各种记录方法。实际上，作为一种工具，它们是基础性的，具有重要的实践价值，因此最好的方法是让学生切实地进行统计实践，自然体会各种记录方法的价值。

表 5-27　北师大版教材"统计与概率"领域中的数据记录方法分布

单元	象形图	计数图	无分类记录	合计
1	5	4	4	13
2		1	4	5
3			1	1
4	2	3	8	13
5			1	1
6		1	5	6
7	1		7	8
8		1	3	4

续表

单元	象形图	计数图	无分类记录	合计
9				
合计（百分比）	8（16）	10（20）	33（64）	51（100）

对三种记录方法的关系分析可帮助我们进一步理解它们。图 5-20 是三种记录方法的示例，在记录的简便性上，从（a）到（c）是不断增长的，无分类记录需要一个个记录原始的数据，象形图基于一定的分类进行记录，而计数图则以五个为一组，使得记录更加简便。值得注意的是，一般计数表以"正"字的笔画数为组的基础，而北师大呈现了如图 5-20 的以横竖线组合的记录方法，这两种计数方法的实质是一致的（以五个为一组）。而从思维层次上说，无分类记录所需要投入的思维性最少，且可以展现记录过程中的顺序性，这是其相比于其他两种类型记录方法的优势。可以从数据中看出，由于这种思维上的简单性，无分类记录是最多被使用的。

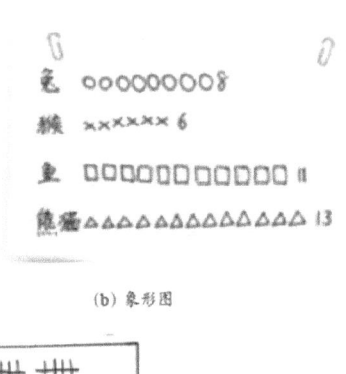

图 5-20　记录方法示例

在样本这一分析点上，教材只出现了 9 次。（见表 5-28）除了在低年级和总复习中少量涉及该概念，教材主要在第五单元可能性中呈现样本量内容，这说明了概率主题与样本概念的联系性更密切。但纵观这 9 个涉及样本量的例、习题，没有一个有对样本量有任何说明，教材只是被动地把样本量提供给学生。另外，教材中并没有渗透抽样方法的内容。总体来说，教材对样本的关注微乎其微。

表 5-28 北师大版教材"统计与概率"领域中的样本分布

单元	样本量	抽样方法	总计
1	1		1
2	1		1
3	1		1
4			
5	5		5
6			
7			
8			
9	1		1
合计（百分比）	9（100）		9（100）

但同时，只要是进行统计活动，便自然会涉及样本量与抽样方法的问题。教材虽然没有明确地指出，但在一些问题中会有潜在地涉及与样本相关的内容，如调查活动中要多少同学、要调查哪些同学等问题。这些问题没有在教材中得到足够的重视，但每个统计实践中都必须有相应的答案。

所以，引导学生思考样本在统计活动中的价值与意义是该环节教学的关键。当学生并没有真正地思考样本的意义时，就算样本量和抽样方法固然存在，也并不能帮助学生形成对样本的理解。可见，教材想要在这一方面有所涉及，需要的不仅仅是增加这两种类目出现的次数，更重要的是，激发学生的主动思考提供机会。

（三）分类的数学思想和方法

分类的数学思想和方法在统计学习中具有重要地位，它是数学思维在统计活动中的体现，也是建构统计问题和对数据进行整理的重要方法。因此，其通常在学习的起始阶段就有所涉及。从分类水平的分析结果上看，水平1有96%的占比，这意味着教材几乎没有让学生主动思考分类思想与方法的活动。（见表5-29）水平2和水平3合起来仅有5次。它们的主题分别是选择不同的标准把全部同学分成两组、最喜欢的特色体育项目、了解班里同学的情况、介绍班级情况、整理班级同学的鞋号。

表 5-29 北师大版教材"统计与概率"领域中的分类水平分布

单元	水平1	水平2	水平3	合计
1	10			10

续表

单元	水平 1	水平 2	水平 3	合计
2	2+1		1+1	3+2
3	12			12
4	14+2	1		15+2
5	14			14
6	18+1			18+1
7	12+5		1	13+5
8	8+2		1	9+2
9	6			6
合计（百分比）	96+11（96）	1（1）	3+1（3）	100+12（100）

注："+"前是指数据收集阶段，"+"后是指数据整理阶段。

具体分析仅有的5个处在水平2或水平3上的例、习题，可以发现，教材并没有主动引导学生思考分类思想。这些题目之所以有高水平的分类只是因为它们本身具有开放性，必然要求自主的分类活动。也就是说，高层次的分类在该教材中并不是一个显在的知识点，而只是潜在地蕴含在少量的开放性统计活动之中。大部分情况下，教材提供给学生的是已经分好的类目，需要让学生做的只是按照这些类目收集数据，分类作为一种渗透在多个环节内的思想，如果缺少了对其的主动思考，则会抹去其对统计活动的重要意义。

另外，教材有12次整理活动，其中11次是水平1，1次是水平3。我们把关注点放在水平3上，该习题出现在第二单元，主题是为了开鞋店而调查鞋号。教材要求学生自主思考如何整理收集来的数据，并没有提供任何标准，这符合我们对水平3的描述。这样的整理活动具有较丰富的价值，因为通过不同标准的整理，往往可以得到不同的信息，这帮助学生认识到分类活动的重要价值，即数据的意义往往与相应的分类活动相联系，相同的数据，如果改变了分类标准，则会产生不同的意义。

在类目类型上，数量分类仅有15次，占总体的13%，其类型主要出现在第七单元，并且主要在整理阶段出现。（见表5-30）在第七单元以前，仅出现了4次数量分类的类目类型。可以说，教材对该类目的编排总体上较欠缺，而更多地关注属性分类。

表5-30 北师大版教材"统计与概率"领域中的分类类型分布

单元	属性	数量	合计
1	10		

续表

单元	属性	数量	合计
2	3+2	1+1	4+3
3	12		12
4	14+2	1	15+2
5	14		14
6	18	+1	18+1
7	12	2+5	14+5
8	8	1+2	9+2
9	5	1	6
合计（百分比）	96+4（87）	6+9（13）	102+13（100）

注："+"前是指数据收集阶段，"+"后是指数据整理阶段。

在属性分类上，统计与概率内容的比较均匀，说明分类在这两个内容上都比较重要。而概率内容仅在总复习中有一次数量分类出现，该题以数学游戏的形式呈现，并赋予了不同数量相应的意义，从而使得数量分类直接影响游戏的结果。至少在该问题上，教材提供了学生较好地学习分类思想的机会。

值得注意的是，教材中包含有体现属性分类与数量分类之间的联系的习题。如图5-21所示，该主题是调查学生对学科的态度。从属性分类上看，态度是喜欢或不喜欢两种选择，这是属性分类的特点，其一般以"是、否"类回答为数据；从数量分类上看，该问题把原属于属性分类的态度问题量化为一个包含五个程度的数量问题。我们可以看到两者之间最大的区别就在于数据发生了变化，从"是、否"类数据变成了程度类数据。这种变化的结果是我们可以通过一个数值来了解学生在多大程度上喜欢或不喜欢某门学科。这类问题为学生提供了扩展对两种分类类型的理解的机会。数量分类不仅仅与身高、体重或温度等主题有关，它的范围可以很广泛，甚至所有的属性分类都有可能被转化为数量分类，这一问题也与数据类型有关，我们会在后续分析中有所提及。

1. 一个10人小组想知道他们小组更喜欢数学还是英语，于是他们展开了调查。下面是他们调查时使用的评分标准。

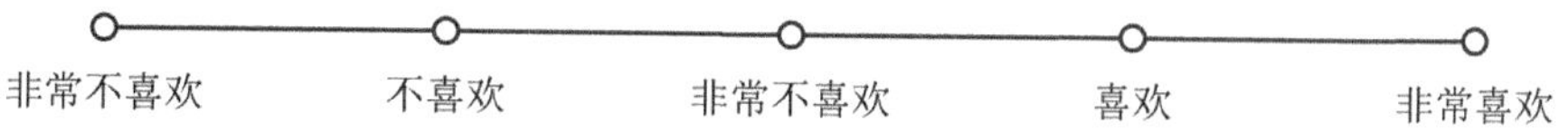

非常不喜欢　　不喜欢　　非常不喜欢　　喜欢　　非常喜欢

	学生1	学生2	学生3	学生4	学生5	学生6	学生7	学生8	学生9	学生10	合计
数学	1	4	5	2	4	3	2	1	5	3	30
英语	2	4	4	2	2	3	1	1	3	2	24

图5-21 分类类型示例

（四）数据的整理与表示

数据整理主要在分类的数学思想和方法中渗透，因此，该环节我们主要关注数据的表示。作为一种统计工具，数据表示，特别是各种类型的统计图是教材的重要教学内容。在表示类型上，从结果上看，从第一个类目统计表到最后一个类目语言，占比逐渐减小，这与教材对表示类型的内容编排顺序有关。（见表5-31）再具体看每种表示类型的分布情况，可看出在学习新的表示类型时，教材总是会涉及各种旧的表示类型。这说明教材至少在数量安排上注重了各种表示类型之间的联系性。

表5-31 北师大版教材"统计与概率"领域中的表示类型分布

单元	统计表	条形图	折线图	扇形图	线图	语言	合计
1	2						2
2	2				6		8
3							
4	10	15	5			2	32
5	5						5
6	9	9	8				26
7	10	5	8	9		1	33
8	3	3	3	2		1	12
9	1						1
合计（百分比）	42（35）	32（27）	24（20）	11（9）	6（5）	4（4）	119（100）

注：以题为单位，一题中可能出现多个表示类型表示同一个对象的情况

在四种主要表示类型的编排上，该版本教材没有统计表的正式介绍，其在第四单元介绍条形图，在例题"生日"中，其引导学生根据收集来的数据在图上涂色，画出条形图中的条形。需要指出，该版本在第一次介绍条形图时便以横式条形图为例子。在例题"栽蒜苗（一）"中，教材还要求学生自己条形图中横竖轴的内容，并对竖轴上的刻度进行了变式练习。在同一单元内，例题"栽蒜苗（二）"介绍了折线图，该例题出示了统计表和折线图，并引导学生思考折线图是如何得到的。在第六单元内，教材先然后呈现了复式统计表和复式条形图，然后呈现了复式折线图。扇形图在第七单元中出现，例题"扇形统计图"出示了统计表和扇形图，在"统计图的选择"例题中，教材进行了三种统计图的比较。在表示类型的呈现特点上，该版本教材体现出引导语较多，有较多的介绍各种统计图的要素的特点。以图5-22为例，该图是教材中教学折线统计图时的内容，可以看到在下方有较多的引导语，包括对统计图的要素、操作与特点等的介绍。

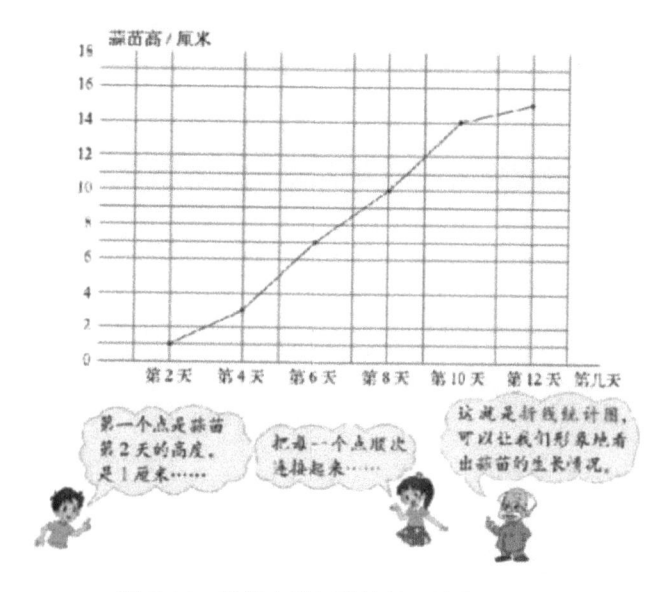

图 5-22 教材中的折线统计图的内容示例

另外，在概率内容中，只有 6 次统计表的出现，并且都是最为简单的统计表［见图 5-23（a）与（b）］，同时需要注意区别统计表与记录表，统计表呈现的是类目的次数，而记录表呈现的是每个统计对象被转化为数据的过程，可以以图 5-23（c）为例，这是一个无分类记录表，它要求学生有序地记录了每次摸到的球的颜色，最终，图 5-23（c）所示的记录表可以转化为类似于图 5-23（b）所示的统计表。

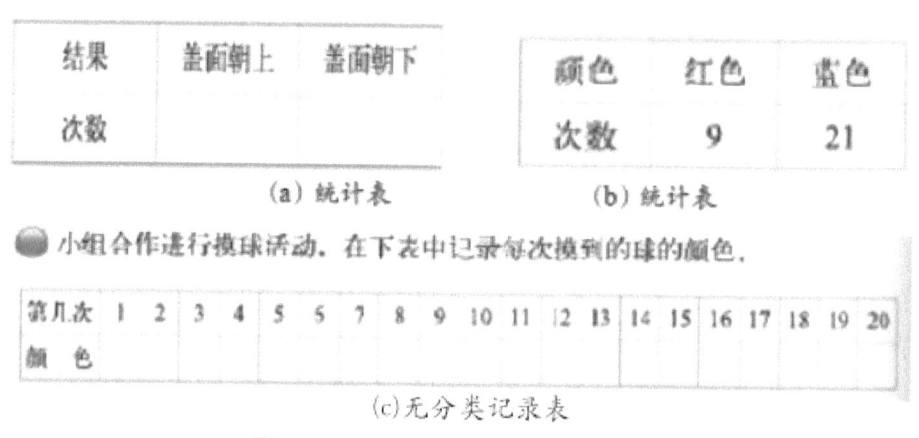

图 5-23 统计领域统计表与记录表示例

教材除四种主要的表示类型外，还包含了线图和语言这两种类型，并且两者占据了接近 10% 的比重，可见教材在该内容维度上有较大的广度。线图在第二单元呈现，在美国加州教材中也有类似的线图出现（见图 5-24）。① 线图类似于没有竖轴刻度的条形

---

① Mary Behr Altieri, Don S. Balka, Roger Day, et al. California Mathematics: Grade 4: Concepts, Skills, and Problem Solving [M]. McGraw-Hill, 2008: 137.

图，但其横轴一般是有序的数量，因此是有刻度的。相应地，从加州教材对线图的介绍中可以看出，线图最大的特点是可以较直观地找到数据的极值、全距和众数。但这些特点并没有在北师大版教材中有所涉及，那么呈现这种新的表示类型的意义是什么？值得我们反思。

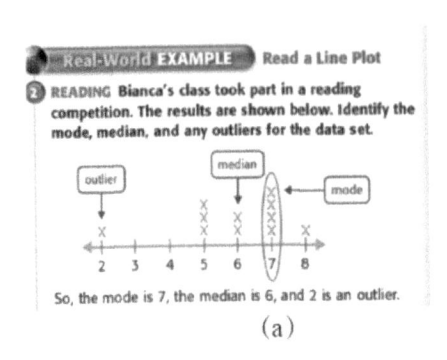

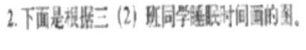

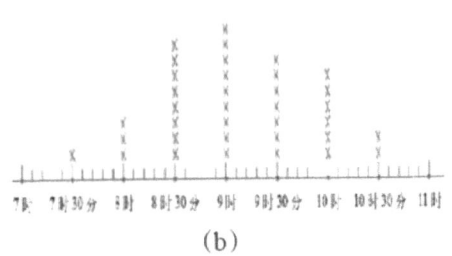

图 5-24 线图示例

在北师大版教材中，语言类出现了 4 次，虽然次数不多，但可看出有多种类型。如无分类记录"摸了 5 次球，结果是白、黄、黄、白、黄"（摸球结果）；结果频次描述"踢毽子成绩分别为 40 个、35 个、25 个、50 个、45 个"；结果占比描述"喜欢乒乓球的有 32%，喜欢排球的有 18%……"可以发现，语言表示一般都不是很长，并且可以转化为其他表示类型，所以，我们也可以把语言表示看成是对其他表示类型的一种解读。

表示水平主要集中在三个教学统计图的单元及统计总复习单元之中，由于教材十分重视统计图表的教学，所以我们的分析聚焦于教材在何种程度上教学了各种统计图表。（见表 5-32）从三种水平的分布上看，随着学习的统计图越来越多，高水平的表示层次的比重也越来越大，这表明教材比较重视对统计图表的持续性的认识，并希望学生能够经历从低层次到高层次的认识发展。总体来说，教材在表示水平的编排上设置较合理，有利于学生对数据表示的多层次理解。

表 5-32 北师大版教材"统计与概率"领域中的表示水平分布

单元	水平 1	水平 2	水平 3	合计
1				
2				
3				
4	20	2	3	24
5				
6	14	3	7	24
7	13	2	7	22

续表

单元	水平1	水平2	水平3	合计
8	5	1	2	8
9				
合计（百分比）	52（66）	8（10）	19（24）	79（100）

值得注意的是，教材在低表示水平上为学生的学习提供了丰富的素材。一方面，如上部分所述，教材在呈现各种表示类型时，包含了丰富的引导语帮助学生认识图表中的构成要素；另一方面，教材也呈现了具有丰富价值的各种变式。例如，条形图的横轴竖轴每个的数字上，教材体现了一定的层次性，从每个代表1，到每个代表任意数字，但保持格子间的等距性。在更深入的学习中，教材也直接要求学生说一说如何画条形统计图。这样的设置加深了学生对统计图的基本认识。

水平2一般出现在每次学习新的统计图之时，并在总复习中要求学生说一说每种统计图的特点。同时，教材也给出了自己对每种统计图特点的描述。条形图，清楚地表示每个项目的具体数目；折线图，清楚地反映事物的变化情况；扇形图，清楚地表示出各部分在总体中所占的百分比。水平3包括对各种表示类型的应用以及表示类型间的比较，这要求学习者在学习前掌握前两个水平。对表示类型的应用主要是对表示类型特点的一种运用，如通过折线图要求学生描述气温的变化（见图5-25（a））；通过扇形图要求学生对一年级和六年级的作息安排进行比较（见图5-25（b））。另外，还有一些例、习题兼有三个水平的内容，如复式条形表的学习就是单手投球远还是双手投球远的问题下进行的，这一类问题同时包含了对表示类型操作、特点和运用的学习。表示类型的比较出现在扇形图学习以后，以统计表的选择为主题，主要以问题结构与统计表特点两个方面作为选择的依据。

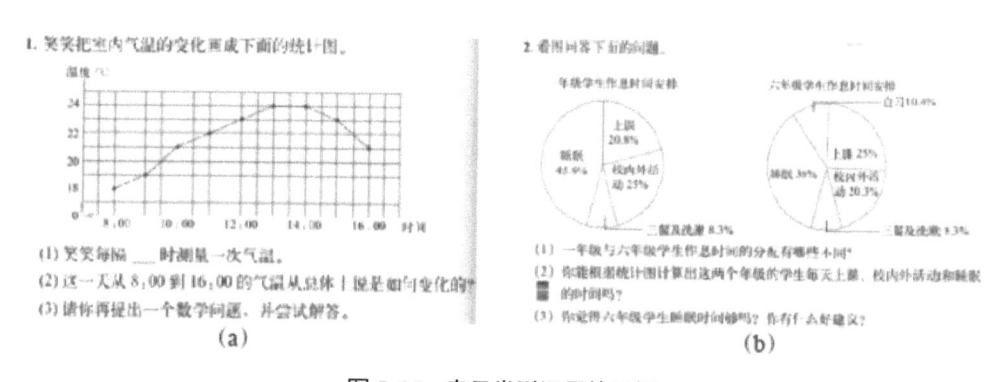

图5-25 表示类型运用的示例

表示对象上（见表5-33）的两个类目分别占据了总体的70%和30%，我们将该分析点与问题类型相比较（74%和26%），可以发现两者之间的联系性。实际上，从逻辑上思考，只有存在两个及以上的表示对象才可以形成比较。但在实际教材中，这两种并不是完全一致的，有的表示对象虽然是两个，但其并不涉及比较的问题类型，甚至没有问题；同样有的比较问题也并不一定有相应的表示环节，所以我们发现这两个分析点的分布情况只是大体相近。就这两种类目本身的分布来说，这样的比例较为恰当。同样我们发现，在第六单元之前，仅出现了一次表示两个对象的情况，该习题只要求学生分别计算某地的最高和最低气温的平均数，可见，该题属于表示对象为两个，但没有统计问题的习题。第六单元包含了复式统计图表的知识点，因此表示两个对象的例、习题主要集中在此，除了该单元，其他单元仅出现了5次。我们将重点放在第六单元，该单元中有涉及问题解决，如单手投球远还是双手投球远、今年和去年空气质量谁更好等，也有仅让学生从中获取信息的，这类例、习题没有明确的统计问题，而是让学生在一个主题之中对统计图表进行描述。同时，概率内容中一次也没有出现表示两个对象的例、习题。

表5-33 北师大版教材"统计与概率"领域中的表示对象分布

单元	单个/单式	两个/复式	合计
1	2		2
2	2		2
3			
4	22	1	23
5	2		
6	1	16	17
7	14	3	17
8	7	2	9
9	1		1
合计（百分比）	51（70）	22（30）	73（100）

综合表示类型、表示对象和表示水平这三个分析点来说，教材提供了多元化、多层次的学习材料，体现了数据表示在教材中的核心地位。

（五）数据的分析与解释

在数据分析上，对整体的分析最多，占了总体的46%。（见表5-34）从整体分析的年级分布上看，低年级较少，主要集中在中高学段。单数据（类目）占整体的33%，作为分析的基础，教材呈现该类目的次数不算多，比对整体的分析要少13次，与整体相反，其在低年级就有大量的呈现，并在高年级有小幅的减少。这也反映了教材从单个对象到数据整体的分析趋势。数据间比较和与标准对比共占整体的21%，它们可以作为单体与整体的中间环节。意识到数据不仅为某个个体，还有其他个体可以与之比较，这大大增加了数据分析的范围；同样地，当将数据与标准对比时，往往需要兼顾部分数据和整体数据。总的来说，与标准对比的比重较合适，而数据间比较的比重可适当提升，以体现分析发展的渐进性。

表 5-34　北师大版教材"统计与概率"领域中的表示对象分布

单元	单数据（类目）	数据间比较	与标准对比	整体	合计
1	10	1			11
2	5	1	4	3	13
3					
4	8	3	1	15	27
5				1	1
6	2	5		14	21
7	6	2	3	9	20
8	3		1	4	8
9				1	
合计（百分比）	34（33）	12（12）	9（9）	47（46）	102（100）

单数据（类目）的分析是最基础的数据分析类型，教材的第一单元第一个问题就要求学生分析喜欢的人数最多的动物是哪一个，这属于单类目的分类。类似的对哪一个类目出现最多或最少的分析是单数据（类目）分析中最常出现的。实际上，当数据是数值时，就可以把出现最多的数值当作众数。最值也是该类型分析的一个情况，我们以教材中的一个包含线图的问题为例（见图 5-26）进行说明。我们主要观察图中两位同学所说的话，女生说："男生鞋最大号码是 38 号，最小号码是……"这是我们说的最大值与最小值；男生说："女生穿……号鞋的人最多，要多进一些。"这是我们说的出现次数最多的类目，在这里可以把它当成众数。可以发现，最大值和最小值主要是对单个数据的分析，并且它只出现在包含数值的数据之中（因此我们也强调数据类型的重要性），而类目出现次数的分析则指向单个类目。

实际上，这里还涉及一个把谁作为数据的问题。我们以图 5-26 线图中的数据为例，从数据收集的角度上看，所收集到的原始数据应该是一个个同学的鞋码，因此，这里包含四个数据：33，34，34，37。然而，我们常常会做一种数据的转换，将原始数据的转化成：33 号 1 个，34 号 2 个，37 号 1 个。前者是原始数据，后者则先进行了分类活动，以鞋码大小为标准形成了各个类目，再把原始数据转化为各个类目的次数。这两者都可以作为我们的分析对象，问题与目的决定了我们要把谁作为数据进行分析，在教材中，两种情况都有出现，我们需要清楚它们的联系与区别。

数据间比较的第一个例子是图形间个数的比较，这种两个类目之间数量多少的比较是这一类分析的主要内容，其他的例子基本上与该例子没有差别。与标准对比的例子首

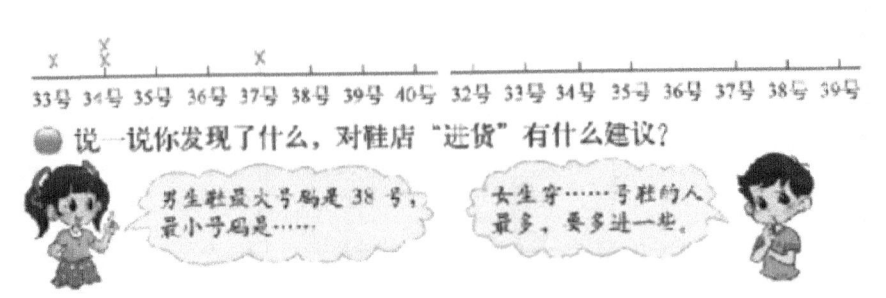

图 5-26　单数据（类目）的分析示例

先是身高主题，标准为"能购买半价票的儿童身高标准为 120-150 厘米"。通过与标准对比，我们可以知道班级中有多少人可以购买半价票。在随后的练一练中，标准变为了"姚明入小学时的身高为 147 厘米"，以及"科学的睡眠时间为 10 小时"等。标准一般包含着某种意义，通过与标准比较，我们可以生发出数据的意义。

在整体比较上，有很大部分是对平均数的认识与运用。值得注意的是，教材对平均数这一知识点的认识上呈现了大量的变式。例如，平均数具有代表性，任何一个数有变化，平均数都有反应；当一位老师加入学生的游戏队伍时，会大大增加队伍的平均年龄，这反映异常值对平均数的影响、去掉极值的平均数算法等。这些变式一方面加深了学生对平均数本身的理解，另一方面也促进学生更全面地理解作为统计量的平均数如何有效地反映整体的数量特征。除平均数以外，教材也潜在地渗透了其他常见统计量，例如，在平均数教学中，教材就以众数和平均数进行了比较，这让学生意识到，两种统计量都可以表示数据整体，并且可能会得到不同的结果。另外，教材也渗透了一些蕴含离中趋势的问题，例如比较哪种电器的销售量相对稳定一些。

（六）判断与决策

教材共涉及 76 次判断与决策，数量较大，这一数值意味着，在超过一半的例、习题中，教材要求学生做出判断或决策，并且从数量分布上看，这一环节贯穿始终，并在统计和概率内容中都有较多的涉及。从具体类目上看，判断与决策分别占据总体的 70% 和 30%，这一分配比重较为适中（见表 5-35）。

表 5-35　北师大版教材"统计与概率"领域中的判断与决策分布

单元	判断	决策	合计
1		4	4
2	1	2	3

续表

单元	判断	决策	合计
3	10	2	12
4	7	3	10
5	10	4	14
6	12	1	13
7	7	4	11
8	1	2	3
9	5	1	6
合计（百分比）	53（70）	23（30）	76（100）

值得注意的是，决策类目持续均衡的渗透在各个单元内，甚至在前两个单元中，决策反而多于判断。这说明教材在判断与决策间并没有设置绝对的层次性，并且认为学生在低年级就能很好地处理基于数据的决策。在概率内容上，我们发现每个单元都包含了较多的判断与决策，但结合其他环节，有较多的例、习题涉及不包含统计活动的判断与决策。是否基于数据进行判断与决策是一个重要的区别，例如，可以比较图 5-27（a）和（b）。（a）要求学生通过统计活动得到概率大小判断游戏是否公平；而（b）则要求学生直接得到概率大小，从而判断游戏是否公平。可以发现，在概率内容中，判断与决策是基于概率大小而进行的，但如何得到概率大小有两种路径。对比这两种类型的判断与决策，便可以促进学生对统计与概率关系的理解。这为教材的发展提供了可能的路径。

图 5-27 统计领域判断与决策示例

可以发现，判断与决策实际上是数据分析结果的意义转化，数据分析环节只为了得到数据的数量特征，而判断与决策环节则需要将所得到的数据的数量特征转化为现实意义，以解决现实问题。

基于此，教材在判断与决策的教学中体现了较丰富的思维性，并与之前环节具有密切的联系。例如，教材在基于调查结果的推断中体现了两种类型：一种范例是评选吉祥物，即喜欢最多的动物被评选为吉祥物；另一种范例是买水果，即根据喜欢人数的多少来确定购买水果的数量。前者只选择次数最高的类目，而后者则根据喜好的分布情况来确定购买的分布情况。

另外，教材中有的习题包含多种决策策略，需要学生对其进行选择。在一个冰糕进货的主题中，教材要求根据本周销售情况对下周进货量进行决策。其呈现了两种决策策略：一是根据平均数，二是根据数据整体的发展趋势。两种策略都是可能的决策依据，只不过是在不同的解释体系中，而对策略的选择在此需要进一步考虑主题的背景知识，这便体现了判断与决策环节与背景知识之间的联系性。

（七）贯穿全局

贯穿全局的分析点包括随机思想、背景知识和数据类型。下将依次阐述各分析点的分析结果。

随机思想是该部分的第一个分析点。教材共出现 63 次涉及随机思想的内容（可参见表 5-36），这同样是一个较大的数量，其中，概率内容中出现了接近 40 次，这可能与教材共有三个单元的概念内容有关。具体来看，意识不确定性是分布范围最广的类目，除第一单元外，其他单元内都有涉及。这说明了该类目具有较为广泛的意义，特别是在统计内容中，意识到统计活动中的不确定性是统计素养的核心，这种不确定性可能出现在统计活动的任何环节内，例如，比较两组样本的分布情况、数量估计、根据已有数据对未来进行预测等。当然，这种随机思想的渗透是较为混乱的，没有一个明显逻辑进程，这与随机思想本身依附于统计过程有关，但在教学的复习环节对这种不确定性基于统计环节进行总结应是一个可取的。

表 5-36　北师大版教材"统计与概率"领域中的随机思想分布

单元	意识不确定性	样本空间	可能性大小	合计
1				
2	1		1	2
3	6	7	6	19
4	4			4
5	1	2	15	18
6	5			5
7	2			2
8	2		1	3
9	1	3	6	10
合计（百分比）	22（35）	12（19）	29（46）	63（100）

样本空间和可能性大小几乎只出现在概率内容中，这两个内容更多是概率知识的关注点。教材中的两个概率单元（不考虑复习单元）体现了一定的层次性。从例题内容来看，教材一开始用掷硬币和摸球活动认识不确定性和样本空间，再用样本空间已知的摸球游戏认识可能性大小。在第二个概率单元中，其以可能性大小进行了游戏公平的讨论，并在后续例题中以样本空间未知的情况下进行摸球游戏。从出现次数上看，在第三单元内，样本空间内容较多，因为在初学概率内容时，教材主要把重点放在对样本空间的认识和理解上（见图5-28）。而在第五单元内，重点则转变为可能性大小，该部分的样本空间更多是作为判断可能性大小的一个前置环节，学生需要首先知道有哪些可能的结果，然后再对各种结果做出可能性大小的判断。从整体上看，教材的逻辑进程与随机思想本身的逻辑进程比较相似。但同时也可以看出，在统计内容中几乎没有这两方面的内容，如何将这两个类目渗透进统计内容中，是教材需要思考的问题。

图5-28 样本空间内容示例

我们将关注点放在统计内容中唯一的可能性大小类目上。该类目出现在第二单元，具体看内容，可以发现它是一个掷骰子活动，这种活动经常出现在概率教学中，但在此我们发现其侧重于活动中的统计知识，引导学生能够顺利地完成这一活动，并引导学生说一说自己的发现。这道题反映出，统计与概率是一个统计活动的两个方面，并且当涉及其中一个方面时，也自然会渗透另一方面的知识。将这种联系性作为教学内容是必要的，同时这道题也显示了这种教学的可行性。

我们还试图分析教材从哪些角度教学了可能性大小：意识到可能性有大小，意识到生活中存在可能性大小的例子，意识到可能性大小会影响游戏公平，以及意识到可以通过统计活动判断可能性大小等（见图5-29）。这当中，教材在很大程度上注重了可能性大小的现实意义，也就是说，虽然在概率内容中，但很多例题中都包含着潜在的问题与目的，而可能性大小是解决问题的关键所在。实际上，由于具有潜在的问题与目的，这些例、习题便可以被发展为进行整体性统计教学的素材，教材在这一方面具有较好的可塑性。

另外，教材还包含一些体现概率意义的问题。例如，询问学生在摸出了三次黄球以后，下一次会摸到什么球；前三次抛硬币都是正面朝上，第四次也会是正面朝上吗？这些问题让学生体会到，已有的结果并不会影响未来事件发展的可能性。同时，教材的概

图 5-29 可能性大小示例

率活动一大特色是具有丰富的现实意义。例如，在同学聚会上，通过摸球活动来决定表演怎样的节目。而游戏公平是教材研究的一个重要主题，很多随机思想在该主题中被渗透。教材从让学生分析游戏的公平性，到让学生自己设计公平的游戏，这种活动让学生意识到概率的广泛价值，也增进了学生的学习兴趣。

教材中共出现 32 次背景知识（见表 5-37），除第一单元外，每个单元都包含了背景知识。背景知识与其他环节的分析点密切联系，在之前的分析中我们就多次潜在地提及了背景知识，可以说，对背景知识的关注构成了统计活动的一个基本特征。统计要与生活密切联系，也就是要与统计问题相关的背景知识密切联系。

表 5-37 北师大版教材"统计与概率"领域中的背景知识分布

单元	1	2	3	4	5	6	7	8	9	合计
背景知识	0	1	3	5	6	6	6	4	1	32

在统计活动中，背景知识应贯穿于每个统计环节，而在教材中，不同的例、习题在不同环节涉及对背景知识的需求。例如图 5-30 中的"鞋店进货调查问题"，提出怎样的问题，如何整理调查结果以及如何为进货提出建议，都需要与该主题相关的背景知识的支撑。而在一些例、习题中，问题要求学生根据主题自主建构具体类目，如特色运动会有哪些项目、从哪些方面了解同学、从哪些角度比较跳远成绩等。

图 5-30 背景知识示意图

在判断与决策环节中，判断和决策是两个方面，这两方面都需要背景知识的支撑。上述鞋店问题要求提出建议，这属于决策，其他的例子还包括改善环境状况、睡眠时间建议等；有些题目要求预测，这也是决策的一种，这在概率内容中出现较多，如游戏公平、投硬币等，在统计内容中，预测趋势出现在折线图内容中，如电器销售情况、单手或双手投球等。判断标准的例子也比较丰富，如环境状况、病情变化（解释数据背后的意义）、基于数据解释山猫和雪足兔的关系、电器销售情况、歌唱比赛打分、跑步快慢、科学测验成绩的比较等。同样地，教材有较多的开放性问题，这些问题只提供了一个主题，那么必然的，想要对这些问题有进一步的了解并形成相应的统计活动，背景知识也是必不可少的。

可以说，当教材中渗透的背景知识越多，说明其与现实生活的联系越丰富。该版本教材对背景知识有较多的涉及，这符合其特点，即以主题式学习为主，切实地运用了相应主题的价值，将其作为教学内容的一部分，这是对情境的一种高层次的运用。

在数据类型上（见表5-38），不同类型的数据蕴含了不同的结构，使我们可以从不同角度去分析它们。

表5-38　北师大版教材"统计与概率"领域中的数据类型分布

单元	称名	顺序	等距	等比	合计
1	9				9
2	4		2	4	10
3	10			3	13
4	12		5	11	28
5	12		1	3	16
6	8	2	4	10	24
7	8		2	15	25
8	6		5	4	15
9	6			1	7
合计（百分比）	75（51）	2（1）	19（13）	51（35）	147（100）

超过一半的类型是称名数据（51%），该数据类型贯穿了整个教材，并且在每个单元上的分布较为均匀，因此我们认为教材将其作为一个持续性的重点。称名数据是内涵最小的数据，所以其外延最大，对于初学者来说，该类型数据是一个较好的学习对象。所以，我们看到，在分类类型上，属性分类问题实际上与称名数据对应，题目并不需要对数据做更深层次的分析，而只需要围绕单数据（类目）进行分析。最常见的例子便是选择类问题，如选择班级的吉祥物、选择班长、选择喜欢的运动等，这些问题都是以称名数据为主要类型的例子。

顺序数据在第六单元出现了2次，这是教材的一大亮点，这两个题目不仅要求学生说明自己的喜好，并对这种喜好划分了等级（见图5-21）。我们可以看出，教材把对学科的态度划分成了5个程度，并编码为5个数字。从顺序数据的角度来看，这5个程度是有顺序的，非常喜欢是第一，非常不喜欢是第五，根据这种划分，数据可以反映出大致的喜欢程度，而不仅仅是是否喜欢。同时，这种数据可以进一步发展为等距数据，当我们假设从1到2与从2到3的程度差距是一样时，我们便认为这种数据是等距数据。这在心理学统计活动中很常见，因为心理学常常涉及对人的态度调查，而想要更深入的了解热门的主观态度，将其转化为等距数据是必要的。上述分析体现了在教材中渗透顺序数据内容的重要价值。

等距数据占总体的13%，其特点在上述例子中可以反映，相邻数字间需要有相等的间距，并且其零点是相对的，例如上述数字完全可以反过来，把非常不喜欢当成5。这说明，等距数据的意义往往是人为规定的，而教材中出现的大部分等距数据的人为规定性已经深入人心，例如温度、学习成绩等。那么，是否可以渗透更多类似于上述例子一样的等距数据，以更好地体现等距数据的特点？这可以作为教材的一个发展方向。

最后，等比数据的占比也超过了整体的三分之一，它也经常出现在学生的日常生活之中，并且其具有绝对零点，一般这类数据的0就意味着无。因此，这一点也可以作为与等距数据比较的方面。然而，我们也可以看到，等比数据内涵最丰富，因此便可以进行较为深入的分析，但这并未体现在教材之中。从数据分布上看，等距和等比数据的分布都较为均匀，在低、中、高学段都有所涉及。相应地，是否可以建立从对单个类型数据的认识到对多个数据类型进行比较的学习进程，这种发展可能是这一分析点对教学的重要价值体现。

（八）其他

在其他方面，教材出现了42次提示语和4次分组和汇总。在提示语上（见表5-39），类似于你是怎么知道的，你有什么发现，说说你的想法等话语为学生进一步思考提供了机会。低年级涉及的提示语数量较少，主要集中在中高年级。但提示语的指向范围很广，所有与统计学习有关的方面，都可以是提示语的所指。但我们也看到，概率内容中几乎没有提示语的出现，仅在第五单元出现了3次，通过提示语，教材不仅要求学生设计一个公平的游戏，还要求学生说明这样设计的理由。提示语常常出现在思维生发之处，恰当的提示语可以促进学生对概念有更深刻的理解，因此，进一步分析的方向将是提示语与教学内容之间的适切性。

表5-39 北师大版教材"统计与概率"领域中的提示语分布

单元	1	2	3	4	5	6	7	8	9	合计
提示语	3	1	0	11	3	11	9	5	0	43

分组和汇总仅在教材中出现了 4 次（见表 5-40），第 2 单元 1 次，第 5 单元 3 次。第 2 单元例题分组统计了学生的身高情况，并与标准身高进行比较。在分析数据时，该例题还指出了如何通过小组中的极值来确定小组与标准身高关系的方法，这种方法使得原来无序的数据变得有序，并在有序的基础上与标准进行比较。分组的意义在于产生多个样本，以使得学生能够观察这些样本；汇总即将各个样本合起来作为一个整体，但分析的方法不变，还是通过排序以确定数据与标准的关系。可以发现，分组和汇总活动通过一种迂回的方法来进行统计活动，这有时是必不可少的，特别是在统计的样本量较大时，分工合作是一个有效的措施，那么分组进行统计活动便应然而生。这是实践层面的考量，而在思维层面，在经历分、合的过程中，分的同时也就产生了一些新的样本组，这些样本组本身是一个小的整体，而合的过程中，这些样本组又作为部分而出现，这种转化过程有利于学生更全面的了解数据。第五单元的分组与汇总更多出现在概率实验之中，此时分组和汇总与样本的代表性相联系。小组的样本量和全班的样本量有巨大的差别，因此数据结果上也可能不一致，但我们希望学生能够体会到，因为全班的样本量更大，因此全班的分析结果是更可靠的结果。

表 5-40　北师大版教材"统计与概率"领域中的分组和汇总分布

单元	1	2	3	4	5	6	7	8	9	合计
分组和汇总	0	1	0	0	3	0	0	0	0	4

二、分析结论与改进建议

研究以两种范式的转变为导向，基于统计活动的整体性建构了教材分析框架。在此基础上的分析结果可以为我们进一步使用教材、改进教材提供建议。本部分将总结研究结论与提出相关改进建议。

（一）分析结论

针对研究问题，以下将主要从编排的知识理念、编排特点、对教学实践可能产生的影响三个方面总结相关研究结论。

1. 教材编排的知识理念兼顾工具性与概念性知识，并且有明显的偏向性

在知识理念上，可以先把知识整体地分为作为基础性知识的工具性知识和作为深层次知识的概念性知识。对待这两种知识的态度构成了知识理念的主要方面。本教材显示出对工具性与概念性知识的同等重视，这表现在多个环节上的高层次知识与低层次知识有相近的比例。也就是说，教材并没有因为高层次知识可能会比较难而降低其在教材中的比例，相反，教材恰恰注重在高层次知识中巩固对低层次知识的学习。如判断与决策环节上，教材通过大量的决策活动来带动学生对判断活动的认识。

同时，教材在知识比例上有明显的偏向性。这点从教材的第一单元就可以看出，该单元名为"调查与记录"，这就意味着教材在收集方法上对调查的偏向，而作为最低层次的观察则仅有一次。同时，最高层次的实验占了最高的比例，这也显示教材对其的偏重。类似的例子很多，如数据来源上教材并不很重视自己收集、分类水平上水平1占总体的96%以及在数据分析上，整体分析占比最高等。这种偏向性也体现了教材虽然注重概念性知识，但一些知识点仍然有所欠缺。

2. 内容广度较好，变式丰富，为学生提供了深层次的理解

　　结论一中我们指出了教材在概念性知识上有较好的涉及，这一点与结论二相联系。从分析结果上看，在很多环节上，教材都反映出良好的内容广度，以扩大相应的概念外延。例如，在线图和各种数据类型等内容上有很好地体现。当我们学习某个概念时，如果我们在不同的情境下体会这个概念的意义，就可以从中挖掘出这一概念的本质，这便是变式的作用。平均数也是一个较好的例子，教材为学生提供了丰富的平均数变式，以使得我们能够认识到在各种情况下的平均数意义，最后感受其本质。总的来说，教材在学习某个新知识时，特别是概念性知识时，总是试图通过各种可能的变式来丰富学生的理解，所以我们可以看到教材中有很多具有鲜明特色的例、习题，如线图、顺序数据等。可以发现，顺沿着结论一，教材在内容广度和概念的变式等方面都有较好的体现，以促使学生能更好地发展概念性知识，形成深层次理解。

3. 局部的联系性较好，缺乏体现整体性的综合活动

　　在结论一中我们指出教材经常体现知识间的联系性，这是一种很好的现象。但同时我们也指出，这种联系性往往并没有被纳入在整体视角下，而只是局部的。最为明显的特征是教材缺乏体现整体性的综合活动。因此，学生就不能在有足够引导的情况下体验作为一个整体的统计活动。这样，教材在各个环节上都有较深厚的知识渗透，并且也存在较开放的练习题。不过真正让学生聚焦于一个主题，并具体详细地进行相应的统计实践，这需要教材有足够的引导与提示，并且要通过这样的活动来学习统计知识，就需要在过程中不断反思，这对教材有较高的要求，而该版本教材中并没有这样的综合性练习。同时，也可以看到，在我们的分析框架内，教材虽然有很多静态的素材，如较为丰富的数据类型，但教材并没有很好地利用它，使得很多变式没有被深入地挖掘，这主要的原因是缺少一种整体性的视角把这些素材联系起来。由此，虽然教材在局部的环节之间体现了较好的联系性，但缺乏体现整体性的教学活动使得学生最终可能无法对作为整体的统计活动有一个较好的理解。

4. 对教学的可能影响

　　综合上述三点，我们指出，该版本教材对教学的指导性比较好，无论在工具性知识，还是概念性知识上，教材都提供了较好的教学路径。这一方面要求教师重视不同层次知

识的教学，另一方面也减轻了教师教学的思维难度。但同时，由于教材缺乏把统计活动升华为一个完整的综合性学习活动，因此，如果教师想要教学该方面内容，就必须要对教材有较为大幅的创新与改进。这对教师提出了很高的要求。特别是当教材几乎没有在这方面的引导时，教师是否能够组织出恰当的教学活动也是不得而知的。同时，这种综合性知识的不在场也可能会使得教师本身忽视其重要性，并忽视该内容的教学。但从好的一面来说，实际上，教材在统计活动的各个环节上都体现了较好的知识层次（具有较大的潜力），只要适当地将这些内容聚合为一个整体活动，那么就能突出教材知识安排的逻辑性了。

（二）改进建议

教材中丰富的局部联系性使得学生在概念性知识上有较好的发展。然而我们认为，整体的联系性更有利于学生发展统计素养。因此，改进建议将主要围绕如何将局部联系性上升为整体下的联系性。

1. 添加具有丰富指导的综合性活动

兼具指导性和开放性的综合性活动具有重要的教学价值。在国外流行的基于任务设计的教学便是一种兼顾指导性和开放性的综合性活动。这给予我们启示，统计活动往往处在某一主题以内，开放性指在某一主题下，统计活动往往具有多种可能。就算是同样的统计问题，也可以有完全不一样的统计过程。这种开放性意味着我们必须对统计活动进行筹划，在每个环节都做出相应的选择，以形成统计活动的计划。教材中有很多开放性的问题，但这些问题在活动筹划上完全由学生自主进行，而作为初学者的学生们往往要么不知所措，要么只能得到一个十分简单的活动过程。于是，如何能够在开放性的背景下解决问题，就需要教材提供厚实的指导。

指导往往具有艺术性，其目的不在于帮助学生思考，而是为学生提供思考路径，让学生对问题有迹可循。指导需要依据统计步骤而设置，先让学生意识到需要思考哪些问题，然后提示学生对于每一个问题都可以运用所学的知识，这样，逐步地指导便是在帮助学生用已有知识自己建构完整的统计活动计划。如此，通过综合性活动，一方面学生通过指导能够一步步地筹划统计活动，另一方面也可以把教材的指导内化为结构性的统计活动步骤的指导，从而形成对统计活动一般步骤的理解。那么学生便可以从结构与内容两方面加深对统计活动整体性的认识。

基于此，我们指出，教材可以通过添加具有丰富指导的综合性活动来促进学生对统计活动整体性的厚实认识。而类似于"在何处设置、设置多少，以及选取怎样的主题"等问题，则需要基于现有教材来进行考量。

2. 设置具有结构性的总结活动

在统计活动的各个环节的学习具有渐进性，即学生对各环节的理解是不断发展和深化的。随着理解的深化，学生会发现，想要在高层次上理解某个环节，便必然涉及该环节与其他环节的联系。因此，基于统计过程结构的总结活动是认识统计活动整体性的较好活动。

首先我们指出，区别于综合性活动，总结活动往往只针对统计活动的某个环节。因此，统计过程结构是总结活动的基础，我们要在这一结构模式下对各个环节进行总结，才能够由点到面渗透整体性思想。

其次，总结活动本身应具有层次性，即总结活动要体现对某个环节的认识过程。在认识的初始阶段，学习的视角主要在该环节自身上，而当我们不断地想要从工具性知识中发展出概念性知识时，我们自然要将研究视角扩充到该环节与其他环节的联系性上，而这种学习的发展最后要求我们将该环节与结构内的每个环节都进行比较，以得到一种系统性的认识。这种个体认识—部分联系—整体联系的学习进程是总结活动的主要呈现路径。

最后，从各个环节出发来认识统计活动的整体性，并不是要求每个例、习题都包含完整的统计环节，而是让学生意识到，当学习统计活动的各个环节时，我们都需要在心中有一种整体意识，即将该环节作为整体中的一部分来思考。拥有这样的整体意识，我们对各环节的学习也便是对整体的一种认识的提升。

综合性活动让学生完整地体验统计活动的各个环节，总结活动让学生以整体意识学习各个环节。这两种学习路径的融合可促进学生统计素养之形成。

统计学的学科，更具体地说，统计学教育，就其本质而言，属于"未来"的业务。统计教育的使命是提供概念框架（结构化思维方式）和实践技能，以便更好地让我们的学生在快速变化的世界中适应未来生活。因此，对统计的学习需要有更长远的认识，培养学生的统计素养应是统计教学最为核心的部分，如果不能在素养层面上有所发展，那么教学便不能算是成功的。当然，统计素养的内涵十分丰富，研究仅涉及其中的一部分，无论是教材还是教学的发展，进一步的方向仍然应紧紧围绕在统计素养之上。另外，未来研究的建议，重点是统计建模和大数据，以及以非正式推理方法重塑统计学教学和学习的潜力。[①]

---

① MAKAR D B-Z K. International Handbook of Research in Statistics Education [M]. Cham: Springer International Publishing, 2018: 103.

第四节 苏教版教材中"统计与概率"内容编排的分析

与第二节、第三节类似,在第四节中,研究将主要对苏教版教材中的"统计与概率"内容编排进行分析,并呈现相应的分析结果与结论。

一、分析结果

在对教材内容编排分析结果进行阐述之前,需要先说明苏教版教材"统计与概率"领域的内容分布情况(见表5-41)。为了呈现方便,我们按照单元顺序,将各个单元编码为相应的数字,以便于后续分析。

表5-41 苏教版教材"统计与概率"领域中的内容分布

编码	年级	单元名称
1	二下	数据的收集与整理(一)
2	三下	数据的收集与整理(二)
3	四上	统计表和条形统计图(一)
4	四上	可能性
5	五上	统计表和条形统计图(二)
6	五下	折线统计图
7	六下	扇形统计图
8	六下	统计总复习
9	六下	概率总复习

(一)问题与目的

在提问水平上(见表5-42),水平1和水平2的数目相近,两者共占据了总量的94%,由于水平1表示没有提问,所以从水平2上来看,第三、四单元的问题最多,同时也可以看到进入高年级以后,提问的数量反而变少了,这可能与篇幅和主题有关。水平3的数量虽然少,但较平均地分布在各个单元内,这有利于学生持续地在多个年级中发展较高层次的问题能力。另外,关注可能性部分的内容可发现,其中并没有水平3上的提问,这可以是一个进一步发展或拓展的方向。

表 5-42　苏教版教材"统计与概率"领域中的提问水平分布

单元	水平 1	水平 2	水平 3	合计
1	7	5	2	14
2	4	6	1	11
3	17	11	1	29
4	5	12		17
5	11	6	1	18
6	7	5	1	13
7	7	4	1	12
8	5	3	1	9
9		4		4
合计（百分比）	63（50）	56（44）	8（6）	127（100）

在问题类型上（见表 5-43），针对个体的问题占 70%，由于复式统计表在第五个单元才开始学习，所以这一单元中比较类问题最多，但在这之前也有 5 个比较类的问题。虽然并未以复式统计图表的形式出现，但这些问题已经为学生面对更广泛的问题类型提供了机会。

表 5-43　苏教版教材"统计与概率"领域中的提问类型分布

单元	个体	比较	合计
1	7		7
2	7	3	10
3	10	2	12
4	12		12
5	8	7	15
6	4	4	8
7	3	4	7
8	2	4	6
9	4		4
合计（百分比）	57（70）	24（30）	81（100）

127 个例、习题中，有一半没有问题，有一半提出了问题。需要强调的是，这里的问题是指作为统计活动初始环节的统计问题，不可与教材中的提问相混淆，即教材中会

出现大量的问题，但很多与统计活动的目的无关，而能够被记作问题的只能是从一定目的出发而形成的统计问题。那么可以设想，那一半的没有问题的例、习题，它们更多的是为了让学生掌握某种关于统计的知识和技能，例如，将数据转化为统计图、计算平均数等。这一部分的内容作为统计活动的基础是必不可少的，但是，包含问题在内的更具整体性的统计活动应该是统计教学的重心。因此，从数量上看，这种设置比例有其一定的合理性。但对于那一半提出了问题的例、习题，需要结合对后续类目的分析才能知道其是否体现了我们所强调的统计活动的整体性和统计思维的发展。通过教材的分析，从问题与目的的角度来看，也可以在内容上获得一些值得我们深思的研究问题。

问题与目的的教学旨在培养学生提问的习惯和意识，虽然苏教版教材呈现了较多的提问环节，但是有很多问题只停留在对数据的描述上，而没有进一步指向数据背后的意义，我们可以通过比较如下两个问题来获得确认：①请你说一说男生和女生谁的得分的平均数更高；②请你说一说男生和女生谁的成绩更好。

显然，可以用问题①来回答问题②，但如果问题只停留于前者，那么学生就失去了将数据转化为现实意义的机会。从问题解决的视角来看，问题②的解答需要经历问题、数据、解决问题的过程。在教材中，我们却常常发现一种倒置，即数据在问题之前出现。按照一般的统计活动步骤，从目的出发，基于目的而形成的问题才是统计活动的起点，数据为问题而服务，这是一种逻辑顺序；然而教材却经常会先呈现数据，然后再根据数据提出一些问题，此时的问题是为数据而服务的，这是另一种逻辑顺序。可以理解，教材目的在于引导学生能够读懂数据，分析数据，并解决问题，此种逻辑侧重于数据分析，提出的问题是为培育学生相应的处理数据的技能而服务的。显然，这与我们所预设的整体性的统计活动有所区别。但对于初学者来说，这种专门的技能训练是其学习的一部分。所以，教材应更关注这两种顺序之间的关系和比例安排。

(二) 数据收集

在数据来源上（见表5-44），他人提供与自己收集分别占50%，超过50个例、习题要求学生自己收集数据，这为学生提供了足够的机会来经历数据收集这一环节。其中，前三个单元便有33个收集活动，这说明相比高学段的教学，在教学的初期更注重数据收集的亲历性。随着年级的提升，他人提供的数据占比逐渐提高，教学更倾向于其他环节的学习。在这些阶段，他们可以体验到就他人提供的数据来进行统计活动，并做出一系列的分析与判断，这是统计素养不可或缺的一部分。因此，在这两方面都为学生提供足够体会的是恰当的教材安排。进一步的分析将考察教材是否充分利用了他人提供的数据，以及在自己收集数据的过程中，是否注重提升学生数据收集的能力。

表 5-44　苏教版教材"统计与概率"领域中的数据来源分布

单元	他人	自己	合计
1	1	13	14
2	2	9	11
3	16	11	27
4	1	5	6
5	9	8	17
6	7	5	12
7	10	2	12
8	8	1	9
9			
合计（百分比）	54（50）	54（50）	108（100）

收集方法是依附于数据来源的类目，当例、习题是由自己收集数据时，我们进一步分析其指向于何种收集方法（见表 5-45）。

表 5-45　苏教版教材"统计与概率"领域中的数据收集方法分布

单元	观察	调查	测量	实验	合计
1	4	7		2	13
2		4	3	2	9
3		5	4	3	12
4				5	5
5		6	2		8
6		1	3	1	5
7		1		1	2
8			1		1
9					
合计（百分比）	4（7）	24（44）	13（24）	14（25）	55（100）

观察方法最少（7%），并且只出现在第一单元，是对图片信息的观察并将其转化为数据。观察活动往往与分类活动相联系，通过观察将信息纳入相应的类目中，是教材中 4 处观察收集方法的共性。与观察相反，调查方法是出现最多的收集方法（44%），教材中出现了大量调查同学各方面喜好的例子，这种收集方法比较容易，因为其所针对的数

据往往是称名数据,回答者只需做出自己的主观选择即可,所以该方法很适合初学者,即让其经历了与人交流的调查过程(观察方法常常面对的是书上的图片),也不会让这一过程太过复杂。测量方法(24%)具有明显的特征,即它所针对的数据类型是等距或等比数据,例如身高、长度、温度等,这些数据并不能一眼被看出,也往往不受人的主观影响,从数量特征上看,它们往往是连续量,这意味着,在收集过程中,测量误差是广泛存在的,所以通过这种方法,让学生意识到误差不可避免,但可以尽可能地缩小,这也是统计思维的一部分。实验方法(25%)不同于其他类别,它往往有一个正式的设计环节,其针对某个问题,提供一个确定的环境,在该环境下进行有条件的统计活动。另外,实验之前也常常会有对实验结果的假设,可以看出,实验的收集方法也是科学研究的某种启蒙。从假设到设计,再到进行实验是科学研究的一种常见模式。因此,恰当的实验活动可以激发出丰富的教学价值。

需要补充说明的是,首先,教材提及查阅资料这一数据收集方法,但根据这一方法的特点,它与调查方法相似,因此,为避免过多相似的类目,我们将其纳入调查方法之中;其次,在概率内容部分,所有的收集方法都是实验,因为这部分的主要目的是通过实验来感受统计活动中的随机现象以及其背后的随机思想。而从这一点延伸出去,可以发现,几乎所有的实验方法都包含着对随机思想的体会,这其间似乎存在着某种关联性。通过这一发现,可以为我们提供一些启示:从教学的角度来看,如何更好地发挥各种收集方法的特点,这应是教材编排需要考虑的内容。

数据收集总要以某种方式将数据记录下来,而不同的记录方法将给学习者不同的记录体会。与表示方法不同,记录方法是过程性的,因此我们并不能一下子就得到某个类目的数量,而只能一次一次地记录,而简单的记录活动却也可以以不同的方式进行。从分析结果看,象形图和计数表主要出现在学习的前期,并且两者合起来才占23%,而无分类记录则占了剩下的77%。分析结果似乎说明记录方法的分类只在最初阶段才有价值,而后续只需要以最平常的、无须分类的记录方法进行记录即可。(见表5-46)。

表5-46 苏教版教材"统计与概率"领域中的数据记录方法分布

单元	象形图	计数图	无分类记录	合计
1	4	5	5	14
2			7	7
3		3	15	18
4			4	4
5			4	4
6			6	6
7	1	1	5	7

续表

单元	象形图	计数图	无分类记录	合计
8			1	1
9				
合计（百分比）	5（8）	9（15）	47（77）	61（100）

一方面，从数据类型上考虑，因为需要确定类目，象形图和计数表的主要数据类型是称名数据，而对于等距和等比数据，这两种记录方式则不能直接被使用，除非是对数量进行分段以形成类目，以这种间接的形式进行记录；而无分类记录由于没有确定类目，所以它可以记录任何种类的数据，这也可能是它被更频繁地使用的原因。另一方面，从现实中的使用来看，象形图比较直观，其类似于条形图，可以在一定程度上直观感受各个类目的数量关系。另外，由于其常常运用丰富的图案来记录次数，所以很吸引人的眼球，这在现实生活中具有重要价值，相比枯燥的数字，用与统计主题相关的图案来进行记数更能给人留下深刻印象。特别是对于小学生来说，这也增加了他们学习统计的兴趣。计数表的特点是便于数数，用象形图来数数时只能一个一个地数，而计数表则可以五个五个地数，这体现了该类型的实用性，因此它在生活中也很常见。无分类记录是人们最常用的记录方式，因为并不需要提前分类，并且它与记录过程具有同步性，所以无分类记录保留了被收集的数据的原始顺序。但由于这种方法的特点，与其他两种方法相比，其常常需要进行更多的整理。

数据类型与现实使用这两方面可以作为教材在记录方法上进一步发展的方向。例如，提供运用前两种方法记录等比数据的机会，让学生感受各种丰富多彩的象形图，让学生试着分别数一数象形图和计数表，让学生整理比较杂乱无章的无分类记录，等等。这些活动中有些在该版本教材中有所涉及，我们希望能够看到更多的例子，以便让学生能够真正体会到这种记录方法的分类意蕴。

样本是统计学的一个关键词，特别是在统计推理视角下，从样本向整体的推理总是要求学习者首先意识到样本概念的存在。这一点在教材中并没有很好的体现，只有20次涉及样本概念，而且都是间接地提及。在样本容量上，教材只是出现了所要进行的统计活动的统计次数，但并没有对这一次数有任何的说明，也没有通过改变样本容量而促进学生意识到样本概念，可以说，教材只是在一个很浅的层次上出现了样本量概念（见表5-47）。

表5-47 苏教版教材"统计与概率"领域中的"样本"分布

单元	样本容量	抽样方法	合计
1	5		5
2	2		2

续表

单元	样本容量	抽样方法	合计
3	4	1	5
4	6		6
5			
6	1		1
7	1		1
8			
9			
合计（百分比）	19（95）	1（5）	20（100）

在各个单元上，"可能性"是出现样本概念最多的单元，这一点较容易理解，以探究概率为目的的统计活动更注重样本这一因素，但其所渗透的样本概念仍然是较低层次的，往往只是给出了统计次数的要求。在样本代表性上，只有在第三单元的一个练习题中出现了对抽样方法的描述，该习题提及：一箱橘子50个，任意取出5个分别称一称。这是通过随机抽样的方式从50个整体中抽出5个样本。该习题进一步让学生通过这5个橘子的重量去估计50个橘子的重量。这是让人眼前一亮的题目，因为它包含了一种非正式统计推理，运用样本的数量特征去推断整体的数量特征。

可以说，这一习题在多个方面激活了学生统计思维发展的可能性。但同样值得特别指出的是，这种涉及样本代表性的题目也只有这一题。

（三）分类的数学思想和方法

分类的数学思想与方法不仅仅局限于统计领域，也构成了统计活动的一个基础，统计问题必然包含在分类基础上构成的问题结构。由于分类本身是一种重要的思想，所以教材在第一单元专门教学了分类的方法，让学生意识到分类的大致过程：一个主题、设置标准、标准下的类目。但是我们仍然可以看到，水平1占总体的92%，这意味着92%包含分类的例、习题直接提供了类目，省去了主题，也省去了标准。只有在第一、第二单元上才有水平2和水平3的出现，这表明了教材只在教学分类的时候重视了高水平上的分类活动，而在其他单元内却并没有注意这个知识点。（见表5-48）

表5-48 苏教版教材"统计与概率"领域中的分类水平分布

单元	水平1	水平2	水平3	合计
1	6+4	2+1	4	12+5
2	3+11	1		4+11

续表

单元	水平1	水平2	水平3	合计
3	13			13
4	7			7
5	16			16
6	12			12
7	11+2			11+2
8	7+1			7+1
9	4			4
合计（百分比）	79+18=97（92）	3+1=4（4）	4（4）	86+19=105（100）

注："+"前是指数据收集阶段，"+"后是指数据整理阶段。

可以确定的是，高水平的分类活动对学生来说并不是困难的，这也是为什么教材在一开始就教学这一知识点的原因，所以在后续教学中继续渗透是可行的，那么我们需要进一步思考是否有必要渗透这一知识点。实际上，与提出问题水平类似，高水平的分类也是一个真实统计活动的必要环节。并且问题就是分类的主题，问题想要从非统计问题转化为统计问题，也就是要通过分类活动形成问题结构，当我们关注的是学生的统计素养时，一个完整的统计活动的各方面因素都需要考虑在内。所以，我们认为，持续性地让学生进行高水平的分类活动是培育统计素养的一部分，虽然它并不影响学生某些统计知识与技能的掌握。

分类类型是从主题到标准转化过程中所思考的问题。分类类型与数据类型有一定的联系，按照属性进行分类占总体的82%，与之对应的常常是称名数据，而18%的数量分类却比较复杂，它包含了称名、等距、等比三种数据类型。（见表5-49）。数量分类通常是将数量划分为几段，而这里的数量既包括离散量（如做仰卧起坐的次数），也包括连续量（如身高），而且从教材上看，这种数量的分段常常会被赋予某种意义（例如，某一数量段的身高是标准身高），有了某种意义以后，就可以通过数据来认识数据背后的意义了。例如，通过数据可认识到班里同学身高大部分在标准身高之上。

表5-49 苏教版教材"统计与概率"领域中的分类类型分布

单元	属性	数量	合计
1	12+3	1+2	13+5
2	4+4	+9	4+13
3	11	3	14

续表

单元	属性	数量	合计
4	7		7
5	16	1	17
6	12		3
7	11+2	2	13+2
8	6+1	1	7+1
9	4	1	5
合计（百分比）	83+10=93（82）	9+11=20（18）	92+21=113（100）

注："+"前是指数据收集阶段，"+"后是指数据整理阶段。

需要指出的是，在统计活动中类目是必然存在的。类目的标准没有限制，例如，可以给统计对象按照统计顺序进行编号，而这就成了一个标准，每个号码就是一个类目。但这个标准没有任何现实意义，所以在我们的分析过程中，类似于这种没有意义的类目我们认为其没有渗透分类的数学思想和方法，就将其排除在我们的分析之外（清楚这一点，对我们理解分析结果至关重要）。

之前我们曾指出，数据收集与数据整理环节都包含分类的数学思想与方法，教材出现了19次数据整理活动，这给了学生足够的机会体会数据整理。进一步分析可发现，数据整理中按数量分类占比更多，其所占比例远大于数据收集，即在整理环节对数据按数量大小进行排序，或按一定数量标准给其进行分段的占比较高。正如教材中所说，通过整理之后我们可以得到更多的信息。在这一整理活动以后，我们可以看出数量分布情况，而分布则是统计教学中的一个核心词。教材中有很多潜在地体现数量分布的问题，比如，数量最多的数量段是哪一段等。这是分布概念教学的良好出发点。

另外，由于有些例、习题存在多个统计对象，并且有数据的加工活动，所以我们需要清楚在每一阶段，数据是什么，分类的类目类型又是什么。例如，在统计班级同学身高的活动中，我们首先按照姓名——测量了每个人的身高，此时数据是每个人的身高（等比数据），类目是各个人的姓名（这一类目不涉及分类思想）；其次，我们将身高分段，并统计每一段中的人数，此时数据是人数（称名数据），而类目是身高数量的分段（数量分段）。从这一例子中可以看出，它包含了两种数据，身高和人数，从第一种数据到第二种数据我们就认为其是一种数量分类的整理活动。这一例子的难点在于，身高一开始是数据，后来却变成了分类类目。而让学生能够意识到这种转变，并理解这种转变是分类思想的重要组成部分。

（四）数据的整理与表示

由于数据的整理已在上述部分加以分析，所以这里着重分析的是数据的表示，而数据的表示则由表示类型、表示水平和表示对象三个方面构成。

从教材的单元名称就可以看出，数据表示是整个小学阶段的学习重点，教材主要呈现了统计表和三种统计图。（见表5-50）其中统计表占据了45%，它是一种抽象的表示类型，在教学中，它构成了从记录到表示的中间环节。从各种记录方法转化为统计表，再转化为统计图，经历了具体、抽象、具体的过程。初始阶段的具体性是由记录的过程性所决定的，我们不能一下就得到某个类目的数量，而只能一个一个地记录。数据表示可以看作是对记录而来的数据的加工和整理，统计表是一种抽象的加工方式，它直接用数字显示类目的数量，使得读者可以在较高抽象程度上对数据有一个整体的认识。各种各样的统计图则是数据的再次具体化。数字的抽象性使得人们有时并不能对它有很深的感触，因此基于此而将类目及数字转化为某种形式的统计图，则可以对读者有一种直观的引导。

表5-50 苏教版教材"统计与概率"领域中的表示类型分布

单元	统计表	条形图	折线图	扇形图	语言	合计
1	7					7
2	7					7
3	11	9				20
4	1					2
5	11	8				19
6	1		13			14
7	1	4	5	9		19
8	5	3	2	1		11
9						
合计（百分比）	44（45）	25（25）	20（20）	10（10）		99（100）

注：以题为单位，一题中可能出现多个表示类型表示同一个对象的情况。

由此可以看出，这里的两次具体的区别，第一次是被动的、无序的，第二次则是主动的、有序的。于是我们可以发现，三种统计图就蕴含了三种目的结构。这里的目的主要是以一种特殊的结构展示数据间关系及数据整体。研究并不具体指出每种统计图的特点，而是要强调，这里的目的应与统计问题是相一致，问题蕴含了怎样的结构，就需要用相应的统计图来表示这种结构。这种联系是统计活动整体性的反映，是否体现这种联系应是我们对教材的关注点。

这种联系性可以作为我们进一步分析的起点。三种统计图中扇形图（10%）最少，这与其结构有关，理解扇形图需要对分数和比率有一定的认识，因此扇形图被设置在高年级，而且在扇形图的单元内，必然会包含三种统计图的比较，所以，该单元也会渗透其他类型的统计图表。三种统计图的比较包含在表示层次的第三水平（21%），该水平还包括运用统计图表的特点来解决问题，该类型一共出现16次，并集中在高年级，说明这种比较与应用是高年级学习中的一个重点。相比之下，水平2（10%）要求对统计图的特点的理解与认识，共出现8次，具体内容包括初学三种统计图时的特点认识，以及对三种统计图的复式统计图特点的认识。水平1能够读认和制作统计图，占据了整体的69%，但教材中几乎没有制作统计图的内容，至多是往已做好的统计图中添加数据。（见表5-51）而我们认为，从零开始制作统计图也是一种认识统计图的重要方法，这或许是教材在该方面的可提升之处。

表 5-51　苏教版教材"统计与概率"领域中的表示水平分布

单元	水平1	水平2	水平3	合计
1				
2				
3	9	1	1	11
4	1			1
5	14	3	6	23
6	13	2	2	17
7	11	2	6	19
8	5		1	6
9				
合计（百分比）	53（69）	8（10）	16（21）	77（100）

表示对象可分为单个（单式）与两个（复式），相应的统计图表可分为单式和复式。需要指出的是，教学不仅需要认识表示类型的工具性，即其作为工具是如何发挥作用的，也需要认识其目的性，即其作为工具是为什么而服务的。因此，问题决定了表示对象的个数，表示对象的个数决定了统计图表是单式还是复式。在教材中，单式与复式统计图表分别为70%和30%（见表5-52）。教材的第五单元重点介绍复式统计图表，这种编排可以帮助学生扩大对统计问题的认识，知道统计活动可以解决更丰富的问题。特别是，可以将问题对象从一个增加到两个，进一步研究两个对象间的联系性与差异性。这是一种统计思想的质的飞跃，是从描述到比较的一种研究方式的提升。当然，70%的单式图表是基础，没有对单个对象的认识也就无从比较多个对象。因此，单式与复式的关系、单复式统计图表与统计问题的联系等教学重点应在教材中有所涉及。

表 5-52　苏教版教材"统计与概率"领域中的表示对象分布

单元	单个/单式	两个/复式	合计
1	7		7
2	7		7
3	17	1	18
4	2		2
5		15	15
6	8	6	14
7	11	1	12
8	6	2	8
9			
合计（百分比）	58（70）	25（30）	83（100）

（五）数据的分析与解释

在数据的分析与解释环节，由于解释主要是对分析过程的阐述，以及将分析和判断与决策相联结的过程，所以，我们把重点放在数据分析上，而把解释渗透在判断与决策的分析当中。我们将主要从四个方面来考察教材的数据分析情况。（见表 5-53）

表 5-53　苏教版教材"统计与概率"领域中的表示对象分布

单元	单数据（类目）	数据间比较	与标准对比	整体	合计
1	5	4			9
2	8	3	4	1	16
3	7	5	4	17	33
4					
5	10	6	2	8	26
6	8	7	1	6	22
7	3	2		6	11
8	3	2		3	8
9					
合计（百分比）	44（35）	29（23）	11（9）	41（33）	125（100）

单数据（类目）的分析是数据分析的基础，占总体的35%，一般教材会要求学生找

到次数最多或最少的类目，有时也会要求学生寻找一些特殊值，例如自己的身高在何处。另外，对这些单个对象的认识不仅是数量上的，有时也要从比率上认识，即对其占整体的比率的认识。后者主要出现在扇形统计图部分，在此之前并没有渗透。然而我们认为，在一定范围内，让学生在统计领域持续地体会整体与部分的关系有利于其数学素养的提升。另一方面，对同个数据的不同视角下的认识也是一种统计素养的基本构成。因此，建立一个由浅入深的数量与比率的认识链条应是教材的一种编排思路。

数据间比较是基于单数据（类目）的分析，在分别对两个数据或类目的分析以后，我们将其联系在一起进行分析，同样地，这种比较也可以从数量与比率两方面进行。教材提供了较多的比较机会（23%），但全都是数量上的比较。另外，出于何种目的进行数据间的比较，应是数据分析考虑的问题，这直接与下一环节的"判断与决策"相关。有时，教材只是让学生进行一些简单的观察与计算，例如这一类目比那一类目多多少，这种分析是无意义的。较好的改进方法可以是依据一种目的进行比较，也可以是通过比较来发现一些规律。教材中更多的是第二种改进方法。

教材中还有9%的类型是与标准对比，例如，标准身高、90分以上为优秀成绩等。这一类型在数据之外设置了某种标准，而实际上这种标准是一种数量分段，基于某种意义，它将所收集来的数据按照一定的数量标准进行分段。在与标准的对比过程中，也就是将原始数据与相应的数量段匹配，只不过这种匹配都蕴含了某种现实意义，例如我们班有多少人是标准身高、我们班有多少人成绩优秀等。这一类型的分析具有重要的现实价值，它促使学生关注数据背后的意义，通过这些现实意义，学生认识到统计活动是一种解决问题的活动。一个典型的例子是"买校服"，根据身高数量段可以将校服分为不同的大小，而统计活动可以让我们清楚地明白，我们班级需要购买不同大小的校服的数量。这个过程本身并不复杂，但它体现了统计作为一个解决问题的过程的核心意义，这与我们一开始就提及的对统计认识转变是一致的。

对整体（33%）的分析是数据分析中最为重要的一种类型，同时也是最为特殊的一种。当分析的对象是整个数据时，我们需要思考以怎样的统计量来作为分析工具。此时，没有一个绝对的标准，或者说，对于初学者来说任何言之有理的统计量都是合适的分析工具。这就包括前面三种类型的分析，当分析的目的指向总体时，前三种类型的分析也被认为是对整体的分析。例如，可以运用数据的极大值或极小值来作为描述整体的统计量，也可以用全距（即极大值与极小值的差）或众数（哪一个类目最多）等。我们发现，教材会渗透一些集中趋势量与离中趋势量的内容，但不明确显示这些概念，这打破了"认为小学阶段只有平均数这一（集中）统计量的观念"。

在此，一个重要的观念便是，教学并不是要学生去学习各种复杂的正式的统计量概念，而是要让学生意识到运用不同的统计量会有不同的分析结果，意识到不同的统计量都有其特点，都在某一方面反映了数据整体的意义。这种观念转变才可以让学生真正地运用统计去解决问题，而不是记忆统计方法和计算公式。回到教材中的整体分析上，有很多情况下教材并不明确说明需要用怎样的方法进行分析，而只是让学生自己去分析整体,并对其分析进行解释。由此可以看出,这种开放性的分析需要伴随相应的解释,包括选择何种统计量、这一统计量的意义,以及该统计量如何反应统计问题所需要的信息等。

例如,平均数是一个常见的分析整体的统计量,也是教材中唯一以正式概念的形式教学的统计量。但需要注意的是它并不是整体分析的唯一方法,所以对整体的开放性分析需要有一个统计量的选择过程,因此,平均数教学的一个重点是让学生意识到在何种情况下可选平均数作为分析的统计量。缺少这一环节而直接让学生计算平均数,则忽视了平均数作为一种反应整体意义的统计量的本质。

教材有41处整体分析,所以,学生会有丰富的机会来认识上述所论述的这些内容。而教材是否可以运用少量的机会来深入挖掘整体分析的意义,这也许是一个需要进一步研究的教材内容编排问题。

(六) 判断与决策

判断与决策是数据分析的结果,作为一种判断或决策,它们应是指向现实意义的。判断可以看成是一种知识获得,即通过统计活动获得某个主题的新信息,从而形成关于该主题的新知识决策包含判断,并进一步与行动相关,即需要运用所获得知识,去选择相应的行动,这种行动是一种指向未来的行动。教材需要体现这两者的差别,例如决策涉及更多方面的知识,甚至超越统计与数学领域。一种典型的例子便是,教材会要求学生对某个主题的统计结果提建议,这种建议要将统计结果与统计主题知识相结合,缺少任何方面都不能提出恰当的建议。从比率上看,判断占据了81%,决策只有19%(见表5-54)。这或许与苏教版的教材风格有关,结合之前的"问题与目的"环节,可以感受到,苏教版教材大多数问题的情境程度不高,不太重视数据背后的意义。

表5-54 苏教版教材"统计与概率"领域中的判断与决策分布

单元	判断	决策	合计
1	1	1	2
2	3		3
3	6	3	9
4	6	2	8
5	4		5
6	14	2	16
7	5	1	6
8	3	1	4
9	4		4
合计(百分比)	46(81)	11(19)	57(100)

判断与决策是对统计问题的回答，与其他很多分析类似，由于问题具有一定的结构，判断与决策也因此具有相应的结构。从问题对象角度上看，如果问题是单对象的，那么判断与决策则可能是对这个单个对象的众多类目进行比较与评价。例如，调查最喜欢的运动项目，判断可能是打篮球是大家最喜欢的，决策可能是下一次班级活动就是组织一场篮球赛（因为喜欢的人最多）。如果问题是两个对象的，例如，班级中男生和女生的身高情况，那么判断可能是男生身高要高于女生，决策可能是给男生订的衣服要比给女生订的衣服大一些。

与三种统计图类似，问题结构也决定了判断与决策的特点，是对各类目数量的一种陈述，还是对整体趋势的预测，或是对部分与整体关系的探究，等等。

从统计与概率的整体意义上看，无论是判断还是决策，都分为两种情况：一种情况是描述统计学的视角，判断与决策是根据数据分析的结果而直接得到的，该情况下未涉及随机思想；另一种是推断统计学的视角，这种情况的判断与决策包含某种随机思想。教材中，第二种情况很少，如前述提及的用5个橘子的重量估计50个橘子的重要，还有在可能性内容中，要求学生根据摸球结果推测在密封袋中的各种颜色的球的数量。由此可见，这种类型下的判断和决策是包含不确定性的，是在不确定性背景下进行的思考活动。

需要注意的是，可能性内容中的判断大部分没有数据支持，其更多的是依据对概率的先验认识。此种类型的问题严格意义上说并不是统计活动，而是一种概率分析活动，是否需要数据是这两种活动的关键差别。因此，如何在概率学习中渗透较全面的统计内容仍然应是教材编排的一个重要问题。

上述提及的内容在教材中都有所涉及，说明教材在该环节的内容上比较丰富，然而大部分内容都只是隐性地存在教材之中，并没有相应的引导语来揭示它们的联系与区别——这或许是教师分析和使用教材时需要做的工作。

（七）贯穿全局

随机思想是概率学习的核心思想，但对于该思想的认识又不限于概念知识，可以说，随机性是生活中某类事件的固有属性，意识到知识不仅仅是确定的，也有具有不确定性的知识是随机思想的一个基本方面。41%的随机思想反映了这种观念。（见表5-55）

表5-55 苏教版教材"统计与概率"领域中的随机思想分布

单元	意识不确定性	样本空间	可能性大小	合计
1	1		1	2
2	4	1	1	6
3	7			7
4	3	6	13	22

续表

单元	意识不确定性	样本空间	可能性大小	合计
5	1			1
6	2			2
7	2			2
8				
9	1	4	4	9
合计（百分比）	21（41）	11（22）	19（37）	51（100）

具体到苏教版教材，其中的"意识不确定性"内容包括基于数据的估计（描述估计）、对不同对象的调查结果可能有差异、需要用概率语言描述现象、从样本到总体的估计（推断估计）、预测趋势、预测结果等。可以说，这是一个很广泛的知识点，从教材分布上来看，它贯穿了整个学习过程。这种持续性的学习体会，对学生统计素养的提升是十分必要的，也是必需的。

其中值得注意的，估计是数与代数领域的知识点，但在统计与概率领域中，其同样可以被视为是包含不确定性的一种判断。在此意义下，可以把统计推断活动也近似地看成一种估计活动。

概率语言也是一个具有价值的关注点，学生需要运用语言来表达自己的认识，而他们常常习惯了以一种确定性的语言来表达，概率语言则要求他们运用一种不确定的语言，并且也将这种表达作为一种知识。教材主要在可能性教学中有意地渗透了概率语言，要求学生以"一定""可能"和"不可能"来表达对事件的判断。在统计内容中，概率语言也有所渗透。例如，教材引导学生思考其他班的统计结果是否会与我们班的一样，这便暗含着一种概率语言，而更重要的是，其所反映的随机思想是这是不确定的，但是，我们可以在一定程度上发现它所蕴含的某种规律。

样本空间是指事件的所有可能结果，意识到事件的样本空间，是进一步认识概率的基础。样本空间是从概率视角认识事件的结果，而从统计视角上看，实际上，它便是我们分类活动所形成的类目。例如，在一个装有红球与黄球的袋子里摸球，如果分类标准是颜色，那么类目便是红色球与黄色球。相应地，样本空间也是红色球与黄色球。那么实际上，这一问题与调查班级同学喜欢的运动一类的问题具有同构性。如此而来，样本空间可以作为联系统计与概率的一个切入点。而从教材上看，该类目几乎全部出现在可能性内容之中，只有一次出现在统计内容中（见图 5-31）。

可能性大小，要求学生在知道可能的结果有哪些的基础上，比较各个结果的可能性大小。与样本空间类似，几乎所有的可能性大小都在可能性内容中出现，并且其次数为 19 次，要多于样本空间的 11 次。对于可能性大小的认识，出现了两种类型：一种是，由于问题是概率类型中的古典概型，因此可以从概率上直接分析各种结构之间的可能性大小

2. 给 5 个同样的乒乓球依次标上 1、2、3、4、5，把它们放在一个不透明的口袋里。小组合作，每次从口袋里任意摸出两个球，记录这两个球上的数相加的和，一共摸 20 次。

摸球结果记录

(1) 一共出现了几种不同的和？和最大是多少？最小呢？
(2) 按和的大小整理上面的数据，把结果填入下表。

图 5-31　问题示例

关系。正如数据分析部分所述，此种可能性大小并不需要数据分析就可以得到判断。另一种是，由于各种可能的结果的概率未知，因此只能通过数据来进行推测。此种类型的可能性大小，是一种以数据为证据的推理活动，我们根据数据所反映的各个类目的频率来反推出各个类目的可能性大小。教材中大部分的可能性大小属于第一种，这种可能性大小的学习目的更多的是对概率的一种初步体会，它并不涉及统计知识。而我们则认为，让学习者能够对第二种可能性大小有丰富的认识，应该是提升其统计素养的恰当途径。

在教材内容基础上，我们认为，包含随机性的判断与决策可以以一种更开放的活动形式呈现。如图 5-31 的习题，便可以拓展为一个统计游戏。在原习题的规则下，可以让学生以小组为单位，去进行如下的游戏：每一组选择一个数字作为和，然后在全班进行摸球游戏 30 次，所选择的和出现次数最多的小组获胜。该游戏是对上述问题的改编，并融入了决策活动，同时，这增加了问题的趣味性。在这个游戏中，从规则到决策包含了一个统计问题解决的完整过程。从随机思想上看，首先是意识到结果的不确定性。其次，考虑样本空间，即一共出现了几种不同的和。而这个问题可以转化为：和最大是多少，和最小是多少。这样，确定了结果就在这两个极值之间。最后，我们思考确定哪一种和出现的可能性最大，也就是可能性大小，选择可能性最大的那个数也就最有可能获胜。至此，该游戏便涵盖了随机思想的多个层次。同时，切实地去进行统计活动也可以让学生发现，虽然选择了可能性最大的那个数，也并不一定会取胜，这让学生大量地体验概率语言，同时也让学生体会到概率的另一个本质：概率认识只能用来预测，但并不能控制未来。

该游戏在一定程度上表明：统计活动依赖于现实生活，统计教学的现实性越强，其所蕴含的统计思想则越丰富。这一点也引出了我们分析的下一个类目，即背景知识。数学总是要求我们尽可能地远离生活，抽象地思考，而统计则要求我们尽可能地考虑问题的现实背景，带着这一背景知识去思考。教材在统计内容的每个单元都涉及背景知识，而可能性内容则完全没有。在这 21 次出现的背景知识中（见表 5-56），有的是需要根据背景知识来确定类目，例如，统计学生喜欢的水果，需要关于水果的背景知识来确定类目；有的需要运用背景知识来解释数据，例如解释空调在四个季节的销售情况；还有的需要运用背景知识做判断的依据，例如要求说一说男生和女生谁的成绩更好；等等。因此，数据+背景知识构成了推理的判断链条。此外，背景知识也是在高层次上提出问题的依据，如果我们对相关主题没有足够的背景知识，那么提出恰当的问题，或者是从问题转化为统计问题都是比较困难的。例如，教材中有一个活动是让学生了解自己的好朋友，从何处了解，以怎样的方式了解，这些都需要丰富的背景知识。

表 5-56 苏教版教材"统计与概率"领域中的背景知识分布

单元	1	2	3	4	5	6	7	8	9	合计
背景知识	2	3	3	0	4	3	4	2	0	21

背景知识渗透在统计活动的各个环节之内，在设计的每个环节，它都是不可忽视的考虑因素。当然，教材并没有将背景知识作为一个明确的知识点，而只是在一些问题中潜在地去渗透，因为一些问题只能运用背景知识去解决。这确实是一种教材呈现的可行方式，然而如果教材在统计学习的较高层次上能够提及这一内容，使其潜在的背景知识得到揭示，就会加深其在学生心中的印象。

根据数据类型的分析，数据的测量水平可将数据分为四个层次，而数据的测量水平也影响着整个统计活动的过程。数据的数量特征是我们分析的主要对象，而数据的测量水平则说明了在何种程度上挖掘数据的数量特征。也就是说，数据的测量水平越高，能进行的分析活动也就越多，分析也就越深入，这些在教材中都有所体现。例如，分别以喜欢的运动和身高为数据，前者是称名数据，后者是等比数据。在具体记录时，前者的样态是篮球、足球、排球、排球，后者的样态是1.55cm，1.58cm，1.65cm，1.70cm。这两种数据的差别是明显的，让学生体会到这种差别将更有利于认识数据的本质，从而更好地利用数据。不同于称名数据与等比数据，等距数据与等比数据的区别不是那么明显，它们明显的区别在于是否有绝对零点。教材中出现的等距数据有温度、视力度数、学习成绩等。对于这一区别，我们也可以在教学中好好利用。当我们通过收集而获得数据时，需要进一步思考数据所表示的意义。例如温度的0与身高的0分别表示什么意义。前者表示一个温度点（相对零点），后者表示无（绝对零点）。在此，我们不需要明确地指出这种区别，但却能够让学生感受到两种数据的不同意义。

顺序数据并没有出现在教材中。但实际上它总是可以通过别的类型的数据转化而来，一个简单的例子便是：喜欢的运动，根据喜欢的人数可以排序，获得受欢迎运动的顺序。教材中要求我们寻找极值，便潜在地开了收集顺序数据的头。由此可见，这一类数据很常用，特别是在教材中的各种调查活动中，我们往往会基于调查结果的第一名来进行判断与决策。所以，教材可以引导学生进行一次完整的顺序数据的建构，同时让学生意识到这样的顺序排名也是一种数据。

虽然从测量水平上区分了四种数据类型，但实际上并没有要求学生对不同的数据类型进行不同层次的正式分析。更多的是，我们希望学生能够感受到数据的区别。变化。55%的称名数据和36%的等比数据是教材的主要数据类型，这样的安排是可以理解的。（见表5-57）我们希望能够渗透顺序数据，并涉及更多不同背景的数据（教材中常常多次出现同一实际意义下的数据，例如身高这一数据出现了很多次）。更重要的是，能够把数据类型这一类目与统计活动的各个环节相联系，这是我们分析这一方面的最终目的。

表5-57 苏教版教材"统计与概率"领域中的数据类型分布

单元	称名	顺序	等距	等比	合计
1	14				14
2	5		2	4	11
3	14		3	18	35
4	14			3	17
5	13		1	4	18
6	3		5	5	13
7	4		1	11	16
8	6		1	4	11
9	3			1	4
合计（百分比）	76（55）		13（9）	50（36）	139（100）

（八）其他

提示语及分组和汇总是教材分析中我们认为同样重要的两个方面。提示语出现了54次（见表5-58），其包含了一切引导学生进一步思考的内容。例如，你想到了什么，你有什么发现，你能提出什么问题，和同学交流一下，等等。由此可见，提示语的存在促进了学习者在学习中进行对话活动。首先，这是一种反思，即与自我对话；其次，这是一种同伴间的交流，以形成观念；最后，可能是全班的讨论，以评价各种观念。这样的对话外推活动是思维发展的重要途径。而对话的主题，则是整个统计活动的方方面面。从教材所设计的表格我们可以看出，这种对反思、交流、讨论的要求，贯穿了整个学习过程。

表5-58 苏教版教材"统计与概率"领域中的提示语分布

单元	1	2	3	4	5	6	7	8	9	合计
提示语	7	4	11	3	9	10	4	6	0	54

分组和汇总共在教材中出现了 12 次，其中第二单元有专门教学分组和汇总的例题，因此出现了 7 次，其他单元合起来有 5 次，并且其主要分布在低学段中。（见表 5-59）这是这一类目在教材中的情况。那么，分组和汇总到底有何意义呢？首先，它考虑到数据收集者的认知水平和数据容量的问题。作为初学者的学生，通过分组而减少了统计活动所需要的时间，同时也减少了因为统计的数据容量的过大而可能产生的误差。其次，它也为学生提供了相互交流的机会。汇总一方面是数据的合并，另一方面也是数据间的比较。而从学生的视角出发，他可以基于对自己组数据的理解，来观察其他组的数据。最后，它也可以使得数据显示更多的信息。从一组数据，到全班数据的汇总，大大地扩大了数据的容量，同时也就可能产生的新的分布情况，使学生获得新的信息。甚至可以说，这一分组再汇总的过程，不仅让全班同学更有效地收集数据，更重要的是，它蕴含了丰富的随机思想，并为将统计与概率联系起来提供了路径。

表 5-59　苏教版教材"统计与概率"领域中的分组和汇总分布

单元	1	2	3	4	5	6	7	8	9	合计
分组和汇总	2	7	2	0	1	0	0	0	0	12

二、分析结论与改进建议

针对研究问题，我们将主要从编排理念、编排特点和对教学实践可能产生的影响三个方面来概括相关的分析结果，以形成我们的研究结论，并在此基础上提出可能的改进建议。

（一）分析结论

1. 尽管呈现了一定的概念性知识，但教材更注重工具性知识

苏教版教材中"统计与概率"知识基本上覆盖了统计活动的各个环节，且从单个知识点的角度来看，教材的知识广度也是比较好的。但同样不可否认的是，教材对知识是有所侧重的，重在对统计过程中各种工具性知识的认识，且从教材的单元名称就可以看出这一点。教材主要呈现了如何记录、整理和表示数据的知识，而这些都属于统计活动的工具方面。掌握这些知识是进行统计活动的基础，因此，其作为初学者的主要学习内容是恰当的。

"统计与概率"的概念性知识主要是关于上述工具性知识的意义之学习。例如，我们不仅要学习如何记录、整理和表示数据，而且要学习这样记录、整理和表示的原因，以及各种记录、整理和表示方法的特点，并做出恰当的选择。教材中呈现或渗透了一定的概念性知识。特别是概念性知识还拓展到为何要进行统计活动，以及统计活动的结果是什么等方面，而这些概念性知识的学习使得统计学习从工具性的学习真正上升到一种过程性的学习。当然，从分析结果上看，这一类概念性知识的数量要远远少于工具性知识。

2. 尽管考虑到统计活动的整体性，但教材在此仍有很大的提升空间

整体性是统计活动的关键特征，也是我们希望学生能够学习到的重要知识点。具体来看，这种整体性包括统计与概率的结合、知识环节之间的联系以及是否涉及完整统计活动等方面。在统计与概率的结合上，该教材有一定的可取之处，例如，其在统计内容中经常渗透随机思想。但也有不足之处，例如，可能性内容中的统计知识较少，并且没有很好地体现统计活动解决问题的价值，这表现在可能性内容中有大量的判断活动，而大部分的判断活动并不需要以数据作为证据。总体而言，统计与概率有一定的结合，但反映结合的例、习题数量不多，并且只是在较低层次上的结合。

知识环节之间的联系是一个涉及广泛的考察点。整体性意味着一个有部分组成的整体结构，而整体性的重要体现就在于这些部分间如何联系以构成一个有机的整体。在统计活动上，问题便是这一整体的起始环节，而我们也可以看到，有很多例、习题并没有问题环节，至少在此环节上它们缺乏整体性；而在那些有统计问题的例、习题中，能在后续内容中不断地渗透对统计问题的回顾与利用，也比较少。数据表示在联系性上体现较好。各种统计图的特点与其说是图的特点，不如说是图反映了问题的特点。例如问题是反映某种趋势，则运用折线图；问题是反映整体、部分间的关系，则运用扇形图。这在表示层次的水平 2 与水平 3 上有所体现。判断与决策是问题的解决，但很多情况下，教材在这两者的联系性上较差，有时有问题无判断，有时有判断无问题。随机思想在教材中体现得较多，但同样不可否认的问题是，随机性往往只在某个环节上有所体现，而没有进一步引导学生思考随机性是作为整体的统计活动的必然属性，而不仅仅只是在某个环节中有所体现。

教材"内容编排分析框架"中的各个分析类目为我们提供了考察知识联系性的具体方向。但最终我们希望从一个完整的统计活动的视角上来看知识的整体性。教材在此方面有较好的内容设置，即教材中某些单元结束以后会有相应的附加活动呈现。（见表 5-60）由此可见，无论活动的层次如何，它都是以一个完整的统计活动的形式呈现。这样的活动在理念上与我们的教学目标相一致，具体而言，提出问题是每个统计活动的起始阶段，这与我们的理念是一致的；而在每个活动的最后，其突出反思的重要性这一点超出了我们所预设的活动环节。但它与"作为对话的统计活动"理念是一致的。因此，从整体性上来看，这五个活动渗透在多个年级内，可以给予学生持续性的学习机会，这应该是苏教版教材的亮点。

表 5-60　苏教版教材"统计与概率"领域中的附加统计活动及其活动步骤

（统计）活动	活动步骤
了解你的好朋友	了解什么、实际调查、分类整理、回顾反思
上学时间	提出问题、收集数据、汇总讨论、回顾反思

续表

（统计）活动	活动步骤
运动与身体变化	提出问题、实验讨论、引申反思
蒜叶的生长	提出问题、观察记录、回顾反思
制定旅游计划	提出问题、费用预算、尝试实践、回顾反思

当然，需要指出的是，这样的统计活动却没有在例题中出现，而是以附加活动的形式呈现。这从某种角度表明，教材虽然意识到统计活动的整体性，但其关注点仍然是上述所谓的工具性知识。因此，在统计活动的整体性上，苏教版教材虽然有一定的体现，但总体上体现程度一般，需要进一步的提升。

3. 尽管有为教学留白，但需教师发挥其自身的教学自主性和创造性

教材最为重要的作用是教学服务，而将教材转化为学生学习的载体，则是教学者重要的专业能力。从这方面来看，教材必然是不完美的，其需要经过教学者的加工（改进或完善）才能为学习者所用。在"统计与概率"领域中，苏教版教材的呈现风格比较简洁，所涉及的知识范围也较为广泛，但深度较浅。因此，如果教学只停留于教材所呈现的知识层面，那么学生的学习层次不会很高，也不会在统计素养上有足够的发展机会。

特别需要指出的是，教材外显的知识大多是工具性的，但同时其也蕴含了大量的潜在的概念性知识。这些知识并不能直接被学生获得，需要教师先将它们揭露出来。例如，在随机思想部分，从一道习题发展为选择数字作为掷骰子的结果的游戏，就是一种"揭露"，它把习题中的统计思维与随机思想都通过游戏的形式挖掘出来，使得学生能够主动地对它们进行思考。

与此同时，教材并没有很好地呈现统计活动的整体性，这与教材本身的限制有一定关系。需要强调的是，统计的逻辑性与统计教学的逻辑性往往并不是一致的。所以，教材往往更倾向于注重统计教学的逻辑性，忽视统计本身的逻辑性。但是，教师却要兼顾这两方面来分析教材、设计教学和落实教材（实施教学）。因此，尽管教材为教师提供了诸多关于统计活动的环节或关节点，但却将这些环节或关节点连点成线的任务交给了教学者来完成，这种教材的教学留白给教师提出了更高的要求，需要教师发挥教学中的自主性和创造性。

（二）改进建议

依据我们所确立的"统计与概率"教学的基本理念，即"统计是一个完整的活动过程，而且'概率中的随机思想'是渗透于整个统计活动过程当中的"，并结合上述基本的研究结论，我们试提出苏教版教材"统计与概率"领域的内容编排改进建议，以供教材修订或完善之参考，也为教师分析或比较教材提供借鉴之启发。

1. 可在保证足够工具性知识的同时适当增加概念性知识的内容

处理好工具性知识与概念性知识的关系是"统计与概率"教学的应有之义。关注统计活动中的各种工具为进一步的统计学习提供了厚实的基础。只有掌握了这一类工具性知识,其他更高层次的知识才有生发的机会。一个较好的例子便是,当学生不理解平均数的计算方法时,就不会知道其是如何反应整体的集中趋势的。因此,很多概念性知识就蕴含在工具性知识当中,是对工具性知识的拓展或延伸。如果没有对统计图表这一类工具的深入关注,也便不会认识到在图表背后所蕴含的问题结构和意义。

教材为我们提供了丰富的工具性知识,在部分工具性知识中也提供了发展概念性知识的机会。但在这两种知识的比例分配上,我们认为,需要在保障足够丰富的工具性知识的同时,适当增加概念性知识的内容。首先,教材需要引导学生思考工具性知识与概念性知识的联系,并养成相应的思考习惯。从问是什么,到问为什么,再到问怎么用,这一思考路径可以贯穿于整个统计活动当中。其次,要考虑学生的认知水平,在学习高层次概念性知识时,尽可能降低其难度。例如,要让学生感受多种数据类型之间的联系与区别时,则需要选择学生最熟悉、理解最深厚的例子,唯有如此,学生才有可能利用其对这些实例的背景知识帮助他们理解其意义。最后,还需要注重概念性知识的层次性,以提供学生阶段式发展概念性知识的机会。由于概念性知识常常是复杂而丰富的,因此企图让学生一蹴而就地掌握高层次概念性知识是不现实的,相应地,教材应该在多个层次上体现同一个概念性知识。这一点也渗透在我们的分析框架当中,比如,提问水平、分类水平、表示水平等。当然,这一种层次性或多或少都已经在教材中有所体现。但是,我们希望,教材能够以一种系统性的结构来作为知识设置的依据,并能够在各个方面明确地体现概念性知识的层次性,以更为有效地为学生统计素养的发展提供持续性的路径支持。

2. 可在例、习题中渗透统计活动的整体性,并适当增加相应的引导语

统计活动的整体性是高层次上的概念性知识,当学生能够以一种整体性视野来审视统计活动的时候,我们便认为他们在较高层次上理解了统计活动,并具备了一定的统计素养。在知识学习上,我们总是需要以某种线性顺序,掌握统计活动的各个环节。所以,学习的具体主题总是统计活动的某个环节或某个方面,而不是统计活动本身。认识到这一点可以避免过于理想化的整体性教学,如上所述,完整按照统计本身的逻辑进行教学是不现实的,那只会让学生游离在统计之外,学习到的也只是关于统计的表层知识。

于是乎,教材需要在独立地认识某个统计知识点和完整地认识整个统计活动两者之间寻找一定的张力或平衡。较好的方法应该是以一种螺旋式的方式同时从这两种路径上来展开学习学习。一个较低层次的整体性统计活动应是我们学习的起点。在这一活动中让学生体会到统计活动有一定的步骤,并可以解决问题。在此基础上,对单独知识点的学习实际上就是不断扩展这一统计活动外延的过程。例如,学习了各种记录方法以后,

原本的统计过程中的记录环节就是多个可供选择的各种记录方法，这样，学生便意识到，在作为整体的统计活动中，对记录数据环节的认识是可以提升的，相应地，各个环节都可以拓展与提升。而每一次某个环节的提升，都可以回溯到整体的统计活动当中，也就是让学生体会到，之前我们只能这样进行统计活动，但学习了这一知识点之后，我们可以更丰富地进行统计活动。在不断经历整体、部分、整体、的循环之上，学生便会认识到其学习的仍然是一开始所学习的那个作为整体的统计活动，但此时这一整体的意义已经变得十分丰富了。因此，作为整体的统计活动，其意义是可以无限扩展的。而我们所设置的统计活动的知识结构，也只是为这种无限扩展提供一个有限的参照。

将上述学习理念转化为教材设计理念，便是要求教材以"统计活动的整体性"为学习起点，在独立地认识诸多知识点的例、习题当中渗透整体性思想，并且，这种渗透最好是以显在的引导语的形式呈现。

"统计与概率"作为义务教育阶段数学课程中的一个领域，随着统计学的发展以及统计在生活中的重要性的不断提升，其意义将越来越超出仅仅从数学上来看待。这为统计教学提出了新的挑战。但是，从本研究的众多分析中可以看出，作为统计素养核心的统计思想，与各种数学思想之间也有着密切的联系。这为我们通过"统计与概率"来学习数学，以丰富数学学习的意义提供了新的路径。无论是我们的分析框架，还是教材本身，我们都可以看到超出数学的内容，也看到与数学密切联系的内容。如何处理这两方面内容的关系应该是"统计与概率"教学研究的一个未来方向。

此外，作为一种教材分析研究，我们建构了一个专属于"统计与概率"领域的内容编排分析框架，而这一框架更多地来自统计学，并预设了很多对统计及统计教育的理解，因此，它必定是初步的，还有很多的改进或完善的空间。但与此同时，这种教材分析的思路却是清晰的：从"统计与概率"知识之本质入手，注重统计素养提升的教材分析，应该更能够深刻地揭示教材所蕴含的知识观和具体内容。因此，我们也希望，进一步的研究可以深化或完善这样的分析理念和分析框架。

第五节 三个版本教材中"统计与概率"内容编排的比较

在第二节至第四节中，研究分为对人教版、北师大版和苏教版教材在"统计与概率"内容编排进行了分析，在第五章中，研究将基于以上三节的研究结果，进一步对三个版本教材的"统计与概率"内容编排进行比较。

一、比较结果

依据第二节至第四节的分析结果，分别对三个版本教材的分析结果进行统计与分析，所得结果如下。

(一) 问题与目的

在提问水平上，苏教版的总数最少，但同时其在水平2与水平3上最丰富，该版本例、习题中有一半包含了统计问题。（见表5-61）北师大版与人教版的总数几乎相同，在水平3上北师大版与人教版相似，但水平2上北师大版数量更多，综合来看，北师大版有大约四成的例、习题包含统计问题，而人教版则只有34%。

表5-61　三个版本教材"统计与概率"领域中的提问水平比较

提问水平	苏教版	北师大版	人教版
水平1	63（50）	81（59）	90（66）
水平2	56（44）	53（39）	42（31）
水平3	8（6）	3（2）	4（3）
合计	127	137	136

注：括号内为百分比。

我们把关注点放在水平3上，如表5-62所示，每个版本的问题都体现出一定的特点。苏教版有丰富的活动主题，并且通过问题对应了多种数据收集方法。北师大版的问题都是某种调查活动，都包含一个筛选调查问题的过程。人教版的问题具有比较丰富的背景介绍，并且展示了较具体的问题转化过程，学生可以感受到所学习的主题是怎样一步步形成统计问题的。另外，北师大版与人教版都包含自定主题的练习题。这一类问题没有主题的限定，要求学生自己制定主题，这为学生提供了开放的提问空间，让学生经历从主题到问题的创造过程。

表5-62　三个版本教材提问水平3上的主题与过程

版本	主题	过程
苏教版	公园里的人	（1）有哪些人，在做什么；（2）还想知道什么；（3）观察
	了解你的好朋友	（1）谁是好朋友，知道他们哪些情况；（2）还想知道什么；（3）选择调查问题
	上学时间	（1）上学需要的时间；（2）和同学比较；（3）方案；（4）测量
	运动与身体变化	（1）运动后身体的变化；（2）运动对脉搏的影响；（3）实验
	体质健康测试	（1）体质健康测试的项目；（2）班级同学的测试情况；（3）调查
	蒜叶的生长	（1）生活中的蒜叶；（2）生长过程；（3）形成实验
	课外阅读情况	（1）课外阅读情况；（2）想调查的问题；（3）选择调查问题
	制定旅行计划	（1）暑假外出旅游；（2）行程安排、旅行信息；（3）制订计划

续表

版本	主题	过程
北师大版	自定主题	通过数据来反映的生活事情
	了解同学	（1）同学的情况；（2）想调查的问题；（3）选择调查问题
	班级情况	（1）手拉手班级；（2）介绍班级情况；（3）想要调查的问题
人教版	营养午餐	（1）食堂菜谱；（2）热量、脂肪和蛋白质；（3）菜肴搭配
	老龄化	（1）老龄化现象；（2）出生人口和死亡人口的影响；（3）出生人口和死亡人口的变化情况
	节约用水	（1）水资源宝贵，缺水严重；（2）调查是否有浪费水现象，寻找资料；（3）水龙头的漏水量
	自定主题	调查感兴趣的事

有些题目也反映出这种问题不断递进的价值。例如，部分问题要求学生运用恰当的表示。而通过问题的层层递进，学生可以感受到统计问题背后的背景知识，并且形成相应的统计表示。

在问题类型上（见表 5-63），问题类型的总数与提问水平有关。其中，苏教版问题的总量最多，一方面是因为其在提问水平中的水平 2 和水平 3 的数量最多，另一方面教材中有 15 个例、习题同时包含了个体与比较两个类目的问题，教材往往在一个例、习题中提出较多的问题，而其中一些就体现了一定的层次性，即先对个体有一定了解以后，再对两个个体进行比较。而其他两个版本的教材更倾向于直接进行比较。人教版的问题数量最少，仅有 48 个，北师大版有 61 个，它们都与苏教版有较多的差距。

表 5-63 三个版本教材"统计与概率"领域中的问题类型比较

问题类型	苏教版	北师大版	人教版
个体	57（70）	45（74）	35（73）
比较	24（30）	16（26）	13（27）
合计	81	61	48

注：括号内为百分比

在两种类型问题的占比上，三个版本的差别不大，苏教版的比较类问题占比最大，达到了 30%，而其他两个版本则分别为 26%（北师大版）、27%（人教版）。个体类问题是比较类问题的基础，它主要是对某个对象的认识和描述。而比较类问题则涉及两个对象，是在分别认识两个对象的基础上对其进行比较，以获得更多的认识。我们想要得到更多的比较类问题的信息，主要是它们进行了哪些比较。基于不同的目的，研究者提出了以下的比较问题类型：决策问题（例如，哪个群体更好？）；描述性和探索性问题（例如，有什么不同和共同点？怎样可以找到联系？）；假设驱动的问题（例如，女孩的阅读时间往往比男孩长吗？）。①

这为本部分的分析提供了启示。具体来看，三个版本都包含了大量的男生与女生比较。从这些事例中，我们可以寻找到比较类问题的一种结构。男女生的比较涉及广泛的主题，我们展示三个版本的男女生比较话题。苏教版：身高、鞋码、套圈成绩、乐器喜好区别、周末安排、跳绳、体测、体重、汉字录入速度、尺子下落反应速度、跳绳后心跳等。北师大版：身高分布、体重等。人教版：喜欢的运动、电视节目、体育成绩、近视人数、踢毽子成绩（平均数）、身高变化等。

在这些主题中，男生和女生可以看成是一组数据的两个部分，我们通常是想要知道他们之间有多大的差异性（类似于上述的决策问题和假设驱动的问题）。这样的差异性比较，教材中还有很多，例如一年级和六年级的龋齿情况、一年级和六年级作息时间安排等。

然而，还有一种不同的比较结构存在于教材之中，最为典型的例子是苏教版中的问题：一庹的长度与身高有什么关系。在这一问题中，一庹的长度是一组数据，身高是另一组数据，这是两组数据之间的比较。并且，我们想要知道的是它们之间有多大的相关性（类似于上述的描述性和探索性问题）。

教材中其他的比较问题包括：运动前、运动后、休息后的脉搏次数；黄豆和绿豆发芽情况；两天的饮食搭配；人口和耕地面积；生活污水，工业粉尘排放量趋势比较；单手投篮和双手投篮；生产总值与消费比较；ab 两组科学测验结果；出生率死亡率；支出与食品支出；不同水龙头流量；汽车生产量和销售量；等等。

从这些广泛的问题主题中，我们需要思考比较的目的是什么，同时也需要做一个可能的假设，这一假设需要一定的背景知识。根据背景知识我们可能对某些结果有一定的了解，但对另一些问题并不熟悉。相关性与差异性是两个基本的假设点，在上述众多的问题中，有些侧重于相关性，有些侧重于差异性，那么我们需要通过统计活动来发现结果是否与我们的假设接近。只有在一定的假设上，我们的统计活动才有一定的方向，这种对问题的深入思考是学习比较类问题的应有之义。

教材中，有一些问题潜在地渗透了这些思想。有时问题是 A 和 B 有什么关系，这类问题倾向于寻找相关性；有时问题是 A 和 B 有什么区别，这些问题则倾向于寻找差异性。但有时候问题并没有明确的指示，而要求我们去比较 A 和 B，这就需要上述所说的，根据背景知识做出假设。我们认为，在比较类问题学习上，三个版本的教材都可以提供更丰富的学习材料。

---

① MAKAR D B-Z K. International Handbook of Research in Statistics Education [M]. Cham: Springer International Publishing, 2018: 164.

(二) 数据收集

在数据来源上,苏教版仍然显示出与其他两个版本较大的差别,在其108个包含数据的内容中,有一半都属于自己收集数据类目。(见表5-64)北师大版则是自己收集数据类目比例最少的版本,仅有21%,而人教版则有38%。数据来源决定了是否有数据收集的实践活动,自我收集类目越多,相应的实践活动也就越多,而他人提供数据只能让学生对他人的数据进行表示与分析。因此,可以预见,苏教版和人教版的数据收集实践活动都比较多,而北师大版则缺少足够的机会,但北师大版和人教版由他人提供数据的问题较多,而苏教版相应较少。综合比较,人教版在两个类目上都比较丰富,苏教版在他人提供类目上较少,而北师大版在自我收集类目上过少,这在一定程度上体现了各版本的风格。数据来源的区别有深层次的意义。在学校课堂以外的情况下,统计数据的参与并不总是,或者甚至经常是关于实践统计数据,是关于判断实践统计数据的其他人的结果和主张。而Gal对成年人所说,统计素养是能够解释和批判性地评估他们在不同背景下可能遇到的统计信息,数据相关论证或随机现象,以及相关时讨论或传达他们对此类统计信息的反应的能力,例如他们对信息含义的理解,他们对这些信息的含义的看法,或者他们对给定结论的可接受性的关注。[①] 可以看出,恰当处理他人提供的数据是统计素养的重要组成部分,但教材并没有体现出体现自我收集和他人提供数据的区别在何处。而从另一方面来说,虽然自我收集对于学生主动地理解数据收集过程至关重要,但过多重复的收集活动是否必要,也是教材需要反思的地方。

表5-64 三个版本教材"统计与概率"领域中的数据来源比较

数据来源	苏教版	北师大版	人教版
他人	54(50)	92(79)	75(62)
自己	54(50)	25(21)	46(38)
合计	108	117	121

注:括号内为百分比

在收集方法上(见表5-65),我们依次对每种方法在三个版本中的情况进行审视。

表5-65 三个版本教材"统计与概率"领域中的测量和实验收集方法主题

版本	收集方法	主题
苏教版	测量	视力、时间、体重、温度、身高、心跳

[①] GAL I. Adults' Statistical Literacy: Meanings, Components, Responsibilities [J]. International Statistical Review, 2002, 70 (1): 1-25.

续表

版本	收集方法	主题
苏教版	实验	石头剪刀布、筷子夹玻璃球、掷正方体、摸球（统计）、单脚站立时间、在硬币上滴水、运动与身体变化、蒜苗生长、摸球、摸扑克牌、掷正方体、摸正方体、按住尺子的反应速度
北师大版	测量	身高、体重、跑步成绩（时间）
北师大版	实验	掷正方体（统计）、摸球、蒜苗生长、掷瓶盖、抛围棋、摸球、单/双手投球
人教版	测量	体重、面积、视力、体温、身高
人教版	实验	摸球、掷正方体、石头剪刀布、水龙头流量

观察类问题主要是对教材中提供的图片进行观察，以得到相应的数据。人教版教材采用观察方法最多，这主要集中在其第一单元"分类与整理"之中。在这些观察活动中，教材的目的是让学生学会基于分类进行数据收集的思想，在统计活动中，学生更多地关注如果把图片中的对象与相应的类目进行匹配，苏教版教材虽然较少，但观察活动的目的是一致的。而北师大版在此显示出其与其他两个版本有一定的差别。它从认识调查与记录入手，并没有专门强调其中的分类活动，因此，其大部分数据是他人提供的，不需要学生经历数据收集活动来体会分类思想。从观察活动的欠缺可以看出北师大版教材在分类思想的渗透比较欠缺。

调查方法在教材中出现的次数较多，在三个版本的比例都超过了35%，在苏教版中更是高达44%，可以初步得出，调查是学生统计实践的一种主要收集方法。在教材中，调查主要有两种，一种是针对某个主题对人进行调查，这里的人主要是学生，最多的实例是学生在各个方面的喜好，例如喜欢的水果、运动、学科等；也有的是某个客观事实的调查，而这个客观事实一般都与学生本身有关，例如出生日期、鞋码数、是否近视、是否有蛀牙等。另一种是查阅已有资料，该类问题一般涉及社会生活，需要学生通过一定途径查阅资料后得到数据，例如奥运会获奖情况、学校课程表的安排等。

在教材所显示的调查活动中，在收集数据的实际活动上有较多的注意事项。最为明显的是很多调查活动依赖于学生的主观选择，而这种主观性往往会影响调查结果的真实性，所以很多情况下需要运用一定的方法去尽可能引导被调查者说出自己的真实想法。查阅资料意味着获得二手数据，如何去看待这些二手数据也是调查者需要思考的，以一种批判性的态度去对待二手数据是重要的。

测量和实验活动是两个层次较高的收集方法。我们统计了三个版本教材中测量与实验的主题（见表5-66）。

表 5-66　三个版本教材"统计与概率"领域中的收集方法比较

收集方法	苏教版	北师大版	人教版
观察	4（7）	1（4）	14（37）
调查	24（44）	9（36）	15（39）
测量	13（24）	5（20）	5（13）
实验	14（25）	10（40）	4（11）
合计	55	25	38

注：括号内为百分比。

在测量活动上，苏教版测量活动出现了 13 次，北师大版和人教版都是 5 次，苏教版远多于其他两个版本。测量活动最为突出的特点在于其可能存在测量误差。它需要学生针对不同测量对象掌握一定的测量方法，所以数据获取的难度要明显高于前两种收集方法。在测量主题上，身高与体重是最常见的测量主题，其中苏教版和北师大版都出现了多次身高主题。结合其他一些主题，不难看出，有些测量活动可以由学生自己完成，而有些则需要其他人帮助完成。

实验活动的主题更多，特别是苏教版，其本身的实验数也最多（14 次），而人教版则最少，只有 4 次。但从占比上看，北师大版实验占比最高（40%），其次数少于苏教版，可见在总数不多的收集方法上，北师大版较为重视实验这一方法。具体看各个实验主题，摸球和掷正方体是三个版本都有的活动，它们都与概率内容相关，在三个版本中体现出一定的统一性。苏教版大量的主题为学生提供了足够的机会认识实验活动。更重要的是，其包含了很多背景丰富的主题（例如运动与身体变化、蒜苗生长等），这些主题需要学生首先对主题本身有较好的了解，才能够进行统计活动。通过这些活动，学生可以将数据收集与统计问题相联结，带着对问题的认识进行收集活动，这潜在地体现了统计活动的整体性。相比之下，其他两个版本在这方面较为欠缺，特别是人教版，只有一个水龙头流量的活动有丰富的背景，其他几乎没有体现。

综合来看，各种收集方法实际上为学生理解统计问题、理解数据意义等方面提供机会，是促进他们发展统计素养的潜在要素。我们不仅需要知道教材在数量上有怎样的分布情况，也需要体现教材在多大程度上为统计素养的发展提供了机会。

在记录方法上，最为主要的类目是无分类记录，它在三个版本的占比分别是 77%、64% 和 46%。（见表 5-67）这种方法几乎没有什么方法上的加工，就是依次地把得到的数据记录下来。北师大版在教学的一开始便呈现较多的无分类记录，相比之下其他两个版本在较靠后的地方才出现这一类记录方法。无分类记录的表示也比较丰富，如图 5-32 所示，它可以是数字可以是文字编辑，也可以有表格，但其最主要的特点是按照收集顺序来进行记录，而没有把收集的数据纳入图或表中。

图 5-32　无分类记录示例

表 5-67　三个版本教材"统计与概率"领域中的记录方法比较

记录方法/版本	苏教版	北师大版	人教版
象形图	5（8）	8（16）	11（35）
计数表	9（15）	10（20）	6（19）
无分类记录	47（77）	33（64）	14（46）
合计	61	51	31

注：括号内为百分比

相应地，象形图和计数表则分别把收集来的数据转化为图或表内的符号。象形图，顾名思义，是运用一定的象形符号来表示数据。这三个版本中，人教版象形图最多，占比也最高，而记录方法总数最多的苏教版反而象形图最少。象形图也存在不同的层次，如图 5-33 所示，从（a）到（c）是一种层次的上升，所运用的象形符号在不断地抽象。

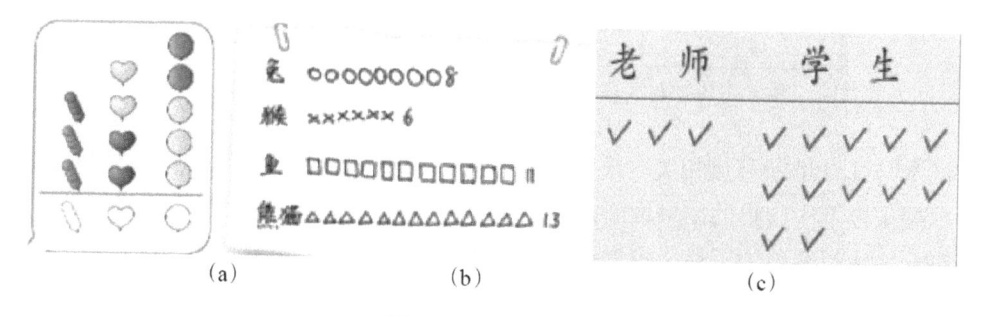

图 5-33　象形图示例

计数表主要以正字表为主，但也有个别其他形式出现。如北师大版就有图 5-34 这样的计数表。但其本质是一致的，以五为一个小集合，以方便最后统计每个类目的数量。计数表最多的是北师大版，但从占比上看，三个版本的差别不大。计数表不仅具有较高的抽象性，还通过符号的直观特征方便了记录活动本身，是一种比较实用的记录方式。记录方式的教学一般较早出现，可以发现，它本身也包含了分类、整理、有序等重要思想，在教材中应该包含对每个记录方法的认识与比较，因此能够将其在统计整体中的价值生发出来。

图 5-34 计数表示例

总之，记录方法在统计活动并不是一个关键的因素，但对小学生来说，记录是一个很重要的过程，是感受数据、感受统计活动的过程。丰富的记录方法可以让他们在学习统计活动中体验些许乐趣。三个版本都没有较为丰富多彩的记录方法，但从不多的例子中可以看到每个记录方法中的变式和层次性，如在记录简便性上，无分类记录—象形图—计数表的简便性依次提升。而在思维层次上，无分类记录所需要投入的思维性最少，且可以展现记录过程中的顺序性，这是其相比于其他两种类型记录方法的优势，这体现了记录背后的思维与目的。

样本在统计活动中具有重要价值，但这在教材中并没有很好地体现。三个版本的样本总数分别为20，9，3（见表5-68），其中只有苏教版有一次抽样方法出现，其他版本均没有这一类目。虽然苏教版的数量远多于其他两个版本，但20次的总量依然是较少的。

表 5-68　三个版本教材统计与概率领域中的样本比较

样本	苏教版	北师大版	人教版
样本量	19（95）	9	3
抽样方法	1（5）	0	0
合计	20	9	3

注：括号内为百分比。

样本与统计推断直接相关。统计实践通常涉及从一个或多个总体中收集样本数据，然后根据从样本中收集的结果推断出整体。样本的代表性具有重要意义，但如果追求对样本概念的认识不是为了最终根据样本向整体进行推断，那么样本概念是无意义的。无论是样本量，还是抽样方法都是使所选取的样本更具代表性的因素，而这种代表性与统计推断的合理性直接相关。因此，在不多的实例中，我们试图寻找教材中样本与统计推断之间的联系。

在教材三个版本的摸球活动中，我们都经常能看到教材对摸球次数有所规定，这可以作为样本量类目。该类目引发我们思考，这种对样本量的规定有何依据，或者说影响样本量的因素有哪些。但这些思考并没有直接出现在教材之中。除此之外，苏教版教材在一些活动中还涉及小组人数的规定，并在一些活动中让学生反思自己一共调查了多少人。另外，苏教版还存在唯一一个抽样方法类目，该例子如图5-35所示。可以看出，这是一个较为明显的统计推断问题，其中，样本量和抽样方法都是推断合理性的重要依据。然而，该例子在教材中更偏向于求平均数的运算。在北师大版教材中，有一些活动次数是10，有一些活动次数是20，这样的安排有怎样的原因，教材并没有交代。但在摸球活动中，教材出现了以下的提示语（见图5-35），这告诉学生样本量不能太少，20次则是一个合适的数量。人教版教材仅有三处渗透了样本量类目，其中存在一个潜在涉及样本量的例子，如图5-35所示，教材给出了两个提示：①全国数据过大，所以调查上海；②多调查一些年份。虽然没有明确的次数规定，但这种基于统计目的的样本量引导更能让学生体会到其意义。

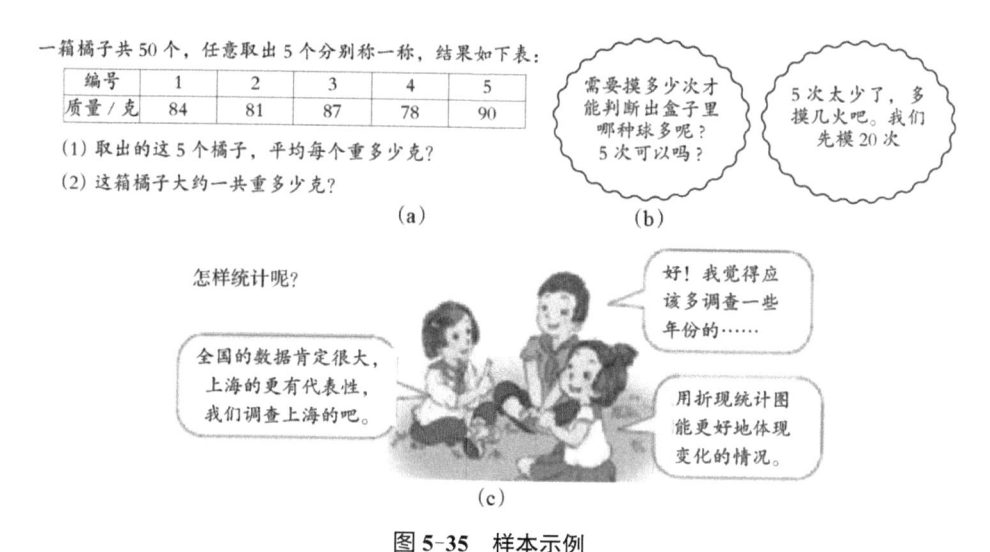

图 5-35　样本示例

非正式的推理方法可以而且应该支持正式的统计教育。研究者表明，研究中记录了在高中和高等教育阶段研究正式统计推断的困难，其中提出问题可能源于学生缺乏统计推断基础的经验。[①] 可以看出，教材对样本概念的渗透是不足的，这不利于学生的统计推断能力的发展，从样本到整体是统计推断的基础，当对样本没有足够认识的情况下，学生无法理解为何可以把统计作为一种推理活动。

（三）分类的数学思想和方法

分类的数学思想和方法主要在数据收集阶段和数据整理阶段涉及，并从分类水平和类目类型两个方面进行分析。从分类水平的总量上看，人教版三个水平总计出现了127次，高于苏教版的105次和北师大版的112次（见表5-69）并且，人教版在水平3上也远多于其他两个版本。不过，人教版所有分类都出现在数据收集阶段，没有分类在数据整理阶段出现，而苏教版和北师大版分别有19次和12次分类出现在数据整理阶段。在类目类型上，苏教版数量类型的占比最高（18%），北师大版次之（13%），人教版最少，仅有5%。

[①] PFANNKUCH M. Thinking tools and variation [J]. Statistics Education Research Journal, 2005, 4（01）: 83-91.

综合三个版本的教材来看，在大于 90% 的情况下，例、习题直接提供了分类的类目，省去了主题，也省去了分类标准。苏教版和人教版水平 2 和水平 3 主要集中在第一单元，北师大版则比较分散。这与教学的主题相关，分类学习是苏教版和人教版第一单

表 5-69 三个版本教材"统计与概率"领域中的分类水平比较

分类水平	苏教版	北师大版	人教版
水平 1	79+18=97（92）	96+11=107（96）	114（90）
水平 2	3+1=4（4）	1（1）	4（3）
水平 3	4（4）	3+1（3）	9（7）
合计	86+19=105	100+12=112	127

注："+"前是数据收集阶段，"+"后是数据整理阶段，括号内为百分比。

元的主题，但在北师大版的第一单元中并没涉及。各版本水平 2 和水平 3 的具体主题如表 5-70 所示。水平 2 上各种类型的喜好是每个版本都有的主题，水平 3 上都出现了给同学分类的活动，这要求根据不同的标准把同学进行分类。苏教版和人教版都有对图形观察后进行分类的活动，并且人教版有 6 次之多，这说明该版本很多水平 3 的分类活动实际上都与统计活动关系较小，主要是对分类活动本身的一种认识。而与统计活动联系较大的，主要有苏教版的了解你的好朋友、北师大版的了解同学情况和解释班级情况以及人教版的调查感兴趣的事例。这些例子是真正地运用高水平的分类活动来的进行统计活动，体现了统计活动的开放性和整体性。

表 5-70 三个版本教材"统计与概率"领域中的分类水平 2 和水平 3 主题

版本	分类水平	主题
苏教版	水平 2	按颜色和形状给物体分类、按喜欢的水果分类、艺术特长分类、按喜欢的颜色分类（整理）
	水平 3	公园中的活动、给邮票分类、给同学分类、选择感兴趣的内容了解你的好朋友
北师大版	水平 2	喜欢的体育项目
	水平 3	给同学分类、整理同学鞋号（整理）、确定调查问题了解同学情况、选择调查问题介绍班级情况
人教版	水平 2	交通工具分类、喜欢的水果、零用钱收入和支出情况、调查班级近视情况
	水平 3	气球分类、人物分类、给同学分类、给图形分类、给动物分类、给操场上的同学分类、整理书包、调查感兴趣的事例

与分类水平相似，类目类型也以属性类目为主（见表 5-71），三个版本的属性类目

都超过了80%，人教版更是高达95%。属性分类包含了广泛的主题，它主要以质性的分类标准对问题进行分类，教材在大部分情况下都是以这样的质性标准进行分类。数量类目则主要是将某个主题进行数量上的分段，教材也包含了较丰富的数量分段主题：身高分段、体重分段、视力分段、时间分段、年龄分段、跳远成绩分段、鞋号分段等。值得注意的是，这种数量的分段常常会被赋予某种意义（例如某一数量段的身高是标准身高），有了某种意义以后，就可以通过数据来认识数据背后的意义了（如通过数据我认识到我们班同学大部分在标准身高之上）。

表5-71　三个版本教材"统计与概率"领域中的类目类型比较

类目类型	苏教版	北师大版	人教版
属性	83+10=93（82）	96+4=100（87）	122（95）
数量	9+11=20（18）	6+9=15（13）	6（5）
合计	92+21=113	102+13=115	128

注："+"前是数据收集阶段，"+"后是数据整理阶段。括号内为百分比。

更为重要的是，从数量分段的意义这一点出发，可以找到属性类目和数量类目的联结点。最为常见的是成绩，90—100为优，80—89为良，70—79为中等，前者为数量类目，后者为属性类型，但两者以不同的方式反映了成绩的好坏程度。另一个重要的例子是北师大版的例题（见图5-36）。通常情况下，喜好属于属性类目，一般只有喜欢与不喜欢这两个选项。但通过如下的评分标准，将喜欢程度量化为五个层次，学生便有了更多的程度选择，所得到的数据也能够更深入地了解学生的喜欢程度。从喜欢、不喜欢的属性类目，转化为1—5个喜欢程度的数量类目，这充分显示了两组类目之间的联系、特点和区别。以此为例，可以发现，分别以属性类目和数量类目调查学生的喜好程度，并对数据进行比较，这样的活动可能会激发出更多的认识。

1. 一个10人小组想知道他们小组更喜欢数学还是英语，于是他们展开了调查。下面是他们调查时使用的评分标准。

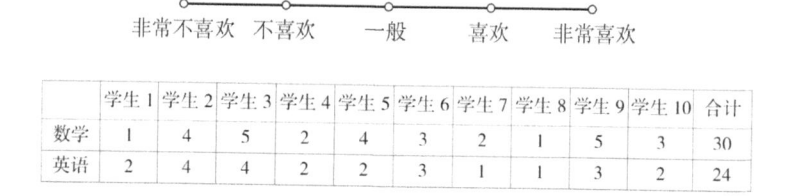

非常不喜欢　不喜欢　一般　喜欢　非常喜欢

	学生1	学生2	学生3	学生4	学生5	学生6	学生7	学生8	学生9	学生10	合计
数学	1	4	5	2	4	3	2	1	5	3	30
英语	2	4	4	2	2	3	1	1	3	2	24

图5-36　数量分类示例

关注整理阶段的分类活动，从分类水平上看，该阶段水平2与水平3上的例题都仅有一个，水平2的主题是了解你的好朋友，该问题要求学生把记录的结果分类整理，并用自己的方法表示出来。水平3的主题是为了开鞋店而调查鞋号，教材要求学生自主思考如何整理收集来的数据，且没有提供任何标准，这符合我们对水平3的描述。从类目类型上看，两个版本整理阶段的数量分类都多于属性分类。这可能与教材的编排有关，教材倾向于以整理的形式教学数量分类；也可能与整理阶段本身的特点有关，整理可以被理解为第二次分类活动，而由于数量分类是在某个类目内的分类，所以相比属性分类，它是更加细致、深入的分类。因此，第二次分类更适合于进行数量上的分类。

（四）数据的整理与表示

在数据的整理与表示环节，由于数据整理在分类的思想和活动中已有涉及，该部分主要分析数据表示。数据表示是教材的重点内容，正如某位研究者所说："每一条统计信息都需要一种表现形式，一些形式倾向于限制思维，而另一些则培养洞察力。"[①] 对于学生来说，通过学习数据表示来获得统计洞察力或者统计素养，是教材或者课标所期望的一个主要目标。所以在每个教材内，包含统计图和统计表在内的数据表示内容几乎都超过了二分之一甚至更多。所以，从多个方面对数据表示进行分析是必要的。

表示类型是我们首先关注的内容，一般来说，统计图、条形图、折线图、扇形图是教材主要的四种表示类型，在一些教材中，也会有少许的线图或语言表示渗透。我们先将关注点放在前四种类型中。在表示类型的总量上（见表5-72），人教版以135次而高于其他两个版本，苏教版和北师大版分别为99次和116次。从直观上看，人教版的总量突出主要由于其统计表的数量较大，高达66次，占据了总体的49%，而剩下的三种统计图与其他版本的数量较为接近。三个版本的统计图都按条形图、折线图、扇形图的顺序依次减少。这与教学顺序相关，三个版本的教学顺序都是按条形图、折线图、扇形图的顺序依次教学。

表5-72 三个版本教材"统计与概率"领域中的表示类型比较

表示类型	苏教版	北师大版	人教版
统计表	44（45）	39（34）	66（49）
条形图	25（25）	32（27）	35（26）
折线图	20（20）	24（11）	18（13）
扇形图	10（10）	11（9）	15（11）
线图	0	6（5）	0
语言	0	4（4）	1（1）
合计	99	116	135

注：括号内为百分比

---

① GIGERENZER G. Simple tools for understanding risks: from innumeracy to insight [J]. BMJ, 2003, 327 (7417): 741-744.

为了进一步了解这些数据背后的意义,我们关注每种类型的表示在各个单元内的分布情况。在统计表上,苏教版和人教版主要集中在低中年段,而北师大版则集中在中高年段;在条形图上,苏教版集中在学习条形图和复式图的单元,在折线图单元内没有条形图涉及,在扇形图中有一定涉及,人教版与其类似,在折线图单元只有两次出现条形图,北师大版则比较均衡,在后续两个统计图的学习中有出现较多的条形图;折线图的分布与条形图类似,苏教版和人教版都有少许出现在扇形图单元内,而北师大版则有较多出现,甚至与扇形图数量持平(都是 8 次);扇形图主要出现在学习该统计图单元和总复习中,人教版出现的次数最多,但实际上与其他两个版本的差别不是很大;在总复习中,三个版本各种图表分布差别不大。另外,三个版本中概率部分涉及的数据表示都不超过 3 次,至少在数据表示上,统计与概率的联结并没有很好地体现。

上述分析让我们从数据本身大致体会各个版本的风格,虽然这些数据并没有太多涉及具体内容以及知识逻辑,但这是我们认识数据表示意义以及数据表示间联系的重要途径。因此,我们想要分析各教材的例题以怎样的方式介绍几种主要的表示类型。

苏教版,在第三单元统计表和条形统计图内正式介绍统计表和条形图,在该单元例 1 中,教材显示了计数表,并要求学生将其转化为统计表和条形图。折线图在第六单元介绍,教材在例 1 出示统计表与折线图,并进行比较,随后在例 2 介绍了复式折线图。扇形图在第七单元,例 1 直接介绍扇形图,例 2 则进行了三种统计图的比较。

北师大版,没有统计表的正式介绍,其在第四单元介绍条形图,在例题"生日"中引导学生根据收集来的数据在图上涂色,画出条形图中的条形。需要指出,该版本在第一次介绍条形图时便以横式条形图为例子。在例题"栽蒜苗(一)"中,教材还要求学生自己条形图中横竖轴的内容,并对竖轴上的刻度进行了变式练习。在同一单元内,例题"栽蒜苗(二)"介绍了折线图,该例题出示了统计表和折线图,并引导学生思考折线图是如何得到的。在第六单元内,教材先呈现了复式统计表和复式条形图,然后呈现了复式折线图。扇形图在第七单元中出现,例题"扇形统计图"出示了统计表和扇形图,在"统计图的选择"例题中,教材进行了三种统计图的比较。

人教版没有对统计表的正式介绍,但其首先在第三单元呈现了复式统计表,并展示了两个表合成为一个表的过程。在第四单元,例 1 介绍了条形图,其出示了统计表和没有刻度的象形图,并与条形图进行比较。在例 2 中,教材出示了统计表和两个刻度不同的条形图,让学生比较两个条形图以理解刻度的变化。例 3 仍然是对刻度的学习,以让学生理解在不同情况下选择恰当的刻度。在第五单元,教材在例 3 中介绍了复式条形图,该例题出示了复式统计表和两个单式条形图,并将两个单式条形图合并为复式条形图,并且,该例题在最后还呈现了横式条形图。折线图在第七单元介绍,在例 1 中,教材呈现了统计表、条形图和折线图。在例 2 中,教材出示了两个单式折线图,并将其合并为复式折线图。扇形图出现在第八单元,在例 1 中出示了统计表和扇形图。例 2 则进行了三种统计图的比较。

通过以上分析，可发现三个版本教材在何时介绍复式统计图表内容上各不相同，差别较大；而在对条形图的介绍上，北师大版和人教版都有对刻度的学习，人教版更是用了两个例题进行学习，而苏教版并没有该内容的呈现。在整体风格上，苏教版引导语较少，以问题偏多；北师大版引导语较多，有较多的介绍各种统计图的要素；人教版的特点是例题一般有较丰富的主题内容，更能展现出数据表示与实际生活的联系性。另外，表 5-73 是各版本对各种统计图表的描述。可看出，仅有苏教版对统计表有较正式的介绍，但三种统计图都有一定的描述。这种描述一般出现在学习完扇形统计图的后一个例题中，该例题通常是对三个统计图的比较。其中，人教版的比较特殊，其用条形图依次和折线图、扇形图进行比较，说明在表示数量变化和表示部分占总体百分比上，都可以运用条形图，但运用后两个图更有优势，但在表示数量上，条形图是最佳选择。

表 5-73　三个版本教材"统计与概率"领域中的表示类型特征描述

版本	表示类型	特征描述
苏教版	统计表	用表格呈现；能清楚地看出统计结果
	条形图	用直条呈现；能清楚地看出统计结果；能直观、形象地表示数量的多少
	折线图	反映数量的增减变化情况
	扇形图	清楚地看出各部分与总数量之间的关系
北师大版	统计表	
	条形图	清楚地表示每个项目的具体数目
	折线图	清楚地反映事物的变化情况
	扇形图	清楚地表示出各部分在总体中所占的百分比
人教版	统计表	
	条形图	表示出数量的变化；表示部分占总体百分比；表示数量
	折线图	表示出数量的变化，并更直观地表示出数量随着时间的变化趋势
	扇形图	表示部分占总体百分比，并更直观地看出部分间的关系

在分析完上述四种表示类型后，我们需要继续对线图和语言这两种表示类型进行分析。线图只出现在北师大版教材内，其在第二单元呈现，在美国加州教材中也有类似的线图出现（见图 5-37）。线图类似于没有竖轴刻度的条形图，但其横轴一般是有序的数量，因此是有刻度的。相应地，可以看出，线图最大的特点是可以较直观地找到数据的极值、全距和众数。语言表示共出现 5 次，北师大版出现了 4 次，人教版出现了 1 次。一般来说，教材都希望把语言表示转化为其他表示类型，因为以书面形式进行语言表示通常比较烦琐。但当用于口头交流时，我们又需要将其他表示类型转化为语言来表示数据。需要指出，教材虽然出现了这两种表示类型，但为何出现、想到达到怎样的目的，

我们并不清楚，以上也只是针对这两种表示类型本身的一种分析。

图 5-37　线图示例

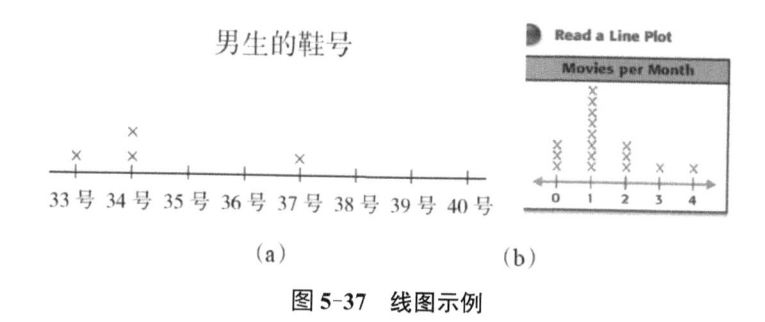

表示对象和表示层次是数据表示的另外两个分析点。表示层次上（可参见表 5-74），三个版本在总数、各类目数量和比例上差别较小。总量上都接近 80 次，三种类目的比例接近 7 比 1 比 2。水平一是各版本教材的主要内容，说明教材在数据表示的学习上侧重于掌握基础知识，具体看教材，其中包括将某种形式的数据转化为另一种、认识统计图表的各个组成、能够认读统计图表中的数据等。该水平上，可以把各种学习活动分为制作活动与认读活动，对于制作活动，三个版本中都没有一个正式的各部分要素的介绍和完整的制作活动，因此，让学生自主从无到有的制作统计图表，他们更多地只能是模仿教材中已有的图表。北师大版在该内容上对统计图要素有较多的引导，人教版仅在条形图中有，苏教版则缺少这种要素认识的引导；对于读认活动，该水平的要求几乎只限于认读表面的数据，只需要知道各种表示类型中数据的直观意义即可，因此，三个版本在此差别不大。总之，虽然占比很高，但三版本教材对制作统计图表内容并没有很深入的介绍。

表 5-74　三个版本教材"统计与概率"领域中的表示水平比较

表示水平	苏教版	北师大版	人教版
水平 1	53（69）	52（66）	59（69）
水平 2	8（10）	8（10）	11（13）
水平 3	16（21）	19（24）	15（18）
合计	77	79	85

注：括号内为百分比。

水平二的占比最少，其中人教版略高于其他两个版本。水平二主要介绍各种图表的特征，一般在学习完新的图表以后，教材都会涉及其特征的认识，苏教版更多地直接用语言描述这种特征；北师大版则将特征融入情境之中阐述；人教版则更喜欢通过让学生比较图表来思考图表的特征。水平二还包括复式统计图表的特征，对于复式图表特征的认识上，苏教版和人教版都通过引导学生比较单式与复式统计图表来认识其特征；北师大版则通过解决问题来认识复式图表的特征。其他水平二上的例、习题，苏教版有关于复式条形图的变式练习，在条形图中，两个表示对象一个作为横轴，一个作为各个条形，教材通过改变两个对象的位置引导学生认识到复式统计图表本身；北师大版有认识扇形图各部分百分比的之和的活动；人教版最突出的是对条形图中竖轴刻度的两次变式练习。

水平三上包括统计图表的应用和比较。比较主要出现在扇形图学习之后，而应用则更为广泛。实际上我们发现，当需要对统计图表进行比较时，一般都是因为需要选择恰当的图表进行应用。由此可以得到一个简单的关系：无论是比较，还是应用，都是对图表特征的一种深化，是根据不同的问题需求匹配合适的图表来解决问题。比较便是匹配过程的一部分，通过比较，我们可以更加清楚何种图表更适应何种问题。苏教版和北师大版对三个统计图的比较是相似的，都是在同一主题下呈现三个与主题相关的统计图，并感受三者的特点；人教版有所区别，它用条形图依次与折线图和扇形图进行比较，从而感受三者的联系与区别。

应用方面，水平三一般都涉及对图表中数据的高层次分析，特别是在复式图表中，常常要求对两个对象进行比较和评价，这种比较便是高层次的数据分析。此时的数据分析，必然要运用到图表本身，甚至可以说，用不同图表表示相同数据，可以得到各种新的信息。平均数的认识是图表应用的一个重要例子，各版本教材一般用条形图来初步学习平均数，并通过改变条形来得到一组数据的平均数。在此以后，教材有习惯于用复式统计表来进一步学习平均数，体会平均数可以作为统计量而代表数据整体。

数据表示中包含着复式的统计图表，与单式图表不同，复式图表能够同时表示多个对象，教材以两个为主，因此表示对象主要分为单个与两个。三个版本在总量上有所差别（见表5-75），人教版最多（103），苏教版和北师大版分别为83次和73次。三个版本在单个和两个表示对象上的比例差别不大，人教版两个表示对象的比例稍高一些，数量上也比其他两个版本多10个以上。所以总体来说，人教版教材提供了更丰富的数据表示情境，相比之下，北师大版教材中表示两个对象的情境比较少。

表5-75 三个版本教材"统计与概率"领域中的表示对象比较

表示对象	苏教版	北师大版	人教版
单个	58（70）	51（70）	67（65）
两个	25（30）	22（30）	36（35）
合计	83	73	103

注：括号内为百分比

在之前的问题类型部分，我们已经分析过个体类问题和比较类问题。其与本部分的表示对象是相联系的，但两者又有所区别，主要表现在有些问题并没有相应的数据表示类型，而有些数据表示也没有相应的统计问题。当然，作为数据表示部分的分析点，我们旨在分析单个表示和两个表示的例题的教学侧重点，以及它们和表示层次之间的关系。

在正式学习复式统计图表之前，教材便有表示两个对象的统计表出现，并且，也有用两个单式统计图表分别表示两个对象的例题出现。例如，苏教版在平均数教学中运用了两个条形图进行比较，后续练习中也有用复式统计表比较平均数的例题；北师大版在平均数练习中出现复式统计表；人教版则在第二单元的复习中出现复式统计表。可以感受到，在正式学习复式图表之前出现的例子，都是包括两个对象的问题，相比于认识复式图表，这些题目更倾向于解决问题。

在与表示类型的关系上，扇形图没有复式统计图，因此其只能通过两个图形表示两个对象，这种类型的问题在三个版本教材中都有所涉及；人教版和苏教版复式统计表的数量都是最多的，因为两者都有单独的复式统计表内容，北师大版由于没有正式的复式统计表教学内容，因此较少；三个版本上的复式条形图和复式折线图在数量上差别不大。表示对象与表示层次的关系较复杂，根据具体的内容呈现出不同的特点，例如，条形图和折线图之中的水平3更多在表示两个对象的情境中出现，但扇形图由于没有复式情况，所以其水平3只能在单个对象情境中，然而，如果联系到问题类型上来看，某些扇形的水平3问题是比较类的，也就是通过两个扇形图来呈现两个对象的问题情境。综合分析，从与表示层次的关系上可以看出，单个表示对象的问题更倾向于低表示层次，而两个表示对象的问题则更倾向于高表示层次。

（五）数据的分析与解释

数据分析部分，总量上苏教版共有125次，高于其他两个版本，而其他两个版本的次数相似，都接近100次。（见表5-76）数据分析是统计活动的一个关键环节，对数据做出怎样的分析直接影响统计结果。因此，在对该环节的分析上，我们在关注数据本身的同时，也关注各种分析背后的目的性，试图总结出各种分析目的的结构。

表5-76 三个版本教材"统计与概率"领域中的数据分析比较

数据分析	苏教版	北师大版	人教版
单数据（类目）	44（35）	34（34）	49（50）
数据间比较	29（23）	12（12）	7（7）
与标准对比	11（9）	9（9）	6（6）
整体	41（33）	46（45）	36（37）
合计	125	101	98

注：括号内为百分比。

在单数据（类目）上，人教版的数量和占比都是最多的，其他两个版本占比相似，但数量相差10次。另外，苏教版只对单数据（类目）进行分析的情况较少（8次），而其他两个版本则有很多（都超过20次）。单数据（类目）的分析是其他分析的基础，分析包含哪些具体内容是我们想要关注的点。

实际上，虽然是最基本的数据分析类型，但单数据（类目）分析存在较多的变式，并与其他环节有丰富的联系。具体来看，该类目主要专注于某个个体，这个个体可以是一个类目，通常是寻找出现次数最多或最小的类目，也可以是一个数据，通常是寻找一组数据中的最大值或最小值。可以看出，两种分析与数据类型有关，前者更多以称名数据为对象，后者则更多与等距或等比数据相关，但实际上两者可以互相转化。三个版本中都存在这两者类型的分析。

在数据间比较上，苏教版最多（29次），且占比达到了23%，远高于其他两个版本，北师大有12次，而人教版仅有7次，与苏教版相差超过了20次。数据间的比较关注的是个体间的数量关系。同样地，这个个体可以是类目或数据。总体来说，类目的比较要远多于数据本身的比较，该类目的变式较少，三个版本表现出一定的同质性。

与标准对比是一个较特殊的分析类目，每个教材出现次数都较少，占比也相似（都小于10%），人教版略少于另两个版本。不同主题下的标准有不同的意义，我们试分析各版本内标准的相应主题（见表5-77）。身高标准是最频繁出现的主题，三个版本都有出现，其中，苏教版和北师大版都出现了多次。运动的合格标准也是三个版本都有的主题，但每个版本出现了不同的运动项目。其他类型的主题也比较广泛。与标准对比意味着为数据设立了一个意义框架，需要在标准意义下观察数据的分布情况，以得到数据在该框架下所反映的意义。当标准是作为整体的数量标准时，通过与标准的对比，学生可以意识到样本量的作用，思考作为整体的数量特征与样本的数量特征之间的关系。当标准是对数量的分段时，学生可以通过标准认识到现有数据的分布以及其背后的现实意义。当标准是一个特殊值时，学生可以意识到这一特殊值在现有数据中的位置，以感受相对于这一特殊值，数据整体是怎样的。相比于前两个分析类型，该类型对分析背景和分析目的有更高要求。

表5-77 三个版本教材"统计与概率"领域中与标准对比的主题

版本	主题
苏教版	正常范围的身高、仰卧起坐成绩的评价、篮球比赛得分情况、上学时间、适应不同大小服装的身高、铁路身高、与平均数对比、每分钟脉搏次数、班级人数、物种占比、适合饮用的水温
北师大版	高铁半价票身高、与姚明身高对比、科学睡眠时间、跳绳达标次数、全市男生平均身高、成绩分段、收回成本的卖出量、测验的合格分数
人教版	视力正常值、睡眠时间、立定跳远合格成绩、肥胖体重、树莓适合生长的温度、地区平均身高

对整体的分析是最高层次的数据分析类型，三个版本中，北师大版次数最多，为46次，且占比达到了45%。其他两个版本的次数分别为41次和36次，与单数据（类目）相似，各版本中该类目的占比也都超过了三分之一。

整体分析首先需要寻找统计量，统计量是基于一定标准来表示整体的一个数量。根据不同的标准可以选取不同的统计量作为整体分析的依据。我们认为，当分析的目的指向总体时，前三种类型的分析也被认为是对整体的分析。例如，可以运用数据的最大值或最小值来作为描述整体的统计量，也可以用全距（即最大值与最小值的差）或众数（哪一个类目最多）等。

平均数是整体分析中最为重要的一部分，也是教材中唯一正式教学的一个统计量。三个版本教材对平均数的认识都分为两个层次，在第一层次上，三个版本教材都用条形图直观地得到一组数据的平均数。在第二层次上，教材建立一个两组数据间的比较，并通过计算平均数来确定哪一组数据更好。

苏教版在学习平均数时，教材对最大值、总量和平均数三个统计量进行了比较，要求学生判断哪一种更合理，并最终指出了平均数能较好地反映一组数据的总体情况。北师大版在学习平均数时，将众数与平均数进行了比较，并对平均数进行了描述，即一组数据平均水平的代表。教材还举例说明了生活中的平均数。该教材还有平均数再认识内容，提及了平均数可以解决问题，单个数据的变化可以影响整体的平均数。人教版平均数教学中，教材直接用条形图直观地得到一组数据的平均数，在此之后进行了两组数据的比较，运用了总数和平均数这两个统计量，这一顺序与苏教版相反。

除以上两个层次外，平均数的变式练习也出现在三个版本之中。最常见的是引导学生认识极端值对平均数的影响。教材有消去极端值的变式，例如打分时，要去掉一个最高分和最低分再计算平均分；也有添加极端值的例子，例如计算一群学生平均身高时，突然加入一位教师的身高这一极端值，以观察平均数的变化；以及跑步四天，第五天休息，计算五天的平均跑步长度；等等。教材中也有很多让学生根据平均数意义进行判断的问题，例如引导学生思考如果按照旅客的平均身高来订购新床，这样做是否合理。

另外，整体变化趋势也是一个重要的分析内容，主要出现在折线图学习部分，与之相对应，教材要求学生分析例如身高变化、山猫与雪足兔的数量变化、出生死亡人数的变化趋势和关系等，并对这种变化做出整体评价。在后续的学习中，教材的整体分析显示出开放性的特点，大部分情况下其并不指出该用怎样的统计量分析整体，而是把这一决定权交给了学生。

光从数据上看，三个版本都有自己的偏重，人教版在单数据（类目）上，苏教版在数据间比较上，北师大版在整体上都高于其他两个版本。当然，从总量和各部分的比例来说，苏教版数据分析的内容最为丰富，且各类型的分析都有一定的涉及，比较全面。

在对数据分析的具体内容分析上，我们也可以看到其与其他环节较多的联系。例如，当需要进行数据分析时，特别是较高层次的分析，各种统计图表则发挥了一定的作用，它们的各种特殊的直观性有利于分析者更容易发现数据的数量特征；在整体分析上，与问题类型和表示对象两个方面有密切的联系。因为有一个对象的整体评价，也有对两个对象的整体比较。另外，数据分析还直接影响到后续的判断与决策，并与随机思想相联系，这在下文中有所体现。

（六）判断与决策

在判断与决策上，北师大版在总量上远高于其他两个版本（76次），苏教版和人教版分为有57次和45次。（见表5-78）在各类目比例上，苏教版判断占比最高，达81%，人教版决策占比最高，达51%，这体现了两个版本之间的差别，相比之下，北师大版在两个类目的占比上适中。

表5-78 三个版本教材"统计与概率"领域中的判断与决策比较

判断与决策	苏教版	北师大版	人教版
判断	46（81）	53（70）	22（49）
决策	11（19）	23（30）	23（51）
合计	57	76	45

注：括号内为百分比。

判断与决策是对统计问题的回答，无论教材是否有统计问题，判断与决策都必然对应着一个相应的问题。与其他很多分析方面类似，由于问题具有一定的结构，判断与决策也因此具有相应的结构。决策包含判断，并进一步与行动相关，即需要运用所获知识，去选择相应的行动，这种行动是一种指向未来的行动。因此，我们先看教材有哪些判断结构。

最简单的结构是单值的判断。这一类判断常常与单类目（数据）分析相联系，并与相应的背景意义相匹配。这一类判断的数量较多，教材中有大量的各种最喜欢的东西的调查活动，这些活动是这一类判断的主要组成。各教材中有大量需要最大值的例子，但并没有出现需要最小值的例子。另外，一些题目还要求对某个特殊单值进行判断，例如教材中有一个旅游应对气温变化的问题，便要求学生对10月份两地的温差进行判断。

与单值对应的是整体分布判断，这类判断要求得出数据整体的分布特征，与上述结构不同的是，该结构要求把每个值都考虑在内，以得到一个整体的分布状况，相应的例子也包括各种喜欢的东西、校服的大小等。分布是统计学上的一个重要概念，在小学阶段以各种形式对该内容进行启蒙教学是必要的。

变化趋势和平均数是另外两个重要结构。很多时候，我们并不静态地关注数据本身，而是关注数据如何随着时间而变化，并通过这种变化对其进行判断。教材中典型的例子是各种商品的销售量情况。作为描述整体的统计量，很多时候，我们以平均数作为判断的标准，以确定恰当的数量或两个对象的好坏。教材中的例子是冷饮的销售情况以及各种对男女生某方面进行比较的问题。

在概率内容内，存在两种类型的判断。一种是不涉及统计的概率判断，这种判断一般不需要进行统计活动，只需要通过已知概率便能够得到结论。例如如何设计公平的游戏、按要求把不同颜色的球放入袋中等等。另一类概率问题则涉及统计活动，该类问题一般并不能得到已知的概率，而需要通过统计结果的频率分布去推测概率，从而得到结论。实际上，后者也可以被看成是一种整体分布，并且包含了不确定性。

决策是判断的延伸，上述各种类型的判断都有相应的决策例子。需要注意，有些决策是基于数据结果的，有些决策则是超于数据结果的。前者的例子如选择吉祥物，那么根据数据结果我们选择最大值的那个类目即可；后者的例子如对体重超重的同学提建议，此时数据只提供体重超重的同学数量和占比，但对他们提改进意见就需要有进一步的背景知识，这是超于数据的。我们简要举一些各教材中的决策例子（见表5-79）。

表 5-79 三个版本教材"统计与概率"领域中的决策结构与主题

决策结构	决策主题
单值	选择吉祥物、选择游玩地点、选择游玩季节、旅游应对气温变化
整体分布	购买水果、为班级买书、准备体育器材、摸球游戏、订运动服建议
变化趋势	冷饮进货、招生分数线、彩电销售量、鞋子进货建议
平均数	冷饮进货、歌唱比赛打分方法、上学出发时间、表示物体长度
概率判断	按要求把不同颜色的球放入袋中、参加和设计抽奖活动、做游戏和设计游戏
超出数据	用眼情况的建议、改善环境建议、体重情况的建议、饮食建议、零用钱建议、节约用水建议、双休日时间安排注意和改进、睡眠建议

从上述分析我们可以发现，判断与数据分析中的整体分析直接相关，或者说其就是整体分析的结果。判断和决策的结构是多样的，因此其评价要求也是多样的。有的要求各类目分布合理，有的要求整体趋势上升或下降，有的要求单个类目数值高或低，有的要求整体的平均数高或低。可以说，正是这种多样的判断标准使得判断和决策常常具有复杂性，有时，不同的决策要求会得出不同的行动指示。因此，有些问题并不能仅被纳入上述结构中的某一项，例如上述的冷饮进货可以属于变化趋势也可以属于平均数结构；还有一个问题要求说服教师自己组的成绩更好，则需要学生根据现有数据选择对自己有利的结构来说服教师。

（七）贯穿全局

在贯穿全局上，分别对三个版本中的随机思想、背景知识和数据类型内容进行比较和分析。在随机思想上，北师大版的总量最多，有63次，苏教版有50次，相比之下人教版较少，只有30次。（见表5-80）随机思想贯穿于整个统计活动，而意识到不确定性则是其主要体现。在该类目上，苏教版和北师大版数量相近，分别为21次和20次，而人教版则只有8次。

表 5-80　三个版本教材"统计与概率"领域中的随机思想比较

随机思想	苏教版	北师大版	人教版
意识到不确定性	21（41）	22（35）	8（27）
样本空间	11（22）	12（19）	10（33）
可能性大小	19（37）	29（46）	12（40）
合计	51	63	30

注：括号内为百分比。

首先，我们想要分析有哪些意识到不确定性的情况出现在教材之中（见表 5-81）。估计属于数与代数领域的内容，但它包含着不确定性。估计中最常见的是估计平均数，苏教版出现了 2 次，北师大版出现了 5 次，而人教版并没有出现该类型。其他估计包含了多方面的内容，这一类估计最主要的特点是不需要运用数据，而更多运用感官或基于经验的思考。该类型的不确定性更多来源于人的感官与思考能力的有限性。数据推广隐含着一个从已有数据到未知数据的思考。即通过已有样本下的数据，我们得到信息与认识，但当将视野扩展到其他地方，是否与原有的信息与认识相同，这就包含了不确定性。从样本到总体的推理是对数据推广的更深层认识，这类问题要求学生从已有数据出发，对数据所对应的整体进行推理。预测未来与之相似，要求学生根据已有的数据对将来进行预测，这种类型的推理更多依赖于已有数据的分布情况和变化趋势。除此之外，还有对变化规律以及平均数中所包含的不确定性的认识。

表 5-81　三个版本教材"统计与概率"领域中的不确定类型及相应主体

不确定类型	主题
估计数量	估计平均数（平均售票数、平均年龄、平均测量长度、平均分等），估计扇形图各部分占比、估计家里不同地方的面积，估计教室中的氧气量，估计一年浪费水量，估计能夹出的玻璃球数，估计从家到学校的时间，根据分布情况估计成绩，估计一元硬币能滴多少滴水估计时间，不同方式投球结果的推断，预测实验结果，不同容器水温下降的速度
数据推广	从全班到全校调查，如何做，结果一定相同吗？ 调查的对象不同，得到的结果不一定相同。 其他小组的发现与你们一样吗？ 如果在三年级其他班级调查，估计会得到什么结论？在不同年级调查呢？ 两个班级睡眠时间的比较、两个班级喜欢的电视节目情况、两个班不同方式投球结果的比较（一个数据已知，一个数据未知）…… 全班选择校服颜色的结果适用于全校吗
从样本到总体的推理	从 5 个橘子的平均数到一箱橘子重量 估计整体分布考虑样本问题 单个数据与整体的平均值、身高与平均身高

续表

不确定类型	主题
预测未来	预测未来的身高；冷饮进货的不确定性（依据平均数或变化趋势）；根据已有变化趋势预测未来的近视情况；根据前10分钟的数据，判断后10分钟的结果（路口各种类型车辆经过的数量）；根据已有数据预测未来的结果（足球比赛结果）
其他	变化规律：意识到不确定性中也有规律（山猫和雪足兔问题）； 体会平均数中包含的不确定性，判断关于平均数说法的合理性

其次，我们想特意地分析一下各版本在初次教学概率内容时对不确定性有怎样的表达。苏教版运用了摸球情境，其直接从样本空间入手，要求学生思考有哪些可能的结果；北师大版运用了投硬币情境，并包含了对不确定性的表述，即对于未来可能发生的事情的结果是不确定的，其还要求学生举一些生活中包含不确定性的例子；人教版运用了抽签情境，并展示了抽签的过程，在这一过程中样本空间不断改变。显然，除北师大教材以外，其他教材都直接从认识样本空间开始，而对于不确定性的认识则潜在其中。只有北师大版教材明确地强调了不确定性内容。

在样本空间上，三个版本中的数量相差不大，占比上人教版接近30%，苏教版和北师大版为20%和19%。值得注意的是，几乎所有的样本空间都出现在概率内容之中，只有苏教版有一次出现在统计内容中（见图5-38）。大部分样本空间是直接得到的，但有一些需要学生通过思考才能得到，如图5-38的摸球游戏、北师大版的转盘游戏。另外，在游戏中，根据游戏规则，初始样本空间可能发生变化。如人教版中抽签不放回活动，每抽走一个签，样本空间就减少一个可能的结果。样本空间是量化不确定性的基础，因此在对可能性大小的分析中会进一步分析样本空间。

图 5-38 样本空间示例

在可能性大小上，北师大版29次为最多，46%的占比也是最大，苏教版和人教版分别为19次和12次，苏教版37%的占比为最小。

理解可能性大小首先要认识到我们如何对其进行判断，这需要结合概率模型和样本空间的认识。对教材中出现的所有可能性大小问题进行分析后，可以发现，这些例、习题所包含的概率模型都属于古典概性。如果一个随机试验所包含的单位事件是有限的，且每个单位事件发生的可能性均相等，这种条件下的概率模型就叫古典概型。有限性和等可能性构成了古典概型的两个条件。

明确了概率模型，需要进一步结合样本空间来认识可能性大小。每一个随机试验相应的有一个样本空间，样本空间的子集就是随机事件。2、3、4，按照颜色分，其样本空间是红桃和黑桃。

上述内容构成了可能性大小学习的基础。无论教材以怎样的形式教学这部分内容，其内在的概率模型都是古典概型。所以要基于样本空间中基本事件等的可能性来认识可能性大小。这包含了两种类型的概率问题，其一是基本事件已知，要求直接判断可能性大小；其二是基本事件未知，要求通过统计活动的结果去推断基本事件的分布，再进行可能性大小的判断。三个版本的教材都包含了这两种类型的概率问题。

下面，我们试图分析各版本概率例题有怎样的发展。苏教版的两个例题都是在概率已知情况下进行摸球和摸牌活动，区别在于第一次是等可能性的，第二次包含了对可能性大小的判断，以及不同样本空间的认识。北师大版一开始用掷硬币和摸球活动认识不确定性和样本空间，再用样本空间已知的摸球游戏认识可能性大小。在第二个概率单元中，其以可能性大小进行了游戏公平的讨论，并在后续例题中以样本空间未知的情况下进行摸球游戏。人教版从认识样本空间，到在已知样本空间下进行摸棋子活动，再到在样本空间未知情况下进行摸棋子游戏。从例题上看，苏教版内容较单薄，特别是其并没有样本空间未知的概率问题出现，人教版教材的例题层次性较强，北师大版教材例题最丰富。在习题之中，各版本教材主要以样本空间已知情况下的概率判断为主，样本空间未知情况下的统计活动较少。

认识概率与频率的关系是学习概率的一个重要知识点，这一问题主要出现在样本空间未知时，需要进行统计活动的问题当中。显然，这意味着学习在教材中学习该内容的机会并不多。大部分情况下，教材只是潜在的渗透着这两者的关系，但有一些问题从正面引导学生思考两者的关系。例如，苏教版中，在"你知道吗"环节介绍了五位著名科学家投币实验的结果，从中可以体会到在样本量很大的情况下，频率会接近概率。北师大版则引导学生思考，投10次硬币，是不是一定会正面5次，反面5次。通过理解这两者的关系，学生才能够更恰当地应对样本空间未知情况下的统计活动。

通过对三个版本教材的分析，我们发现，背景知识渗透在统计活动的每个环节内（见表5-82）。形成问题是统计活动的初始环节，一定的背景知识决定了问题是什么。了解你的好朋友/同学是一个常见的话题，感兴趣的事物、课外阅读情况等也出现在教材内。这些主题需要与之相关的背景知识才能够转化为相应的统计问题。数据收集也需要有一定的背景知识才能够进行，包括数据收集的方法、具体操作步骤以及注意事项等。

这在苏教版教材中有较丰富的体现,例如如何计算上学时间、如何维持蒜叶的生长等,可以发现,收集这些数据需要一定的专业知识,否则无法完成。分类活动中常常需要运用背景知识产生类目,在一个标准下有多种可能的类目,这些类目具体是什么便需要根据对分类主题的背景理解所决定。体现在教材中,了解同学、喜欢的水果是最多出现的问题,其他还包括艺术特长、特色运动会以及在人教版中出现的各种分组活动(把同学、动物、运动员分成两组)。数据表示的选择也与背景知识有关,三个版本都涉及了这方面的内容,毋宁说,表示怎样的信息与对问题的背景了解有直接的联系。选择怎样的统计量在数据分析中尤为重要,而选择依据便包含背景知识,人教版中出现了多次的平均数是否可以作为统计量的例子,包括订制床的大小、跳远成绩等。判断与决策是最多使用背景知识的部分:预测结果、提出建议、做出评价等离不开对背景因素的分析。在该部分,我们可以形成一个公式:数据+背景=结论。也就是说,根据数据结果,以及相应的背景知识,才可以得到统计活动的结论。教材常常给出数据结果,让学生去得出结论,这便是要学生在数据基础上运用一定的背景知识进行推论。三个版本中这部分内容都是最丰富的,基本上都出现了10次以上。当然,随机思想与背景知识也具有联系性,例如北师大版教材中的游戏公平活动就强调根据背景知识来判断游戏是否公平,这便渗透了随机思想。另外,对问题的延伸也涉及背景知识。在一些活动之后的引申反思,会要求以一个新的研究对象进行统计活动,例如运动后身体的变化、种植物等,相应地,这些统计活动则要求对运动与植物有一定的了解。

没有教材将背景知识作为一种明述知识,而是潜在地将其纳入各个问题之中。每个版本都没有将背景知识渗透在完整的统计活动中,但如上分析,综合三个版本,我们发现这种渗透的可行性。因此,一个发展的方向便是揭露出这种背景知识的重要性,并将其贯穿在整体统计活动之中。

表 5-82 三个版本教材"统计与概率"领域中的背景知识比较

背景知识	苏教版	北师大版	人教版
合计	21	32	28

在数据类型上(见表 5-83),称名数据是教材最多关注的数据类型,苏教版和北师大版称名数据的占比都超过50%,而人教版更是高达69%;顺序数据是教材最少关注的数据类型,北师大版仅有2次,人教版仅有1次,而苏教版则没有涉及;等距数据和等比数据都具有较高的测量水平,相比之下等距数据在教材中出现较少,各版本教材的等距数据占比在10%左右,而等比数据则比较多,在30%左右,其是除称名数据以外最多的数据类型。

数据类型为我们分析教材提供了一个新的视角。如果说之前的各环节是从各个点上对教材进行分析,那么数据类型则作为一种持续性存在潜藏在统计活动的各个环节之中。在每一个环节中,都可以从数据类型上去考虑可能存着在怎样的变式。相应地,通过多个环节的共同反应，每种类型的数据又能够显示出一定的特点。这两个方面都潜在地存在于三个版本的教材中。总体来说，北师大版无论从数据类型的总量还是各类型的丰富性上都好于其他两个版本。苏教版的重点在称名和等比两种数据上，而人教版则将重点集中在称名数据上，其他类型的数据相对较少。

表 5-83　三个版本教材"统计与概率"领域中的数据类型比较

数据类型	苏教版	北师大版	人教版
称名	76（55）	75（51）	86（69）
顺序	0	2（1）	1（1）
等距	13（9）	20（14）	7（5）
等比	50（36）	50（34）	32（26）
总计	139	147	126

注：括号内为百分比。

（八）其他

从总量上看，三个版本都具有较为丰富的提示语。（见表 5-84）相比之下，北师大版略少于其他两个版本。从内容上看，各版本教材体现出相似点的同时也显示出一定的独有风格。苏教版侧重于引导学生进行对话，北师大版注重引导学生表达自己的思维，人教版则喜欢引导学生提出问题。可以发现，各版本侧重的内容之间是联系着的，它们共同显示了引导语的价值，即一种开放性的具有引导作用的语言，促进学生进一步学习。

表 5-84　三个版本教材"统计与概率"领域中的提示语比较

提示语	苏教版	北师大版	人教版
合计	54	43	53

分组和汇总在苏教版中最多，出现了 12 次，而北师大版和人教版分别仅有 4 次和 1 次。（见表 5-85）除了苏教版有显在的分组和汇总的教学内容，其他两个版本都是潜在地涉及该内容。可以发现，显在的分组和汇总内容，主要从数据收集的简易性、数据收集过程的交际性等方面体现该内容的意义；而潜在的分组和汇总内容，则更深刻地体现了该内容与样本、统计推理等方面的联系性。前者对统计活动的初学者有着重要的意义，而后者是任何的统计实践者都需要考量的重要内容。

总的来说，其他环节中的两个分析点更贴近于学生的学习，而不是从统计活动本身中得来的。这些内容的分析有利于联结作为学科知识的统计活动与作为学科教学知识的统计活动。

表 5-85　三个版本教材"统计与概率"领域中的提示语比较

分组和汇总	苏教版	北师大版	人教版
合计	12	4	1

二、比较结论与改进建议

在对三个版本教材进行分析与比较之后，研究将提出基于研究结果所得到的研究结论，并在此基础上提出一定的改进建议。

（一）比较结论

在结论部分，研究既分别地审视三个版本的教材，又把它们作为一个整体来看待，这符合我们教材分析与比较的初衷。以下依次从编排理念、编排特点及其对教学实践可能产生的影响三个方面进行总结。

1. 编排理念：注重对统计知识的深厚掌握并潜在地注重统计思维的学习

从结合分析框架来看，三个版本的统计与概率内容都包含着统计活动各环节的内容，并且从量上来说，都比较丰富。这说明，教材至少在各环节内容的独立呈现上，是比较扎实的。注重统计知识的掌握便是教材的编排理念之一。对统计知识的巩固是教材的重点，这点在人教版中最为突出。无论从题目总量还是分布比例上来看，人教版都显示出较为厚实的知识基础，这有利于学生真正地掌握所学知识。但同时，也可以看到，这种统计知识是浅层的、初步的。可以说，结合内容逻辑与学生的认知水平来看，从问题与目的到判断与决策的每个环节上，几乎都不涉及具有较高挑战性的问题。所以，在统计知识上，教材整体上表现为对浅层次知识的深厚掌握。

与此同时，从分析中可以看到，教材中大部分涉及统计思维的内容都是潜在的。也就是说，虽然研究针对教材内容本身得出了很多与统计思维相联系的内容，但这更多是一种揭示与推测。在我们的分析框架中，很多环节显示了这种潜在性，如贯穿全局中的背景知识与数据类型，它们对统计活动有着重要的影响，但教材几乎没有对它们有任何的描述。又如数据分析这一关键环节本身的含义，教材也没有点明。这淡化了概念，同时，也让统计思维相应退场。比较三个版本，北师大版在统计思维上有较多的努力，其在很多方面想要渗透一定的思维活动，这略好于其他两个版本。但其思维活动实际上更多是对变式的思考，并没有足够的延伸性。综合来看，学习者并不能自然而然的从教材所呈现的内容中获得统计思维，甚至教学者也不一定能自发地意识到教材内容所对应的统计思维。因此，教材至多只是在潜在层面上注重统计思维的学习。

2. 编排特点：教材呈现的统计知识基础性较好，但整体性不足

编排特点主要关注统计知识。首先，三个版本在基础性的统计知识上比重都很大，同时也很重视对该类型知识的变式练习，所以即使是基础性知识，我们也可以在教材中发现其内在的层次性和多元性。如对单数据（类目）的分析，就可以分为对单个数据的分析和对单个类目的分析等。实际上，由于编排理念上重视对浅层次知识的深厚掌握，我们可以发现各版本教材在基础性知识上显示出比高层次知识更丰富的变式和练习。其次，在较高层次的概念性知识上，教材也并不是一片空白。特别是北师大版教材，非常重视工具性知识（基础性）和概念性知识的联结，甚至在某些环节上，其体现出对概念性知识的偏向性，如收集方法上对最高层次实验方法的偏向。但从整体上看，概念性知识与基础性知识相比是较少的，并且是不足的。

另外，对于统计知识来说，整体性也是一种重要的考量标准。把统计作为一个具有整体性的活动是一个十分重要的认识范式，它应贯穿于任何阶段的统计教学之中。具体到教学内容上，可以从统计与概率的结合、知识环节之间的联系以及是否涉及完整统计活动等方面进行审视。统计与概率的联系，表层联系较多，很少有深层次的联系；知识环节之间的联系，教材在这方面有较好的表现，特别是北师大版教材，在局部的两到三个环节上的联系是丰富的；完整的统计活动，苏教版与人教版都有较为完整的统计活动，这些活动从问题与目的开始，最终又通过判断与决策回到问题之上。这类问题符合整体性的理念，但三个版本加起来也并未超过10个，显然是不足的。

3. 对教学实践可能产生的影响

教材的内在风格影响着教师的教学风格，教师常常会顺应教材的主要理念与偏向。首先，教材侧重于学生能够对基础知识有厚实的理解，而教学相应的侧重点也会放在学习并巩固基础知识上。这会产生两方面的影响：一方面，教师受到教材理念之影响，自然会重视为学生打下扎实的知识基础，这是必不可少的；另一方面，教师会因过于重视基础知识的教学，而存在忽视概念性知识教学的可能。其次，教材蕴含了大量潜在的概念性知识，不同于基础知识的显在存在，概念性知识是否被教学运用更多取决于教师自身的教学自主性和创造性。这些知识并不能直接地被学生所获得，而需要教师首先将它们揭露出来。最后，教材即学材，对于很多教师来说，对统计知识的学习就在于对统计教学的准备过程之中，而学习的主要材料也即是以教科书为主的教材群。可以发现，教材影响的第三方面可能会与第二方面相矛盾：一方面，为了将潜在的概念性知识揭示以培养学生的统计素养，教师需要超出教材以形成对统计活动本身的深刻理解；另一方面，教师的主要学习材料就是教材本身，其缺乏足够的培养自己统计知识理解的途径。因此，教师想要自然地运用教材进行教学而不借助任何"外力"来培养学生的统计素养是困难的。

总的来说，教材对教学的影响是巨大的，教材的编排理念和编排特点对于教学逻辑以及教学实施者本身的发展都有着深刻的引导性。

（二）改进建议

1. 冲突与妥协：统计活动与统计教学间的平衡

对于教材编排来说，一个关键的难点是统计活动逻辑和统计教学逻辑并不相同。对于统计活动来说，活动的整体性是其逻辑的基础，从问题与目的出发并通过判断与决策以解决问题的这一完整过程，如果有任何环节缺失都将破坏这一逻辑链。对于统计教学来说，特别是以小学生这样的统计初学者为教学对象，恰恰需要适当的拆分统计活动，以易于学生能够初步地形成统计知识。教材应是这两种逻辑的冲突与妥协。

冲突意味着可能性与开放性，它表示教材能够在具体的教学活动中向多个方向发展；妥协意味着可以根据学生的学习情况来确定相应的方向，当学生对基础性知识掌握不扎实时，其可以向下增加巩固练习，当学生已经掌握了足够的基础性知识时，它可以向上进行更深入的概念性知识的培养。

在教材中，研究结果所显示出的教材对工具性知识的偏向，以及统计活动整体性的不足，实际上是"取消"了原本存在的冲突，它并未给予学生足够的向上发展的机会，而这可以是教材的发展方向。落实在教材中，具体措施可以是在保证足够工具性知识的基础上增加概念性知识的内容、添加具有丰富指导的综合性活动以及设置具有结构性的总结活动等。

2. 和而不同：数学与统计的联结

同样地，教材编排的另一个难点是如何在"统计与概率"领域处理好数学与统计之间的关系。如果说，上一部分强调通过冲突来激发出教材的潜在价值，为学生提供多种统计学习的可能，那么该部分则注重数学与统计的内在的和谐性。实际上，以统计活动为基础的教材分析框架本身预包含了与数学"无关"的分析点。例如，框架注重对背景知识进行分析，这意味着常常在数学活动中只具有表层地位的"联系生活"，在统计活动却具有关键地位。又如，在数据分析、判断与决策等多个环节上，我们指出了结果的开放性，这也不同于数学本身的封闭性。统计数据也试图将数据转化为现实世界的见解，并将数学应用于任何可以提供帮助的地方。在统计学中，数学结构仅仅是达到目的的手段。[①]

教材需要处理好这些数学与统计活动的区别，而想要做好这一点，恰恰是要追问如何和谐地看待数学与统计的关系。一方面，在统计活动中，数学是什么，具有怎样的价值与作用；另一方面，在数学学科中，"统计与概率"意味着什么，统计活动为这一学科提供怎样的价值。很多时候，教材忽视了从第一个方面来思考这一问题，这具体

---

① MAKAR D B-Z K. International Handbook of Research in Statistics Education [M]. Cham: Springer International Publishing, 2018: 14.

表现为强调对基础性知识的掌握，但同时却将一些更为重要的与统计思维相关的内容遮蔽起来。如果从结果上看，学习教材可能可以获得丰富的统计方法，但并不知道统计的目的是什么。在数学中，语境掩盖了结构。与数学家一样，数据分析师也会寻找模式，但最终，在数据分析中，模式是否具有意义，以及它们是否具有任何价值，取决于这些模式的线程如何与故事情节的互补线程交织在一起。在数据分析中，上、下文提供了意义。①

这也可以构成教材的一个发展方向。具体来说，问题意识的渗透，以及关注各环节在统计意义上的结构性是可行的。统计意义上的问题意识的缺乏是教材的普遍现象，这表现为统计问题的数量较少、统计问题的不明确以及统计问题并没有影响到后续环节等。一般在"数与代数"的问题解决中，我们会很快地找到数量关系，以将现实问题悬置；而统计活动中的问题解决，我们需要明确统计问题是什么，以及它对每个环节的影响，它不可被悬置，或者说，它恰恰是活动能够有效进行的关键。缺少对统计问题的足够关注也是教材缺少整体性的一个重要原因。分析框架预设了 7 个环节，而在具体分析中，每个环节也可以进一步分为多个层次或多个方面，这些层次和方面可以被当成该环节的具有结构性的各种变式。区别于一般数学意义上的变式（如改变问题情境或数字大小），这些变式具有统计意义，是从统计活动的视角来思考各个例、习题有何区别，只有真正地让学生体会到这些区别，它们才能够意识到统计活动在实际生活层面上（也可以理解为背景知识层面上）的复杂性，这种复杂性是统计与数学最为重要的区别，而意识到这种复杂性也是统计素养的最关键的发展起点。

教材的分析与比较主要依据与相应的分析框架。分析框架确定了教材分析的内容、目的与视角。研究更多是从一种学科知识的视角来分析教材，是通过统计知识本身来理解"统计与概率"领域的教材编排。这种分析与比较的目的不在于评价各版本教材的好坏，毋宁说，更多的是在发现各版本教材的内在逻辑、理念以及风格等。另外，同样重要的是将它们当成一种整体，取各版本之长，得到一个综合的、深刻的教材认识。教材分析与比较的过程即教材学习的过程，可以说，本研究是一种微观的教材视角，聚焦的问题落实在知识层面上，这种分析本身就是不断加深对统计知识理解的过程。如上所述，对于教师来说，教材即学材，如何更有效地利用教材、理解教材是教师更好地进行专业发展的关键问题之一。只有真正地去审视教材，才可以真正地做到用教材教，这构成了教材使用的基本逻辑。

---

① COBB G W, MOORE D S. Mathematics, Statistics and Teaching [J]. The American Mathematical Monthly, 1997, 104 (9): 803.

第三部分
教材分析与比较的实践运用

- 本部分试图从实践层面上来解决以下两个问题：
  （1）一线教师应该如何理解"课程、教材和教学三者之间的关系"？
  （2）"教材分析与比较"何以成为一线教师开展教学设计的必要准备？
- 我们将依据古德莱德的课程形态理论来具体地阐释课程与教材、教材与教学、课程与教学等之间的关系，这便构成了本书第六章的内容；我们还将从教什么、怎么学、如何把握教/学的目标和重难点、如何评估教/学的怎样、怎样组织和安排教/学的活动等五个方面来具体探讨第二个问题，这便构成了本书第七章的内容。

第六章 课程、教材与教学三者之间的关系

"如今的教育理论中,似有'教学理论'与'课程理论'之分。"[①] 其实,这两种理论是有相通之处的,都是以教和学活动为研究对象。因为在基础教育实践中,既没有无课程的教学,亦不存在同教学无关的课程。问题在于"课程"这一概念大抵是在19世纪与20世纪之交逐渐形成的,即便是在课程理论萌芽之后,"课程"也并非教学实践过程中通用的概念,但"课程"的发展势头却是十分强劲的。"课程研究经历了迷茫的评介期,徘徊的探索期,如今走向转型和深化期。"[②] 按照如今的"课程说",便不能不承认,一般的教学活动确实存在着课程的问题,而课程实践中亦涉及教学,甚至是教材的问题。依此,课程、教材以及教学三者间的关系问题也就成为理论研究和实践探讨的一个重要课题,值得我们深入探讨。为此,我们尝试着从课程论的视角来对这一问题进行一些探讨。

第一节 课程及其形态

追本溯源,厘清课程和课程形态的概念可以帮助我们更深刻地反思与追问课程、教材与教学三者之间的关系。

一、课程

"课程"(curriculum)这一术语,最早在英国教育家斯宾塞所著的《什么知识最有价值》一书中被提及。"课程"一词源于拉丁文"Currere",其名词形式为"race-course"或"the course of run"。关于"课程"的不同理解延伸出不同的课程观。人们对课程较早的理解是,课程就是学习科目或教学科目,"科目说"强调了知识的分类与传递。随着

---

① 陈桂生. "课程演变的轨迹"提纲[J]. 上海教育科研, 2006 (6): 57-58.
② 李定仁, 徐继存. 教学论研究二十年 1979—1999 [M]. 北京: 人民教育出版社, 2001: 121-123.

课程研究的深入，课程作为学科的认知开始受到质疑。于是，"有学者提出了课程为学校教学内容及其进程安排的进化的基本概念"。① 课程被认为是目标或计划，"国外的课程论专家塔巴（H. Taba）、奥利沃（P. Olive）、约翰逊（M. Johnson）等人都曾表示课程（其实）是教学的预先计划"。② 这种课程认识打破了学科本位的课程观念，在一定意义上丰富了课程的内涵。然而，仅仅强调有目的的、有计划的学习经验，则是重视正规或显性课程，显然这是不够全面的。因为学校课程不仅有正规或显性课程，亦有潜在课程。如果承认潜在课程，那么就需要拥有更为广阔的视角来理解课程。人们对课程的理解逐渐到了超越性境地，强烈地促进着"大课程观"的诞生。在此基础上，人们逐渐树立了一种全面的观点，站到人和儿童的本性是"活动"的高度，把课程看成"一段教育进程"，③ "通过学校教育环境获得的旨在促进学生全面发展的教育性经验"。④ 也有西方学者卡斯威尔（H. L. Caswell）和坎贝尔（D. S. Campbell）等认为"课程是儿童在教师指导下所获得的一切经验"。⑤ 把学生的经验或体验置于课程之中，从而消除了"见物不见人"的倾向。"经验说"把课程视为与环境相互作用过程中所获得的经验，"经验的获得贯穿整个课程实践过程，而不是实践之外的预设"。⑥

由此可见，教育领域中关于课程的含义，可谓众说纷纭：从强调学科内容到强调学生的经验和体验，从强调目标、计划到强调过程本身的价值，从强调教材的单因素到强调教师、学生、教材、环境等因素的整合，等等。由于课程本身过于复杂，所以迄今为止，没有一个课程定义使所有课程学者都感到满意，亦没有任何一个定义是永远不能改变的。追问课程是什么，"其根本目的在于指导课程实践，解决课程实践中的问题。"⑦ 也就是把"课程是什么"这样一个抽象化问题转化为具体的现实命题，把关于课程的研究从"天上"拉回到"人间"，回到现实的课程实践中去。对于"课程是什么"的追问，由于是把课程视为一种外在于人的实体，遵循的是一种寻求本质来研究、解决课程问题的逻辑思维，并追求课程认识的确定性和绝对性，这极易导致对现实课程实践的遮蔽，也极易陷入纯粹的形而上学的思辨。只有我们利用反向思考模式，把握具体形态的课程，从具体的课程现实以及育人价值层面出发来阐释课程，充分认识课程的相对性与人文性，才有可能理解课程的本真之意。因此，"形而上学的思考还需与形而下的关怀有机结合，才有可能使课程研究由抽象走向具体"⑧ "理想照进现实"，走向实践的课程存在，也只有通过现实的课程实践活动，才能得以反映，并表现出来。正如马克思早就

---

① 李定仁，徐继存. 课程论研究二十年 1979—1999 [M]. 北京：人民教育出版社，2004：4-12.
② 张华. 课程与教学论 [M]. 上海：上海教育出版社，2000：65-68.
③ 黄甫全. 大课程论初探：兼论课程（论）与教学（论）的关系 [J]. 课程·教材·教法，2000（5）：1-7.
④ 李定仁，徐继存. 课程论研究二十年 1979—1999 [M]. 北京：人民教育出版社，2004：4-12.
⑤ 张华. 课程与教学论 [M]. 上海：上海教育出版社，2000：65-68.
⑥ 李定仁，徐继存. 课程论研究二十年 1979—1999 [M]. 北京：人民教育出版社，2004：4-12.
⑦ 李定仁，徐继存. 课程论研究二十年 1979—1999 [M]. 北京：人民教育出版社，2004：4-12.
⑧ 李定仁，徐继存. 课程论研究二十年 1979—1999 [M]. 北京：人民教育出版社，2004：4-12.

指出的那样："人需在实践中才能证明自身思维的真理性，即自身思维的现实力量以及自身思维的彼岸性……人是在现实中规定自我、认知自我、把握自我的。"①课程作为人类一项特殊的社会实践活动，课程关怀的是人的发展，离开了现实课程的开展和表现，终将难以探寻到课程的意义。

因此，从实践层面认识课程，一线教师不仅关注课程的认识论层面，更要关注其存在论的层面。不仅强调学科知识，亦强调学生的体验。所以，我们认为课程根本上是生成于实践状态的无法分解的、整体的教育活动。所以从本质上来看，课程是一段教育进程。"既然是'教育活动'，就必然现实地而不是抽象地包含和涉及教育中的各个要素、各个成分以及各个方面。"②若果真如此，那么课程就不再是从属于内容、文本、方案、程式等一套碎片式的经验体系，而是整体、全面的育人和复杂的生命会话。而"作为课程实施的教学，本身就是课程的一部分，因为教学过程除了学科知识外，还隐匿着价值、文化、审美、自我实现等因素"。③总之，"课程实质上就是实践形态的教育"。④如果从实践形态来阐释课程，那么课程就具有生成性、动态性或发展性的特征，亦在课程实践中呈现出多种多样的形态。

二、课程形态

自21世纪初的新课程改革以来，课程形态这一概念才集中出现在我国教育学界。课程形态是一个内涵极其丰富的概念，既有纵向的历史沿革，亦有横向的时代特征。"总体来说，有宏观与微观之别，宏观的课程概念，多涉及纵向意涵，即不同历史阶段的主流课程的内容、载体以及实施方式的组合样态，并突出每个阶段的全面特征。"⑤而微观的课程形态更加多样，主要涉及课程形态的横向概念，即相同历史阶段上出现的或者课程内容不同，或者载体不同，或者实施方式不同的课程形式，譬如，分科课程与综合课程、核心课程与边缘课程、显性课程与隐性课程就是不同类型的课程形态。"微观的课程形态基本等同于课程类型。"⑥但二者仍然存在着一定的区别，即课程类型是静态划分的，具有同时性，而课程形态是动态划分的，具有历时性。所以，每一个课程形态都可能是某个具体的课程类型，而每一个课程类型也可能处于任何可能的课程形态之上。值得注意和强调的是，《课程新论》指出："课程形态包含多个组成部分，表明了课程形

---

① 中共中央马克思恩格斯列宁斯大林著作编译局. 马克思恩格斯全集（第23卷）[M]. 北京：人民出版社，2013：321.
② 黄甫全. 现代课程与教学论[M]. 北京：人民教育出版社，2014：56.
③ 熊和平. 课程与教学的关系：七十年的回顾与展望[J]. 高等教育研究，2019，40（6）：40-51.
④ 黄甫全. 大课程论初探：兼论课程（论）与教学（论）的关系[J]. 课程·教材·教法，2000（5）：1-7.
⑤ 张刚要，刘陈，赵允玉. 多重逻辑下的课程形态变迁：一个分析框架[J]. 教育理论与实践，2019，39（7）：51-55.
⑥ 张刚要，刘陈，赵允玉. 多重逻辑下的课程形态变迁：一个分析框架[J]. 教育理论与实践，2019，39（7）：51-55.

态的复杂性，要求我们多层面考察课程的表现形式。课程的各个组成部分是在学校育人的要求基础上形成的，表明考察课程形态各部分间是关联的，我们需把握课程形态的整体性。同时，课程形态是不断变化和发展的，表明我们考察课程需有发展的、动态的眼光。"[1] 这里所要强调的是认识课程形态的重要性与基本取向。

目前，我国课程的形态结构趋向完善，组成支撑学科育人的课程体系的学科门类日益全面，特别是在时代变迁的影响下不断更新；课程形态走向多元，学生具有了更多的课程选择权利；具体科目的组织，结构或比例关系日渐均衡，但是课程之间仍然存在着某种程度的断裂。由此，课程结构不断调整使得多种课程形态共存于学校课程体系之下，如何增强课程间的关联与整合现在已成为课程建设的重要环节。与此同时，我们需要打破线性的课程的模块化归类，并采用动态、生成的视角来重新理清课程形态之间的关系。美国学者古德莱德的课程层次理论则可以为我们提供一定的借鉴。他从课程实施的纵向层面分析指出："课程实施过程中存在五种形态，即理想课程（课程专家或学术团体提出应开设的课程）、正式课程（教育行政部门规定的课程计划、课程标准和教材）、感知课程（任课教师所感觉到的课程）、运作课程（课堂上实际实施的课程）、体验课程（学生实际体验到的东西）。"[2] 这五种课程形态基本上可以概括一线教师在课程实践过程中所涉及的课程形态。这实际上揭示了课程从理论到实践的运动形态，使人们对课程概念的理解从静态视角转化为动态视角成为可能。

由此可见，就课程的形态而言，所谓的"理想课程"和"正式课程"，正是我们传统认识范畴的课程，而"感知课程""运作课程"以及"体验课程"则是教学实施过程中的课程。

因此，在课程论视域下，教师对于课程的认识需要从一个整体形态的视角去把握。而课程形态之间的关系则蕴含着课程、教材和教学三者之间的某种课程形态关系，也就是说课程、教材和教学分别对应着不同的课程形态。由此，我们就可以从课程形态的视角来分析和解释课程、教材与教学三者之间的课程关系了。

第二节　课程与教材的关系

课程的本质是"一段教育进程"，而教材的本质是课程的具体体现或物质载体。辩论课程与教材的高低上下没有什么意义，但它们的旨趣之不同却值得辨析：课程多关注教育的逻辑性与结构性，可以预设也较易科学评价；教材多关注教育的科学性与组织性，较易科学评价。这样的辨析可以帮助我们进一步弄清二者间的关系。

---

[1] 牛瑞雪. 从口耳相传到云课程：课程形态视域下的课程演变史 [J]. 课程·教材·教法, 2013, 33 (12): 18-23.

[2] 李定仁, 徐继存. 课程论研究二十年 1979—1999 [M]. 北京：人民教育出版社. 2004: 4-12.

随着教师被赋予了参与者、创造者的角色，教师在课程设计和实施中也有了较大的自主性和灵活性。但在课程实践中仍然存在照本宣科和脱离教材等现象，影响着课程实施的有效性和实效性。因此，理清课程与教材的关系，关乎教育质量的提高。从课程形态的视角看，课程与教材的关系实质上就是理想课程与正式课程之间的关系。理想课程的设计者主要是一些研究机构、学术团体以及课程专家，他们基于一定的理论以及实践经验与理解来设计课程。由于理想课程的最终目的是教师能够在课程实施中协助学生学习，所以理想课程的设计者、教师、学生三者之于课程设计同样重要，不可忽视甚至无视其中任何一方的作用。"现代课程论认为，教师与学生不仅是既定课程计划的实施者，而且是课程开发者与教学设计者。"[1] 因此，在课堂教学中，教师与学生充分发挥主体性，共同"创作"理想课程。在"创作"课程的动态历程中，课程内容被不断地生成与重构。"课程的设计者或教师亦会将这一动态历程的结果物化到正式的课程（教材）上。"[2] 因此，正式课程才得以不断创新，不断地反映理想课程"创作"的动态历程。同时，理想课程必须在政策的制定和指示过程中找到自己的存在方式，所以正式课程赋予了理想课程存在的意义。正式课程作为理想课程物化的构成部分，经过审慎的编选、知识的合理建构，为理想课程的实施提供了最高权威的信息源。

理想课程实施离不开具体的载体——正式课程，正式课程的确立也离不开理想课程理念的指引。理想课程与正式课程互相依存。理想课程是正式课程的重要依凭，理想课程建立在教育心理学与教育哲学基础之上，体现着哲学、心理学以及教育教学等学科的契合，旨在以特定的专业领域和技能习得为基础，通过最本质的方式呈现给学生完整的理论体系，这也是人们对理想课程的期待。譬如，什么知识最有价值？什么样的知识更值得学习？应该把孩子培养成什么样的人？用什么样的教育内容和组织形式才能够更好地实现教育目的？等等。所以，"理想的课程具有较强的逻辑性、结构性，对正式的课程具有引领的作用。像课程标准、教材这些被认为暗含着某一种课程理想的文本就是正式的课程。它是经过教育行政主管部门批准后推广的课程体系，是对没有改编或修改的理想课程的采集"。[3] 或者说，它是理想课程的物化。从"理想课程"到"正式课程"，属于课程价值规范层面的建构。[4] 由此可见，正式课程是理想课程的具体体现和重要载体，而且，理想的课程与正式课程之间是既相对独立、又相互依存的关系。

---

[1] 卜正学. 课程与教材关系浅析[J]. 求实, 2008（S2）: 274-275.
[2] 卜正学. 课程与教材关系浅析[J]. 求实, 2008（S2）: 274-275.
[3] 李朝阳. 五个层次：古德拉德的课程概念分析[J]. 外国中小学教育, 2010（1）: 48-50.
[4] 陈桂生, 王建军. 课程的运作系统与演变轨迹的问题探讨[J]. 上海教育科研, 2014（7）: 45-50.

第三节　教材与教学的关系

如果说，教学是教师与学生以课堂为主要渠道的交往活动，也是教师教与学生学的统一活动，那么，教材则是教师的教与学生的学的主要依据，因而教材之于教学是非常重要的，二者之间存在着极为密切的关系。

"在教学过程中，教材的重要性，不言而喻。它从根本上影响着师生的教与学的方式，不仅直接涉及教什么，而且涉及如何教，怎样学的问题。"[1] 由此，教材是教学活动的主要依据，并蕴含于整个教学过程之中。如果从课程实施的形态的视角来分析，那么，教材与教学的关系实际上就是正式课程与感知课程、运作课程和体验课程之间的关系。在课程实施的过程中，正式课程往往以学科的形式出现，但正式课程的内容并不一定与教师头脑中领会的课程一致，特别是在正式课程解读过程中存在着教师个性化、创造性的理解和领悟。而教师如何理解正式课程以及他们持有的态度，对正式课程的实施效果有着十分重要的影响。因为教师会根据具体的教育情境对感知课程做出调整，所以感知课程与课堂上实际运作课程之间又存在着一定的差异。当课程经历了教师的感知和运作两个环节，此后便会被学生体验和获得。学生尽管经历了同样的课程，但不同的学生会获得不同的学习经验或体验。它是一种被内化和个性化了的课程，每一位学生究竟受到了怎样的影响，是对整个课程实施的最终的检验。在课程实施中，教师首先需理解和领悟正式课程的设计思路，形成感知课程，进行创造性的再设计，通过教学转变为运作课程，最后把模块流程（正式课程设计）转化为学生的学习体验和思路。此时，正式课程不再是一个名词，而是一个动词，被描述成一种可以不断开发的课程资源，也就是杜威所强调的"知识的记录不是用来固定事实与真理的工具，而是进一步探索的资源"。[2] 基于此，正式课程不再是教学前堆积的一组材料，而是在实施过程中经过教师的感知、运作以及学生的体验，发展成为一种动态的育人资源。这里值得注意的是，教材与教学的关系也就是课程实施中正式课程与感知课程、运作课程和体验课程之间的动态互动关系。

教材与教学之间，其实存在着一个动态变化着的中间区域。在这个中间区域里，正式的课程与教学（包括感知课程、运作课程和体验课程）之间并不是简单的贯彻执行的关系，而是复杂的动态互动关系。因此，课程的实施就不是一个依照蓝图施工的技术活动，而是一个从复杂的教学实际出发的进展过程。这里的进展过程有个关于形式和实质

---

[1] 卢俊勇，陶青. 教材、教学与教师之间的关系：论课堂教学中教师的中介作用[J]. 教师教育研究，2011，23（3）：36-39，30.

[2] 约翰·杜威. 民主与教育[M]. 俞吾金，孔慧，译. 上海：华东师范大学出版社，2019：223.

的问题。形式的问题通过课程实施的情况就能看到,而实质的改变较为复杂,在较远的时间范围中才能实现。所以,"我们不能用肤浅的形式判断课程改革的情况,因为看上去相同的形式可能反应不同的实质。课程实践中的问题大多是前者,而改革的关键则是后者"。[1] 据此,关于正式课程,我们需弄清它的精神实质,不然也只是"皇帝的新衣"。而对于实践的教学,最根本的是要获得实质性的改变,所以,智慧的教学实践尤为重要。同时,进展过程还有一个差异性的问题。正式课程在教学实践中可能是具体的,不同的教师、不同的学科、不同的学龄等之间可能千姿百态。走在正式课程与教学的可能性之间,需要具体问题具体分析的课程实施。如果我们把课程实施比作旅途。那么,旅途的第一层境界就是"用别人的地图带领学生旅行",[2] 即在正式课程的整体框架下,教师能够感知正式课程的内容和精神实质,亦能够对正式课程做些许的调整,亦步亦趋地教授课程内容,以便教学有效开展。此时,教材与教学的关系可以理解为正式课程与感知课程之间的关系。第二层境界是"教师绘制地图带领学生旅行",[3] 即教师根据教学情境,整体把握教材,在课程实施中能够在不断变动的教学情境中找准学生的提升点,作为进一步深化的教学点。此时,教材与教学的关系就可以理解为正式课程与运作课程之间的关系。第三层境界是"学生绘制地图要求教师同行"。[4] 在整个教学活动中,学生都在寻找自己的学习方法,并按照自己设计的旅行路线前行。此时,教师能够超越原有正式课程的框架,重新补充内容,创生课程资源,既保持正式课程的开放性和未完成性,为其生成性留有空间,又在师生的"同行"中,关注学生的体验或经验,真正地实现正式课程的育人价值。此时,教材与教学的关系就可以理解为正式课程与体验课程之间的关系。

综上所述,在教材与教学之间存在着的中间区域中,蕴含着正式课程与感知课程、运作课程和体验课程之间的动态发展关系。

---

[1] 杨启亮. 论理想的课程与教学的可能性 [J]. 教育研究, 2009, 30 (12): 47-52.
[2] 卢俊勇, 陶青. 教材、教学与教师之间的关系:论课堂教学中教师的中介作用 [J]. 教师教育研究, 2011, 23 (3): 36-39, 30.
[3] 卢俊勇, 陶青. 教材、教学与教师之间的关系:论课堂教学中教师的中介作用 [J]. 教师教育研究, 2011 (3): 36-39, 30.
[4] 卢俊勇, 陶青. 教材、教学与教师之间的关系:论课堂教学中教师的中介作用 [J]. 教师教育研究, 2011 (3): 36-39, 30.

第四节 课程与教学的关系

我们对某一事物的认识，离不开对它与其他事物间关系的把握。同时，对事物关系的认知水平，受到对事物独特性及本质准确把握的影响。在课程与教学的关系问题上，可谓是众说纷纭，并已成为课程与教学论学科中具有争议性的问题之一。它们的关系大致经历了"大教学观"时期、分离期、整合期、"大课程观"时期。

"大教学观"时期与分离期的课程与教学关系，"带有着理论体系建构方面的宏大叙事倾向"。[①]随着过程哲学和后现代思潮的兴起，越来越多的教育学者认为课程与教学确实很难分开来表述，"分离观"不利于理论表达和学术研究，整合课程与教学关系的呼声越来越多。随后，"课程中有教学""教学中有课程"等整合观点被提出。有的学者"用同心圆模式、太极图模式、交叉模式等形式表达课程与教学的整合关系"。[②]而"整合"下的"课程教学""教学课程""课程知识"等容易混淆的术语或概念，却给"大课程观"的产生预留了理论阐释空间。但是，人们对课程与教学关系的理解，也始终没有达成一致。当然，课程（或教学）研究也不仅仅是为了追求一致，百花齐放下的课程（或教学）研究才会更加繁荣。所以，我们这里仅从课程形态视角来分析、理解课程与教学之间的关系。

课程与教学研究，是实践性很强的学术领域。如果学术问题的研究只是为了与学科建制的规划保持一致，而与课程实践的切实问题联系不大，那么，课程与教学关系的探讨则为"虚假的现实"，并将导致课程与教学关系的研究走向符号化、形式化，从而进一步导致课程与教学研究的概念化，极其不利于解决课程实践中的具体问题。那么，我们回到课程实践，从课程实施形态的视角来分析课程与教学的关系，其关系实际上就是理想课程与感知课程、运作课程、体验课程之间的关系。在课程实践过程中，受制于教师自身的地域文化、学习经历以及教师有限的课程权利，理想课程目标与教师实际感知的课程目标之间必然存在着一定的差距，教师实际上只是"部分地"实现着理想课程的目标。但在实际课程实施过程中，大部分教师可以完成基本的教学任务，可以达到"硬"的指标（基本的知识和技能），但有时会忽视甚至无视"软"指标（批判力、思维力、想象力）的培养。如此一来，理想课程目标与教师领悟、实施的课程目标就存在着差距，语文学科的育人价值也就有可能就会打折扣。同时，理想课程要求教师将设计者规定的课程转变成学生头脑中体验的课程，不仅获得教育的体验，将外在知识内化于心，还有

[①] 熊和平. 课程与教学的关系：七十年的回顾与展望[J]. 高等教育研究，2019，40（6）：40-51.
[②] 熊和平. 课程与教学的关系：七十年的回顾与展望[J]. 高等教育研究，2019，40（6）：40-51.

生命、情感的体验，实现课程的育人价值。那么，课程实施的过程就变成了教师、课程、学生交互作用、共同讲述着教学过程中发生的故事。运作课程"就像是说故事，说'未完成时'的故事，在故事中，讲述者与听众都变成了主角，他们的声音相互交叠，所有的结构都是暂时的"。① 这是一个比喻，而在实际的课程实施中，教师面对个性化的、具体的学生主体，他们会实实在在地发出自己的声音，有跟不上教学节奏的困惑、质疑之声，有碰撞出思想火花的惊喜、愉悦之声，都是学生对课程独特的体验，无论是积极的体验还是消极的体验，都代表着学生的存在状态。此时，教师聆听学生的声音，强化学生的积极体验，分析学生的消极体验，或许能够正确看待学生体验课程与理想课程之间的差距。我们深知二者之间的差距，那么如何进行关联呢？杜威也曾提出了这样的疑问："儿童体验中形成的想法与那些具有专业知识的人的看法联系起来的最佳方式是什么呢？"② 这可能需要教师在课程实施中，通过及时反思并促进不同层次课程形态之间的转化。这里的转化不是单向的，而是打通不同层次课程形态之间的联系，并以此前的课程形态或环节作为后续的课程形态或环节的基础，以此后的课程形态或环节对此前的课程形态或环节进行调整优化，以达到期望效果。由此可见，课程与教学之间存在相向的张力关系。

　　课程与教学之间的动态发展关系，说明二者之间存在着一种相向的张力，也就是说，理想课程与感知课程、运作课程和体验课程之间存在着相向的张力。"这里可以运用'最近发展区'理论，或'跳一跳摘桃子'的道理进行分析，把理想课程解读得很低很浅显，让它贴近教学的可能性，才可能有现实性。"③ 那么，课程实施过程中，教师对理想课程的理解需结合自身的经验，对理想课程进行系统、整体的领悟，这里的"领悟"，不是对理想课程的刻板复原，而是一种创生的过程，从而在更深刻、更理性的层面上把握理想课程的目标和设计意图，并结合自身所处的场域，对课程内容进行灵活的调试与重构，进行课程的再设计，这内在地反映了教师对理想的课程的把握。此时，理想课程与教学中的课程（感知课程、运作课程和体验课程）之间就存在着一种相向的张力。我们需要想办法去激活这种张力，让理想课程趋向教学实践的可能，让实践可能性的张力趋向理想课程，策动它们之间的相辅相成，这才可能是寻求课程改革的合理路径。而不是总把理想的课程解读得很远或很虚，而与此同时又把现实的课程解读得一无是处。然而，激活二者之间的张力则需要"择善从之"的实践智慧，即理论工作者认真思考、调整、改造理论，创造出切实可行的理论，激活理想的课程；课程实践者认真研读理论，在教学中进行应用、思考，激活教学实践的可能性。如果我们用这样的视角来思考课程与教学之间的关系问题，那么就有可能会少一些对理想课程的误读，与此同时也少一些对教学实践的误解。"尊重教学中的课程，也就是尊重理想的课程，因为唯此它们之间

---

① 李广，孙玉红. 教师教材理解范式的深度变革[J]. 教育研究，2019，40（2）：32-36.
② 约翰·杜威. 民主与教育[M]. 俞吾金，孔慧，译. 上海：华东师范大学出版社，2019：225.
③ 杨启亮. 论理想的课程与教学的可能性[J]. 教育研究，2009，30（12）：47-52.

才会有路，课程实践者才可能在路上行走。"①

因此，从理想课程转变成学生的体验课程，理想的落实程度如何？这一转变过程就好似一系列筛子，一步一步地筛选下来，剩下的就是学生的体验课程了，而且这一转变过程是一个无法分割的整体。由此可见，如今的教学论、课程论的一些划分都是些人为地割裂，也就是人为地使思想片面化了。我们需要跨越这一专业局限，打开课程研究的视野，即系统化、动态地看待课程的基本问题，包括课程、教材、教学三者之间的关系。这种动态的系统化的课程、教材与教学之间的关系，表现为课程的制定者、教师、学生所界定或理解的课程体系存在着一致性和系统化的特征，也就是理想课程、正式课程、感知课程、运作课程和体验课程之间存在着层次性，但这里的层次不是线性的，而是系统性的。

课程实施过程包括教师、教材与学生的融合与相互渗透的过程，是一种交互作用中建立联结的系统化过程。课程、教材、教学是一个动态的、系统化的统一体，教学是实施课程的一个手段，从正式的课程出发到学生的体验课程，这两者之间通过教学促使内化，决定着学生体验课程的深度。反之，从学生体验课程出发，就意味着要研究适合每个学生学习能力或素养的教学方式，促使课程、教材、教学的设计具有适切的灵活性与生成性。对于一线教师而言，需要从一个整体的、系统化的视角来理解与把握课程，其重要的不是选择哪种课程形态，而是要意识到各种课程形态所要解决的问题以及伴随产生的新的问题，以便根据课程实践的要求，做出明智的决策。②

因此，关于课程、教材、教学这一系统化的课程实施过程，需要在"本土行为""本地作为"的课程实践层面上来加以探讨。离开了课程实践，就像失落了本根本土的树叶一样，关乎课程、教材、教学的课程实施只能是无源之水、无本之木。

---

① 杨启亮. 论理想的课程与教学的可能性［J］. 教育研究，2009，30（12）：47-52.
② 李本东，徐学福. 为了重建的反思：近十来年课程与教学关系研究综评［J］. 中国教育学刊，2010（3）：23-27.

第七章 教材分析与比较：教学设计的必要准备

　　教学设计（或曰"备课""撰写教案"），应该是一线（数学）教师最为熟悉不过的平常事了。但是，平常事并非就一定是"容易事"或者"好做的事"。因为，尽管既有学校各自严格的规范和要求，又有不时地检查，但由于日常的繁杂与简单的重复之挥之不去、欲罢不能的存在，教学设计的质量还是甚为堪忧。

　　其实，开展教学设计之前，必须要做好诸多必要的准备，而"教材分析与比较"就是这诸多必要准备中必不可少（而且还是极其重要）的一个环节。因为它涉及"教什么"的确立，"怎么学"的建构，"教学目标、重难点"的把握，"教/学的怎样"的评估，以及具体学习或教学活动的组织与安排等这些无不重要的问题。

第一节 教什么？

　　在基于课程标准的课堂教学背景下，"教什么"似乎不是什么问题，因为它已经被限定在课程标准之内容标准所规定的范围之内了。而且，还有通过"国家（严格）审定（或审核）"的教材等教学资料（譬如，教师用书、学生用书、备课资料、教学用具、配套习题和"练习与测试"等）做保障但其实不然。

　　首先，课程标准的内容标准其实只是一个平均数甚至最低要求，它的限定只能是一个弹性指导，而非一项刚性规定。这就要求我们一线教师在具体、明确地确定相应教学内容时，既要依据课程标准之内容标准不能随意拔高，又不能亦步亦趋不越雷池半步；既要充分考虑教学的复杂性，又要谨慎思量教学的诸多可能性。

　　其次，任何基于课程标准的小学数学教材都有其自身的优势和可能的遗憾或不足，而且这是不以人的意志为转移的教材编写规律之一。因为任何版本的教材都应该自成体系，既符合课程标准中内容标准的要求和规范，又有自身的主导线索和具体安排；而且，都是基于大量教材比较研究、教育学的运用、心理学的渗透、优秀教育经验的吸纳、优良教学传统的借鉴、教学技术条件的谋划、甚至编写组的创新等基础上的集体智慧的结晶。但是，由于我们任何个人或群体甚至整个人类都无法对任何一个没有发生的教育情景有一个"完全透明的"事先认知，因此，任何版本的教材可能也都有其自身无法避免甚至无法克服的遗憾或不足。所以，不断修改或完善必不可少。但是，遗憾或不足仍然在所难免。其实，教材编写及其修改或完善就是一个不断追求完美却又无法抵达十全十美的一个无穷无尽的自我完善过程。

此外，碎片化的知识其实根本就不是知识，因为碎片化的知识只是信息，而只有结构化的信息才有可能是知识。所以，我们要引导学生学习结构化的知识，而非仅仅记忆或积累大量的碎片化的所谓知识（信息）。

因此，我们一线教师就需要基于课程标准来分析与比较教材，并在此基础上具体、明确地确立学生所要学习或教师所要教授的数学内容或过程的对应课时或单元的知识结构。

就课时的知识结构而言，譬如，图 7-1 所示的"（——）间隔排列"（苏教版小学数学三年级上）知识结构就是教师应该引导学生学习的相应数学内容[①]：

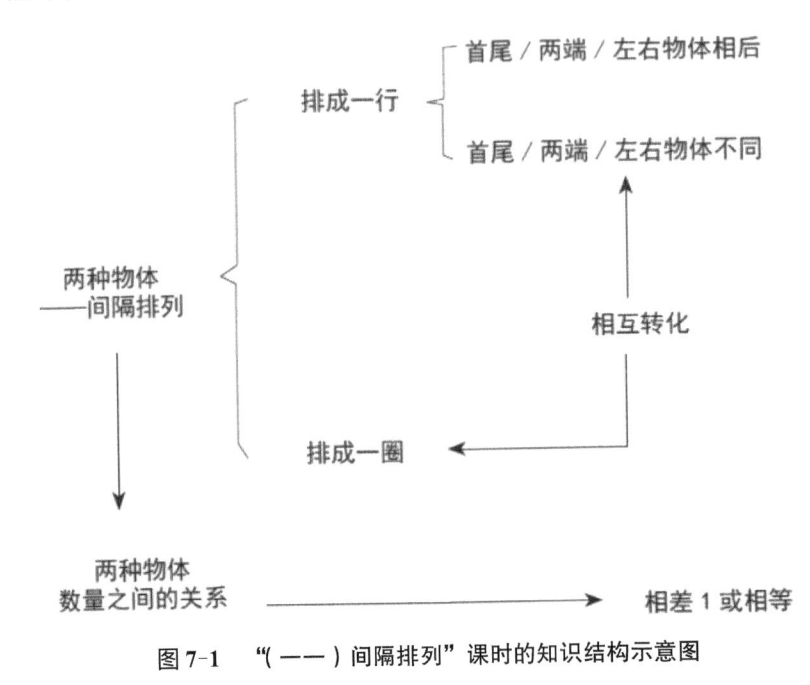

图 7-1 "（——）间隔排列"课时的知识结构示意图

就单元的知识结构而言，譬如，图 7-2 所示"小数的意义和性质"（苏教版小学数学五年级上）知识结构就是教师应该引导学生学习的相应数学内容：

---

① 徐文彬. 课堂教学设计中的三个基本问题：以小学数学"——间隔排列"教学为例[J]. 当代教育文化，2015（5）：47-50.

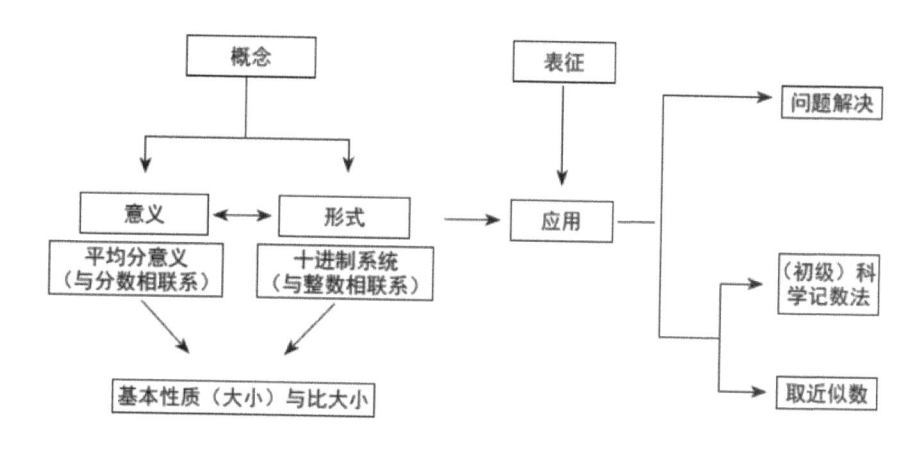

图 7-2　小数的意义和性质单元的知识结构示意图

第二节　怎么学?

关于"怎么学"的问题，可谓是心理学等研究的重点之一。为此，教育心理学研究建构了诸多关于学习的实验研究、理论体系和一般学习方式；数学教育心理学研究也建构了大量关于数学学习的理论体系和具体学习方式。但是，这些研究实验、理论体系和一般方式都无法涵盖或确切地揭示学校数学教育或数学（课堂）教学中真实发生的数学学习活动。因为，研究实验有其自身的"时空—文化—社会"前提甚至控制条件，理论体系所追求的"一般或概括"具有抽象性甚至理想型，而所谓的一般或具体学习方式则多是抽象或概括于研究实验或演绎于理论假设。

当然，所有这些都不是要说上述研究实验、理论体系和学习方式，对我们一线教师引导学生学习数学毫无启发或借鉴价值与作用。我们所要强调的只是，关于学生学习具体数学内容或过程时的心理过程，需要我们选择、依据或参考上述研究实验、理论体系和（一般或具体）学习方式，反思我们的教育教学经验，针对学生的具体情况自主建构。

因此，我们就需要通过分析与比较教材来揭示其所依据或蕴含的教育心理学，尤其是数学教育心理学的研究实验、理论体系和（一般或具体）学习方式，并结合自身的教育教学反思，以及其他关于教育的理论资源和实践智慧，来建构具体数学内容或过程学习的相应课时或单元知识结构的学习心理过程。

就课时知识结构的学习心理过程而言，譬如，图 7-3 所示"（一—）间隔排列"（苏教版小学数学三年级上）知识结构学习心理过程就是我们所建构的一种可能。

就单元知识结构的学习心理过程而言，譬如，表 7-1 所示"小数的意义和性质"（苏教版小学数学五年级上）单元知识结构的学习心理过程就是我们所建构的一种可能。

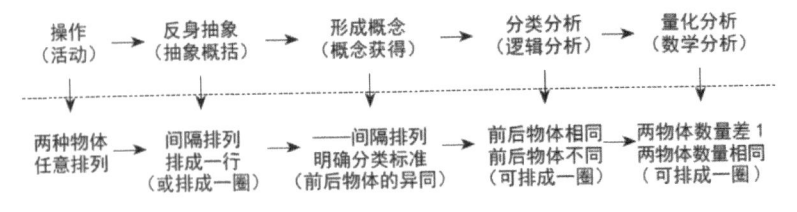

```
操作          反身抽象         形成概念         分类分析         量化分析
(活动)   →   (抽象概括)  →   (概念获得)  →   (逻辑分析)  →   (数学分析)

两种物体      间隔排列        ——间隔排列      前后物体相同     两物体数量差1
任意排列  →  排成一行    →   明确分类标准 →  前后物体不同  → 两物体数量相同
            (或排成一圈)    (前后物体的异同) (可排成一圈)    (可排成一圈)
```

图 7-3 "(——) 间隔排列"知识结构的学习心理过程示意图

表 7-1 "小数的意义和性质"单元知识结构的学习心理过程

学习阶段	对应的心理过程	相应的学习活动
1 个人经验	包含个人经验，前概念知识，已学过的知识，相联系的知识在此融合	课前调查，尽可能地了解学生的学习起点，个人经验
2 活动（action）	通过情境唤醒对小数的已有认识，获得外显的小数印象，为进一步认识小数做好心理准备。此时对小数只是朴素的认识，暴露出小数与分数有联系这一简单感知，仍需通过具体情境感受小数与分数的具体关系，认识小数的大概意思以及与生活的联系。这是直观层面的认识，不涉及结构化和抽象归纳	已有小数知识的练习与回顾；关于分数的情境与活动；相同情境与活动引入到小数之中进行对比、归纳、总结
3 程序（process）	学生在经过多个小数情境的体验后，从中感受小数概念的意义方面和形式方面。学生通过分数、图形、数轴等模型，尝试将小数与这些模型相联结，体会模型的特点及意义，以形成一种稳定的心理建构，一种自动化的小数程序	设置多种模型，让学生讨论，交流并尝试归纳总结各种模型下的小数概念
4 对象（object）	当学生把意义方面和形式方面当成一个整体，并意识到可以对这个整体进行深入探究，则会进一步得到小数的性质，从而形成一个兼有概念与性质的数学对象	通过比大小问题，设置冲突，通过练习、讨论、深思等方法尝试解决问题；从问题中认识小数的基本性质
5 图式（schema）	在经历上述几个过程之后，学生初步的形成小数的概念图式，这一状态是动态开放的，不断变化的，学生对小数的意义性质有了一个初步的结构性的理解	总结知识，保持开放怀疑的状态；组织交流活动，进行总结与改进
6 应用（对图式的发展）	以小数图式为对象进行新的活动，通过变式与练习，加深概念的理解，巩固概念，从概念的重难点处进行巩固。概念的运用也是巩固的手段，通过改写活动，取近似数活动，体验和深化小数的意义，通过激发对小数的运用，体验价值，增强能力	对所学知识进行回顾，尝试运用，设置更复杂的活动；设置改写活动，求近似数的活动；在活动过程中不断促进学生反思与回顾

第三节　教/学的目标、重难点是什么？

关于"教/学的目标、重难点"的问题，可谓是教育学、教学论与教学心理学等研究的重点之一。为此，教育目标分类学（譬如，布鲁姆的教育目标分析学，以及安德森对其改进后的教育目标分类学）就为我们提供了很好的分析框架；教学论对教学目标的分类讨论也为我们具体分析（数学内容与过程）教学目标提供了很好的参考依据；而教学心理学则为我们具体设定（数学内容与过程）教学目标提供了更为具体的教学心理依据。

而且，上述理论研究及其实际应用均已渗透于义务教育数学课程标准，以及相应的小学数学教材当中。

因此，如何运用相关的教育目标分类学框架，以解释或揭示课程标准中所蕴含的一般教育目标序列，并在此基础上运用基于相关理论基础上的教材分析框架具体分析与比较教材，揭示或解释其背后所潜藏的（一般）"教/学目标、重难点"，再结合自身的教学反思，针对学生的具体情况，更为具体地把握相应数学内容与过程的教学目标、重难点，应该也是我们一线教师进行教学设计时的必要准备。

就课时知识结构的教/学目标、重难点的把握而言，譬如，"（一一）间隔排列"（苏教版小学数学三年级上）的教学目标就不仅应该关注"两种物体——间隔排列的规律及其数量关系"这一内容，而且更应该关注其背后所蕴含的"一一对应"和"分类"等数学思想方法，以及其背后所依据的抽象与概括、分析与综合等（数学）思维活动。其中，教学重点应该是相应的数学思想方法，而难点则可能是如何激发学生的数学抽象与概括、数学分析与综合等思维活动的发生及其维护。

就单元知识结构的教/学目标、重难点的把握而言，譬如，"小数的意义和性质"（苏教版小学数学五年级上）单元知识结构的教学目标就可以依据安德森的教育目标分类学框架，将其构造为知识与认知过程的双向细目表（见表7-2）。

从表中可以发现，在认知过程上以理解为主，强调了本单元的重点；在知识内容分布上，每种知识都有所涉及。这与本单元的知识结构是一致的，重点在于意义和性质等知识的理解活动，并进一步进行更多相关知识内容的理解。

表 7-2　"小数的性质和意义"单元知识结构教/学的目标分类表

认知过程 知识	记忆	理解	运用	分析	评价	创造
事实性知识	目标（1）					

续表

认知过程知识	记忆	理解	运用	分析	评价	创造
概念性知识		目标（1） 目标（3）				
程序性知识	目标（2）	目标（2）				
元认知知识		目标（4）	目标（4）	目标（5）	目标（5）	

其中，"小数的性质和意义"单元知识结构教/学的目标可以是以下几点：

（1）认识小数的读写法，知道小数的数位，计数单位，进率；理解小数的意义和小数的基本性质（前半部分注重对事实性知识的记忆，后半部分则注重对概念性知识的理解）。

（2）掌握小数比大小、改写和取近似数的方法，并理解方法背后所蕴含的小数意义和性质，加深两者的联系，尝试统合（侧重于程序性知识，即有记忆过程，如掌握方法，也有理解过程，如理解方法背后的意义和性质）。

（3）在不断地探究活动中，体会不同表征下的小数，以加深对小数的综合认识；并不断体会小数与分数以及整数的联系，增加对数的整体宏观认识（注重理解概念性知识，这种概念性知识不仅是关于小数的，也是关于"所有数"之整体的）。

（4）通过问题情境，展开探究活动，以促进归纳、猜想、对比、综合等思维的发展，并培养从宏观层面、从整体角度看待问题的视野（注重学生能力的发展，注重各种思维能力的运用和提升，以形成综合的数学素养，这些属于学生元认知知识的理解和运用）。

（5）充分感知数学知识间的联系性，体会数学知识的现实意义，增强自身的数感，形成对数学学习的内在动机（围绕学生的元认知知识，注重学生数学观的发展，通过学习活动自主生成关于数学学习的各种元认知知识，是学生元认知知识的自我分析与评价）。

"小数的性质和意义"单元知识结构教/学的重点可以包括以下几点：

（1）认识小数的读写法，发现小数与分数的联系；

（2）理解小数的意义，明确小数的数位、计数单位和进率；

（3）理解小数的性质，以及学会运用小数的性质；

（4）掌握小数比大小、改写和取近似数的方法，并运用这些方法解决问题。

"小数的性质和意义"单元知识结构教/学的难点可能在于以下几点：

（1）对小数的意义和性质的深度理解；

（2）对比大小、改写和取近似数活动的原理的理解，以及它们与小数意义和性质的联系；

（3）对小数、整数和分数的联系与区别的体验，以及对小数与整数在比大小、改写和取近似数活动中的相似性的体验和延伸。

第四节 教/学的怎样？

关于"教/学的怎样"的问题，可谓是教育评价理论、教学评价理论、教学理论等研究的重点之一。教育评价理论重在研究如何全面、客观、科学地评估何种教育所产生的诸多影响尤其是对受教育者的影响（比较宏观）；教学评价理论是专门研究教学评价的一门学科，旨在研究如何客观、公正、科学地评估教/学的成效（比较中观）；而教学理论则把教学评价作为自己研究的重要问题之一，旨在研究如何具体、客观、科学地评价课堂教学过程中各种教/学活动的成效（比较微观）。

由此可见，尽管教育评价理论有一定的启发与借鉴作用（譬如，常模参照评价与标准参照评价、社会评价与个人评价、泰勒模式与 CIPP 模式等），教学评价理论也有一定的参考与借鉴价值（譬如，客观评价与主观评价、项目反应理论、发展性评价理论等），但是，就教学设计或（课堂）教学中的教学评价（教/学得怎样）而言，教学理论关于教学评价的研究可能具有更大的直接指导作用与价值。

因此，在教学设计中，一线教师更应该关注诊断性评价、过程性（或形成性）评价与总结性评价的区别与关联，把教学评价分为诊断性评价、形成性评价和总结性（过程性）评价的依据是教学评价的功能之不同。

诊断性评价是指对学生学习的现实状况、存在问题及产生原因等进行价值判断的教学评价活动。教学设计或（课堂）教学中进行诊断性评价的主要目的是了解学情、寻找问题、分析原因，以便有针对性地采取相应的改进措施。诊断性评价应该有助于教师找出造成学生学习困难的原因，并把学生恰当地分置在教学活动序列当中，从而保证教/学的成效。

形成性（过程性）评价是指对正在进行的课堂教/学活动进行价值判断的教学评价活动，其特点是通过及时揭示问题、及时分析问题和及时反馈问题，以促进教/学活动的改进或完善。教学设计或（课堂）教学中进行形成性评价的主要目的是反馈调控和改进完善。形成性评价应该有助于教师了解教学方案、计划、过程等进展情况和存在问题，并及时反馈，及时改进、调控或校正，以提高教/学的成效。

总结性评价是指对学生/教师一定时期内的学习/教学状况进行价值判断的教学评价活动，其特点是在学习或教学活动后，就学习或教学的成效等，对学生或教师做出价值判断。因此，开展总结性评价时，一般都会要求评价者应该独立于教/学中的师生，以保证评价者对被评价者师/生持有客观、公正的态度，得出可靠结论。但是，教学设计或课堂教学中进行总结性评价则几乎不需要特别强调评价者的独立性，而是要强调评价者的反思性。

课堂教学设计应该由诊断性评价活动始，经由诸多形成性评价活动，而至总结性评价活动终。其实，一节课的总结性评价活动也可以成为下一课的诊断性评价活动。这样，课与课之间就由诊断性评价或总结性评价活动而链接在一起，从而也使它们也成为某个阶段（单元、学期、年级、学段）之（学科）教学活动中的形成性评价活动之一了。

课程标准之实施建议中应该有关于教学评价的一般建议，而教材中诸多学习互动的安排序列则也有蕴含着"教学评价"的具体建议。对教学设计或课堂教学而言，前者具有启发和借鉴价值，而后者则直接具有指导和借鉴作用。所以，这需要我们一线教师通过分析与比较教材，来具体借鉴课程标准的教学评价一般建议和教材中所蕴含的教学评价具体建议，以为教学设计或（课堂）教学提供切实可行的教学评价方式或手段。

就诊断性评价而言，譬如，"（——）间隔排列"（苏教版小学数学三年级上）知识结构学习的诊断性评价，就可以"唤醒学生日常生活中的相应经验，并鼓励学生对其进行反思"的具体状况来加以判断学生学习的现实准备状况。譬如，"小数的意义和性质"（苏教版小学数学五年级上）单元知识结构学习的诊断性评价，就可以"依据本单元知识结构的教/学目标为主要依据而编制的'单元检测'"为手段来诊断学生学习的现实准备情况。

就形成新评价而言，譬如，"（——）间隔排列"（苏教版小学数学三年级上）知识结构学习的形成性评价，其实就可以是教学所组织与安排的诸教/学活动。譬如，"小数的意义和性质"（苏教版小学数学五年级上）单元知识结构学习的形成性评价，其实就是其中每节课的总结性评价，以及每一节课中所组织与安排的诸教/学活动。之所以可以如此设计是因为，"基于标准的教学"应该遵循"教、学、评一致性"原则，也就是说，不仅教、学、评在目的、内容和形式上要保持一致，而且在具体活动上也可以是高度一致的。

就总结性评价而言，譬如，"（——）间隔排列"（苏教版小学数学三年级上）知识结构学习的总结性评价，就可以"学生能否运用所学数学知识内容（两种物体——间隔排列的含义及其数量关系）和数学思考（——对相应和数学分类）等来分析相关情境中所蕴含的'——间隔排列'"来设计。譬如，"小数的意义和性质"（苏教版小学数学五年级上）单元"知识结构"学习的总结性评价，就可以"依据本单元知识结构的教/学目标为主要依据而编制的'单元检测'副本"为手段来判断学生学习的总体成效。

第五节 怎样组织与安排教/学的活动？

关于"怎样组织与安排教/学的活动"这一问题，应该是教学理论研究的重要问题之一。但是，具体的实际组织与安排却只能靠我们一线教师自己来完成。因为，尽管教学理论可以提供一般的组织与安排架构，譬如，新授课的结构一般都是复习旧知、导入新知、教授新知、巩固新知、概括总结、课后练习，但是，如何在一般架构指导之下组织与安排具体的教/学活动,则是我们一线教师自己的事情,任何人都无法替代,也不能替代。

课程标准之实施建议中必然有关于教学的一般建议,而教材中的教师用书则会有更多的具体教学建议。因此,这就需要我们一线教师通过比较与分析教材来具体把握课程标准之一般建议和灵活运用教师用书中所提供的具体建议,以为教学设计或课堂教学设计、组织与安排富有针对性且行之有效的教/学活动。

譬如,就"(一一)间隔排列"(苏教版小学数学三年级上)知识结构的(课堂)教/学活动的组织与安排而言,可做如此整体构思:首先,依据学科内容分析,明确教学目标或学习目标;其次,参照学习心理分析,建构学生学习活动;再次,选择适宜的操作活动(譬如,邀请授课班级的文体委员,请他/她就班上若干名男、女同学,进行队列变换),构建教学过程或教学环节;最后,自我判断与教学反思。

其具体过程可做如下建构:第一,操作活动,即两种(不同)"物体"的任意排列。譬如,上述整体构思中的操作活动,但应明确提出对排列进行分类的具体要求。第二,就学生对排列的分类进行讨论与交流,以明确其中的间隔排列与一一间隔排列(一个隔着一个,至少三个)。第三,回到教材,就其中的三个案例请同学们指出其一一间隔排列中的两种不同物体(兔子与蘑菇、木桩与篱笆、夹子与手帕)。第四,请同学们就操作活动中的一一间隔排列进行再次分类,并在讨论、交流基础上明确"男生与女生之间的数量关系"(相等或相差1)。第五,再次回到教材,就其中的三个案例请同学们指出其中"两种不同物体之间的数量关系"(都相差1)。第六,独立思考、自主练习,完成教材中的两个问题。第七,小结("一一间隔排列"及其"两种物体的数量关系",以及如何分类)。第八,拓展(尽可能多地列举生活中一一间隔排列的实例,哪一类一一间隔排列能够转换成"一个圈"而仍然是一一间隔排列?)

譬如,就"小数的意义和性质"(苏教版小学数学五年级上)单元知识结构教/学活动的组织与安排而言,整体可分为八节课,并按照概念、性质、应用的路径展开:第1—2节课是小数概念的认识,包括意义与形式两个方面;第3课是小数基本性质的体验与认识;第4节课是基于概念与性质进行小数比大小的学习;第5—6节课则是改写与取近似数的学习(其中,4—6节课都是应用部分);第7节课是总结概念课,基于表征视角对小数本质的认识;第8节课是练习课。八节课层层递进,最后促使学生达到对"小数的意义和性质"知识结构的完整内化。

在具体组织与安排本单元知识结构的教/学活动过程中,我们一线教师应努力处理好如下三个关键问题:①整数与小数的关系;②对小数基本性质的反思;③小数概念的过程性与对象性。

实际上,上述五节或五个问题,即"教什么"的确立、"怎么学"的建构、"教学目标、重难点"的把握、"教/学的怎样"的评估,以及"具体学习或教学活动"的组织与安排,是我们所建构的小学数学单元(知识结构)整体教学设计模式的五个基本环节。它将具体讨论和阐释如何运用教材分析与比较来开展教学设计这一具体工作问题,有待我们下一本书来完成。

参考文献

[1] 中华人民共和国教育部. 义务教育数学课程标准（2022年版）[S]. 北京：北京师范大学出版社，2022.

[2] 中华人民共和国教育部. 义务教育数学课程标准（2011年版）[S]. 北京：北京师范大学出版社，2012.

[3] 中华人民共和国教育部. 全日制义务教育数学课程标准（实验稿）[S]. 北京：北京师范大学出版社，2001.

[4] 约瑟夫·马祖尔. 人类符号简史［M］. 洪万生，等译. 南宁：接力出版社，2018.

[5] 伍鸿熙. 数学家讲解小学数学［M］. 赵洁，林开亮，译. 北京：北京大学出版，2016.

[6] 高尔，等. 教育研究方法（第六版）［M］. 徐文彬，译. 北京：北京大学出版社，2016.

[7] 和学新，徐文彬. 教育研究方法［M］. 北京：北京师范大学出版社，2015.

[8] 乔伊斯. 教学模式（第八版）［M］. 兰英，译. 北京：中国人民大学出版社，2014.

[9] 保罗·拉克哈特. 一个数学家的叹息：如何让孩子好奇、想学习，走进数学的美丽世界［M］. 高翠霜，译. 上海：上海社会科学院出版社，2019.

[10] 鲍建生，徐斌艳. 数学教育导引（二）［M］. 南京：江苏教育出版社，2013.

[11] 张秀廷. 逻辑概念新论［M］. 北京：人民出版社，2013.

[12] 徐文彬. 数学课程与教学研究（1979—2009）（小学卷）［C］. 南京：南京师范出版社，2012.

[13] 朱莉娅·安吉莱瑞. 如何培养学生的数感［M］. 徐文彬，译. 北京：北京师范大学出版社，2012.

[14] 古铁雷斯，伯拉. 数学教育心理学研究手册：过去、现在和未来［M］. 徐文彬，喻平，孙玲，译. 桂林：广西师范大学出版社，2009.

[15] 徐继存，徐文彬. 课程与教学论［M］. 北京：高等教育出版社，2009.

[16] 高文，徐斌艳，吴刚. 建构主义教育研究［M］. 北京：教育科学出版社，2008.

[17] 喻平. 数学教育心理学［M］. 桂林：广西师范大学出版社，2008.

[18] 安德森. 学习、教学和评估的分类学［M］. 皮连生，译. 上海：华东师范大学出版社，2008.

[19] 曹才翰,章建跃. 数学教育心理学[M]. 北京:北京师范大学出版社,2006.

[20] 徐品方,张红. 数学符号史[M]. 北京:科学出版社,2006.

[21] 郑毓信. 数学教育:动态与省思[M]. 上海:上海教育出版社,2005.

[22] 佐藤学. 课程与教师[M]. 钟启泉,译. 北京:教育科学出版社,2003.

[23] 大卫·布拉特纳. 神奇的π[M]. 潘恩典,译. 汕头:汕头大学出版社,2003.

[24] 陈波. 逻辑学是什么[M]. 北京:北京大学出版社,2002.

[25] 吴永军. 课程社会学[M]. 南京:南京师范大学出版社. 1999.

[26] 戴维·威尔斯. 数学与联想[M]. 李志尧,译. 上海:上海教育出版社,1999.

[27] MOUNT H. 数学实验室[M]. 白峰山,蔡大用,译. 北京:高等教育出版社,1998.

[28] 伊恩·斯图尔特. 自然之数[M]. 潘涛,译. 上海:上海科学技术出版社,1996.

[29] 谈祥柏. 数:上帝的宠物[M]. 上海:上海教育出版社,1996.

[30] 靳玉乐. 潜在课程论[M]. 南昌:江西教育出版社. 1996.

[31] 张奠宙. 数学教育研究导引[M]. 南京:江苏教育出版社,1994.

[32] H. 伊夫斯. 数学史上的里程碑[M]. 欧阳绛,等译. 北京:北京科技出版社,1990.

[33] 钟启泉. 现代课程论[M]. 上海:上海教育出版社. 1989.

[34] 史久一,朱梧槚. 化归与归纳、类比、联想[M]. 南京:江苏教育出版社,1988.

[35] G. 波利亚. 数学与猜想(一)(二)[M]. 北京:科学出版社,1985.

[36] 邵瑞珍. 教育心理学:学与教的原理[M]. 上海:上海教育出版社,1983.

[37] G. 波利亚. 怎样解题[M]. 北京:科学出版社,1982.

[38] G. 波利亚. 数学的发现(一)(二)[M]. 呼和浩特:内蒙古人民出版社,1979.

[39] 彬彬. 教师开发利用课程资源的研究[D]. 长春:东北师范大学,2015.

[40] 杨鸿. 教师教学知识的统整研究[D]. 重庆:西南大学,2010.

[41] 姜美玲. 教师实践性知识的研究[D]. 上海:华东师范大学,2006.

[42] 徐斌艳. 教材内涵及其研究的国际视野[J]. 全球教育展望,2019(03):117-125.

[43] 项贤明. 基础教育课程改革如何从理念转化为行动:基于我国70年中小学课程改革历史的回顾与分析[J]. 课程·教材·教法,2019,39(10):41-51.

[44] 龙安邦,余文森. 我国基础教育课程改革与发展70年[J]. 课程·教材·教法,2019,39(02):11-18.

[45] 温儒敏. 统编高中语文教材的特色与使用建议:在统编高中语文教材国家级培训班的讲话[J]. 课程·教材·教法,2019,39(10):4-9,18.

[46] 肖驰,池梦丹. 课程形态结构持续更新且日趋均衡[J]. 中国教育学刊,2018(06):9-17.

［47］曾文婕. 走向"学习为本课程"：40年来我国课程观的嬗变与前瞻［J］. 课程·教材·教法，2018，38（10）：28-35.

［48］郭文龙，马丽君. 课程与教学关系新论：由古德莱德课程观引发的思考［J］. 教育探索，2016（03）：15-20.

［49］李永婷，徐文彬. 基础教育课程改革研究的现状、问题与反思［J］. 当代教育科学，2016（19）：16-21.

［50］吴立宝，王光明，王富英. 教材分析的几个视角［J］. 教育理论与实践，2016（23）：39-42.

［51］李松林. 论教师学科教材理解的范式转换［J］. 中国教育学刊，2014（01）：52-56.

［52］徐文彬，彭亮. 循证教育的方法论考察［J］. 教育研究与实验，2013（04）：10-14.

［53］胡定荣. 教材分析：要素、关系和组织原理［J］. 课程·教材·教法，2013（02）：17-22.

［54］沈健美，林正范. 教师基于课程标准和学生需要的"教材二次开发"［J］. 课程·教材·教法，2012（09）：10-14.

［55］俞红珍. 教材"二次开发"的教师角色的期待［J］. 中国教育学刊，2010（01）：82-84.

［56］陈柏华. 教师教材观的三种取向［J］. 教育发展研究，2009（10）：74-78.

［57］邱德乐. 论教材的"三次开发"［J］. 全球教育展望，2009（12）：24-27，23.

［58］王世伟. 论教师使用教科书的原则：基于教学关系的思考［J］. 课程·教材·教法，2008（05）：13-17，22.

［59］钟启泉. 确立科学教材观：教材创新的根本课题［J］. 教育发展研究，2007（6B）：1-7.

［60］俞红珍. 教材的"二次开发"：含义与本质［J］. 课程·教材·教法，2005（12）：11-15.

［61］任丹凤. 论教材的知识结构［J］. 课程·教材·教法，2003（02）：5-8.

［62］郭元祥. 教师的课程意识及其生成［J］. 教育研究，2003（06）：33-37.

［63］赵丽敏. 论教学过程中的教材开发［J］. 中国教育学刊，2003（07）：43-45.

［64］叶澜. 重建课堂教学的价值观［J］. 教育研究，2002（05）：3-8.

［65］杨启亮. 教材的功能：一种超越知识观的解释［J］. 课程·教材·教法，2002（12）：10-13.

［66］黄甫全. 课程理想与课程评价：世纪之交对课程评价指标体系构建的文化思考［J］. 华南师范大学学报（社会科学版），1996（06）：55-61，68-117.

［67］张廷凯. 试论课程、教材与教学方法改革的关系［J］. 课程·教材·教法，1995（02）：12-16.

后　记
——教学者之觉知

人世间最困难的事莫过于教书育人，而世界上最快乐的事莫过于春风化雨。真所谓"好雨知时节，当春乃发生；随风潜入夜，润物细无声"。

诚者，此言！教育有良方。教者当自学，学者应自教，不学教不成，不教学不得。何以自"最困难之事"而达至"最快乐之事"？善教者自学，善学者自教，乐教者无（不）学，乐学者无（不）教。

所谓"善教者自学"是指，不仅善教者必定是自学者，而且非善学者必定不会成为善教者，更为重要的是，善教者必定是终身学习者。

善教者擅长于教人学习者也。如若教者自己不会甚至不能学习，何以能够引导他/她人学习？学习者乃探索未知也。如若教者不会甚至不能探索未知世界，何以能够引导他/她人探索未知世界？故此，教者必先为学习者与探索者，方可成为教人者。然，学习者未必能够成为教人者。

学习者何以成为教人者？非善学者不能成为教人者也。

所谓"善学者自教"是指，不仅善学者是自我教育者，而且非自我教育者必定不会成为善学者，更为重要的是，善学者必定是"一日三省吾身"者。

善学者擅长于学习者也。若如学习者不会甚至不能自教，何以言之学习者？岂不贻笑大方！自教者乃自我教育者也。如若学习者不会甚至不能进行自我教育，何以成为善学者？岂不自欺欺人！故此，学习者必定先为自我教育者，方可成为善学者。然，自我教育者未必能够成为善学者。

自我教育者何以成为善学者？非乐教者不能成为善学者也。

所谓乐教者无（不）学是指，学无止境。乐教者必定是无不自学者，而且非无不自学者必定不会成为乐教者，更为重要的是，乐教者必定是学而不厌者。

乐教者快乐于教人者也。如若教者学有所限，何以敢言有教无类？如若教者学有有时，何以敢言乐教？故此，乐教者乃终身探究者也，无不自学！

所谓乐学者无（不）教是指，人无完人。乐学者必定是无不自教者，而且非无不自教者必定不会成为乐学者，更为重要的是，乐学者必定是诲人不倦者。

乐学者快乐于学习者也。如若学习者仅限于探究一时一事、一物一理，何以敢言穷天地人三才之理？如若学习者仅限于身外之事理，何以敢言乐学？故此，乐学者乃持续完善者也，无不自教！

故此，教学者也，贵在自立、自觉、自新。教人者如此，学习者亦然！

教人者贵在自学，学习者贵在自教。没有自教无以为学习，没有自学无以为教学。

是故，自教自学乃学习之最高觉悟，自学自教乃教学之最高追求。

试为教学者之觉知，不知可否？

徐文彬

2023年4月5日于"觉知"书斋